# 多文化理解の
# 語学教育

## 語用論的指導への招待

Teaching and Learning Pragmatics
Where Language and Culture Meet

石原紀子 編著
Noriko Ishihara

アンドリュー・D・コーエン 著
Andrew D. Cohen

研究社

多文化理解の語学教育
語用論的指導への招待

*Teaching and Learning Pragmatics: Where Language and Culture Meet*
Copyright © 2015 by Noriko Ishihara and Andrew D. Cohen
All Rights Reserved. Authorized abridged translation and revision from the English language edition published by Routledge, a member of the Taylor & Francis Group

Japanese translation rights arranged with Taylor & Francis Group, Abingdon through Tuttle-Mori Agency, Inc., Tokyo

# 序
## INTRODUCTION

中間言語語用論 (interlanguage pragmatics) で扱うテーマ、特に言語と文化の結びつきは国際的にも広く扱われており、少なくとも過去 30 年間において、語学教育の分野で注目を集めてきた。「語用論」が書名に入っている応用言語学の本は格段に増えており、語用論を専門に扱う Journal of Pragmatics や Intercultural Pragmatics などの国際査読ジャーナルも散見されるようになった。語用論的視点は、語学指導や語学学習においてますます重要な存在になりつつあるといえよう。

　本書執筆のきっかけは、語用論の領域の研究と、今日の語学指導との間の乖離、つまり、これまでの研究が語学指導に十分に反映されていないという認識である。語用論では、人間のインタラクションにおいて、状況に埋め込まれたことばの使い方がいかに社会文化的事象と関わっているのかを明らかにしてきた。これまで中間言語語用論や異文化間語用論 (cross-cultural pragmatics) の研究は、語学指導に直接的に関連のある多くのテーマを扱っている。たとえば、さまざまな言語の発話行為 (speech act)、特に日常的に用いられる依頼 (requesting)、謝罪 (apologizing)、ほめ (complimenting)、苦情 (complaining) などを扱った研究は数多くある。さまざまな母語を持つ学習者が、母語と学習言語における語用論的ことばの使い方をどのように理解し産出するかについても多くの研究がある。また、学習言語を授業外でも日常的に使うことの多い第二言語の環境、たとえば英語圏で英語を学ぶ ESL (English as a second language) の環境と、学習言語を日常的に使う機会が少ない外国語の環境、たとえば英語圏以外や英語が公用語でない国や地域で英語を学ぶ EFL (English as a foreign language) の環境での語用論的能力の習得の比較検討も取り組まれている。その一方で、このような実証研究の結果から導き出された多くの知見が、語学指導に体系的に組み入れられていない現状がある。市販されている語学のテキストには、このような研究結果を反映した指導法が用いられていないものが多い。また、教職課程や語学教員養成プログラムでも、語用論の理論を応用した指導法についてはほとんど扱われていないようだ。本書は、このような研究・理論と実践との乖離を少しでも縮める試みである。語用論の実証研究で扱われた題材が、語学教員養成プログラムにおける中心的なテーマの 1 つとなり、語学カリキュラムの中で語用論的指導がさらに重要な地位を占めるようになるべく、本書には多くの実践例がちりばめられている。理論と実践の橋渡しを試みる本書では、語用論の教室指導への応用 (instructional pragmatics 指

導的語用論）がその中核を担っているのである。

　本書は、さまざまな体験型アクティビティーを取り入れた語学教員のためのガイドブックであり、これから教員となる学部生や、大学院生、すでに語学教育に携わっている語学教員、語学教材の執筆者、カリキュラム編成者、および教員志望者を養成したり教員の資質向上を奨励したりする立場の教員指導者を主な読者として想定している。本書では、語用論の実証研究の紹介にとどまらず、それを応用した教室内での指導に焦点をあてているが、この実践的試みは、比較的新しい視点であるといえよう。主に扱うテーマは、語用論的能力を向上させるための指導法、指導のさまざまなプロセスで問題になりうる事項、語用論的指導の場での評価活動などだが、語用論的指導を取り入れたカリキュラムや、テクノロジーを利用した語用論的学習などにも言及する。同時に、談話やインタラクションの観点からの語用論的能力の発達や指導についても考える。

　語用論にはさまざまな観点があり、指示（reference）、直示（dexis）、推論（inference）、前提（presupposition）、含意（entailment）、関連性（relevance）、発話行為、会話の運び（conversation management）、談話の構造（discourse structure）、（会話の）推意（[conversational] implicature）、ポライトネス・インポライトネス（[im-]politeness）、語用論的定型表現（pragmatic formula）、さらに、異文化間語用論、中間言語語用論、語用論的バリエーション（pragmatic variation）など、多様なテーマを包摂し、隣接分野ともつながりが深い。本書では、発話行為の概念や語学教育における発話行為の指導を多く扱っているが、発話行為イコール語用論ではないことも明記しておきたい。また、発話行為が語用論的指導のカリキュラムの中心であるべきだと主張するつもりもない。発話行為は語用論で扱われるテーマの1つにすぎず、本書の議論は、話しことばの談話のみならず書きことばに見られる語用論的ことばの使い方にも応用できる。発話行為は、語用論の分野で研究がもっとも盛んであり、その研究結果はすぐに指導に生かせると考えられるため、本書でも大きく取り上げている。なお、英語版の原著に対してこの増補・改訂版では、発話行為以外の語用論的ことばの使い方についても紙面が許す限り加えた。そして、教員の語用論的知識をより明確なものとして意識化し、語用論的指導の実践面をさらに充実させることを目的として、語用論的ことばの使い方を紹介する第4章と語用論的指導例を扱う第7章を大幅に増補した。自然な言語の談話やコーパスの利用について扱った原著第9章は、これらの分野の近年の躍進を反映すべく内容を更新して本書全体に取り入れ、学習者の自律的学びが共通のテーマであった原著第12・13章は統合して本書第10章とした。そして、多文化理解を進めるため、主流と見なされがちなアメリカ英語やイギリス英語のみならず、その他の国や地域で使われる英語や、英語以外の言語の語用論的ことばの使い方も、本書全体で紙面が許す限り紹介したつもりである。今後、多言語・多文化の語用論研究が一層発展し、より幅広い研究結果を語学指導に取り込んでいくことが望ましい。また原著では、成人の学習者を想定した指導案が大半だったが、この増補・

改訂版では、小学生など年少の学習者の指導についてもできる限り考慮した。
　語用論的学習は、認知的なプロセスであるばかりでなく、社会的な現象であると考えられる。語用論的ことばの使い方を習得することは、学習者が第二言語のコミュニティに入り、徐々に社会化していく中で、自身のアイデンティティをどのように構築し、交渉していくかにも関わっているからである。コミュニティの社会文化的規範は、その言語の母語話者だけによって構築されるのではなく、語用論的ことばの使い方に熟達したさまざまな話者によって形作られるものであって、母語話者であるか否かは問題ではないと私たち著者は考えている。非母語話者であっても、母語話者と同様（時にはそれ以上に）語用論的ことばの使い方に優れた話者もいるため、母語話者対非母語話者という誤解を生みやすい二分法に陥ることはできる限り避けたい。
　しかし、本書ではアメリカ英語の語用論的規範が多く紹介されていることも事実であるため、このような著者のスタンスは伝わりにくいかもしれない。本書でアメリカ英語に言及することが多いのは、次の2点に起因する。1つは、今日の語用論の研究では、英米の英語の母語話者の語用論的ことばの使い方をベースラインとして、ほかの地域の英語や学習者の言語と比較対照する慣習が依然として強く残っていることである。もちろん英米の英語も学習者のモデルとなりうるので、このような言語データやその分析も本書では多く紹介している。2点目は、著者のコーエンがアメリカ出身であり、また石原も10年近くアメリカでの生活体験があるため、著者にとってはアメリカ英語の規範がもっともなじみがあるという背景がある。アメリカ英語が学習者のモデルとしてもっともふさわしいと考えているわけではなく、たまたま著者になじみのある英語のバラエティが一例として使われているにすぎないと解釈していただきたい。
　実際、国際語としての英語が広く普及するにつれ、母語話者と非母語話者との境界線はますます不明瞭になってきている。このような疑わしい分類にこだわり、母語話者のことばを唯一のモデルとするよりも、語用論的能力とはインタラクションの過程で社会文化的状況に基づいて対話を構築する能力であると考えたい。本書では、話し手と聞き手が母語話者か否かというステータスにかかわらず、話し手の目的や意図、それが聞き手によって解釈されていく過程、そしてそのインタラクションのもたらす結末を重要視している。たとえば、第4・7章では、さまざまな文化背景を持つ学習者が国際語としての英語を話す際のことばの使い方を検証した研究も一部紹介しているが、今後は、多様な言語のバラエティの語用論的ことばの使い方もなんらかの形でより一層指導に取り入れられ、学習者の語用論的モデルが多様化していくだろう。読者である教員の方々にも、私たちとともに、語用論的学習の一環である社会的な側面に注目し、学習者の社会的アイデンティティが教員の指導や評価活動とどのように関連してくるのか、といった問題についても、一緒に考えていただきたい。
　そして、実証研究を取り入れた語用論的指導を、語学教員が自信を持って体系的に進めていくためには、語用論的指導に特化した教員養成が必要なのではないだろうか。

本書ではそのためのガイドラインや実践的なアイディアに加え、実際の授業での指導例を提供し、体験型アクティビティーをとおして教員の、そして学習者の語用論的意識を高め、リフレクティブ・ティーチングの実践を奨励することを意図している。教員である読者の方々が厳密な意味での研究活動に携わることはないかもしれないが、教員や学習者が言語データを集めて語用論的な分析を行なう活動は教室指導に応用できるだろう。指導の一環として行なうデータ分析は、学習者の語学習得と、教員のプロフェッショナル・ディベロップメントの両者に貢献するものである。教員であれば、指導をすると同時に、学習者の教室での学びを探究し、教室内外でのことばの使い方を分析しているものである。その意味で、語学教育に直接携わっている教員は、研究者にはアクセスすることができない指導現場に関する知見を持っているといえる。本書を読み、語用論的指導を実践した教員の方々から、その指導や評価に関する知見が寄せられ、今後の語学指導に生かされることを望む。まさにそのような活動がこの分野の理論や研究の推進力になると私たちは考えている。たとえば、本書にある例の多くは成人や青年期の学習者を対象にしたものなので、今後読者の中から年少者を対象にした語用論的指導に関するすばらしいアイディアが生まれることを期待したい。

　本書は以下のように構成されている。第Ⅰ部では主に語用論的指導や学習に関する基礎知識を紹介する。第1章では、語用論や隣接領域の用語を概説し、文化の本質や、文化と言語との関連、そしてその接点がまさに語用論で扱うテーマであることについて解説する。第2章では、語学学習や言語指導についての教員の省察、特に、教員自身が語用論的学習をどのように経験したかに関する省察を奨励し、その経験が教員の知識や信条、指導現場での実践にいかに影響しているかを、教員のプロフェッショナル・ディベロップメントとともに考える。第3章では、語用論的指導に用いる言語サンプルを収集するためのさまざまな手段を検証し、語用論的ことばの使い方を引き出す手法や自然な言語データの長所と短所も確認する。第4章では、インターネット上で公開されている語用論のデータベースを紹介するとともに、教室内指導に役立つと思われる実証研究に基づいた情報を提供し、研究と実践との橋渡しを試みる。第5章では、学習者が意図せずに学習言語の規範から逸脱してしまう語用論的誤りや誤解の原因、また、語用論的規範であると認識している言動に故意に抵抗する理由を明らかにし、そのような逸脱の例を見ながら、原因を推察する。

　第Ⅱ部では、語用論的指導の本質的な事項を扱う。語用論的な観点から標準と見なされる規範は、言語や文化のほか、さまざまな社会的文脈、さらに個人によっても異なるという考えが第Ⅱ部を織りなす共通項である。そのため、語用論的ことばの使い方は、(時には想像上の) 社会的インタラクションの文脈の中で指導されるのが最適だと考えられる。第6章では、現在主流となっている語用論的指導の理論的枠組みを紹介する。語用論的学習を、認知的観点のみならず、文化的・社会的・心理的・情緒的観点からも解析する。第7章では、語用論的指導を見学する際のガイドラインを提示し、発話

行為やそのほかの語用論的ことばの使い方を扱う指導例を示す。また語用論的指導案の作成のためのガイドラインや、指導案の評価案も提示する。第8章は、語学の教科書を語用論の観点から評価し、教材に加筆する方法や、教科書を補う趣旨での語用論的指導の考案について触れる。最後に、第9章では、語用論的指導を取り入れたカリキュラム編成のための方針や、その方針を生かした教材例を示す。

　続いて第Ⅲ部では、語用論的学習や指導の応用編、そして評価に関する諸問題を扱う。第10章では、発話行為の習得や遂行に効果的と思われるストラテジーや、語用論的指導と習得のための教育テクノロジーの利用をとおして、学習者の自律と語用論的学びとの関連を探る。第11章は、学習者の語用論的能力の評価にいかに取り組むかを扱い、評価に関するストラテジーを提案する。第12章では、語用論的能力の教室内評価について、さらに詳しく検証し、実際の学習者の言語例、評価例、教員のフィードバック例などを示す。そして「結論」では、本書で扱った重要事項をまとめ、それらに関する省察を読者に促し、語用論的指導に関する今後の目標設定を奨励する。

　各章は、読者にわかりやすい構成を心がけ、比較的短くまとめられている。原著では、どの章にもアクティビティーがあり、その章の内容を体験的に関連づけられるようになっているが、この増補・改訂版では紙面の都合上、特に重要なアクティビティーのみにしぼって掲載しているため、余裕のある読者は原著も参照していただきたい。教員の学びは教員間のインタラクションによって向上しうるので、体験的アクティビティーはグループで取り組むのが理想的である。ミネソタ大学に置かれた第二言語習得研究機関であるCARLA (Center for Advanced Research on Language Acquisition) では、語用論的指導に関する語学教員対象の夏期講座を2006年から開講しており、本書のアクティビティーの大半は、同講座で試用され、改訂を重ねてきたものである。そもそも、その講座のために用意したガイドブックを、より広い読者を想定して編集したものが原著であり、サウジアラビアでのアラビア語翻訳版を経て、今回の日本語抄訳の出版に思いいたった。しかし、原著が2010年に出版されてからすでに5年が経過しているため、この間に発表された語用論的指導の知識や指導案もできる限り紹介すべく、増補・改訂をすることになった。本書が語学指導の実践的アイディアの源泉となり、語用論的指導が語学カリキュラムにおいて重要な存在となることを願ってやまない。

2015年1月9日

石原　紀子（Noriko Ishihara）
アンドリュー・D・コーエン（Andrew D. Cohen）

# 目 次
## CONTENTS

序 ..................................................................................................... iii

本書で主に取り扱う語用論的ことばの使い方 ..................................... x

## 第Ⅰ部　語用論的指導の基礎　　　　　　　　　　　　　　　1

　第 1 章　語用論の基礎概念（アンドリュー・D・コーエン） ........... 2
　第 2 章　教員の語用論　教員の知識・信条・実践指導（石原紀子） .... 12
　第 3 章　語用論的言語データの収集
　　　　　　　（石原紀子、アンドリュー・D・コーエン） ........... 24
　第 4 章　語用論的ことばの使い方
　　　　　　　（石原紀子、アンドリュー・D・コーエン） ........... 48
　第 5 章　学習者の語用論　語用論的逸脱の原因
　　　　　　　（石原紀子、アンドリュー・D・コーエン） ........... 86

## 第Ⅱ部　語用論的指導の核心　　　　　　　　　　　　　　103

　第 6 章　第二言語習得理論と語用論的指導（石原紀子） ............. 104
　第 7 章　語用論的指導の授業見学と指導例（石原紀子） ............. 122
　第 8 章　語用論的指導に向けた教材の改訂（石原紀子） ............. 169
　第 9 章　語用論的指導のためのカリキュラム編成（石原紀子） ... 187

## 第Ⅲ部　語用論的学習・指導・評価に関する諸問題　　203

第 10 章　学習者の自律と語用論的学び
　　　　　　　（アンドリュー・D・コーエン、石原紀子）　　204
第 11 章　語用論的能力の評価（アンドリュー・D・コーエン）　　216
第 12 章　語用論的能力の評価の実践（石原紀子）　　231


結　論　　264

あとがき　　268

参考文献　　270

索　引　　297

## 本書で主に取り扱う語用論的ことばの使い方

| 語用論的ことばの使い方 | 語用論的構造・特徴を扱う主な章 | 指導例・評価例を扱う主な章 |
|---|---|---|
| 挨拶 greeting | 第4章 | 第2・7・8・9章 |
| 呼称 terms of address | 第 (3)・4章 | 第7章 |
| ほめとこたえ giving and responding to compliments | 第 (3)・4・12章 | 第3・5・6・7・8・(9)・12章 |
| 感謝とこたえ giving and responding to thanks | 第4章 | (第7・9章) |
| 依頼 requesting | 第 (3)・4・5章 | 第5・7・8・9・(10・11)・12章 |
| 断り refusing | 第4・5・9章 | 第7・12章 |
| 謝罪 apologizing | 第1・3・4章 | 第7・10・11・12章 |
| 忠告・提案 advice-giving/making suggestions | 第4章 | 第7・8章 |
| 賛同・異議・反意 agreeing/disagreeing, oppositional talk | 第3・4章 | 第7・9章 |
| 直接的・間接的苦情とこたえ making and responding to direct/indirect complaints | 原著第8章、(本書第3章) | 原著第8章、(本書第10・11・12章) |
| (会話の) 推意 (conversational) implicature | 第 (3)・4章 | 第7・8章 |
| スモール・トーク small talk | (第7章) | 第7章 |
| 会話の終結 closing the conversation | 第4章 | 第8章 |
| 好ましい・好ましくないこたえ preferred/dispreferred response | 第 (3)・4章 | 第7・(9)章 |
| 認識標識 epistemic stance marker | 第4章 | 第7・(9)章 |
| 談話標識・対話標識 discourse marker, interactional marker | 第4章 | 第7・(9)章 |
| 語用論的定型表現 pragmatic formula | 第4章 | (第7・8章) |

# 第 I 部

# 語用論的指導の基礎

# 第1章
# 語用論の基礎概念

アンドリュー・D・コーエン

## ▶語用論的能力

　プラグマティックス（pragmatics）という概念は、文脈によりさまざまな意味を持つ。日常生活の中で、「プラグマティックな手法を使っている」と言えば、実用的であることを示唆する。しかし、（応用）言語学で「プラグマティックス（語用論）」という時には、専門的な意味になる。本書では、「語用論的能力（pragmatic ability, pragmatic competence）」とは、社会文化的規範についての知識や理解、そしてそうしたものを応用し、他者とのコミュニケーションにおいて運用できる能力を指す。序章で述べたように、語用論的能力は、社会文化的状況の中で他者と意味を共同構築するスキルであり、母語話者に特有の属性ではない。

　語学学習者の語用論的能力は、コミュニケーションにおける4つの主領域、つまり受動的な「聞く・読む」、そして産出的な「話す・書く」全般に関連する。受動的・産出的両側面での語用論的能力には、(1) 学習言語やそのほかの言語の習熟度、(2) 年齢、性別、職業、社会的立場、(3) 優れた語用論的能力を持つ相手との交流経験や学習言語のコミュニティ[1]における経験、一般的な多言語・多文化経験など、さまざまな要因が関連する。まずは4つの主領域から見てみよう。

1. **聞き手として**：言われたこと、言われていないこと、また非言語の要素によって伝えられることを解釈する。言語または非言語で伝えられるヒントは、そのやり取りがどの程度丁寧か丁寧でないか（**丁寧度**）、どの程度直接的か間接的か（**直接・間接度**）、どのくらいかしこまっているかくだけているか（**フォーマリティー**）、そしてその意図は何か（たとえば親切に、愛情を持って、注意深く、遠回しに、挑戦的に、敵対的に、など）を解く鍵になる。インプットには言語（語彙、フレーズ、イントネーション、または長い談話など）に加え、ジェスチャーや沈黙などの非言語の要素も含まれる。
2. **読み手として**：書かれているメッセージや、その修辞的構造を理解し、トーン（語

---

[1] ここでのコミュニティとは、学習者を取り巻く地域社会や、所属するさまざまなグループなど、学習者のアイデンティティと深く関わる談話コミュニティ（discourse community）を指す。

用論的トーンについての詳細は第 3 章を参照）によって伝えられる、時に微妙なニュアンスや態度を読み取る。（たとえばユーモラスな、誠実な、同情的な、協力的な、などから、ふざけた、皮肉の、怒りのこもった、脅迫的な、恩着せがましい、性差別的な、などまで）

3. **話し手として**：さまざまな社会的役割をはたしつつ（たとえば解雇を部下に伝える上司、学生の成績が望ましくないことを伝える教員など）、言いたいことを適切な丁寧度、直接・間接度、フォーマリティーをもって伝える。また、何を言うべきではないか、何を非言語で伝えるべきかについてもわきまえる。ことばの使い方が招きうる結末について知り、コミュニティの規範に適応するために必要なことを理解する。

4. **書き手として**：困難な状況でも（たとえば、上司に昇格と昇給、あるいは有給休暇を要求する従業員として）、丁寧度、直接・間接度、フォーマリティーの程度に配慮し、また文章の修辞的構造を考慮して、読み手がその意図を理解できるようなメッセージを書く。

　これまで、語用論、中でも中間言語語用論は、主に話しことばに注目する傾向が強かった。しかし、語用論で扱う諸問題は、書きことばにも大いに関連があるため、本書では書きことばの談話も視野に入れる。さらに、電子メールのメッセージなど、書きことばと話しことば両者の要素を備えたハイブリッドの言語形態も対象とする。
　語用論的能力があるということは、言われたり書かれたりする文字どおりの意味を超えて、話し手や書き手の意図する意味、想定、目的、さまざまな言動などを理解できることを意味する[2]。話し手や書き手は必ずしも意味を直接的に伝えるわけではなく、また聞き手や読み手も、意図された意味をつねに正確に解釈できるわけではない。語用論的意味を解釈することは、母語話者同士でもむずかしい場合もある。そのため、やり取りに携わる者同士が協力して、誠意あるコミュニケーションを図ることが求められる。実際、語用論では、その文化的コンテクストや社会的制約の中で、コミュニケーションに携わる者がたがいに協力し、言語的手段と非言語的手段の両者を駆使しながら「共同構築」する意味を扱う[3]。学習者は、自身の母語やもっとも優勢な第一言語 (L1)（多言語環境にいる場合はその他の言語）のことばの使い方を、学習言語 (L2) にも関連付けて考えることが多い。学習言語の語用論の理解には、すでに所持している潜在的知識が一部役立つ場合もあるが、新しい知識の習得も必要となる。
　ところで、なぜ意味は時に直接的に伝えられないのだろうか。コミュニティによっては、「なぜまだ結婚していないのですか」などとストレートに聞くのは不適切で失礼にあたる

---

2　Yule, 1996, pp. 3-4.
3　LoCastro, 2003, p. 15, 2012; Thomas, 1995.

場合もある。そのような個人的問題は、間接的に探りを入れるにとどめ、相手が自発的に話してくれるのを期待するのが常識的だとするコミュニティもある。一方で、直接的に質問してもまったく問題ないコミュニティもあるだろう。たとえば、1960年台半ばのボリビアでは、地域開発の平和部隊ボランティアとして滞在していた著者のコーエンが、アユタヤ・インディアンの人びとに、まだ結婚していない理由をこのように率直に聞かれることがあった。

　直接的なことばが避けられる理由には、明確にするよりほのめかすだけのほうがより適切であると判断されるコミュニティの存在がある。たとえば、「時間厳守」が不文律となっているコミュニティがあるとする。予定より早く、あるいは遅く到着した相手に、それを指摘するにはほのめかす程度が好ましく（パーティーに早く来すぎた人に「前菜の準備を手伝いに来てくれたんだね」と遠回しに早すぎることを伝えるなど）、本来意図された意味を解釈するには、多少の直観や想像力が必要となるかもしれない。

　上級の学習者であっても、ほのめかされた意味を理解するのはむずかしいかもしれないが、中級以下の学習者が、暗示的なことばの意図に気づき、意味を適切に解釈するのは、より困難であるといえよう。たとえばアメリカ英語では、*We must get together.*（ぜひお会いしましょう）は友好的に会話を終結させるための丁寧な表現にすぎないことが多い[4]ため、*OK, let's make a firm date.*（そうですね、では日程を決めましょう）などとこたえると、相手を驚かせてしまうだろう。

　語用論の分野は広く、たとえば指示、前提、談話の構造、そして推意や言いよどみ（口ごもったり、ためらってことばを濁したりする表現）を含む会話の法則などにおよぶ[5]。本書では、発話行為を数多く紹介しているが、それは発話行為がコミュニケーションにおいて重要な役割をはたしており、指導と学習が可能であることが実証されているからである。また、発話行為は、語用論研究の中でもっとも綿密な研究が進んでいる領域の1つである。ただし、序章で述べたように、この増補・改訂版では、発話行為以外の語用論的ことばの使い方も、できる限り紹介する。本書は、そうした研究から得られた言語データに基づく知見を、語学指導に生かすことをめざしている。

### ▶発話行為

　語用論では、ことばによって遂行される社会的機能、たとえば謝罪する、苦情を言う、依頼する、断る、招待する、ほめる、感謝するなどを発話行為（speech acts）と呼ぶ。発話行為は、文字どおりの意味（locutionary meaning）と、話し手・書き手が意図した発語内の意味（illocutionary meaning）が関連する。たとえば、*Do you have a watch?* の文字どおりの意味は *Do you own a watch?*（時計を所有しているか）だが、意図しているのは *Tell me what time it is.*（何時か教えてほしい）という意味かもしれない。そして、この発話は、聞き手や読み手におよぼすアップテイク（発語媒介行為、

---

4　Eslami, 2005; Hinkel, 2014.
5　Mey, 2001.

perlocutionary act) もともなう。たとえば、時間を教えてほしいという依頼には、「10 時半ですよ」などのこたえが返ってくる。子供や悪ふざけをする人は、「はい、持っていますよ」とこたえるかもしれず、アップテイクが意図したものと異なるため、「では何時ですか」と聞き直す羽目になる。発話行為は、感謝する時の thanks のように一語で遂行されることもあるが、より複雑で間接的な言語を使い、双方向のやり取りを重ねた末に、ようやく遂行できることもある。

　発話行為の多くには、コミュニティの構成員が共有する、規則的で予想可能なパターンが見られることが多い。たとえば、アメリカ英語の「挨拶」の場合、職場で同僚に How're ya' doing? と聞かれた時は、Good,

文字どおりの意味と意図した意味

thanks. や OK, thanks. などとこたえるのが普通であって、膝が悪くて近々手術をすることや、家族が失業したことなどを長々と嘆いて聞かせ、実際の体調や状況を詳しく話すことはあまりない。How are you? とたずねた人は実はじっくりと会話に付き合うつもりはなく、立ち止まらずに過ぎ去ってしまうこともある。優れた語用論的能力を持つ人であれば、このような挨拶を適切に解釈し、自らも遂行することができる。

　だが、容易と思われがちな挨拶や会話の終結なども、学習者にとっては、むずかしい場合がある。慣れない学習言語のパターンにしたがうより、なじみのある母語や優勢な言語の語用論的規範を、学習言語に直訳して持ち込んでしまうことも多い。そのため、学習者が教授に別れの挨拶をするときにくだけすぎた表現になってしまったり、Let's get together sometime. (そのうちに会いましょう) が儀礼的な会話の終結であることに気づかず、So, when will we do it? (いつにしましょうか) などとこたえて、押しが強く失礼だと思われたりすることになる。

## ▶発話行為セット

　発話行為は、一連のストラテジー群から適当なものを選んで遂行されるが、そのストラテジー群の中には、まったく別の発話行為と見なされうるものが含まれることもある。そこで、ここでは発話行為セット (speech act set) という概念を紹介する[6]。ある状況で発話行為を遂行するには、発話行為セットから1つ以上、時には数個のストラテジーが選ばれる。たとえば、謝罪の発話行為は、謝罪表現 (I'm sorry, Excuse me, I apologize. など) や、修復の申し出 (Here, let me pick these up. など) のように、1

---

6　Olshtain & Cohen, 1983.

つのストラテジーのみで遂行されることもあるが、そのほかのストラテジーが組み合わされることもある。謝罪にはさまざまな言語に共通の発話行為セットがあり、少なくとも、次の5つの発話行為ストラテジー[7]が含まれている。

1. **謝罪表現**：*be (sorry), excuse, forgive, apologize* などの動詞を用いた表現で、謝罪のもっとも中心的なストラテジーである。*really, so, very, awfully, terribly* などの語句やその組み合わせによって強調することができる。

2. **責任の認知**：謝罪する人が受け入れる過ちの責任であるが、その認知の程度はさまざまである。*It's my fault.*（私の責任です）のように、責任を全面的に受け入れることもあれば、*I didn't mean to.*（わざとじゃなかったんだ）のように意図した過ちでないと伝えたり、*It wasn't my fault.*（私のせいではありません）と責任を回避したり、また *It's your own fault.*（君の落ち度だ）と逆に相手を責める場合もある。

3. **理由の説明**：過ちを犯すにいたった状況を説明し、間接的な謝罪とする。事態を収拾するために理由を説明し、その詳細が重要だと見なされる文化や状況もあるが、逆に言いわけと受け取られることもある。

4. **修復の申し出**：過ちによってもたらされた被害を修復するための行動や弁償を申し出る（例：ほかの人のものを落としてしまった時の *Let me pick those up for you.*［私が拾います］, *I'll be there in half an hour.*［30分で行きます］など）。このストラテジーは、通常、なんらかの実害が生じた場合に使われる。

5. **再発防止の約束**：謝罪する人が今後は同じ過ちを犯さないと約束する（例：*I'll never forget our anniversary again.*［もう二度と結婚記念日を忘れたりしないから］）。このストラテジーを使うのが適切な状況は限定されているため、ほかのストラテジーよりも使用頻度は低い。

このような発話行為セットの中から適切なストラテジーが選ばれて謝罪として機能するが、どのストラテジーが選択されるかは文化や状況によって異なる。たとえば、「理由の説明」だけで謝罪として十分通用する場合もある。公共交通機関の運行が不規則なイスラエルの都市部では、授業に遅刻した学生がひと言「バスが遅れてしまって」と言えば、謝罪表現がなくても完全に許容されることがある。謝罪の発話行為のもっとも中心的なストラテジーは「謝罪表現」だが、「（遅刻して）本当にすみません」と言う代わりに、

---

[7] 発話行為ストラテジーは意味公式（semantic formula）とも呼ばれ、単独またはほかのストラテジーとの組み合わせによって発話行為を構成する。意味公式は、実際には型にはまった公式ではないことが多い（Bardovi-Harlig, 2006: 4）ため、ここでは本書の目的に沿う「発話行為ストラテジー」の用語を用いる。

ほかのストラテジーを組み合わせるほうがより一般的な場合もある。たとえば、責任の認知「もっと時間に余裕をみるべきでした」や、修復の申し出「友達のノートを見せてもらいます」などと言うこともできる。また、ある発話行為セットに特有のストラテジーもあれば、多くの発話行為セットに共通していて、よく利用されるストラテジーもある。たとえば、修復の申し出は謝罪に特有のストラテジーだが、*hi* などの挨拶は、会話の初めに相手の注意をひく手段として、依頼や苦情など多様な発話行為セットのストラテジーとして使用されることが多い。

ここでは「発話行為」と「発話行為セット」を区別して紹介したが、発話行為という用語が実際は発話行為セットを意味して使われることも多いため、本書もその慣例にしたがい、発話行為セットやその一部を指して「発話行為」と呼ぶ場合があることを付記しておく。

## ▶さまざまな言語の発話行為

さまざまな言語の発話行為の比較で興味深いのは、中心的なストラテジーが多くの言語に共通して存在している一方で、多様な状況に応じたストラテジーの用い方が言語や文化によって異なる点である。そのため、それぞれの言語状況の中で、いつ誰に対してどのように何を言い、それはなぜなのかを決定することは容易ではない。以下の例を見てみよう。

> 上司との大事な会議で、重要書類の最終稿を確認することになっていましたが、会議があることをすっかり忘れてしまいました。2時間後に気がついて、上司に謝罪の電話をします。

このような状況では、イスラエルのヘブライ語話者であれば、謝罪の発話行為セットから「謝罪表現」と「理由の説明」のストラテジーを選んで使うことが考えられる。以下がその例である。

> אני מצטער בקשר לפגישה, אבל הייתי צריך לקחת את הבן שלי לרופא, ו
> Ani mitsta-er bekesher lap'gisha, aval haiti tsarix lakaxat et haben sheli larofe, ve...（会議に出られなくてすみません。子供を医者に連れて行かなくてはならなくて…）

この文化では「修復の申し出」のストラテジーを避ける話者が多いことが研究からわかっているのだが、その理由は、このような場合、イスラエルでは上司に次のステップを決める権限があるからである。部下である話者が、埋め合わせのために何かをすると提示することは、会議を欠席した上に、さらに新たな過ちを犯すことにもなりかねない[8]。

このようなイスラエルの状況は、日本のかしこまった職場での典型的な慣習と対照的

---

8　Cohen & Olshtain, 1981.

といえる。日本では、聞かれてもいない過失の理由を上司に説明するのは不適切と認識されることがあるため、次の例のように、謝罪表現を何度も繰り返して平に謝りながら過失を認め、上司がたずねない限り、過ちを犯した理由は詳しく説明しない場合が多い。理由の説明は言いわけのように聞こえ、許されるはずがないのに許しを乞うような厚顔無恥な印象を与えてしまう恐れがあるからだ。

> すみません、あの、先ほど欠席してしまいましたミーティングの件ですが、誠に申しわけありませんでした。まったく私の不注意で、本当に申しわけありません。

では、ほかの文化の話者との交流経験の少ないイスラエル人と日本人が、仕事において英語でやり取りをしていると仮定してみよう。夕食の席でビジネスについて話し合うことになり、両者がそれぞれ自身の文化での典型的な言動を持ち込むとする。イスラエル人は 30 分遅れて来て、バスが遅れたというイスラエルであれば謝罪として通用する理由を述べる。一方、日本人は時間どおりか、数分前に到着しており、おそらくより丁重な謝罪を期待している。このような場面で、両者はたがいの文化に寛容になれるのだろうか、あるいは気分を害してしまうだろうか。データを収集し、分析してみるべき問題である。

このような発話行為に関連するストラテジーの使い方のほかにも、優れた語用論的能力を持つ話者は、状況に応じて以下の要素を考慮し、言語の使い方を調整している。

1. **話し手・書き手と聞き手・読み手の相対的な社会的立場 (S)**：双方の立場は同等か、上下関係があるか。聞き手のほうが立場が上であれば、丁寧度を高めることばを付加するなどして敬意を表する。

2. **社会的・心理的距離 (親疎関係) (D)**：話し手・書き手と聞き手・読み手にはどのくらい社会的距離があり、どの程度親しく、あるいは疎遠に感じているか。よく知っていて親密な相手か、知り合い程度か、あるいはまったく面識のない相手か。

3. **行為の強度 (ことの重大さ) (I)**：話の内容や状況はどの程度深刻で重大か (たとえば過失の深刻さ、依頼の大きさなど)[9] (第 3 章も参照)。

学習者は、学習言語のコミュニティの中で、やり取りする相手との親疎関係によってことばの使い方がどのように変わりうるのか、過失の深刻さや双方の社会的立場がどのように査定されるか、といったことなどを知る必要がある。ことばは、主にこうした要素に基づいて取捨選択される。よって、さまざまな言語や文化におけることばの使い方は一様ではない。状況や環境、発話行為の選択、使われる言語・非言語の言動、その

---

9　Brown & Levinson, 1987 に加筆。

## ▶社会的・文化的・語用論的規範

　言動の語用論的解釈は、社会的・文化的規範に依拠している。社会的規範とは、いつ何が言及されるべきか、口にしてよいか、言ってはならないか、どのような表現を使うべきか、などに関する明示的、あるいは暗示的傾向である。この規範は、通常はそれぞれのコミュニティの中である程度の合意に基づいており、人びとの社会的言動に影響する。文化的規範は、伝統、習慣、信条、価値観、思考パターンなど、あらゆることが影響するため、定義がむずかしい[10]。文化とは、「態度、信条、ふるまいの慣習、基本的前提や価値観などの曖昧な総合体であり、そのコミュニティの人びとが共有し、相互の言動や、相手のふるまいの「意味」の解釈に影響をおよぼす」ものである[11]。

　ある状況での語用論的ことばの使い方には、母語話者の間でも個人差があるため、必ずしも「正しい」、または「間違っている」と言い切れる言語行動はない。むしろ、1つのコミュニティにおける語用論的規範は、ある言動が用いられる状況において、どの程度好ましく、典型的で、適切であると見なされるかを判断する指針であり、多様な傾向や慣習や言動の許容範囲を示すものである。

## ▶客観的・主観的文化と説明的語用論

　文化を、「客観的文化」と、「主観的文化」に区別する考え方がある[12]。「客観的文化」は、政治や経済システムなどの制度的側面や、そのコミュニティで生み出される芸術、音楽、食など、主に実際に見て味わえるものを指す。「主観的文化」は、交流する人同士が習得し、共有する信条、言動、価値観であり、コミュニティを定義づける哲学的、心理的そして倫理的特徴など、通常は形のない側面を示す。**説明的語用論（explanatory pragmatics）**[13] は、この主観的文化の概念に根ざしている。そのため、語用論におけることばの使い方は、絶対的な規範としてのルールではなく、**コミュニティの多様な語用論的規範や傾向**によって特徴づけられる。

　説明的語用論がめざすのは、学習言語の話者がなぜそのようなことばを使うのか、意味の伝え方にさまざまな違いがあるのはなぜか、言語の背景にある文化的価値観や信条、想定などはどのように話者の語用論的言動に影響するか、などを学習者に気づかせることである。言語の文化的意味を分析する機会がなければ、その文化の構成員の振舞い、役割、倫理観などを形作る考えに気づかないまま、ことばのかたちだけを学ぶことになりがちである[14]。知見に基づいた説明は、文化の内部からの視点を学習者

---

10　Prosser, 1978.
11　Spencer-Oatey, 2000, p. 4.
12　Berger & Luckmann, 1967; Meier, 2003.
13　Richards & Schmidt, 1983.
14　Meier, 2003.

に提供する手助けとなる。

　しかし、この語用論の説明的手法には、少なくとも3つの注意点がある。第1に、指導では、一般論や典型的傾向と、文化のステレオタイプ（固定観念）を明確に区別しなければならない。文化は複雑で、時空とともに変容するものであり、画一的で均質な静的存在ではない[15]という特徴をおさえた上で、その多様性の理解を促すとよい。第2に、語用論の説明的手法により、学習者は言語の文化的意味を理解しやすくなると思われるが、実際に社会文化的規範の解釈にどのように変化が生じるかは今後検証すべき課題である。第3に、語用論的に適切な言動をとるかどうかは、学習者自身の裁量に委ねられるべきである。社会文化的規範の理解を深めたとしても、その規範への適応に抵抗を感じることもある[16]。

## ▶文化的に適切なことばの学習

　現実社会では、さまざまな社会文化的状況に応じて、それぞれに適切なことばの使い方があるため、ほかの文化との交流において誤解を避けようとすれば、語学学習者が学ぶべきことは多い。まず、いつ、どのような発話行為が遂行されるかという社会的規範、たとえば、上司に昇給や異動についてたずねるべきかどうか、たずねるとすればいつか、などを知る必要がある。そして、どのようなことばが適切かという知識のみならず、なぜそのようにたずねるべきかという文化的根拠や、そのことばがもたらしうる結末も想定しておく必要がある。相対的な年齢や性別、階層や職業、社会的立場ややり取りにおける役割などの要因を、その文化のコンテクストの中で考え、語用論的規範についての意識を高めることが学習に効果的であろう[17]。たとえば、年齢が高いことが社会的地位につながる文化では、相手に年齢をたずねることは適切なのだろうか。月給がどのくらいか聞くのはどうか。スモール・トーク（世間話）の一環として相手の結婚歴や新車の値段をたずねるのは適切だろうか。ある文化ではまったく悪意のない質問も、ほかの文化では立ち入った質問と感じられ、気分を害する侮辱的な行為ととらえられかねない。

　つまり、学習者はコミュニティについての社会文化的知識を身につけるべきであり、この能力を「**社会語用論的能力（sociopragmatic competence）**」と呼ぶ。加えて、相手の立場やコミュニケーションの状況を踏まえ、微妙な状況で使われるさまざまな言語のかたちを知り「**語用言語的能力（pragmalinguistic competence）**」を磨くことも重要である。「社会語用論的能力」と「語用言語的能力」は、完全に二項対立する概念ではなく、相互補完的であり、両者の間の識別が困難なこともあるが、「語用言語学」が意図した意味を伝えることばのかたちに主に注目するのに対し、「社会語用論」は社会文化的規範に照らしたことばの使い方を中心に扱う[18]。たとえば、状況によって新車の値段を聞くのが容認される文化もあるが、どのようなことばを使ってたずねるのが適当なのだ

---

15　McKay, 2002.
16　Ishihara, 2006.
17　Thomas, 1983, 1995.
18　Leech, 1983; Thomas, 1983.

ろうか。*How much did you get that new car for, George?*（あの新車はいくらだったの、ジョージ）とストレートに聞いてもよいのか、あるいは *Boy, that car must have set you back a pretty penny!*（わぁ相当高かったんだろうなあ）のように間接的に聞き出そうとするほうが適切なのか。その判断を下すのは、社会語用論的能力だろう。一方、どのような語彙や文体、文法構造がその状況に合致しているかという主に言語面の問題は、語用言語的能力の範疇といえる。

別の例を挙げると、会話に従事していることを示すあいづち（backchanneling）の使い方も、やり取りにおける役割によって劇的に変わることがある。かしこまった場で、イギリス国王など社会的地位の高い人に対して *yeah* というあいづちを連発し、聞いていることを示すのは、やはりくだけすぎていて、時には *Yes, I understand fully.*（はい、重々承知致しました）などと言うのが適切な場合もある。語用論的に適切なことばを使うということは、その状況を踏まえて、自らの意図を表わすもっとも適当なかたちのことばを選択することである。同時に、その過程ではコミュニティの行動規範などの文化的知識も考慮に入れなければならない[19]。

## ▶まとめ

本章では、はじめに語用論的能力を聞き手・話し手・書き手・読み手の観点から定義した。語用論的能力があるということは、文字どおりの意味を超えて話し手・書き手によって意図される意味や想定、目的、遂行される行為などを適切に解釈できるということである。コミュニティの一員である話し手や書き手が、コミュニケーションの際に故意に間接的なことばを用いる場合の理由を説明し、学習者がそのような状況で語用論的に適切にふるまう必要性を指摘した。そして、発話行為の定義を示し、謝罪の発話行為セットを例に挙げて、謝罪を遂行するために使うことができる一連のストラテジーを紹介した。

続いて、社会的・文化的・語用論的規範に触れ、客観的文化と主観的文化の違いや、説明的語用論の概念について述べた。語用論の説明的手法によって、なぜ学習言語がそのように使われるのか、なぜさまざまな方法で意味が伝えられることがあるのか、そして文化に裏付けされた信条や価値観がどのように語用論的な行動に影響をおよぼすのか、などの問題を指導に織り込むことができる。（語用論に関するそのほかの基本概念は、以降の章で必要に応じて紹介する[20]。）

最後に、語用論的に適切なことばの使い方を学ぶために必要なことについて考察した。現実社会のさまざまな社会文化的状況に対応するため、学習者は、何にいつ言及すべきか、どのように表現すべきか、なぜそのように言うのかといった社会的規範を認識しなければならない。

---

19　Morgan & Cain, 2000, pp. 5-7.
20　たとえば、メタ語用論的意識については、第2章、語用論的トーンについては第3章、フェイスとポライトネスに関しては第4章を参照。

# 第2章 教員の語用論
## 教員の知識・信条・実践指導
### 石原　紀子

### ▶教員の資質向上

　前章では、語用論がどのような分野であり、どのように文化と関わっているか、またなぜ語用論的視点が語学教育に必要なのかを述べた。本章では、語用論的視点を取り入れた学習や指導における教員の役割に焦点をあてる。教員や教員志望者はもちろん、教員の養成にあたる指導者の関心事でもあるだろう。すでに述べたとおり、本書の主な目的は、これまでの研究で解明されている語用論的ことばの使い方と、教育現場での語学指導の現状との乖離を少しでも埋めることである。そのためにも、理論と実践の橋渡しを担う教員の役割はきわめて大きい。

　全米の大学院を対象とした研究[1]によれば、調査に協力した94校のほとんどが、語学教員養成プログラムでなんらかの形で語用論を取り入れていると回答した。必修科目の中で取り上げているほか、語用論に特化した選択科目があるケースも20%にのぼった。しかし、そのような場合でさえ、ポライトネスや発話行為などの理論を中心としている場合が過半数（56%）で、語学教員養成において指導的語用論（instructional/instructed pragmatics）[2]に焦点をあてることはあまり重視されていなかった。理論的枠組みさえ提供しておけば、あとは語学教員が独自に指導法を考案し実践できるとの希望的観測があるのかもしれない。しかし、効果的な語用論的指導の実践に必要な知識や技能は、理論を学んだだけで自動的に備わるものではなく、教員養成指導の一環として語用論的指導に特化した研修が必要である[3]。

　教員の経歴、知識、経験、信条などが、何をどう教えるかといった問題に影響をおよぼすことはよく知られている。本書が推奨する語用論的指導を、それぞれの教育環境に応用し指導に生かすことができるのは、読者の皆様である。そこで、語学教員である方々には、自身の語学学習や指導の経験、教職課程やその後の教員養成講座で学んだこと、言語、特に語用論的指導に効果的だと考えている指導法などを分析的・批判的

---

1　Vasquez & Sharpless, 2009.
2　指導的語用論は「学習者の語用論的能力の向上に関連した語学指導への応用」（Vásquez & Sharpless, 2009, p. 17）と定義されている。
3　Bardovi-Harlig, 1992; Eslami, 2011; Eslami-Rasekh, 2005; Ishihara, 2011, 2012a; Vásquez & Sharpless, 2009; Vásquez & Fioramonte, 2011; Vellenga, 2011.

に省察していただきたい（アクティビティー1参照）。さらに、系統だてた省察を日々の指導に組み込むアクション・リサーチ（アクティビティー2参照）の実践もおすすめする。こうした省察によって、さもなければ意識することなく埋もれてしまい、意識化されていない**暗示的知識（implicit knowledge）**が明らかになる。その結果、語用論的意識や指導力が向上し、自己効力感が上がるだろう[4]。自らの信条や実践指導の意味をより深く理解し、必要に応じて指導法を変える力にもなるだろう。

こうした主旨を踏まえ、本章では教員の知識、信条、実践指導の本質や構成要素について述べる。このような情報は教員よりむしろ教員養成に携わる指導者に伝えられることが多いが、教員自身が知り、考えることで意識が高まり、自らの資質やプロフェッショナル・ディベロップメントの過程を分析できる目を養うことにつながるだろう。

## ▶教員の知識・信条・実践指導

ここでは、教員の知識、特に語用論的指導に関する知識の構成要素について述べる。教員の知識や信条はどこから生まれて、形作られ、現場での指導にどのように関連しているのだろうか。

### 1. 教員の知識

教員の知識は、教職課程での学習、指導の実践、指導現場内外での経験などを通じて習得されたのち、形成され、修正され、磨かれ、更新され、変化していく。ここでいう「知識」とは、単に何かを知っていることだけでなく、意識化された**明示的知識（explicit knowledge）**を持ち、それを活用できる能力も持ち合わせていることを意味する。では、効果的に言語を指導するのに必要な知識とは何だろうか。従来の説によれば、教員にはたとえば以下のような知識が必要であるといわれている[5]。

- 指導教科に関する知識（例：英文法）
- 教科内容の指導や評価に関する知識（例：英文ライティングの指導法、評価法）
- 学習者とその特徴に関する知識（例：学習者の協働学習への反応）
- 教育環境に関する知識（例：教室内外での外国語の使用状況）
- カリキュラムや教育目的に関する知識（例：語学学習と他教科との関連）

これらの観点は語用論的指導にどのように応用できるだろうか。たとえば、語用論的指導を行なう教員に必要な知識は、以下のように具体的に考えられるだろう。

---

4 この一例としては Yates & Wigglesworth, 2005 を参照。
5 Borg, 2006; Freeman, 2002; Freeman & Johnson, 1998; Johnston & Goettsch, 2000; Shulman, 1987 に加筆。

| 一般的な語学教育における教員の知識の構成要素 | 語用論的指導に特化した教員の知識の構成要素[6] |
|---|---|
| 指導教科に関する知識 | ・語用論的バリエーションに関する知識<br>・メタ語用論的知識[7]（例：語用論的ことばの使い方について分析し説明する能力） |
| 教科内容の指導に関する知識 | ・語用論的指導に関する知識<br>・語用論的能力の評価に関する知識 |
| 学習者、カリキュラム、教育環境などに関する知識 | ・学習者のアイデンティティ、文化、習熟度、その他の特徴に関する知識<br>・語用論的指導を中心としたカリキュラムに関する知識<br>・それぞれの教育環境の中で語用論的指導がはたす役割に関する知識 |

　語用論的指導には、当然ながら語用論の知識がなければならない（指導教科に関する知識）。たとえば、話し手のコミュニティ、世代、性別、民族的背景、そしてさまざまな状況要因によって語用論的規範が変わり、標準的な言語の使い方はひとつではなく多様性があるという知識（**語用論的バリエーション**[8]）、学習者が語用論的ことばの使い方を社会的状況と関連づけて理解できるように説明することができる知識（**メタ語用論的知識**）などである。そして実際に指導に語用論を取り入れようとするならば、その指導法や評価法を熟知していなければならない（**語用論的指導や評価に関する知識**）。語用論的指導を実践しようとする教員がまず関心を持つのは、たとえば、外国語の語用論的能力を持つことの大切さをどう伝えるか、社会文化的状況に学習者の意識をどう向けるか、学習者の語用論的ことばの使い方をどのように引き出し評価するか、などの問題である。さらに、効果的で学習者の文化的背景に配慮した指導をめざすならば、学習者の文化的アイデンティティや言語習熟度、カリキュラムに含める領域や教育目標、教育環境における限界（たとえば語用論的指導に費やすことのできる時間の制約）などの情報も把握しておかなくてはならない（**学習者、カリキュラム、教育環境などに関する知識**）。語用論的指導を取り入れた教員養成に関する研究は最近になって始まったばかりなので、先に述べた語用論的指導に特化した教員の知識の構成要素はまだ試案に過ぎず、今後議論が進むことが期待される。

---

6　Bardovi-Harlig, 1992; Kasper, 1997; Meier, 2003 より引用及び加筆。
7　メタ語用論的意識とは、コンテクストの中でのことばの社会的意味に関する明示的かつ意識的な認識を指す。つまり、言語のかたちがコンテクストの形成に貢献すると同時にコンテクストによって形作られている、という意識的な認識のことであり、単にことばをコンテクストにあわせて選ぶ能力をはるかに超えるものである（Kinginer & Farrell, 2004, p. 20; McConachy, 2013, p. 101; Thomas, 1983, p. 98）。ここでのメタ語用論的知識とは、言語とコンテクストとの相関関係の明確な認識を持ち、それを分析し説明できる能力を意味する。
8　語用論的バリエーションは macro-social variation 及び micro-social variation などから成る (Barron, 2003; Schneider & Barron, 2008)。

## 2. 教員の知識と信条

　教員であればなんらかの知識や信条を持っているものであるが、その範囲は、学習全般、指導教科、知識の本質、言語指導、言語習得、学習者とその特徴、教員自身や学習者のアイデンティティ、教員の役割、カリキュラムや教育環境など多岐にわたる。信条とは、明確には意識されず、内在化された潜在的なものかもしれないが、それを再考し探究することによって、省察を深めることができる。

　教員の信条は、早期に形成され、そのまま持続する傾向が強いため、変革するのがむずかしいことがある。これまでの研究から、信条の形成には、教員自身の学習、教員養成研修、過去の指導経験などが大きく影響することが明らかになっている[9]。信条が、教員自身の認識、思考、授業での決定事項などに影響をおよぼすことも多い。では、教員の信条と実践指導とがどのように関連しうるかについて考えてみよう。

## 3. 教員の信条と実践指導

　教員が指導、評価、カリキュラムなどのさまざまな問題について決断する時は、自分の知識基盤に頼ることが多い[10]。たとえば、ことばや学習の本質に関する見解は、どうすればもっとも効果的にことばを学ぶことができるかという信条に直結する。たとえば、ことばの使い方には誰もがしたがうべき「正しい」ルールがあると信じている教員は、*Do you want to come with me?* という標準的な表現のみを学習者に指導し、アメリカ中西部にいる場合でも、地元で使われる *Do you wanna come with?* というくだけた用法は、あえて紹介しないかもしれない。また、子供と大人ではそれぞれ学び方が異なると考える教員ならば、フィードバックを与える際に、年少学習者にはスマイル・マーク☺を使い、大学生にはことばでコメントするなど、異なるストラテジーを選択することもあるだろう。学習者は反復と記憶によってことばを習得すると信じている教員ならば、初級の学習者に依頼表現を教える時に、*Can you …?* という表現を単純に繰り返すドリル形式の指導を好むかもしれない。

　教員の信条は、個人、文化、教育、政治といった面での価値観を反映し、教室内外でのさまざまな経験と相互に影響し合う。自らの信条の源泉を探るには、これまでの経験を分析的・批判的に振り返る必要があり、自身の指導を深く理解するきっかけになる。たとえば、先ほどの反復と記憶によって依頼表現を教える例で、その信条のもとになっているのは何だろうか。自分が学習者だった時に使用していた教材の指導法の影響か、あるいは自分が暗記によって学習することができた成功体験だろうか。また、映画が語用論的指導に適した材料の宝庫であると考える教員の信条の源泉は、映画を使った語用論的学習の有効性に関する研究論文を読んだことか、それとも自分自身が映画から語用論的要素を多く学んだ経験か、あるいはその両者だろうか。教員研修でコンピュー

---

9　教員の知識と信条とは密接に関連し合っているため、この二者を識別する意味はないと主張する教員教育の研究者もいる（Borg, 2006; Meijer, Verloop, & Beijaard, 1999 など）。本書もこの立場を取り、知識や信条を含む教員の認識 (teacher cognition) を広い意味でとらえる。

10　Pajares, 1992; Richards & Lockhart, 1996.

ターを利用した語学学習の利点を学んだ教員は、その知識を語用論的指導に生かすだろうか。

　教員の信条と実践指導では、以下のような要因が単純な因果関係を超えて相互に絡み合っているため、両者が必ずしも合致するとは限らない[11]。

- （語学）学習者としての授業での体験
- 教室外での体験
- 教育環境における慣習
- 教員養成研修や関連講座などで学んだ理論、学習方法、指導法、技法
- 個性に関わる要素（たとえば外交的・内向的な性格など）
- 指導経験
- カリキュラム、教育機関の指導方針、行政方針

　教員の実際の指導力や知識の発展は、教育環境（たとえば指導時間やクラスの人数など）の制限を受けることも多い。そして、教員の知識、信条、実践指導は、カリキュラム、地域や国の教育観や行政方針、教育機関の指導方針など、より大きな枠組みの影響も受ける[12]。このようにさまざまな要因が複雑に関わるため、同じ信条を共有する教員の間でも指導法は人それぞれである。また、実践指導は教員の信条に左右されることが多いが、同時にこのような状況要因は教員自身がコントロールできないものと認識される傾向にあるため、信条と実際の指導との間には乖離があることが関連研究で指摘されている[13]。

　教員の知識や信条は、さまざまな経験と複雑に結びついているので、特に教員である読者の方々には、まず、上記のリストを参考にして指導や学習に関連する諸要因を考慮しながら、指導内容の選択とその選択に至った理由や経緯を自らに問い、自身の信条や実践指導を省察していただきたい。

　例を挙げてみよう。英語の挨拶表現は英語圏のさまざまな国によって、また同じ文化の中でも会話の相手や状況によって変わりうることを知っている教員がいるとする。しかし、もしこの教員が、初級の学習者の授業で教科書に掲載されている1つのフォーマルで形式的な挨拶表現しか教えていないとすれば、この教員の知識と実践指導は一致していないことになる。この乖離の原因は、教科書でそう教えることが慣習化されているからだろうか。自分が挨拶表現を学んだ時、挨拶表現を1パターンしか習わなかったからだろうか。初級では1パターンを習得すれば十分だと信じているからだろうか。あるいは、その課に費やせる時間が少なく、複数の挨拶表現を教えて学習者を混乱させることを避けたいからだろうか。この教員がそのように教える理由を考えることは、仮に

---

11　Borg, 2006; Pajares, 1992; Richards & Lockhart, 1996.
12　Richards & Lockhart, 1996; Shulman & Shulman, 2004.
13　Borg, 2006.

自分が信条どおりに教えておらず、そのずれに疑問を抱いている場合に、自身の実践指導を修正する機会にもなりうるため、意義があるといえるだろう。

すでに語用論的指導の知識があり、学習者の語用論的能力の向上が重要であると考えている読者には、**自らの指導法と知識、信条に一貫性をもたせる（teaching by principles[14]）**よう努めることをおすすめする。もし不一致があるならば、なぜか考えてみていただきたい。また、今まで語用論的指導にあまり触れる機会がなかった読者には、本書がこの分野の考え方を学ぶ一助になることを願う。そして語用論的指導が語学教育において重要であると判断されたならば、自らの信条を発展させ、その信条と一貫性のある実践指導を考えるきっかけにしていただきたい[15]。

先ほどの教員の例に戻ってみよう。挨拶のパターンを1つしか教えない指導が、従来の慣習にしたがっているにすぎない場合は、自らの知識、信条、実践指導との乖離を認識することで、今後は語用論的バリエーション（この場合はさまざまな挨拶表現）を取り入れる指導へと改善できるかもしれない。たとえば、くだけた挨拶のパターンをもう1つ授業に取り入れることができる（第8章参照）。指導時間の不足が原因だった場合には、その認識を持つことで、時間に余裕のある時には語用論的バリエーションを取り入れるようになるだろう。この教員が語用論的指導に関する教員研修を受け、初級の学習者にも語用論的指導が役に立つと信じるようになれば、カリキュラムを再編成し、語用論的指導により多くの時間を割くようになるかもしれない。逆に、初級の学習者にとっては1つの挨拶パターンを正確にマスターすることがいちばん大事であると考えるならば、信条と実践指導が合致しているので変革の必要性はない、ということになる。

教員の知識や信条は意識的に分析されないこともあるが、はっきりとした目的意識に基づく批判的省察は、潜在意識下にとどまりがちな知識や信条を明確にする一助となりうる。明示的に意識することによって、知識や信条と実践指導の関連が強化され、教育現場において意識的で根拠のある決断を下すことができるようになる。同時に、指導のさまざまな場面で、言語の効果的な学び方について一貫したメッセージを学習者に送ることにもなるだろう。

## ▶まとめ

教員の知識や信条は、専門知識・技能の発展や経験などと関連して変化する流動的なものである。教育現場ではさまざまな出来事が同時に起こるので、教員は指導に関する自らの知識の大半を意識しないままかもしれない。教員の信条とは、このような暗示的知識の延長にある場合もありうるし、ずっと以前の自分の学習経験やその時に受けた指導に端を発して形作られることもある。経験は無意識、または潜在意識のレベルで蓄積され、過去に葬り去られていることも多いため、教員の知識や信条を明確に表現す

---

14　Brown, H. D., 2007.
15　序章でも述べたように、教員は研究者が作り出す知識の受け手ではなく、言語習得や学習者の学びに関する知識の構築に参加する存在と考えられる。教員が実際の教育現場での指導経験から得ることのできる洞察は貴重な知見であり、外国語習得の分野における研究や知識に貢献するものである。

るのがむずかしいこともある。

　したがって本章では、教員である読者の方々が本書を読みながら語用論的指導に関する自らの知識や信条にじっくりと意識を向け、それがどのように発展するか観察することを推奨した。効果的な語用論的指導に必要な教員の知識（それを活用する能力も含む）として、1）多様なことばの使い方にみられる語用論的バリエーションに関する知識、またそれらの知識を意識的に分析し説明できるメタ語用論的知識、2）語用論的指導や評価に関する知識、3）学習者やカリキュラム、教育環境に関する知識を挙げた。以下に紹介するアクティビティー1を参考に省察することで、知識や信条が実際の指導にどのように関連しているか検証していただきたい。知識や信条や実践指導に関して明確な意識を持つことで、意識下に埋もれていた知識基盤を活用し、分析し、修正し、さらに磨きをかけることができる。さらに自らの信条に合った指導を実践するために、定期的に省察を行なうこともおすすめする。省察から得られる知見は、自分で検討するだけでなく、同僚と話し合うことで深まり、有益なものとなるため、できる限り書きとめたり、それについて対話の機会をもつとよいだろう。個人で、または同僚と協働してアクティビティー1に取り組み、本書で紹介する考え方をどのように解釈し利用するか、そして、語用論的学習や指導に関する自らの知識や信条、実践指導をどのように改善するかなどについて考え、話し合ってみよう。本書では、このあとの章でも適宜このような省察に立ち戻ることにする。

　語学教員養成の領域では省察の実践が推奨され、そのツールとして**ナラティブ・インクワイアリー（narrative inquiry）**[16]や**アクション・リサーチ**[17]や**探求的実践（exploratory practice）**[18]などが紹介されている。これらのツールを活用して体系的に省察を行なうことにより、教員は自身の信条や実践指導に関する意識を明確なものとし、自らの知識として獲得することができる。さらに、明確化された知識をもとに、自らの指導の中で行なうさまざまな決断の根拠を十分意識した上で、実践指導を改善する必要があるかどうかを判断できるようになり、必要に応じて、指導内容を改善することも可能となる。その結果、自己効力感が上がり活力を得ることができる。アクティビティー2では、語用論的指導に関する探求的実践を試みる。語学学習や指導に関する理解が深まるにつれ、知識や信条や実践指導は大きく変化する。自身の知識や信条の発展を探究することによって、それが語用論的指導についての信念とどのように関連しているのか熟慮することができるだろう。

---

16　教員自身の知識や経験の探究は、ナラティブを用いた省察によって可能となり、資質向上の促進に役立つ（Barkhuizen, 2008; Johnson & Golombek, 2002, Vásquez, 2011）。
17　アクション・リサーチでは、省察によって教員が資質向上をめざす「変革のための行動」を行なう（Burns, 2010; Wallace, 1998）。
18　探究的実践は「理解のための行動」であり、教員自身の実践指導に関するコンテクストに基づいた深い理解を得ることが主目的である（Allwright, 2003; Johnson, 2002, アクティビティー2を参照）。

## ▶ Activity 1：語用論的学習や指導に関する知識や信条を省察しよう

**目的**
1) 自身の信条が語用論的学習や指導の経験とどのように結びついているかについて、より高い意識を持つ。
2) 語用論的指導に特有な問題を認識することによって、自身の信条やその起源について分析的・批判的に省察できるようになる。

**方法**
1) タスクのパート 1 にある「省察のヒント」の中からテーマを 1 つか 2 つ選び、自分の考えを書いてみよう。
2) 同じテーマを選んだ教員と語用論的指導や学習に関する信条や経験について話し合い、その要点をほかの教員にも伝えてみよう。
3) タスクのパート 2 にある「省察のヒント」を用い、上の 1), 2) と同じ手順で話し合ってみよう。本書を読み進めながら、該当する「省察のヒント」をその都度用いるのもよい。はっきり意識していなかった信条を認識し、批判的に考察してみよう。答えに正誤はないが、「省察のヒント」をきっかけとして考察することで、語用論的指導に関する知識や信条の形成、修正、向上につながることが期待できる。

**結び**
　自分と異なる考えでも、ほかの教員の意見はできる限り受け入れて聞いてみるように心がけよう。過度に批判的になることなく、ほかの教員の考えや信条を見守り、発展を促すよう努めてみよう。理論と実践との間に確固たる一貫性のある指導 (principled teaching) の考え方では、明確に意識された知識や信条を持っていると、意図したとおりに指導したり評価したりしやすくなるといわれている。信条について考察することで、根拠のある決断をし、語用論的指導についても学習者に一貫した主張を伝えることができるのではないだろうか。

　本書では、教員である読者の方々に対し、これまでの語学習得や指導に関する信条を掘り下げ、明確化し、補強し、磨きをかけ、時には見直して変革できるような省察を促す。省察によって新たな視点（たとえば、自分はどのように語用論的ことばの使い方を学んだのかという認識など）が明らかになることで、今後の語用論的指導になんらかの変化がもたらされるのではないだろうか。あるいは、すでにそのような経験をもとに語用論的指導を行なっている読者の方々は、今回の省察で自らの指導法の起源を再確認し、より高い意識を持つことができるかもしれない。

| 第 2 章 |

## タスク：省察のヒント

### パート1：語用論的学習や指導に関する経験を探る
1. 語用論的学習や指導に関する自分の興味について考えてみよう。どのような経緯で本書を手にしているのだろうか。
2. 今までに経験した他言語（あるいは母語）の語用論的学習について書き出してみよう。どんな語用論的視点を、どのように学んだか思い出してみよう。その経験は、自分の語用論的指導にどのような影響をおよぼすだろうか。
3. 語用論的学習の過程で驚いたことは何か。学びの喜びや苦しみはあっただろうか。文化的規範から逸脱してしまったことはあっただろうか。そのような衝撃的な経験は、語用論的指導をどのように左右するだろうか。
4. これまでどのような語用論的指導をしてきたか思い出してみよう。はっきり自覚がなくても、実は語用論的指導をしていた、という場合もある。その可能性も含め、どのような経緯で語用論的観点を実際の指導に取り込んできただろうか。学習者は通常どのように反応するだろうか。なぜ自分はそのように指導するのだろうか。

### パート2：語用論的指導に特有な信条を探る
1. 語学教育において社会文化的観点から適切なことばの使い方を指導することはどの程度重要だろうか。そう思う理由は何か。（第1・2・5・6章）
2. すでに持っている知識を踏まえ、語用論的指導や学習に関してもっと知りたいことは何か。また、どのような疑問があるだろうか。（第2・4章・結論）
3. 語用論的ことばの使い方を指導する資質があるのはどのような教員だろうか。語用論的指導においてどのような要因や資質が大切だろうか。なぜそう思うのか。（第1－3・5・6章・結論）
4. 語用論的指導を実践する際に学習者のモデルとなる言語データ（会話例や電子メールなど）はどのようにして得るのがよいだろうか（たとえば教員の想像によって書かれた会話例、教科書に掲載されている例、自然な会話の録音や録画など）。なぜそう思うのか。（第3・8章・結論）
5. 学習者の目的、年齢、習熟度などの要因を考慮し、どの程度の語用論的指導が必要か考えてみよう。どのようなタスクや練習が好まれるだろうか。それはなぜか。（第5－10章）
6. 語用論的指導において、はじめに学習者に語用論的情報を与えてから練習する演繹的指導法と、まず例を与えて適切なことばの使い方を自己発見できるよう導く帰納的指導法があるとすれば、自身の学習者にはどちらが効果的だろうか。それはなぜか。（第6・9・10章）
7. 語用論的指導や評価を実践する際、どの言語バラエティー（アメリカ英語・イギリス英語・シンガポール英語など）の語用論的規範をモデルとすべきだろうか。（第

5−9・11・12 章・結論）
8. 学習者の文化的背景やアイデンティティに留意した語用論的指導や評価とはどのようなものだろうか。（第 5・7・9−12 章）
9. 第二言語習得一般に関する知識や信条は、語用論的学習や指導にどのように応用することができるだろうか。（第 2・6・9 章）
10. 学習者の語用論的能力はどのように評価できるだろうか。どのような評価ツールやタスクが使えるだろうか。なぜその方法を用いようとするのか。（第 11・12 章）

## ▶ Activity 2：語用論的指導に関する探求的実践に取り組んでみよう

### 目的
1) 自身の語用論的指導について検証すべきテーマを洗い出すことができる。
2) そのテーマに関する指導データを集め、分析的・批判的に検証できるようになる。
3) そのテーマについてより深く明確な理解を得ることができ、必要に応じて修正すべきことを明らかにし、改善することができる。

### 方法
1) 探求的実践（exploratory practice）は「理解のための行動（action for understanding）[19]」であり、教員が自らの指導のある側面をより深く理解し、教員として成長する手段として活用することができる。探求の現実的なテーマは、教員の置かれている環境における「不可解な点」や「なぞ」であって必ずしも改善すべき「問題点」である必要はない。つまり、新たに得られた理解が指導の改善につながることもあるが、探求的実践では、必ずしも何かを変える行動が求められたり奨励されたりするわけではない。探求的実践が「変革のための行動」を必須とするアクション・リサーチと異なるのは、自らの指導の一面について理解を深めるための行動であり、教員の負担にならない範囲で繰り返し行なうことができるプロフェッショナル・ディベロップメントであるという点である。まずアクティビティー1で自らの信条や実践指導についての省察を実施し、そのあとで次の「探求的実践のガイド」を参考にして、自分ひとりで、または同僚と一緒に、今担当している授業についてさらに考察してみよう。
2) その考察に基づいて、今回の探求的実践で検証したいテーマを洗い出し、実際の指導の場でのデータ収集計画を立案しよう。そしてそのデータを個人で、または同僚などと協働で分析してみよう。
3) その結果、指導になんらかの改善が必要と考えれらる場合は、改善計画を立て、実行してみよう。それにより学習者の学びや、態度やモティベーションがどのように変化するのかも観察してみよう。

---

19　Allwright, 2003; Allwright & Hanks, 2009.

4) データの検証が一通り終わったら、今回の探求的実践を通して得られた理解（たとえば、語用論的指導の役割やそれを学習者に伝える方法についてわかったことなど）に照らして、自らの当初の信条や実践指導が今はどのように感じられるか考察してみよう。
5) 今回検証したテーマやその結果を同僚に報告し、この探究を締めくくろう。
6) その後、新たなテーマが見つかった時には、同じ手順で新たな検証を実践するとよい。

## 結び

　ここで紹介している探求的実践のガイドは簡便なものであるが、興味があれば探求的実践や省察やアクション・リサーチについてさらに見聞を広め[20]、出版されている実践例[21]を読んでみよう。探求的実践は教員や学習者の成長のためのツールであり、教員の場合は自らの信条や実践指導について、より深い理解を得ることができる。その理解は多くの場合、以前よりも明確に認識され、洗練された明示的知識となる。探求的実践では、省察がむりのないサイクルで反復され、それにより教員の知識や専門技能が発達していく。残念ながら、日々の仕事に忙殺され疲弊してしまう教員もいるが、探求的実践は無用な負担を増やすものではなく、むしろ学習者とともに成長し、向上する力を与えるものである。

## 探求的実践のガイド[22]

---

**探求的実践の方法**
1) 個別に、あるいは同僚と協働して、自らの指導について不可解な点やもっと理解したい点を振り返り、省察しながら深く探ってみよう。そして今回探究したいテーマを1つ選ぼう。
2) 指導の現場でむりなく行なえる研究を考案し、行動に移してデータ収集や分析を行なってみよう。検証しようとするテーマによって、1回または何回かにわたるデータ収集が必要になるだろう。この段階でも同僚や学習者の協力を求めることができる。特に学習者を巻き込むことができれば、ともに指導や学習について考え、教員と学習者の両者の成長が促されるだろう。
3) この探究によって、改善する必要があると判断できる点が見つかれば、計画を練り、指導の場でそれを実践することもできる。その場合は、学習者の学びや学習態度、モティベーションにどのように影響するか観察を続けるとよい。
4) 探求によって得られた自らの指導に関する明示的理解や、指導の変化につい

---

20　Allwright & Hanks, 2009; Burns, 2010; Richards & Lockhart, 1996 などを参照。
21　実際の教員によって行なわれた探究的実践の例は Language Teaching Research ジャーナルの教員による研究 (practitioner research) のセクションなどを参照。
22　Allwright, 2003; Allwright & Hanks, 2009 より改訂。

て考察してみよう。この深まった理解に照らして当初の信条や実践指導も振り返ってみよう。
5) 教員の学びを目的として行なった探求的実践の経験について話し合ったり、書き出したりしてみよう。同僚に話す、研修や学会で発表する、ニュースレターなどに寄稿するなどの取り組みもよいだろう。
6) 今後のプロフェッショナル・ディベロップメントのために、新しく検証すべきテーマを見つけ、同じ手順で繰り返し行なうこともできる。

**ある教員が実際に行なった探求的実践の例**
**当初の省察**：自分の学習者はどのように語用論的ことばの使い方を学ぶのが効果的だろうか。語用論的規範を教員主導で教える演繹的指導がよいのか、それとも例を示してそこから自己発見に導く帰納的指導がよいだろうか（第6章参照）。

**検証テーマ**：依頼のしかたを学ぶにあたって、学習者は演繹的指導と帰納的指導のどちらを好むか。

**研究計画**：依頼の指導の中で、類似したターゲットを2つ選び、1つを演繹的に、もう1つを帰納的に教えてみる。そのあとでインフォーマルなアンケートや聞き取り調査により、学習者がどちらを好んだかを探る。

**研究結果**：帰納的指導のほうが時間がかかったが、今回の学習者にとっては、全体的に、演繹的指導より楽しく、記憶に残る指導法だったようである。

**その後の行動プラン**：このクラスの語用論的指導には適切と思われる範囲で帰納的方法を用いる。学習者の反応やモティベーション、言語的発達を観察しながら指導を進める。

# 第3章
# 語用論的言語データの収集

石原　紀子、アンドリュー・D・コーエン

## ▶教員の資質向上

　第2章では、効果的な語用論的指導に必要な教員の知識として、1）語用論的バリエーションに関する知識、メタ語用論的知識、2）語用論的指導や評価に関する知識、3）学習者やカリキュラム、教育環境に関する知識を挙げた。第3・4章では、この1）に焦点をあて、語用論的ことばの使い方に関する知識や、メタ語用論的意識の向上をめざす。

　語用論的ことばの使い方を指導する時は、話しことばであっても書きことばであっても、会話や手紙の例など、なんらかのインプット、つまり学習者にとってモデルとなる言語データが必要である。できる限りオーセンティック、つまり語学の指導に利用することを目的に用意されたものではなく、自然な、またはそれに近い言語で、指導に適切な言語サンプルはどのように収集できるだろうか。またそれぞれのデータ収集法には、どのような利点や問題点があるだろうか。本章では、母語話者に限らず、優れた語用論的能力を持つモデル話者が、できる限り自然な状況で使う言語データを収集する方法を紹介する。また、学習者のインプットに適切な語用論的データをモデル話者から引き出す方法や、映画やドラマなどのメディアから得られる言語データを利用する手段も紹介する（なお、ここで紹介するデータ収集法の多くは、学習者の言語を記録し、評価や指導に利用するために応用することもできる。この点に関しては、評価についての第11・12章参照）。

- 直感と内省
- 談話完成タスク（DCT）
- ロール・プレイ
- 自然な言語の観察とフィールドノート
- 自然な言語の録画・録音、談話分析、会話分析、コーパス分析
- 映画やドラマなどの言語データの観察

　はじめに、それぞれのデータ収集法を例とともに簡単に紹介する。そのあと、各方法を使って収集したデータ例を比較し、それぞれの方法の長所と短所について考えてみよう。

## ▶直感と内省

　ある場面で多くの話者が言いそうなことを想像して作られた会話例は、直感に基づいた言語である。実際、外国語の教科書に掲載されている会話例は、執筆者の直感によって書かれたものが多い。第8章で現在出版されている教科書の分析を扱うが、本章では語用論的指導における直感について考察する。

　ある学習者が、教員であるあなたに、英語でほかの人をほめるには何と言ったらいいか質問したとしよう。あなたは自分なら何と言うかをその場で考え、即答する。これは教員が直観に頼ってことばの使い方を考える例である。国内外で市販されている教材もほとんどが執筆者の直感に基づいて書かれているために語用論的視点から見ると不自然でぎこちない言語サンプルが多い（第8章参照）。つまり、ことばの使い方を直感や内省に頼って再現しようとするのはあまり効果的でないといえる。自分ならこの場面ではこう言うだろうと思っていることは、必ずしも実際に言うことと一致しない。ことばはたいてい、自動化されたプロセスを通して無意識に使われているため、語用論的言語についての直感は、たとえ母語話者のものであっても「信頼がおけないことで悪名高い」[1]とよく指摘されている。また、われわれはことばの使い方や社会・文化の規範について潜在的な知識を持っているものだが、その知識を明示的に問われると、ことばはこのように使われるべきだという自分の理念や、一般的にはこのように使われているのではないかという印象を述べてしまうこともあり[2]、実際にその人が使うことばとはかけ離れてしまうのかもしれない。

　語用論的ことばの使い方は、多くの状況要因が影響するため、実際には非常に複雑である。平均的な母語話者であっても、イントネーション、ポーズ、言いよどみ、語彙、文法、談話構成など複数の要素を通して表現されるポライトネスの使い方を総括的に説明することは困難だろう。自分自身のことばの使い方を簡単に内省しただけでは、語用論的ことばの使い方の全体像をつかむことはできない。

　そのため、母語話者や母語話者に近い能力を持つ教員であっても、必ずしも効果的な語用論的指導ができるわけではないので、直感のみに頼ることは避けるべきである。むしろ語用論的指導には、語用論的ことばの使い方に関する知識や、それを分析し説明するメタ語用論的知識、多文化交流の経験や他文化への配慮、指導法や評価法のレパートリーを広く持っていることが必要である（第2章参照）[3]。

　中間言語・異文化間語用論の領域におけるこれまでの学術研究の成果は、さまざまな文化的コンテクストの中での語用論的ことばの使い方に関する貴重な情報源である。ただし、それらの研究論文は入手するのがむずかしいことも少なくない。そこで、現職の教員にも利用しやすいよう研究結果をまとめたミネソタ大学のデータベースを活用することをおすすめする。CARLA（Center for Advanced Research on Language Acquisition）[4]はミネソタ大学に付随するアメリカ政府の言語教育研究機関であり、「発

---

1　Manes & Wolfson, 1981, p. 16.
2　Cheng & Tsui, 2009.
3　Judd, 1999; Kasper, 2001; Meier, 2003.
4　http://www.carla.umn.edu/index.html 参照。

話行為の構造」のサイト[5]には、複数の言語での6つの発話行為に関する研究結果がわかりやすい用語を用いてまとめられている（内容の抜粋は第4章を参照）。ほかにも、以下に紹介する方法で、教員や学習者も身の回りで語用論的データを収集することができる。

## ▶ DCT（談話完成タスク）とロール・プレイ

語用論的指導で学習者のインプットとして利用する言語データを収集する際には、自然に行なわれる会話などを録画や録音などの手段で記録するのが理想的である。しかし、自然な会話の記録は現実には不都合な点も多いため、母語話者や母語話者に近い語用論的能力を持つ情報提供者から必要な言語データを引き出して記録する方法も一般的に用いられている。以下の例は、状況を描写したシナリオを情報提供者に提示し、その状況で言うであろうことを記述、または口頭でロール・プレイしてもらう方法である。

### 1. DCT（談話完成タスク、Discourse Completion Task）例

> あなたはアメリカ中西部にある大きな大学で、ある科目を履修しています。学期末レポートの締め切り1週間前になって、時間のかかりそうなレポートの締め切りがほかに3つもあることに気づきます。すべてのレポートを期限までに提出することはむりだと考えたあなたは、ジョンソン先生のところへ行って締め切りを延ばしてもらおうと思います。先生は50代の女性です。受講生が大勢いる授業のため、先生と個人的に話すのははじめてです。授業が終わったあとに先生に近づいて言います。
>
> **1ターンのみの DCT**
> あなた：
>
> **複数ターンの DCT**
> あなた：
>
> ジョンソン先生：But the deadline was made clear in the syllabus.「でも締め切りはシラバスにはっきり書いてあるでしょう」
>
> あなた：
>
> ジョンソン先生：Well, OK, but only two extra days.「うーん、じゃあ2日間だけですよ」
>
> あなた：

1ターンのみのDCTでは依頼表現のみが引き出されるかもしれないが、複数ターンのDCTではもっと長い会話を誘発できるだろう[6]。情報提供者は、会話の相手が言うこと

---

5 http://www.carla.umn.edu/speechacts/descriptions.html 参照。
6 Cohen & Shively, 2003.

に注意してその文脈に合う答えを考える必要がある（これに関しては第 6・11 章も参照）。

DCT は記述式（written DCT）で実施されることが多いが、口述式でのデータ収集も可能である（oral DCT[7]）。また、絵やビデオ、漫画などさまざまな視覚的補助を用いて状況の描写をわかりやすく詳細に伝える工夫もできる（picture-[8]/video-[9]/cartoon-enhanced[10]DCT）。会話の両者のせりふを引き出す自由形式の談話制作 DCT（free DCT[11]）にも応用できる。さらに、教員でなく学習者が、過去に困惑した体験などに基づいて DCT のシナリオを考えるクリエイティブな学習者制作 DCT（student-generated DCT[12]）もある（第 11・12 章参照）。視覚的なデータ収集法を用いれば、幼い子供など年少の情報提供者や学習者にも応用することができ[13]、それを学習者制作 DCT と組み合わせて、子供が絵を描きながら状況を設定する学習者制作ビジュアル DCT（student-generated visual DCT, SVDCT[14]）なども考案できる（例は第 12 章参照）。

## 2. ロール・プレイの例

A：従業員
あなたは近所のコンビニエンス・ストアでアルバイトをしています。ある日、自分より 20 歳くらい年上の店長が、従業員全員を「お疲れ様会」に招待してくれます。仲間もみな参加し楽しいことはわかっていますが、その日は遠くから来る旧友と夕食を食べてから観劇の予定があります。そのため、申しわけないと思いつつも、今回は断ろうと考え店長のところへ行きます。

B：店長
あなたはあるコンビニエンス・ストアの店長です。「お疲れ様会」を企画して全従業員を招待し、今ちょうど出欠を確認しています。そこへ自分より 20 歳ほど年下でアルバイトの店員があなたのところへ来ます。まだ出欠の返事をもらっていないので、あなたはこの機会に聞いてみることにしました。日頃とてもがんばってくれているので、ぜひ会には来てほしいと思っています。

店長：

従業員：

---

7　Brown, J.D., 2001; Ishihara, 2006.
8　Yamashita, 2002.
9　Bardovi-Harlig & Döryei, 1998; Yamashita, 2008.
10　Rose, 2000.
11　Barron, 2003.
12　McLean, 2005.
13　Bucciarelli, Colle, & Bara, 2003; Suzuki, 2011 など、ビデオや人形を使った例を参照。
14　Ishihara, 2013; Ishihara & Chiba, 2014.

店長：

従業員：

（ロール・プレイは会話が自然に終わるまで何ターンでも続けてよい）

相手や内容などの状況によって、話しことばも書きことばも、その使い方が調整されている。言語はさまざまな状況要因にしたがって形作られ、同時に言語もその状況形成に寄与している。次の点[15]はコンテクストの三大要素として知られている（第1章も参照）。

a) **社会的立場（S）**：話し手・書き手と聞き手・読み手の相対的な社会的立場
b) **距離（D）**：社会的・心理的距離（話し手・書き手と聞き手・読み手との親疎の感覚）
c) **ことの重大さ（I）**：内容の深刻さ（依頼する内容の負担の大きさや謝罪する事態の重大さなど）

ことばを引き出す DCT やロール・プレイなどの方法の利点は、これらの状況要因を意図的に調整し、その要因がことばの**丁寧度、直接・間接度、フォーマリティー**などにどう影響するかを分析できることである。たとえば、授業を取り始めたばかりの学生が先生に小さな依頼をする場合と、同じ学生が同じ依頼を仲のよい友人にする場合を比べてみよう。ここでは2つの状況要因、つまり社会的地位（S）と距離（D）がことばの使い方におよぼす影響に注目することができる。下の図で3つの×が左側にあれば、丁寧度が低く、直接的で、インフォーマルな表現となり、×が右側にあれば丁寧度が高く、間接的でフォーマルなことばを使うことになる。

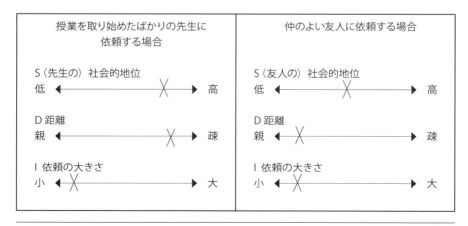

---

15 Brown &Levinson, 1987 の power, distance, imposition を改訂。S は relative social status, D は social/psychological distance, I は imposition/intensity/stakes involved などの概念を表わす。

依頼表現は、たとえば親しい友人のペンを少しのあいだだけ借りる場合と同じ友人から1週間車を借りる場合など、依頼内容の重大さによっても変化する。このような場合には、下の図にあるように、ことの重大さ（この場合には依頼の負担の大きさ）（I）が依頼表現におよぼす影響を観察することができる。

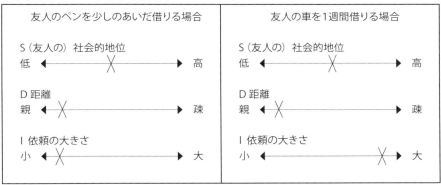

DCTやロール・プレイは、大量のデータを短期間で収集できる便利な方法である半面、データから得られる言語、特に記述式DCTの回答が実際に話されることばを正確に反映していないかもしれないという懸念や研究データもある[16]。情報提供者はシナリオに描写されている状況に遭遇したことがないかもしれないし、たとえ経験があったとしても、想像上の文脈では、現実ならば起こるはずの結末が欠如しているために現実味（consequentiality[17]）がなく、情報提供者の語用論的能力だけでなく、想像力や演技力も試していることになるかもしれない。DCTという形式が引き出されたことばに与える影響を検証した研究の多くは、DCTデータの妥当性を疑問視し、それを考慮した上でDCTを使用すべきであるとしている[18]。DCTによって入手できるデータは、現実の場面でインタラクティブに使われることばそのものよりも、情報提供者の語用論的知識を反映する[19]。つまり、何がどのように言われるべきかという社会的規範を、情報提供者がどのように認識しているかを浮き彫りにする鏡といえるかもしれない。また、DCTデータは語用言語学的には妥当なデータであるとしても、社会語用論的には正確ではないともいわれている[20]。また、DCTの影響は言語や文化によって異なると主張する研究者もいる[21]。記述式DCTに比べると、ロール・プレイはより自発的、双方向的であり、自然な談話により近いデータを引き出せる可能性が高いだろう[22]。

---

16　Golato, 2003; Kasper, 2000; Kasper & Dahl, 1991; Kasper & Rose, 2002 などにより詳しい議論がある。
17　Bardovi-Harlig & Harford, 2005.
18　Beebe & Cummings, 1996; Golato, 2003; Hartford & Bardovi-Harlig, 1992, Kasper & Rose, 2002.
19　Golato, 2003.
20　Nelson, Carson, Al-Batal, & El-Bakary, 2002. 語用言語学と社会語用論に関しては第1章を参照。
21　Hinkel, 1997; Rose, 1994a; Rose & Ono, 1995.
22　Kasper & Dahl, 1991.

言語指導のためには、DCTやロール・プレイなど言語データを引き出す方法の長所と短所を知り（アクティビティー1参照）、さまざまなデータ収集方法の中から目的に合った適切な方法を選択できることが肝要である。次に、自然な会話からデータを収集する方法を見てみよう。

### ▶観察・フィールドノート・会話分析・談話分析・コーパス分析
　DCTなどから収集したことばは意図的に引き出されたもので自然発生的でないため、語用論的指導の場では自然な言語データのみを使用するのが最適だという見解もある。自然な言語が使われる場で、データ収集者がその言語を観察し、フィールドノートとして文字どおり書きとめる方法であれば、会話者から事前に許可を取る必要がないため、もっとも自然なデータを得ることができる。しかし、この手法は観察者の記憶が頼りであるため、記録できるデータの長さや正確さに限界がある。そこで、自然な会話を録音・録画をすれば、フィールドノートより正確なデータが得られるだろう。録音・録画したデータを緻密に会話分析したり、言語コーパスを利用したりして語用論的ことばの使い方を指導する方法が近年ますます注目されている。一方で、このような方法の短所として、通常は事前に録音や録画の許可を取らなければならないため、情報提供者が意識過剰になり自然な会話にならないかもしれない[23]、データの書き起こしが必要な場合には時間や労力がかかる、そして場面設定をコントロールしにくいため、状況により変わる言語の使い方の比較検討がむずかしい、などの難点がある。まず、観察とフィールドノートの手法から見てみよう。

### 1. 自然な言語の観察とフィールドノート
　フィールドノートの手法を使って自分が聞いたり関わったりした会話について注意深くメモを取る方法がある。メモに取るべき言語関連の要素は以下のような点である。

- 使われたことば
- 語用論的トーン
- ジェスチャー、姿勢
- 視線の使い方、顔の表情

　**語用論的トーン**とは「言語・非言語的方法で間接的に伝えられる情動」で、比喩的には「感情の『色』及び言語に関する態度」のことである[24]。語用論的トーンの研究者が指摘しているように、ことばの語用論的な適切さは、音声的トーンのみならず、語彙の選択、文法、意味公式（ストラテジー）などにも影響される。情動はイントネーション、言語構造（たとえば副詞句の使い方など）、非言語の手がかり（たとえばジェスチャー、

---

23　観察者のジレンマ (observer's paradox, Labov, 1972) ともいわれる。
24　Beebe & Waring, 2004, p. 2.

顔の表情、姿勢、相手との物理的距離のとり方）などに組み込まれて伝えられるため、同じことばを使ったとしても、トーンによってその表現は異なる意味合いをおびる。

言語関連の要素に加えて記録すべき状況要因に関しては、観察の目的や、学習者の語用論的認識のレベルと語学力にもよるが、必要に応じて次のような点も記録しておくとよいだろう。

- 会話が行なわれた場所や状況
- 話し手や書き手の（大まかな）年齢
- 性別
- 相対的な社会的地位
- 親疎（話し手と書き手の社会的・心理的距離）

1980年代に、このフィールドノートの手法で自然なほめことばを1200件収集した研究者チームがあり[25]、そのデータは現在も、ほめとこたえに関する語用論的指導に十分参考になる[26]。たとえば次のような形式で自然な言語を観察し、記録にとることができる。

## 観察によるデータ収集例[27]

| 状況・場所 | | | |
|---|---|---|---|
| 状況要因 | 社会的地位（S）<br>（年齢・性別・会話での役割など） | 社会的・<br>心理的距離（D）<br>（親疎） | ことの重大さ（I）<br>（依頼内容の重大さ） |
| | 低◀──────▶高 | 親◀──────▶疎 | 小◀──────▶大 |
| 会話 | A:<br>B:<br>A:<br>B:<br>（続く） | | |
| その他（トーン、ジェスチャー、視線の使い方など） | | | |

---

25　Manes & Wolfson, 1981.
26　大学生を対象とした指導案の例は第7章、Carduner, 2011; Howard, 2011; Ishihara, 2010、高校生対象の例はKoseki, 2012などを参照。
27　Kakiuchi, 2005bに加筆。

語用論的ことばの使い方を学ぶために、学習者が状況設定を行ない、データを集めてみるのもよいだろう。たとえば、デートにどのように誘い、こたえるかといったことは、学習者が興味を持ちやすい話題であるにもかかわらず、自然な会話例が教科書に掲載されていないことが多いので、学習者によってはデータ収集に適したテーマといえるかもしれない。以下の例は、ESL の中・上級者がほめことばとこたえについてデータ収集をする課題[28]の一部である（学習者が使用した言語をそのまま引用）。

## 観察によって得られた学習者のフィールドノート例

For the next few days, pay attention to any compliments that you give, receive, or overhear and jot them down in your notepads as accurately as possible after the conversation. Observe carefully the circumstances in which these compliments were given and responded to in terms of gender, age, role, distance/closeness, and compliment topics. Fill out the following form and bring it to your next class.

［日本での指導例］身の回りで交わされるほめことばやこたえを元の言語で（翻訳しないで）観察してみましょう。英語や日本語でどのようなことばが使われるのか意識しながら日頃の会話やテレビ番組のせりふなどに耳を傾け、会話が終わったらすぐにほめことばとこたえを書き取ってください。ほめる人、ほめられた人の年齢・性別・距離・ほめる対象などに気をつけて下の表に書きとめ、ほめことばがその状況の中で適切・誠実だったか判断してみてください。

| | 社会的地位 (S) | 距離 (D) | ことの重大さ (I)<br>（ほめる対象） |
|---|---|---|---|
| 会話1 | equals<br>(same age group, females, classmates) | close | T-shirt<br>(appearance/possession) |
| | Jenny: Nice T-shirt!<br>Steph: Well, Jenny, I bought it at a thrift store.<br>Jenny: But it looks new!<br>Steph: Oh, no, it's used, I bought it for $1.<br>Jenny: That's really cheap.<br>Steph: Thanks you. | | |
| 会話2 | equals<br>(same age group, males, roommates) | close | cooked meal |
| | Jeff: You really did a nice work.  You made a delicious food.<br>Ricardo: Do you really think so? | | |

| | equals<br>(same age group,<br>male to female,<br>classmates) | somewhat close | watch<br>(appearance/<br>possession) |
|---|---|---|---|
| 会話3 | John: I like your watch.<br>Aisha: Thanks, my fatehr [father] give to me in my birthday.<br>John: I think is really cool. | | |

　上の例のように、学習者が集めたデータには正確に記述できていない部分もあるが、それでも語用論的指導の主目的をはたすことはできるだろう。この例では、データは必ずしも文法的に正しくないのだが、ほめる対象として適切な話題、ほめことばの文法構造、こたえのストラテジーなどについて、それぞれの文脈を考えつつ分析するのに役立つ。

## 2. 自然な言語データの談話分析・会話分析

　自然な言語データを録音・録画して分析する方法として、近年広く支持されている手法に、会話分析や談話分析がある。会話分析（conversation analysis）は、インタラクションに使用される言語的・非言語的行動を体系的に詳しく分析する手法である。会話分析は、エスノメソドロジーの考え方を基盤とし[29]、一見何の変哲もなく、ごく普通と思われるやり取りであっても、秩序だった複雑な慣習が守られつつ進行しているということを実証してきた[30]。自然な会話を詳細に、たとえば10分の1秒単位で、時には音素や視線、ジェスチャーまでも書き起こしたトランスクリプトを用いて、双方向のやり取りがどのような順序にしたがって構成され、進行しているのかを丁寧に描写し、その秩序だった慣習を検証する[31]。会話分析では、会話がどのように構成されているのか、どのように話者交替するのか、発言がどのように重なり合うのか、会話の修復はどのように起こるのかなどを分析する[32]。

　本章のアクティビティーや第4章に例があるように、発話行為や会話の運びは、複数のターンにわたって実現されることが多く、会話分析や談話分析の研究者は、詳細な分析を通してこそ、自然な会話がいかに複雑な構造を持ち、われわれの意図がいかに微妙に伝えられているかが明らかになると主張している。語用論的・談話的慣習に気づき、そのデータを収集し、詳しく解き明かす分析的枠組みとして会話分析の手法が機能するわけである。つまり、談話の視点を用いることで、会話者たちがやり取りの中でたがいに構築し合い理解する意味をとらえることができる。たとえば、聞き手は、話し手の発話にこたえることで今度は瞬時に話し手となり、そのこたえは相手の発話をどのように理解しているかを示すものとなる。同時に、相手が元の発話の理解を確認したり修正し

---

28　Ishihara, 2004 より改訂。
29　Garfinkel, 1967.
30　Kasper, 2007.
31　Firth, 1996, pp. 237-238.
32　Schegloff, Koshik, Jacoby, & Olsher, 2002.

たりする機会を提供することにもなる。このような過程を経て、意味は社会的に、また双方向的に構築され交渉されるのである[33]。

　一例として、会話分析を用いて、話者がどのように異議を表明するかを検証したデータの一部を見てみよう。次の会話は、一般的な技能習得にさまざまなストラテジーが使われるかどうかについて、大学院の授業中に 2 人の話者が意見交換している場面である[34]。

```
1      Tess: [strat[egies,
2      Tak:  [mhm  [mhm
3            (0.6)
4      Tess: general skill [learning?
5      Tak:                [°yes°
6            (0.8)
7  1st Tess: °it's true:?° ((looks at Takako))
8            (0.3) ((Takako looking at paper))
9      Tess: don't we?
10     Tak:  mm::
11           (0.7)
12 2nd Tak:  it depends,
13           (1.3) ((Takako looking at Tess))
14     Tak:  but do we? ((nods))
15           (1.0)
16 3rd Tess: ↑no I think s[o: ((looks at Takako))
17     Tak:               [°yeah° ((nods))
18     Tess: I think we [might (0.4) try to [do things=
19     Tak:             [°mm°                [°mhm°
20     Tess: =[different [ways,
21     Tak:   [°mhm°     [°mhm°
22           (0.3)((Tess writing))
23     Tess: use different strateg[ies,
24     Tak:                       [mm ((nods))
25           (2.5)
```

　会話分析のトランスクリプトには独自の表記法があるため、慣れていないとデータを読みとるのがむずかしいだろう。ここでは、疑問符（?）は上昇するイントネーション、ピリオド（.）は下降するイントネーション、コンマ（,）は発言が終了していないイントネーションを示す。コロン（:）は音や音節が伸びた発音、上向きの矢印（↑）はイントネーションの高いピッチへの変化、°で示された部分はほかよりやわらかく発話された部分、［は割り込みが始まる場所、＝は間断がない発話を示す。括弧内の数字は沈黙の時間を10分の1秒単位で示し、ジェスチャーなどの非言語の動作は二重括弧内に表示される。

　この会話では、まずテスが、一般的な技能の習得にはさまざまなストラテジーが使われるのではないかと口火を切る。4 行目のイントネーションの上昇から控えめな調子が、また 9 行目の付加疑問文には同意を求める様子がうかがえる。タカコ（Tak）の反応には、異議の表明に特徴的な遅れが見られ、12 行目の *it depends*（場合による）という部分的な賛同や、異議の導入に使われやすい *but*（でも）ということば、そして *do we?*（そうかな）という直接的な疑問（14 行目）にも異議が見てとれる。タカコの異議の兆候に

---

33　Kasper, 2006, p. 294.
34　Houck & Fujii, 2013, p. 123 より会話データを引用。

応じて、テスは 16 行目、さらに 18 - 23 行目でより明確に意見を述べる。そのあとの 19 - 24 行目のタカコの反応は曖昧で、賛意を表わすうなずきもあり、それ以上の意見の表明がないため、このあとテスは新しい話題に移ることになる[35]。

このような会話分析の手法を用いて得られる知見は、語用論的指導、たとえば会話の開始、終結、会話の運び、話者交替、割り込み、話題転換、隣接ペア、好ましい（preferred）こたえと好ましくない（dispreferred）こたえなどの指導に応用することができる[36]。さらなる自然な会話データの例や DCT データとの違いについては、本章のアクティビティー 1 や第 4 章を、談話の視点を用いた指導については第 7・8・9 章を、会話分析を利用した評価については第 12 章を参照していただきたい。

## 3. 自然な言語データのコーパス分析

自然な言語データを入手する方法として、会話を録音・録画するほかに、言語コーパスを利用する方法もある。言語コーパスは、特定の目的のもとに電子データとして編纂された話しことばや書きことばのテキストの集合体で、電子検索や分析が可能である[37]。よく知られているものには、さまざまな場面で使われた書きことばと話しことばを 100 万語収録した現代イギリス英語の British National Corpus（BNC）[38] や、ミシガン大学でのアカデミックな話しことばの対話を 150 件以上収録した Michigan Corpus of Academic Spoken English（MICASE）[39] などがあり、どちらもインターネット上で無料検索を試すことが可能である。

コーパスは自然な言語の使い方を反映するデータとして、従来からその価値を認められてきた。著名なコーパスの研究者は、自然な言語は作ることができず、実際に使われている生の言語をとらえることのみが可能であり、自然に聞こえる会話例を作ろうとしてもどうしようもない代物が生まれるだけで、決して信頼に値するものは得られないと述べている[40]。本章でもすでに述べたとおり、われわれの直観は重要な資質ではあるが、実際のことばの使い方を知るには十分ではない。そこで、自然な会話のデータベースであるコーパスから関連データを見つけることが効果的なデータ収集法となりうる。語学教育においても、コーパスから得られるオーセンティックな言語や、会話分析の対象となる自然な言語の使用を推奨する研究者は多い。

コーパス分析に基づいた教材開発が始まって久しいが、その利点には、検索を通して自動的にことばの使用例のリスト（concordance）を作成し、使用頻度などの分類・統計が取れて、学習者中心型・発見型・個別対応型の語学学習が可能になることなどがある[41]。実際、多くのコーパス研究で、オーセンティックなことばの使い方の語用論

---

35　Houck & Fujii, 2013, p. 124.
36　Dörnyei & Thurrell, 1998.
37　Biber, Conrad, & Reppen, 1998, p. 4.
38　http://www.natcorp.ox.ac.uk にてアクセス可。
39　http://quod.lib.umich.edu/m/micase/ にてアクセス可。
40　Sinclair, 1997, p. 31.
41　Leech, 1997, pp. 10-11.

的側面が研究されている。依頼・感謝表現・異議表明のコーパスデータ例は第4章を参照していただきたい。以下はそのほかの例である。

- イギリスでの直接・間接的依頼や、電話をかける人やオペレーターの使うポライトネス標識 [42]
- 香港の中国語および英語母語話者が使う曖昧な言語 [43]
- カナダの家族間で発生する苦情への対応 [44]
- 職場での発話行為（例：遂行動詞や忠告・命令など）[45]
- 談話標識やあいづち（例：*oh, ah, however, still, sure* など）[46]
- オフィス・アワーやスタディー・グループでの提案 [47]
- イギリス英語の口頭での感謝表現 [48]
- 学術的な場でのメタ語用論的コメント（formulations、例：*what you're saying is, you are saying that*）[49]

しかし、自然な言語データが得られる反面、かなり大規模なコーパスでも語用論的指導に必要な情報を完全に抽出できるとは限らないことも指摘されている。現段階でのコーパスの利用は、特定の表現を選び、コーパスのデータ検索でその用法を抽出する方法が主であろう。たとえば、語用論的指導に活用できる用例としては、*compliment, apologize, disagree* などの発話行為の遂行動詞、*first, but, so* などの談話標識、*why don't you, why not, how about* などの間接的な慣用表現をコーパスで検索できる [50]。一例を挙げると、口頭での謝罪として使われた *sorry* の用法を、先に挙げたアカデミックな話しことばのコーパスである MICASE で検索すると、*sorry* が使われる言語環境を確認し、誰がどのような状況で発話したかという情報を検証することができる。

MICASE では、話者の特性などのさまざまな条件で検索することができる。試しに、検索条件の話者の特性では、「男女両方の話し手、17-23歳、すべてのアカデミックな立場・役割、英語の母語話者・非母語話者、すべての母語」、そのほかの条件では、「スタディー・グループ、社会科学・教育、その他すべての学問分野、すべてのレベルの話者、双方向性の高い談話」を選び、検索してみよう。結果は2つのトランスクリプトからの16例で、すべてアメリカ英語の母語話者によるものが検出された。以下は *sorry* が謝罪表現として使われた10ケースのうち5例に若干の編集を加えたものである。

- Hi, Rachel. I'm sorry my alarm didn't go off this morning.

---

42　McEnery, Baker, & Cheepen, 2001.
43　Juker, Smith, & Lüdge, 2003.
44　Laforest, 2002.
45　Koester, 2002.
46　これらの研究の概要は McEnery et al., 2001, pp. 105-107 を参照。
47　Jiang, 2006.（第8章参照）
48　Schauer & Adolphs, 2006.（第3章参照）
49　Vásquez, 2010.
50　Adolphs, 2006.

- I feel bad that I haven't gotten to get my thoughts out because I've had so many thoughts about it but, sorry, I just, I had two really full crazy days…
- I know you tried to email it too, so sorry you had to do it again…
- I just, I didn't get into like explaining my reasoning in my movies cuz, I just didn't, I'm sorry.
- Yeah it's a little sloppy. I have to leave. I'm sorry. Don't worry about it.

以下は sorry の語用言語的機能が謝罪でなく、同情や後悔である場合の 6 例に若干の編集を加えた用例である。

- It's a talk show. I'm alarmed, I'm sorry.
- I'm sorry that that's she's not cut out for customer service.
- She doesn't want to go. I'm sorry, you'll have a great time together.
- Like she m- I'm sorry but, like you know what I mean like sh- maybe she's like well she couldn't be doing anything else right now.
- And like I'm sorry that like every job has like its pros and cons. She hates her Angell Hall job?
- They what? I'm sorry it's like, they like don't spend time with their kids or anything on their work.

利用するコーパスから求めている情報が容易に得られればよいのだが、上の例のように語用論的意味は自動的には探知されないことが多く、その場合には、機能の分類を 1 つずつ検証しなくてはならない[51]。検出されたデータは、まとまった談話からの抜粋であるため、その意味を理解するにはかなりの推測や解釈が必要となるケースも多い。たとえば、上の例では、sorry が謝罪ではないコンテクストで使われる場合（たとえば、*I'm sorry ... she's not cut out for customer service*［彼女が接客向きではなくて残念だ］など）があるため、コーパスから自動的に謝罪の場面だけを抽出するのは困難だった。また、謝罪という発話行為が、典型的な謝罪表現をまったく含まないストラテジーを使って実現される場合があることも、語用論的な目的でのコーパス利用をむずかしくしている一因である。コーパスでさまざまな謝罪表現を検索できるようになるためには、直接的・典型的な謝罪の定型表現ではない謝罪のストラテジー、たとえば責任の認知、修復の申し出、理由の説明、再発防止の約束なども、謝罪として分類（タグ付け）されていなければならないが、そのような語用論的解釈は、文脈や個人の見解にも大きく左右されるため困難だろう。話者、コンテクスト、発話の直接・間接度などとの関連を検証する

---

51　Adolphs, 2006; McEnery, Xiao, & Tono, 2006. この例外としては、電話のオペレーターやサービスの会話の発話行為をタグ付けするランカスター大学での試み Speech-Act Annotated Corpus for Dialogue Systems: Pilot Project (SPAAC) がある (Adolphs, 2006)。詳細は以下からアクセス可：http://ucrel.lancs.ac.uk/projects.html

語用論的ことばの使い方をサポートするコーパスデータの分析はいまだ研究途上にあり、言語のかたちと、発話の間接的な意味とを関連づけるむずかしさが指摘されている[52]。

したがって、コーパスを使用する場合には、まず検索結果が語用論的に望ましいデータかどうか、そのコンテクストを1つひとつ検証しなくてはならないこともある[53]。そして教材がなんらかのコーパスに基づいて作成された場合には、脚注などを使ってその背景などの情報が盛り込まれるべきであるとする研究者もいる。つまり、データを供給するのみでは不十分であり、もともとのオーセンティックな談話の出所であるコンテクストや、その対話の社会文化的目的、話し手や書き手についての情報、データが収集された場所、コーパスの所有者や管理者などを示す必要があるという主張である[54]。また、自然な談話から切り取られたデータを語用論的指導に使用するには、そのデータを編集する必要があるかもしれない[55]。自然な言語データには、口ごもった発話の開始部分、間違いの修正、省略などが多く、特に初級の学習者を指導する場合には非生産的であり、注目するべき要素以外の部分に注意を奪われてしまいやすいという欠点がある。一方で、指導目的のために、言語データのターゲットとなる特徴だけを残し、そのほかの自然な会話の特徴を編集することは、自然なコーパスデータを使用する本来の目的に反することにもなりかねない[56]。

### ▶映画やドラマなどの言語データの観察

これまで見てきたように、指導に適切で自然な言語データを収集するのは困難を極めることが多いため、映画やドラマなどで使われている言語データを使い、学習者がそれを観察・分析する、という手段も広く使われている。しかし、このようなデータは、自然な会話ではなく、せりふとして書かれ脚色された言語であるため、指導に活用する際には注意が必要である。自然な言語と、映画やテレビのインタビューのことばを比較したこれまでの研究では、類似点と相違点の両方が指摘されている。たとえば、映画や自然な会話にみられるほめことばの文法的構造は似ているが、映画の言語には、誇張された形容詞（たとえば *beautiful* や *nice* の代わりに *stunning* や *fabulous* など）が選ばれる傾向がある[57]。語用論的な観点から自然な言語に近く、指導に適切なメディアの言語を選ぶのは教員である。学習者のインプットが、教材として書かれたぎこちないものではなく、それなりにオーセンティックであることが重要である。誇張されたり、おもしろおかしく脚色されたりしている言語も、自然なことばを忠実に反映するものとはいえないだろう。教員の裁量次第で、特に EFL など教室外で学習言語に触れる機会が限られている環境では、メディアの言語が適切な語用論的インプットになりうる[58]。

---

52　Adolphs, 2006, pp. 124-135.
53　Sinclair, 1997, p. 34.
54　Mishan, 2004.
55　Carter & McCarthy, 2004.
56　Adolphs, 2006.
57　Rose, 1997b, 2001; Tatsuki & Nishizawa, 2005.
58　Eslami & Eslami-Resekh, 2008; Martínez-Flor, 2008; Rose, 1994b; Rylander, Collins, Derrah, Ferguson, & D'Andrea, 2014; Saito, 2013b.

一方で、連続もののコメディー・ドラマ（situational comedy, sit-com）などのメディア言語を利用して、語用論的誤りの例を学習者に提示するというのも一案である。コメディー・ドラマなどでは、語用論的誤りが起爆剤となって観客の笑いが起こることがあり、語用論的規範に沿っていないことばの使い方が学習者にとっても明らかでわかりやすい。学習者は、どのような語用論的ことばの使い方が標準的でないのかを理解し、また規範から逸脱した言語がもたらす結末も目の当たりにすることができる[59]。さらに、教員と学習者が協働して、メディアの言語と現実のことばがどのように異なるか分析するのもよいだろう。また、そのような相違がなぜ生まれるのか、メディアの言語の短所を補い効果的に語用論的学習につなげるにはどのようにすればよいか、などについて批判的省察を行なうこともできるだろう。

　近年ますます語用論的指導が注目を浴びるなか、メディアの言語を利用した指導案が、学会や出版物で発表されることも多くなってきた。そのうちのいくつかを以下に紹介しよう。

| 指導のターゲット | メディア教材 | 指導内容 |
|---|---|---|
| 謝罪と依頼（英語）[60] | 『アニー・ホール』Annie Hall（映画） | 謝罪・依頼表現のかたちとストラテジーの分析、文脈に沿った言語のかたちの検証 |
| 依頼（英語）[61] | 『ア・フュー・グッドメン』A Few Good Men（映画） | 丁寧度の異なる依頼表現のかたちの分析、話者のスタイルの変化の検証 |
| 呼称（英語）[62] | 『トッツィー』Tootsie（映画） | 呼称の言語の識別、そのやり取りの文脈における社会的意味の検証 |
| 自己紹介（英語）[63] | 『となりのサインフェルド』Seinfeld（コメディー・ドラマ） | 会話の慣例、および語用論的誤りとそれに対する聞き手の反応の分析 |
| 依頼（英語）[64] | 『となりのサインフェルド』Seinfeld（コメディー・ドラマ） | 間接的依頼（ほのめかし）の分析、文化によって異なる依頼表現の検証 |
| 依頼（英語）[65] | 『スターゲイト』Stargate（テレビドラマ） | 直接的・間接的依頼の識別と分析、スキット作成、トランスクリプトの分析と語用論的意識向上、談話完成 |

59　Washburn, 2001.
60　Rose, 1999, pp. 178-180.
61　Fujioka, 2003, pp. 13-14.
62　Fujioka, 2004, pp. 17-19. 呼称の指導については第7章も参照。
63　Washburn, 2001, pp. 22-24.
64　Rose, 1997a, pp. 9-10.
65　Alcón, 2005, p. 422-423.

| 会話の推意（英語）[66] | 『デスパレートな妻たち』 Desperate Housewives（テレビドラマ） | 顔の表情やコンテクストの検証に基づく暗示的意味の識別 |
| 発話行為（ほめとこたえ、挨拶など）（英語）[67] | さまざまな映画 | 発話行為の言語語用論的・社会語用論的分析、ロール・プレイ |

　このようなアイディアが今後も発表され、共有されつづけていくのを願いつつ、教員である読者の方々も、さまざまなアイディアを提供してくだされば幸いである。

## ▶オーセンティックな言語の語用論的指導への応用

　語用論的指導の現場で、どの程度オーセンティックな言語データを学習者にインプットするべきかはむずかしい問題である。DCTなどで引き出された言語データは、自然発話ではないため語用論的指導に不向きとする見方もあるが、語用論的ことばの使い方の研究や指導案には、DCTや、それより自然に近い言語を生み出すロール・プレイなどから引き出されたデータを元にしたものも少なからずある。引き出されたデータを使用する際には、教員の裁量や注意が求められるが、これらのデータを語用論研究や語用論的指導から完全に排除する必要はないだろう。

　逆に、単にオーセンティックであるという理由だけで、そのデータが語用論的指導に適切であり、利用しやすいわけではない。たとえば、コーパスの検索で得られた結果を学習者に示すだけでは、学習につながらないだろう。自然な言語データは、学習者に関連のないコンテクストであればなおさら理解しがたく、そのようなデータを使うことで学習者が自然な言語の複雑さや難解さに圧倒されてしまうおそれもある[68]。自然なデータの語用論的ことばの使い方が学習者にとって複雑すぎてわかりづらい[69]場合には、そのデータに手を加え、より効率的に学習を促すのもよいだろう。

## ▶まとめ

　どのようなデータ収集法にも長所と短所があり、完璧な方法はない。語用論的指導において教員が自らの直観や内省に頼るのではなく、なんらかの言語データを選んで利用したり、教員や学習者自身がデータを収集したりすることが重要である。本章では、できる限り自然なデータを使用することの重要性についても述べた。教員はさまざまなデータ収集法の長所と短所を比較検討し、目的にもっとも適した方法でデータ収集をするか、収集ずみのデータの中から、指導の目的に照らして最適なデータを選ぶとよいだろう。多少正確さに欠けるデータであったとしても、語用論的意識を高めるために、学習者自身がデータ収集を行なうのも一案である。次のアクティビティーでは、さまざまな方法で

---

66　Armstrong, 2008, pp. 4-7.
67　Rylander et al., 2014.
68　Möllering, 2004.
69　Belz, 2007.

収集されたデータを比較検討し、語用論的指導における有用性を評価してみよう。また、本章で紹介した方法を用いて、実際に語用論的指導に使用するデータを収集してみよう。

## ▶ Activity 1: 言語データの語用論的有用性を評価しよう

**目的**
1) 1. 直観と内省、2. DCT、3. ロール・プレイ、4. 録音・録画と会話分析、5. 観察とフィールドノートの5つの異なる方法で収集されたデータを比較検討し、それぞれのデータの長所と短所を評価することができる。
2) その評価をもとに、自らの指導の目的にふさわしいデータ収集法を選ぶことができる。

**方法**
1) 42ページの「言語データのサンプル」を音読したり、その音声を聞いたりして分析し、まず発話の自然さなどの第一印象を評価してみよう。
2) 次に、言語データを以下の観点からも検討して意見を交換し、「タスク」にある表に各データ収集法の長所と短所を記してみよう。

   a. **双方向性**：データはインタラクティブか、それとも話者交替があまりないか。
   b. **現実的な結末**：現実の結果をともなう本物の会話か、それとも結末はともなわない想像上の状況にすぎないか。
   c. **比較可能性**：言語データは容易に比較できるか。（状況要因が言語のかたちにおよぼす影響を指導しやすいデータであるか。）[70]
   d. **正確さ**：データは言語面からみて正確か。
   e. **利便性**：データ収集法は容易で利便性があるか。
   f. **明瞭さ**：データの言語は学習者にとってわかりやすいか。

**結び**
　自らの語用論的指導にはどのデータ収集法が最適か、またはどの収集法を組み合わせたらよいか検討してみよう。学習者のニーズを考えた時にデータのどのような特徴が有用だろうか。また、選んだデータ収集法の欠点を補うにはどのような手段があるだろうか。

---

70　双方向性、現実的な結末、比較可能性は Bardovi-Harlig & Harford, 2005 より引用。

# 言語データのサンプル

## 1. 直感と内省によるデータ

サンプル1[71]

Chip: Hey there.
Catherine:　　Hi.
Chip: Cool party, isn't it?
Catherine:　　Yeah, you bet.
Chip: So, how's it going?
Catherine:　　Um, OK, I guess.
Chip: By the way, I just want you to know I think you're really cute.
Catherine:　　Oh, um, thanks.
Chip: So what's your name?
Catherine:　　Catherine.
Chip: Catherine what?
Catherine:　　Just Catherine.
Chip: OK. I'm Chip.
Catherine:　　Hi.
Chip: So, Catherine, you having a good time?
Catherine:　　Yeah. I am. Great music, I love it.
Chip: Do you live around here?
Catherine:　　Yeah, sort of.
Chip: So, where do you live? In the city or in the …?
Catherine:　　Um, actually, I'd rather not say.
Chip: Well, listen, it's nice meeting you wherever you live.
Catherine:　　Um…
Chip: So what's your phone number? You think I could call you sometime?
Catherine:　　No, sorry. I don't like to give out my phone number.
Chip: How about your e-mail address? Maybe I could write you an e-mail.
　　　(continues)

---

71　Robins & MacNeill, 2007, p. 85 に加筆。

## 2. DCT データ

### サンプル 2 [72]

Karen: So you know where the restaurant is?
Jeff: Yeah, oh, Karen, I meant to talk to you about that. I've got a big test Friday morning, so I'll probably stay home and study.
Karen: You don't have to stay for the whole thing, but why don't you stop by just a bit?
Jeff: Well, I'll try, but I think I'll probably be studying all night Thursday. Sorry.

### サンプル 3

Karen: So you know where the restaurant is?
Jeff: Yeah, I know, but I don't think I can make it this weekend. It's just I got tons of work to do, and yeah, I don't think I can make it.
Karen: You don't have to stay for the whole thing, but why don't you stop by just a bit?
Jeff: Um, yeah, I'll see what I can do, I'll try my best. Maybe I'll just stop by for a while. See what'll happen.

## 3. ロール・プレイのデータ

### サンプル 4 [73]

Alex: Hey, Keith! Are you excited about the big tennis match coming up?
Keith: Ah, you know, I was wondering if there's room in your car for me to hop in and ride with you guys?
Alex: Oh, well, uh, I already got four people. I don't know. It may be too tight.
Keith: Oh, geez, well, the thing is, I talked to everybody else and nobody else seems to be able to do it, and you live, you're closer to me. I just can't miss this match.
Alex: Oh, well, I don't know. I, I guess it might be all right.
Keith: I could, I could ride in the trunk here.

---

72　サンプル 2・3 は口述式 DCT によるデータを Ishihara, 2006 より引用。
73　サンプル 4・5 は Ishihara, 2006 より引用。

| Alex: | Yeah, man, that'd be cool. Ah, I tell you what. Uh, give me a call, and if one of these people cancels or something, uh, we'll try to work something out. |
|---|---|
| Keith: | Great, cool. Sounds good! I'll see you then. |

### サンプル 5

| Alice: | Hi Christine, this is my friend, Rachel. Um, she also plays basketball very well. |
|---|---|
| Rachel: | Hey, it's nice to meet you, Christine. |
| Christine: | (Christine smiles) |
| Rachel: | Yeah, I'm Rachel. Um, I'm not on the team, but yeah, I love basketball. |
| Alice: | Rachel's really good, Christine. |
| Christine: | (Christine nods) |
| Rachel: | Oh, come on, now. I'm not that good. You guys are awesome. |
| Alice: | (Alice talks to Christine) We should play two-on-one sometime while she is still in town. |
| Rachel: | That'll be cool, yeah. So what position do you play, Christine? |
| Christine: | … |

### サンプル 6 [74]

アメリカ英語の苦情を含む音声を聞き、トランスクリプトを確認しよう：
http://www.indiana.edu/~discprag/spch_complaints.html

### サンプル 7

アメリカ英語のほめを含む音声を聞き、トランスクリプトを確認しよう：http://www.indiana.edu/~discprag/spch_compliments.html

## 4. 録音・録画と会話分析によるデータ
（会話分析の表記を一部残しているため、一部が音声どおりのつづりになっている）

### サンプル 8 [75]

A: Hi Carol.

---

[74] サンプル 6・7 の音声を聞くには、このページの下部にあるデータセクションからアメリカ英語を選びスピーカーのアイコンをクリックする。

[75] サンプル 8・9 は、談話標識としての no の使い方（冗談からまじめな談話への切り替えのサインとして使われる用法）に関する Scheffloff, 2001 (pp. 1948, 1951) から引用、読みやすさを考慮して会話分析の表記を一部改定。このようなデータを語用論的指導に利用する際には、表記の改訂を検討したり、ポーズや割り込みなど自然な会話の特徴をどのように取り入れるかを考慮したりする必要があろう。

B: Hi.
C: (overlapping with B) Carol, Hi.
A: You didn't get an ice cream sandwich.
B: I know, hh I decided that my body didn't need it.
A: Yes but ours did. hh heh-heh-heh heh-heh-heh hhih
B: (overlapping with A) heh-heh-heh
A: hh Awright gimme some money en you c'n treat me one an I'll buy you all some too.
B: (overlapping with A) I'm kidding, I don't need it.
A: (in an emphatic tone) I want one.
C: ehh heh-hu h
A: (overlapping with C) hheh-uh hhh No, they didn't even have any Tab.
C: (overlapping with A) hheh
B: This is all I c'd find.
   この会話の音声は次のSchegloffのサイトから入手可能：
   http://www.sscnet.ucla.edu/soc/faculty/schegloff/RealSoundFiles/papersounds.php?directory=Getting_Serious

**サンプル9**
A: Where were we?
B: I dunno. 've you been studying lately?
A: No, not et aw- not et all. I hafta study this whole week. Every night. hhhh en then I got s'mthing planned on Sunday with Laura. She, she wen- she 'n I are gonna go out 'n get drunk et four o'clock in the afternoon.
B: huh-huh hhhh
A: (overlapping with B) It's a religious thing we're gonna have. I d'know why, b't. Uhm. No, her ex-boyfriend's getting married en she's gunnuh be depressed so.
B: She wasn't invited d'the wedding?
A: (overlapping with B) I'm g'nuh take 'er out.
   この会話の音声はサンプル8と同じサイトから入手可能。

## 5. 観察とフィールドノートによるデータ

サンプル 10[76]
1. Have a productive evening. Get lots of homework graded.
2. Good luck with everything.
3. [to the listener's dog] Tillie, take care of her.
4. Have a good weekend. Don't work it away.
5. Well, have safe travels, then.
6. You go, girl!
7. I'm not going to wish you luck, because you're not going to need it.
8. Have a good trip and summer and everything.
9. If I don't talk to you before Monday, have a wonderful trip.
10. Have a good day. I may see you at noon and I may not.

## タスク：さまざまなデータ収集法の長所と短所

|  | 長所 | 短所 |
| --- | --- | --- |
| 直観と内省によるデータ |  |  |
| DCT データ |  |  |
| ロール・プレイのデータ |  |  |
| 録音・録画と会話分析によるデータ |  |  |
| 観察とフィールドノートによるデータ |  |  |

---

76　サンプル 10 は祝福のことばに関する研究 (Burt, 2001, pp. 4-9) より引用。

## ▶ Activity 2: 語用論的指導のためのデータを収集してみよう

**目的**
1) 語用論的指導に利用可能なデータを収集できる。
2) 収集したデータを評価し、そのデータの短所を補う方法を見つけることができる。

**方法**
1) 自らの指導に最適と思われるデータ収集法を1つか2つ選ぼう。
2) 言語を引き出すDCTやロール・プレイを用いる場合には指示やシナリオを書いてみよう。別の教員や情報提供者の協力を得て言語データの収集を試し、必要があれば指示やシナリオを改善しよう。
3) デジタル音声レコーダーやビデオカメラがあれば、別の教員や情報提供者の会話を記録し、書き起こしてみよう。
4) さらに指導の場以外でも、できる限り自然なデータを収集し、データを書き起こしてみよう。そして第4章で紹介する内容も参考にして、収集したデータを語用論的に分析してみよう。
5) データを発表して語用論的な側面について話し合ってみよう。

**結び**
アクティビティー1で行なったのと同じように、集めたデータの長所と短所を分析してみよう。データは語用論的指導の目的に沿ったものだろうか。何かデータに欠点があれば指導の際、どのように補うことができるだろうか。たとえば、DCTやロール・プレイなどで引き出されたデータをもっと自然にするための方策はあるだろうか。あるいは、自然な会話のデータに学習者にとって理解しがたい部分がある場合には、どのように対処できるだろうか（語用論的指導・評価に自然なデータを取り入れる方法については第7・8・9・12章も参照）。

# 第4章
# 語用論的ことばの使い方

石原　紀子、アンドリュー・D・コーエン

## ▶語用論的言語データの分析

　第3章で述べたように自然な談話には、言いよどみ、つなぎ表現、繰り返し、割り込み、修復などが頻繁な話者交替に織り込まれている。自然なことばの使い方はとても複雑で、美しく整った体裁をとらないことが多い。そのため、談話の複雑な構造を真に理解しようとするなら、自然な言語データのみを使用するべきであるという考え方がある。しかし自然なデータの欠点として、比較検討に適したデータを見つけるのが困難であることなどもしばしば指摘されている（第3章参照）。

　語用論の実証研究では、自然な言語データに加え、第3章で紹介したDCTやロール・プレイなど、意図的に言語を引き出す方法も用いられてきた。これらのデータは、オーセンティックな言語を鏡のように正確に映し出すものではないが、複数の情報提供者の言語知識や、その情報提供者が社会的に望ましいと感じる言語語用論的ことばの使い方を反映しているといえるだろう。これまでに蓄積されてきたこれらの知識を、自然な言語ではないという理由だけで無効にしてしまうのは、英語のことわざでいう「沐浴のお湯と一緒に赤ちゃんも捨ててしまう」ようなものではないだろうか。引き出されたデータであっても、自然なデータを補い、語用論的指導に応用できる貴重な情報となりうると考えられる。そこで、以下では、語用論の研究によって明らかになった言語データを紹介し、その収集法が言語データに与える影響を考慮に入れつつ、語用論的ことばの使い方を分析していきたい。

　本章では、これまで盛んに研究が行なわれてきた発話行為をはじめとする語用論的ことばの使い方の基本的な構造や特徴を紹介する。本章で提供するデータの一部は、第3章で紹介した **CARLA の発話行為のサイト**[1] でより詳しく解説されている[2]。このサイトには、次の6つの発話行為について複数の言語（英語、スペイン語、ドイツ語、中国語、日本語、ヘブライ語など）の例が掲載されている。

---

1　http://www.carla.umn.edu/speechacts/descriptions.html　だだし、このサイトにあるデータは、今後アップデートされる予定であるものの、近年は改訂されていないため、本章で紹介しているデータも参照していただきたい。
2　アメリカ英語とスペイン語の語用論的ことばの使い方の比較や、音声サンプル、発話行為の指導例などは、インディアナ大学で制作されている Discourse Pragmatics のサイト (http://www.indiana.edu/~discprag/index.html) も参照。

1. 謝罪 (apologizing)
2. 苦情 (complaining)
3. ほめとこたえ (giving and responding to compliments)
4. 依頼 (requesting)
5. 断り (refusing)
6. 感謝とこたえ (giving and responding to thanks)

それぞれの発話行為に関する情報量は実証研究がどれほどあるかに影響され、また、報告の内容もそれぞれの研究の目的に応じたものとなっている。また、発話行為の研究に使われるデータは DCT によって収集されたものであるという誤った認識もあるが、自然な言語データを扱う研究もあることを明記しておく。

本章では、著者にもっともなじみの深いアメリカ英語を中心に、語用論的ことばの使い方に関する情報の紹介に努める。指導への応用は、第 7・8 章などで詳しく考察するため、ここでは、語用論的ことばの使い方を明らかにし、語用論的意識を高め、知識を明確化することを主な目的とする。本章で扱う発話行為は、1) 挨拶、2) ほめとこたえ、3) 依頼、4) 断り、5) 感謝とこたえ、6) 謝罪、7) 忠告・提案、8) 反意である。また、発話行為以外の語用論的ことばの使い方として、1) 呼称、2) (会話の) 推意、3) 会話の終結、4) 認識標識、5) 談話標識・対話標識についても触れる。さらに最後には、これらの語用論的ことばの使い方を理論的に考える枠組みとして重要なフェイスとポライトネスの概念も紹介する。

## ▶挨拶

挨拶は語学指導のカリキュラムの第一段階で扱われることも多いが、残念ながら教材で紹介されている挨拶の表現は、語用論的ことばの使い方を十分に反映していない傾向があると指摘されている (詳しくは第 8 章参照)。そこで、ここでは、アメリカ英語の母語話者で、大学生から 50 代までのさまざまな大学関係者 60 人から集めた自然な挨拶のデータ[3]を紹介する。以下の挨拶は友人同士、または教員、学生、職員の間で交わされたものである。(ただし、いずれも成人の話者の言語データであるため、このような挨拶を学習することの多い小学生や中学生の使う言語は多少異なるかもしれないという点を付記しておく。)

### 1. 第一話者の挨拶

以下の「導入部」と「第一話者の問いかけ」は、会話の口火を切る第一話者の発話である。過半数が hi という表現を用い、how are you という問いかけも 45% を占めるものの、状況によっては how (are) you/ya doing, what's up, how's it goin' などのくだ

---

[3] Kakiuchi, 2005a, p. 72 から引用。

けた表現も頻発していた。

| 導入部 | (%) | 第一話者の問いかけ | (%) |
|---|---|---|---|
| *hi* | 54 | *how are you* | 45 |
| *hey* | 24 | *how (are) you/ya doing* | 36 |
| *hello* | 11 | *what's up* | 9 |
| *(good) morning* | 9 | *how's it goin'* | 9 |
| names only | 2 | | |

## 2. 第二話者の挨拶

　以下の「こたえ」と「第二話者の問いかけ」は、挨拶にこたえる第二話者の発話である。*good* や *pretty good* を使ってこたえる場合が60%を占めており、日本で受けこたえの定番として指導されている *fine(, thank you)* という表現は、このデータには見られない。第二話者の問いかけも、*how are you* など、トーンによってはかしこまった場面でも使える表現と、*how (are) you/ya doing* などのくだけた表現の両方が頻繁に使われている。

| こたえ | (%) | 第二話者の問いかけ | (%) |
|---|---|---|---|
| *(pretty) good* | 60 | *how are you* | 53 |
| *ok* | 20 | *how (are) you/ya doing* | 18 |
| literal answer | 20 | *what's up* | 24 |
| | | *how's it goin'* | 6 |

　また、次の例はロール・プレイから得られた挨拶の言語例である。

---

ポールとエリンはアメリカの大学生で、親しい友人であり、社会的立場も等しい[4]。

Erin:　Hey Paul. How's it going?
Paul:　Hey Erin. How are you?
Erin:　I'm fantastic!
Paul:　I haven't seen you in a long time. Where've you been?

---

　このような言語データから、親しい友人同士であれば *hello* より *hey* や *hi* などが、また、よりかしこまった *how are you* よりも *how's it going* や *how are you doing* などのくだけた質問が挨拶として多用される傾向が見て取れる。もちろん、このデータだけでアメリカ英語の語用論的使い方を概観できるわけではなく、また同じ英語でも、イギ

---

[4]　インディアナ大学の Discourse Pragmatics のサイトから表記を改訂して引用、音声も同サイトからアクセス可。http://www.indiana.edu/~discprag/spch_refusals.html

リス英語など別のバラエティーでは異なる結果になるだろうが、少なくともここで取り上げたデータには、日本の教科書では定番の *fine(, thank you)* はまったく見られず、定型表現ではないこたえや *(pretty) good* などがより一般的に使われていて興味深い（挨拶の指導例は第7・8章を参照）。

## ▶ほめとこたえ

英語では、相手をほめることは人間関係を円滑にする「社会的潤滑油」の機能をはたすことが多い。アメリカ文化の中でほめるという言語行為はどのように使われ、どのような言語ストラテジーがあるのだろうか。ほめたり、ほめられたりする時に言うべきではないことは、言語や文化によってどのように異なるのだろうか。

### 1. ほめの機能とストラテジー

これまでの研究から、英語のほめことばは以下の目的で使われることが多い[5]。

- 相手が成し遂げたことや、その出来栄え、容姿、趣味趣向などへの感嘆や是認
- きずなの形成、確認、維持
- 挨拶、感謝、謝罪などの代替
- 謝罪、依頼、批判などのフェイスを脅かす行為（face-threatening act, FTA）の緩和
- 会話の開始、維持（会話のストラテジー）
- 望ましい行動や態度の奨励

### 2. ほめる対象

ほめる対象となるのは、大半が次のような聞き手の属性である。

- 容姿、所有物（例：*You look absolutely beautiful!*）
- パフォーマンス、技能、能力（例：*Your presentation was excellent.*）
- 人格や性格（例：*You are so sweet.*）

言うまでもないが、何がほめられる属性かという社会的認識は文化によって異なることもある。たとえば、「やせましたね」がほめことばと解釈されるか、貧困や不健康を想起させるため否定的にとらえられるか[6]、あるいはそもそも口に出すべきではないタブーかということは、文化や人間関係、性別などの状況要因に大きく左右される。また、家族などの近親者、いわゆる「ウチ」のことを、「ソト」の人がほめたり、「ソト」の人にほめられたりする際の慣習にも言語や文化によって特徴がある。この点やほめの頻度については第7章も参照していただきたい。

---

5 Billmyer, 1990; Brown & Levinson, 1987; Herbert, 1990; Manes & Wolfson, 1981; Wolfson, 1989.
6 Wolfson & Judd, 1983, p. 113.

## 3. ほめことばの文法構造と語彙

　1980年代にフィールドノートを利用してアメリカ英語の自然な会話を検証した研究では、ほめことばの85%が次に挙げる1-3、97%が1-9のいずれかの文法構造をとっており、かなり型にはまっていることがわかった[7]。2000年代にアメリカのメディアで使用されたことばを検証した研究でも、文法構造の分布はほぼ同様であった[8]。

1. *Your sweater is/looks (really) beautiful.* ［名詞（句）is/looks (really) 形容詞］
2. *I (really) like/love your watch.* ［I (really) like/love 名詞（句）］
3. *That's a (really) nice painting.* ［PRO is a (really) 形容詞＋名詞（句）］
4. *You did a (really) good job.* ［You V a (really) 形容詞＋名詞（句）］
5. *You really handled that situation nicely.* ［You really V ( 名詞（句）) (really) 副詞］
6. *You have such beautiful hair!* ［You have (a) 形容詞＋名詞（句）！］
7. *What a lovely baby you have!* ［What (a) 形容詞＋名詞（句）！］
8. *Nice game!* ［形容詞＋名詞（句）！］
9. *Isn't your ring beautiful!* ［Isn't 名詞（句） ＋形容詞！］

　1980年代のアメリカ英語のほめことばでもっとも頻繁に使われた形容詞は *nice, good, pretty, great, beautiful* だった[9]が、この点に関してはどのような英語を対象にするかにもよる。たとえば、若者のサブコミュニティで流行している表現を集めるといった学生主体の課題として調査を行なうことも可能だろう。

ほめる対象

　アメリカ英語ではほめことばが社会的潤滑油にたとえられることはすでに述べたとおりだが、イギリス、ドイツ、スカンジナビアの文化では、その傾向は比較的低く、アメリカ英語ならば大げさにほめると思われる場合でも控えめにほめる傾向があるようだ。たとえば、「運転はへたじゃないね」（*You are not a bad driver.*）や「今まで作ってくれた最悪の料理じゃないね」（*That wasn't the worst meal you've cooked.*）などがほめことばとして機能することもある[10]。

---

7　Manes & Wolfson, 1981.
8　Rose, 2001; Tatsuki & Nishizawa, 2005.
9　Manes & Wolfson, 1981.
10　Kasper, 1990, p. 199; Schneider & Baron, 2008, p. 9.

## 4. こたえのストラテジー

ほめられた時のこたえのストラテジーは、**受け入れる**（accept）、**やわらげる**（deflect）、**否定する**（reject）など数タイプに大別され、その中でさらに細かく分類できる[11]。

### 1）受け入れる
- 感謝する (*Thanks / Thank you*)
- 同意してコメントを加える (*Yeah, it's my favorite, too.*)
- 自画自賛してほめのグレードを上げる (*Yeah, I can play other sports well too.*)

### 2）やわらげる
- ほめられたものについて解説する (*I bought it for the trip to Arizona.*)
- ほめる対象をかわし自分ではなくほかへ向ける (*My brother gave it to me. / It really knitted itself.*)
- 疑問視する、または再確認や繰り返しを求める (*Do you really like them?*)
- ほめ返す (*So's yours.*)
- ほめのグレードを下げる (*It's really quite old.*)

### 3）否定する
- 否定する (A: *You look good and healthy.* B: *I feel fat.*)

### 4）返答しない

### 5）依頼と解釈する
- ほめを依頼と解釈する (*You wanna borrow this one too?*)

「ほめられた時、英語では素直に受け入れるが、日本語など東アジアの言語では謙遜してこたえる」というステレオタイプもあるが、それぞれのストラテジーの頻度を見ると、英語でも自画自賛するのを避けたり、やわらげたりする表現が多用されていることがわかる。

このような言語情報はすべてほめやこたえに関する語用論的指導の場に直接応用することができる。この情報をもとに日本人学習者を対象として考案した指導例を第7・8章で紹介する（統計情報、ほめやこたえに見られる性差、ほかの地域の英語や他言語のほめ、指導の際のアドバイスなど、より詳しい情報はすでに述べたCARLAのサイト[12]も参照）。

---

11　Herbert & Straight, 1989; Nelson, Al-Batal, & Echols, 1996;.Pomerantz, 1978.
12　http://www.carla.umn.edu/speechacts/compliments/index.html

## ▶依頼

　依頼をすることは、話し手・書き手が相手に負担をかけることなので、依頼された側が自由の侵害や依頼者の権力の濫用であると感じることがあるかもしれない。逆に、依頼する側が自らの力不足を露呈したり、相手の顔をつぶしたりする危険性をおそれて依頼することをためらう場合もある[13]。このように依頼は、両者にとってフェイスを脅かす行為 (face-threatening act, FTA) になりかねない発話行為である。英語には日本語のような敬語がないといわれることもあるが、英語の依頼表現を観察してみると、さまざまなレベルで敬意や親しみや配慮を表わす言語的しくみがあることがわかる。

### 1. 依頼の機能とストラテジー

　依頼は、相手の領域へ立ち入った要求になるおそれがある。そのため、依頼者には相手の負担を軽減する必要が生じることが多く、直接的なストラテジーを避け間接的な表現を使う。一方、依頼が直接的であればあるほど、その意味は明らかになり、依頼された側にとっては解釈が容易になる。直接度の度合いは次の3つ[14]に分類される。

1）　**直接的依頼表現**（命令文のように明確に依頼とわかりやすいもの）
　*Clean up the kitchen.*（キッチンを片づけて）
　*I'm asking you to clean up the kitchen.*（キッチンの片づけを頼むよ）
　*I'd like to ask you to clean the kitchen.*（キッチンの片づけをお願いしたいんだけど）
　*You'll have to clean up the kitchen.*（キッチンを片づけてね）

2）　**慣用的間接依頼表現**（間接的な依頼の定型表現）
　*How about cleaning up?*（キッチンの片づけは？）
　*Could you clean up the kitchen, please?*（キッチンを片づけてくれる？）

3）　**非慣用的間接依頼表現**（間接的で、定型ではないが文脈の中で依頼と解釈される表現）
　*You have left the kitchen in a total mess.*（キッチンがめちゃくちゃ汚いままになってるよ）
　*I'm planning on using the kitchen this evening.*（今夜キッチンを使う予定なの）

　状況要因に加え、文化的な要因も依頼表現の選択に影響するため、同じ状況であっても、文化によって適切な直接・間接度、丁寧度、フォーマリティーが異なることもある。

---

13　Blum-Kulka et al., 1989, p. 11.
14　Blum-Kulka & Olshtain, 1984, pp. 201-202. この研究の英語データはアメリカ・イギリス・オーストラリア英語を含む。

たとえば、ドイツ語では日本語より直接的な依頼表現を使う傾向がある。英語では依頼の大きさが、日本語では社会的立場や親疎関係が依頼表現の選択に大きく影響する傾向があるともいわれている。一方で、依頼表現の使い方には、文化の違いを超えた共通の傾向も見られる。たとえば、大きな依頼には小さな依頼よりも間接的で丁寧な言語表現が使われる場合が多い。また依頼の大きさが同じであれば、ただの知り合いより親しい友人同士のほうが、くだけた表現を使う傾向がある。実際、慣用的間接依頼表現は多くの言語に見られ、言語の違いを超えたもっとも一般的な依頼のストラテジーであるといえるだろう[15]。

## 2. 典型的な依頼表現の流れ

英語（オーストラリア英語、アメリカ英語、イギリス英語）、カナダのフランス語、デンマーク語、ドイツ語、ヘブライ語、日本語、ロシア語のデータを検証したところ、依頼表現は次のような三部構成になっていることがわかった[16]。

1） 相手の注意を引く表現（呼びかけなど）　*Danny,*（ダニー、）
2） ヘッド・アクト（一連の依頼行為の核である依頼表現そのもの）
   *Can you remind me later to bring the book for you on Monday?*（月曜日に君に本を持ってくるのを忘れないように、あとで言ってくれないかな）
3） 補助的表現 (supportive moves)（ヘッド・アクトの前後に使う表現）
   *Otherwise, I'm sure to forget.*（そうしないと絶対に忘れちゃうから）

## 3. 依頼の負担を軽減する表現・増幅する表現

相手のフェイスを脅かす依頼の負担を軽減するため、依頼する側が否定的な表現を使って依頼が受け入れられないかもしれないという悲観的な見方を示したり、疑問形や *might* などの助動詞を使ってためらいがちに依頼したりすることがある。そのような場合に使われる表現をダウングレーダー（downgrader/mitigator）[17] という。仮定法や *if* 節を用いて相手と心的な距離を置くことによって、丁寧度を上げることもある（ポライトネスについては、章末のフェイスとポライトネスに関する項目を参照）。

- ***Could you*** *do the cleaning up?*（掃除をしてくれない？）
- *Look, excuse me.* ***I wonder if you wouldn't mind*** *dropping me off at home?*（あ、すみません、私の家まで乗せていっていただけ**ないかと思いまして**）
- ***I wanted*** *to ask for a postponement.*（延期をお願い**したかった**んです）
- ***I would appreciate it if*** *you left me alone.*（1人にしておいてくださる**とありがたい**

---

15　Blum-Kulka et al., 1989; Blum-Kulka & Olshtain, 1984, p. 200.
16　Blum-Kulka & Olshtain, 1984. ただし1はヘッドアクトの前に使われる3の一部と解釈することもできる。また2と3の順序は必ずしもこれに限らない。
17　Blum-Kulka & Olshtain, 1984, p. 204.

んですが)

以下はそのほかの依頼の負担を軽減する表現の例である。

- ***Do you think** I could borrow your lecture notes from yesterday?* (昨日の講義のノートを貸してもらってもいいかな)
- *Could you tidy up **a bit** before I start?* (始める前に少しきれいにしていただけませんか)
- *It would really help if you did something about the kitchen.* (キッチンを何とかしてくれたら**本当に助かるんだけど**)
- ***Will you be able to perhaps** drive me?* (できれば乗せていってもらえませんでしょうか)
- *Can I use your pen **for a minute, please**?* (ペンをちょっと借りてもいい?)

相手の負担を軽減する一方で、話し手・書き手には相手が依頼を引き受けてくれるように働きかけたいという気持ちもあるだろう。依頼を強めるには、次のような依頼の負担を増幅させる表現（アップグレーダー［upgrader］）が使われる。

- *Clean up this mess, **it's disgusting**.* (キッチンを片づけて、**ひどいありさまよ**)
- *You still haven't cleaned up that **bloody** mess!* (**あんなにひどく散らかっている**のに、まだ片づけてないの)

## 4. 補助的表現 (supportive move)
以下のような補助的表現[18]はヘッド・アクト（依頼表現そのもの）の前後に使われ、その文脈を左右し、間接的に依頼に影響を与える。

- ***Are you going in the direction of town?** And if so, is it possible for me to join you?* (街のほうに行くのですか。それなら、ご一緒してもいいでしょうか）［援助が可能か確認する］
- Will you do me a favor? *Could you perhaps lend me your notes for a few days?* (お願いがあるんですが。2, 3日ノートをお借りすることはできますでしょうか)［前置きをする］
- *Excuse me, **I've just missed my bus and you live on the same road**. I wonder if I could trouble you for a lift?*
（すみません、**今ちょうどバスに乗り遅れてしまって、お住まいが近いですよね**。お手数ですが乗せていっていただくことはできませんか）［理由を述べる］

---

18　Blum-Kulka & Olshtain, 1984, pp. 204-205.

- *You have the most beautiful handwriting I've ever seen! Would it be possible to borrow your notes for a few days?* (今まで見た中でいちばんきれいな字だなあ！2, 3日ノートを借りることってできる？) [お世辞など肯定的なことを言う]
- *Excuse me, I hope you don't think I'm being forward, but is there any chance of a lift home?* (すみません、ずうずうしく聞こえないといいんですが、家まで乗せていっていただくことはできませんか) [あえて注意書きをつける]
- *Pardon me, but could you give a lift, if you're going my way? I just missed the bus and there isn't another one for an hour.* (すみません、もし方向が一緒なら乗せていっていただけませんか。今ちょうどバスに乗り遅れてしまって、次のバスが来るのは1時間後なんです) [負担を小さくする]

## 5. 依頼の視点（request perspective）

英語の依頼の発話行為では、通常は依頼する人とされる人、そして依頼の内容が明確になる。話し手や書き手は依頼をする側・される側の視点、あるいはそのほかの視点を選んで発話することができる[19]。

- 聞き手中心の視点
  *Could **you** clean up the kitchen, please?* ([あなたが] キッチンを片づけていただけませんか)

- 話し手中心の視点
  *Can **I** borrow your notes from yesterday?* (昨日のノートを [私が] お借りできませんか)

- 話し手・聞き手の両者を含む視点
  *So, could **we** tidy up the kitchen soon?* (すぐに [私たちで] キッチンを片づけましょうか)

- 動作の主体・視点を明らかにしない表現
  *So it might not be a bad idea to get it cleaned up.* (キッチンが片づくのも悪くないね)

## 6. 非慣用的間接依頼表現（ほのめかす依頼表現）

依頼をほのめかす時、話し手や書き手は、依頼する内容が遂行されることを望みつつ、故意に曖昧な表現を用いる[20]。文字どおりの意味と依頼する人が意図した意味の間に隔たりがあるため、依頼された側は依頼者のことばをそのまま受け取るのではなく、意図

---

19　Blum-Kulka et al., 1989; Blum-Kulka & Olshtain, 1984, p. 203.
20　Blum-Kulka et al., 1989.

された意味を推測しなければならない。表現が曖昧なため、依頼された側は依頼する側の本来の意図について確証がなく、依頼する側は依頼された側の解釈を否定することもできる。また依頼された側も、依頼が行なわれたという解釈を否定することができる。以下に非慣用的間接依頼表現を挙げる[21]。

> *Do you have any money on you?*（お金持ってる？）［お金を貸してほしいという依頼として］
> *You must have had a beautiful party.*（素敵なパーティーだったんだね）［パーティーの次の日の朝、あと片づけをしてほしいという依頼として］
> *Do you know where today's paper is?*（今日の新聞はどこ？）［新聞を取ってきてほしいという依頼として］

## 7. 言語コーパスから見る依頼

上に引用した研究は、先駆的かつ包括的なものであり、今日まで続く依頼についての研究の礎となっている。ただし、記述式 DCT を用いて引き出したデータを利用した研究であるため、自然な言語データでの検証も必要だろう。また、語用論的な意味は文脈の中で間接的に伝えられることが多いため、会話がどのように行なわれているかを知るためには、個々の発話を抜き出して分析するよりも、談話をひとまとまりとしてとらえて検証するべきである[22]。語用論的ことばの使い方を分析するためにコーパスが利用できることは第 3 章で紹介したが、具体的には、たとえばある 1 つのフレーズを選び、それがどのような文脈の中で使われているかを検証する方法がある。以下の例[23]は、Limerick-Belfast Corpus of Academic Spoken English (LIBEL CASE) を利用して、授業中に学生同士が *can you...* を使って依頼する表現を集めたものである。

| 20 | be . . . modest | can you | eh. . .can you give me. . . |
| 21 | don't catch what you say | can you | give a little more detail |
| 22 | why? Sunshine | can you | give me some reason |
| 23 | ... your handwriting is | can you | can you mind my take this |
| 24 | other sentence you have | can you | show me?. . .eh no just |
| 25 | like this song very much | can you | sing a few words for |
| 26 | your sentence? | can you | speak out your sentence? |
| 27 | agree | can you | speak. . .clearly |

このような例が、*can you* を使った依頼が授業中のくだけた会話、特に教員の目が必ずしも届かない協働作業中などにどのように使われるかの検証に役立つことは明らかだ

---

21 Blum-Kulka et al., 1989, p. 73.
22 Koester, 2002, p. 167.
23 Walsh & O'Keeffe, 2007, p. 129 から例を引用及び改訂。

ろう。コーパスを使用することで、主に授業中のやり取り、特にグループタスクの遂行を助けるために使うことばについて、学習者の意識を高めることができるだろう。

依頼はもっとも盛んに研究が行なわれてきた発話行為の1つであり、上記のような実証研究のデータが依頼の語用論的指導に応用されている。たとえば、英語では日本語に比べて依頼の理由をより明確に述べる傾向にあること、*please* を付けるだけでは丁寧度はそれほど上がらず、より丁寧度や間接度が高い表現が必要な状況もあること、やわらかく依頼するための緩和表現の使い方などの知識は、英語学習者に大いに役立つだろう（指導例は第7章や第7章の冒頭で紹介する語用論的指導に関する書籍やサイトを参照）。

## ▶断り

誘いや依頼などを断る時は、たいがい、相手にとって好ましくないことを伝えることになる。断ったり断られたりする時の不都合をやわらげるため、英語ではどのようなストラテジーが使われ、その語用論的規範にはどのような傾向があるのだろうか。英語と日本語での断り方には相違点があり誤解も生じやすいため、どのような言語表現が、どのような状況で使われるのか認識しておこう。

### 1. 断りの機能とストラテジー

多くの場合、断りは依頼、誘い、申し出、提案に対する応答であり、直接・間接度に関する以下の分類やストラテジーがある[24]。

1）直接的な断り
1. 遂行動詞（*refuse* など）の使用
2. 遂行動詞のない断り
   - No と言う（*No/No way!*）
   - 能力や実行する気がないと伝える（*I can't.*）

2）間接的な断り
1. 残念だと述べる（*I'm sorry.*）
2. 願望を伝える（*I wish I could help you.*）
3. 理由、説明、言いわけを言う（*I have a headache.*）
4. 代案を示す
   - A の代わりに B ならできますが（*I'd rather …* [むしろ…のほうがいいです]）
   - A ではなく B を試してみたら？（*Why don't you ask someone else?* [ほかの方に聞いてみたら？]）

---

24　Beebe, Takahashi, & Uliss-Weltz, 1990 に加筆。

5. 未来や過去であれば受け入れられると伝える (*If you had asked me earlier, I would have ...* [もっと早く言ってくれれば…できたのに])
6. 将来的には受け入れることを約束する (*I'll do it next time.* [次回はやります])
7. 自らの方針を述べる (*I never do business with friends.* [友人関係には仕事を持ち込まないようにしています])
8. 聞き手を諦めさせようと試みる
   - 依頼者を脅す、または悪い結末となることを伝える (*I won't be any fun tonight.* [今晩は楽しい人にはなれないな])
   - 聞き手に罪悪感を持たせる (ウェイトレスがしばらく居座る客に。*I can't make a living off people who just order coffee.* [コーヒーしか注文しない人のチップでは生活ができませんから])
   - 依頼の内容や依頼者を非難する (否定的な感情、意見、侮蔑、攻撃など。 *Who do you think you are?* [一体何様だと思ってるんだ？])
   - 依頼の実行を諦めたり保留したりすることに関する理解や助けを求める (*Imagine the situation I'm in.* [私の立場も考えてみてくださいよ])
   - 聞き手を開放する (*Don't worry about it.* [心配ないですよ])
   - 自己防衛する (*I'm trying my best.* [私も最善を尽くしているんです])
9. 断りとして機能する受け入れ
   - 不特定または不確定なこたえを示す (*Maybe some other time.* [たぶんそのうちね])
   - やる気のない返答をする
10. 回避する
    - 非言語的手段を使う
      - 沈黙する
      - ためらう
      - 何もしない
      - その場を去る
    - 言語的手段を使う
      - 話題を変える
      - 冗談を言う
      - 依頼の内容などを繰り返す (*Monday?* [月曜日？])
      - 先延ばしする (*I'll think about it.* [考えておきます])
      - ことばを濁す (*Gee, I don't know.* [えー、どうだろう])

## 2. 断りの補助表現

1) 肯定的な意見、感情、同意を示す (*I'd love to come [, but...]* [お伺いしたいです(が)])
2) 同情、同感を表現する (*I realize you are in a difficult situation.* [大変な状況ですね])
3) 沈黙を埋め会話をつなぐ (*um, well* [えー] [あの])
4) 感謝の意を表わす (*Thanks so much for the invite.* [誘ってくれてありがとう])

「好ましくない」応答である断りは、言いよどみやためらいがちな遅れをともなう（以下、「反意」の項を参照）こともある。また、「正直は最善の策」(Honesty is the best policy.)ということわざもあるように、英語では、受け入れることができない理由などの真実をできる限り詳細に伝えて断ることが誠実と見なされることが多い。日本語では、自分や相手のメンツをつぶさないための外交上の方便や、曖昧な理由も社会的、倫理的に容認されやすい[25]といわれている（第9章も参照）。アメリカ英語、イギリス英語、アラビア語、中国語、ドイツ語、日本語、スペイン語の断りの例はCARLAのサイト[26]を参照。食事の誘いなどを相手への配慮や遠慮から儀礼的に断るritual refusalについては第7章や同CARLAのサイトを参照。

## ▶感謝とこたえ

感謝表現の機能は、文字どおり感謝の気持ちを表わすことだが、それにとどまらず、「おいしい食事をありがとう」と料理を作ってくれた相手をほめたり、「以上です。ありがとうございました」のように会話の終結を合図する役割をはたしたりすることもある。また、すでに述べたように、依頼を受け入れてくれたことへの謝意を表わすためや、誘いなどを断る際に相手に与える打撃をやわらげる緩衝材として用いられることもある。文脈に合った感謝表現は何か、どの程度の頻度で感謝を表明するか、またお礼の品や感謝状を渡すなど別の行動をともなうべきかなど、コミュニティの社会文化的規範を知ることが重要である[27]。

### 1. 感謝のストラテジー

感謝を述べる時に感謝表現にともなって使われることの多いストラテジーには以下のようなものがある[28]。

- ほめる
  *Thank you. You're wonderful.*（ありがとう。あなたはすばらしい）

- 愛情を表現する
  *I really appreciate this. You're a sweetheart.*（本当にありがたい。やさしいから大好き）

- 相手を安心させる
  *I can't thank you enough. This is just what I wanted.*（お礼が言い尽くせないわ。ちょうどほしいと思っていたの）

---

25　Beebe et al., 1990; Kubota, 1996; Moriyama, 1990.
26　http://www.carla.umn.edu/speechacts/refusals/index.html 断りをやわらげるストラテジーを可視化して年少の学習者にわかりやすくした指導案（Archer, 2010）も参照。
27　Hinkel, 2014.
28　Eisenstein & Bodman, 1986, pp. 168-172.

- 返礼を約束する
  *I don't know how to thank you. I'll pay you back as soon as I can.*（なんとお礼を言ったらいいのか。できる限り早くお返しします）

- 驚きや喜びを強調する
  *Oh, wow! Thank you!*（うわー！ありがとう！）

- 必要や義務がなかったことを表現する
  *I don't know how to thank you. You didn't have to do this for me.*（なんてお礼を言ったらいいのか。こんなにまでしてくれなくてもよかったのに）

- 深い感謝の気持ちを強調または誇張する
  *I really appreciate this. You're a lifesaver.*（本当にありがたく存じます。おかげさまで本当に助かりました）

## 2. こたえのストラテジー

感謝のこたえは、相手の負担を軽減する以下2つのストラテジーに大別できる[29]。

- 喜んでしたことであると伝える
  *You're welcome.*（どういたしまして）
  *That's quite all right.*（ぜんぜんかまわないんですよ）

- 感謝の必要がないことを述べる
  *Not at all. / Don't mention it.*（いいえ、全然／たいしたことではありません）

## 3. さまざまな言語の感謝とこたえ

かしこまった場では丁重な感謝表現を使う文化（たとえば中国語やヒンディー語、インド西部のマラーティー語など）でも、わざわざ感謝を述べるまでもないとされる親密な間柄や、両者に有益なビジネスの場では、感謝表現が使われる頻度が低いこともある[30]。またドイツ語やカメルーン英語での感謝のこたえは、上に挙げた表現以外にも、*yes, for nothing, mm* と言う、何も言わない、ジェスチャーなどで返事をする、というようにこたえ方が多様である[31]。

---

29　Coulmas (1981), p. 77.
30　Apte, 1974; Kasper, 1995.
31　Ouafeu, 2009; Schneider & Barron, 2008.

## 4. 感謝と謝罪

　日本語では「すみません」「申しわけないですね」などのように、典型的な謝罪表現を使って感謝を表明することもできるが、英語では相手から厚意を受けた時には通常、感謝表現を使うので、指導の際は注意が必要である。しかし、英語でも感謝と謝罪には、**相手に対して「借り」や「追い目」があり、相手との関係が釣り合っていないという認識を表現する**という共通点がある[32]。次の例のように、感謝表現にも謝罪表現にも同じようにこたえることができるのはそのためである[33]。

A: *Thank you for all your help. I can't tell you how much I appreciate it.*（ご支援ありがとうございました。どんなに感謝しているか申しつくせません）
B: *That's all right. It's really nothing.*（いいえ、いいんですよ。ほんとに何でもありませんよ）

A: *I'm terribly sorry I did this to you.*（あなたにこんなことをしてしまって本当にごめんなさい）
B: *That's all right. It's really nothing.*（いいえ、いいんですよ。ほんとに何でもありませんよ）

## 5. 言語コーパスから見る感謝

　第3章では、調査したい機能を明確に実現する言語のかたちをコーパスで検索するのがむずかしいことが多いため、定型表現などコーパスで見つけやすい言語に焦点をあてる方法を紹介した。ここでは、語用論の領域でのあるコーパス研究から、Cambridge and Nottingham Corpus of Discourse in English（CANCODE）で感謝表現を検索した結果を紹介する。この研究は、コーパスから抽出した感謝表現をDCTで得られたデータと比較し、双方向的なデータに見られる特徴をより明確に示した。一例としては、イギリス英語では *Thanks for that.* に対し、*Cheers!* というこたえがありうること、また次の会話例のように、感謝が複数のターンに埋めこまれている場合があることもコーパスのデータによって明らかになった[34]。

Speaker 1:　Yeah. (laughs) <u>Thank you</u>.
Speaker 2:　<u>Thank you</u>.
S1:　That's lovely.
S2:　All right. And your balance is sixty nine thirty six then.
S1:　Right. (pause) <u>Thank you</u>. Sixty-nine?
S2:　Er, thirty six.

---

32　Coulmas, 1981; Kumatoridani, 1999.
33　Coulmas, 1981, pp. 72-73.
34　Schauer & Adolphs, 2006, p. 130.

| 第4章 |

S1:　　　　Thirty six. Right.
S2:　　　　Thank you.

　コーパスを利用することで、さらに幅広いイギリス英語での感謝表現が検証できるようになり、また、感謝表現にまつわる協働的交渉の過程や、感謝表現が何ターンにもわたって表現される場合があることも実証されている。

## ▶謝罪

　謝罪は、話し手・書き手が自らの手落ちによって生じた過失を認め、聞き手・読み手との関係を修復しようとする行為である。過失の度合いが深刻な場合や、聞き手・読み手のほうが社会的立場が上である場合には、かなりの緊張感をともなうこともある。英語の謝罪における定型化した表現の流れや、聞き手・読み手との関係を修復し維持するためのもっとも効果的なストラテジーにはどのようなものがあるだろうか。

### 1. 謝罪の機能
　アメリカ英語では、謝罪は一般的に次のような機能をはたす。

- 詫びる気持ちを伝える
- 過ちが起こった経緯を説明する
- 過ちを修復し、聞き手・読み手との良好な関係を維持する

### 2. 謝罪のストラテジー
　謝罪のように複雑な発話行為には、その行為を効果的に遂行するためによく使われる一連のストラテジーがある。以下の5つは謝罪の典型的なストラテジーである[35]。

1 ）**謝罪表現**：*be (sorry), excuse, forgive, apologize* などの動詞を用いる。アメリカ英語では *I apologize* など、口語より書き言葉として使われることの多い表現もある。謝罪表現は *really* や *very* などの語句によって強調できる。

2 ）**責任の認知**：過ちを犯した責任の認知であるが、その程度はさまざまである。もっとも認知度が高い場合は、*It's totally my fault.*（すべて私の責任です）のように責任を全面的に受け入れる。しぶしぶ非を認める場合には、*I was confused. / I didn't see.*（混乱していたのです／見えませんでした）などのように言いわけをすることもある。認知度が低い場合は、*I didn't mean to.*（わざとじゃないんだ）、さらに低くなると、*I could be wrong, but I was sure I had given you the right direction.*（私の間違いかもしれませんが、正しい指示をしたと確信してい

---

35　Cohen & Olshtain, 1981, pp. 119-125.

ます）のように間接的に責任を回避することもある。さらに *It wasn't my fault.*（私のせいではありません）のように責任を完全に回避する場合や、*It's your own fault.*（君の落ち度だ）と逆に聞き手・読み手を責める場合もある。

3）**理由の説明**：過ちを犯すにいたった経緯を説明することが、間接的な謝罪として機能することがある。理由の説明が謝罪の手段として容認される傾向が高い文化もある。たとえば公共交通機関の運行が不規則な文化では、「バスが遅れました」という言いわけが会議に遅れた謝罪として機能することもある。

4）**修復の申し出**：話し手が自分の過ちから派生した被害を修復するためになんらかの行動や弁償を申し出る。例を見てみよう。
- 友人との約束に遅れた場合
  *How can I make it up to you – why don't I buy you lunch on Friday?*（どうしたら埋め合わせできる？そうだ、金曜の昼飯をおごるよ）
- 仕事の約束に遅れた場合
  *Would you be willing to reschedule the meeting?*（会議を設置し直していただいてもよろしいでしょうか）

5）**再発防止の約束**：今後二度と同じ過ちを犯さないと約束する。このストラテジーは使える状況がある程度限定されているため、ほかのストラテジーよりも使用頻度が低い。たとえば、知らない人にぶつかった場合には適さないが、同僚との約束の時間を守らなかった場合などは用いることができる。

謝罪の発話行為を構成するこの5つのストラテジーは、多くの言語に見られるが、それぞれの社会で好まれるストラテジーや一般的な組み合わせは、言語や文化また状況によって異なる。

## 3. そのほかの謝罪のストラテジー [36]
- 性格や欠点の表現
  例：*I'm so forgetful. You know me, I'm never on time.*（忘れっぽい性格で。知ってるでしょう、いつも時間が守れないの）
- あからさまな自己批判
  例：*What an idiot I am!*（私ってなんてバカなの！）
- 過ちの否定（謝罪の必要性の拒否）
  例：*It's not my fault that it fell down.*（それが落ちたのは私のせいじゃない）

---

36　Blum-Kulka & Olshtain, 1984, pp.207-208.

## 4. 間投詞や強意語

謝罪では *really* や *very* などの強意語だけでなく、*Oh!* のような間投詞も重要な役割をはたす。状況が適切であれば、間投詞 *Oh!* と修復の申し出だけで謝罪が成り立つ場合もある。たとえばアメリカ英語では *I'm very sorry that I bumped into you.* （ぶつかってしまって本当にごめんなさい）と言う代わりに、*Oh! Here, let me help get something on that burn and clean up the mess.* （あ！やけどに何か塗りましょう、それとあと始末も手伝います）と言うことができる。

謝罪を強調するそのほかの方法として、以下のように相手への配慮を明確にし、強意語をいくつも用いることができる[37]。

1) 同じ副詞（句）や強意語の繰り返しにより謝罪を強調する
    例：*I'm **really**[38] sorry.*（本当にごめんなさい）、*I'm **really really** sorry.*（本当に、本当にごめんなさい）

2) 相手への配慮を明らかにする
    例：*Have you been waiting long?*（長くお待たせしましたか）

3) 複数の強意語を重ねて用いる
    例：*I'm **so** sorry. Are you all right? I'm **terribly** sorry.*（本当にすみません。大丈夫ですか。本当にごめんなさい）

英語では、依頼や断りと同様に、謝罪する際にも、理由を詳細に伝えることが誠意の表現につながる傾向がある。一方、第1章でも述べたように、日本では、聞かれてもいない過失の理由を長々と説明することは不適切ととらえられることもある。また、誰がどのような時に謝罪するべきかという規範も、謝罪にともなう言動や社会通念も文化によって異なる（第7章参照）。謝罪を引き出すDCTのシナリオや学習者の謝罪の評価例は、第11・12章を参照。

## ▶忠告・提案

アドバイスを与えるという発話行為は、相手にとって有益と思われる内容であっても、相手の意見や立場を否定的に評価し、そのフェイスを脅かすおそれがある。忠告・提案は、中学や高校で、*should, must, have to, had better* などの助動詞（句）の導入とともに指導されるが、相手に与えうる脅威に配慮して行なわなければ、誤解を招くこともあるので注意が必要である。実際、欧米出身のALT（外国語指導助手）が、日本の中学生

---

37　Blum-Kulka & Olshtain, 1984.
38　アメリカ英語では *very* と *really* には意味の違いがあるとされ、*really* はより謝罪の意が濃く、*very* はより儀礼的であるともいわれる (Cohen, Olshtain, & Rosenstein, 1986, pp. 66-67) が、発話のトーンによっても誠意の伝わり方は変わるだろう。

や高校生から、年齢、身体的特徴、結婚など個人的なことに関する忠告を受け、驚いたり憤慨したりするケースが報告されている[39]。

忠告は、日本では相手を思いやる善意の行為ととらえられる傾向があり、なにげない会話の中に頻発するのに対し、欧米ではむしろ、相手の自由やプライバシーを侵害する否定的な行為と受け取られがちであるということが、ある指導案[40]で指摘されている。相手から意見を問われた時に提案や忠告をするのはかまわないが、求められていないのにアドバイスをすること（unsolicited advice）は、相手のフェイスを脅かす可能性が一層高くなる。この指導案では、忠告・提案という発話行為の直接度を、次のように3段階に分類して説明している。

1. **直接的**（direct）： *You should buy a train pass.*（電車のパスを買ったほうがいいよ）
2. **緩和的**（softened）： *Maybe you should buy a train pass.*（たぶん電車のパスを買ったほうがいいよ）
3. **間接的**（indirect）： *I bought a train pass last year, and it really made life easier.*（去年電車のパスを買ったら、ほんとに楽になったよ）

直接的なアドバイスでは、*should, had better, ought to, have to, need to* などの助動詞（句）がそのまま使われる。緩和的アドバイスでは、忠告をやわらげる語句、たとえば *maybe, probably, perhaps, may want to, might wish to, why not, you could, could you, I think* などを用い、相手のフェイスへの配慮を示す。間接的アドバイスは「自分であればこのようにする」、あるいは「自分は似たような状況でこのようにした」と解決策を暗にほのめかすストラテジーである。英語の母語話者は、社会的立場が自分より高い相手に対しては忠告することをあえて避けるか、忠告する場合でも間接的にやわらかく伝えることが多い[41]。立場が同等の相手には、次のような言語表現を使うことが適切な場合が多い[42]。

- ***Why don't you**...?* (direct)
- *You **can just**...* (softened)
- *You **might** want to...* (softened)
- ***Perhaps** you should...* (softened)
- ***I think** you need...* (softened)
- ***Have you tried**...?* (indirect)

これらの表現にも、忠告をやわらかく伝える緩衝材が多く含まれているが、立場がよ

---

39　Houck & Fujimori, 2010; Verla, 2011.
40　Houck & Fujimori, 2010. 直接度の分類と例は p. 91 より引用。
41　Houck & Fujimori, 2010.
42　以下の提案・忠告の表現や緩和表現の12例は Martínez-Flor, 2006, pp. 207-208; Martínez-Flor & Fukuya, 2005, p. 466 より引用。

り高い相手には、さらに間接度の高い緩和表現を重ねて用いることが必要となるかもしれない。以下はその例である。

- *I would probably suggest that...*
- *Personally, I would recommend that...*
- *Maybe you could...*
- *It would be helpful if you...*
- *I think it might be better to...*
- *I'm not sure, but I think a good idea would be...*

またすでに述べたように、自分よりも社会的立場が高く、親密でない相手には忠告や提案をすること自体を控えるか、折を見て間接的に伝えるという選択も重要だろう（指導例は第8章参照）。

### ▶反意

反意の表明（oppositional talk）とは、他者の意見に対して否定的な見解を述べることであり、異議を唱える、否定する、挑戦する、責める、脅す、侮辱するなどの行為を含む[43]。相手の意見への賛同は、言語構造的にも好ましい（preferred）言語行動であり、通常は即座に反応することで賛意の効果を最大限にすることができる。一方、反意の表明では、*um...* や *well...* などの言いよどみやポーズをともなうことで「遅れ」が生じ、言語構造的にも好ましくない（dispreferred）反応であることを間接的に示すことが多い[44]。遅れは、あとに続く異議や拒絶を前もって予告し、フェイスを脅かす危険性に対する心の準備を促すことによって、非礼をやわらげる働きをする。

たとえば、*How about a walk in the afternoon?*（午後に散歩しない？）という誘いに対して、*Sounds great!*（いいね）という好ましい返事は遅れをともなわず、それだけで賛意の表明となりうる。一方、*Um, let's see...*（うーん、そうだね…）などのためらいがちな返事や長いポーズは、否定的な反応を予測させ、断りやあまり乗り気でないことを示す。好ましくない反応をする場合の表現は、より複雑な構造を持っている。前もって断りや反意の衝撃をやわらげる遅れなどの緩衝材となる緩和表現を活用し、その打撃を軽減しようとするストラテジーはネガティブ・ポライトネス（本章末参照）の表現と考えられる。

ただし、このような反意をやわらげるストラテジーは、どんな状況でも一様に使われるのではなく、相手の社会的地位、相手との親疎関係、話題の重要性などによって、その場にふさわしいものが選ばれる。12人の英語話者が出席する会議中の会話という自然な言語データを使用した研究[45]では、話者がおたがいに知り合いで、かしこまった

---

43　Bardovi-Harlig & Salsbury, 2004.
44　Pomerantz, 1984; Schegloff, 2007.
45　Williams, 1988.

場面ではない日常の会話だったことから、使われた言語は率直な表現が多く、過剰に丁寧で間接的な異議の表明はあまり見られなかったと報告された。たとえば、*That's true but...* や *Yes, but...* のように、一時的に賛同してからやわらかく反意を述べるより、むしろ緩和表現を使わずにいきなり *But...* で切り出したり、*I couldn't agree with you.* のようにはっきりと異議を表明したりしていた。この会議のデータでは、独立した1つの発話行為や定型表現によって異議を述べるのではなく、複数のターンにおよんで主張を丁寧に組み立て、詳しく説明する場合が多かった（第7章も参照）。

同様に、国際的に活動する香港のコンサルティング会社で収集した英語の自然な会話の分析でも、同僚に対し、また時には社内の CEO に対し、直接的に異議を述べるケースが見られた。相手のフェイスを脅かす言語行動を取ることによって、特定の事例について自分に知識があることを主張し、リーダーシップを共有していることを交渉しつつ、熟練者としてのアイデンティティを構築していると考えられる [46]。

## 1. 反意表明のストラテジー

以上のように、直接的な異議の表明が許容されたり、戦略的に利用されたりする状況もあるが、さまざまなストラテジーを駆使して、やわらかく反意を伝えたり、相手のフェイスに配慮して反意の表明を控えたりすることも多いため、状況に応じた言語表現を選択することが肝要だ。ここでは、「異議を唱える」（disagreeing）という発話行為を例に取り、その主な言語ストラテジーおよび非言語ストラテジーをこれまでの研究結果[47]から見てみよう。

### 異議をやわらげる
- 遅れをともない、前もって好ましくない異議の表明を示す
    - ポーズまたは沈黙
      A: *God, isn't it dreary.*（ああ、どんよりしてるね。）
      B: ［ポーズ］*It's warm though.*[48]（でも暖かいよ。）
    - ためらい（例：*um, uh, er*）
    - 談話標識（例：*well, but, and, or*）
- 衝撃を軽減する表現（downgrader［ダウングレーダー］）を使う（例：*maybe, perhaps, just, possibly, seem, a little, kind of, sort of*）
- 助動詞を使って、自分の立場をやわらかく表明する（例：*I may have to admit, it could be that.., there might be some...*）
- 部分的または条件付きの同意をする（例：*yeah but...*）
- 感謝、謝罪、残念などの気持ちを表現する（例：*thanks for that, but.., I'm sorry, but...*）

---

46　Schnurr & Chan, 2011.
47　Bjørge, 2012; Cheng & Tsui, 2009; Fujimoto, 2012; Houck & Fujii, 2013; Locher, 2012; Maíz-Arévalo, 2014; Malamed, 2010; Pomerantz, 1984; Schnurr & Chan, 2011.
48　Pomerantz, 1984, p. 70 より改訂。

- 質問や反復により確認する
  A: *What's the matter with you? You sound happy.*
  B: ***I sound happy?***
  A: *Yeah.*
  B: *No.*[49]
- 異議を説明または正当化する（例：*I don't agree at all with this because …*）
- 個人的理由や見解を述べる（例：*it's just me, but.., I think, I guess, I feel, in my view, it seems to me that…*）
- アクセス、知識、能力がないことを述べる（例：*I don't know, it's hard to say*）
- 他者の意見を聞く（例：*What do you all think?*）
- 共通点を強調する（例：*you know*）
- 自己批判または謙遜する（例：*It's a stupid idea but…*）
- 間接的に異議を唱える
  - 冗談を言う（例：*Sure, if you enjoy crowds and street gangs.*[50]）
  - 比喩、皮肉、技巧的質問などを使う（例：*What can I tell you?*）
  - 笑ってごまかす
  - 視線を逸らす
  - 姿勢などで反意を伝える

**異議を直接表現する**
- 遅れや緩和表現を用いない（例：*No, we can't.*）

**異議を増幅する**
- 遅れや緩和表現を使わず、アップグレーダー（例：*absolutely, not at all, really, so, such, quite*）を用いる

　これらの分類は、発話行為理論や会話分析などの枠組みに基づいているため、用語が異なっても概念が重複することがあり、線引きがむずかしいものもある。また、賛同と異議の表明は必ずしも二項対立するものではなく、「部分的または条件付きの同意」のように、連続体のどこかに位置づけられるケースも多い[51]。ここに挙げた緩衝材のストラテジーは、1つのターンだけでなく、複数のターンや文や段落の中で組み合わせて使用できることも注目に値する。さらに、あえて口にしない反意や、あとあとまで表明を延期する反意もある。たとえば面と向かって話をしている時は異議を唱えないが、あとから電話や電子メールで反意を伝えるという手段もある。

---

49　Pomerantz, 1984, p. 71 より改訂。
50　Malamed, 2010, p. 204.
51　Johnson, 2006; Mori, 1999.

## 2. 異議表明の談話

それでは、1ターンだけではなく、やり取りが続く談話の中で異議の表現がどのように使われるのか、実際に見てみよう。次の例はニュージーランドの民間プロダクション会社の月例会議を録音したオーセンティックなコーパス・データの一部である[52]。社長と11名ほどの従業員が参加しており、管理職のジェイソンが議事進行役を務めている。ロブも管理職だが、比較的最近この会社に入社した新参者である。

1　Rob:　　If you bear the cost of their mistake, their screw ups, well, of course they'll leave it for you to find these.
2　Jason:　Well, it's not so much that, it's just we need to transfer that responsibility back to them.
3　Rob:　　Well then, we need to transfer the cost of it back too.
4　Jason:　Yeah, but in, um, reality the industry has allowed that to happen, Rob.
5　Rob:　　Not all.
6　Jason:　Um, for the most it has. And…

　ジェイソンとロブは、ともに管理職で、社会的地位は対等だが、勤続期間の長いジェイソンのほうがわずかに高い立場にある。日々ともに働く同僚であり、月例の社内会議という状況であること、くだけた語彙（たとえば *screw ups* など）が選ばれていることから、2人は比較的親しい間柄で、異議の表明にともなうリスクは少ないと推測できる。

　異議を唱えることばに注目してみよう。まずは、ターン1, 2, 3の *well*、ターン4, 6の *um* など、異議を述べる前に両者とも口ごもっている。上でも述べたように、これらの表現を使うことで生じる遅れによって異議や拒絶など好ましくないこたえを相手に予測させ、非礼をやわらげる機能がある。同様にターン2では、ジェイソンが *just* を使い、ターン1で表明されたロブの見解に対立する意見を実際より軽く感じさせ、対立意見の衝撃を軽減している（cost-minimizer）。また、ターン2でジェイソンが *not at all* などの全否定を避けている点も注目すべきである。ターン3ではロブが *well then* と切り出して反対するが、ターン4ではジェイソンがためらい表現 *um* に加えて *Yeah, but...* と部分的、一時的賛成を表明した上で異議を唱え、最後に *Rob* と呼びかけることで説得力を増幅しようと試みている。その直後のターン5では、ジェイソンのターン2と同様に、ロブも部分否定（*not all*）を用いて、断定的に異議を唱えることを回避している。ターン6では、ジェイソンが *most* を用いることでターン2や5と同じように部分的に相手の見解を否定しながら、相手が正しい可能性もあるという余地を残してロブの面目を保とうとしている。

---

52　Riddiford & Newton, 2010, pp. 72-73.

このように、一連のつながりのある談話を細かく分析することにより、話者がたがいにやわらかく間接的に（off record）異議を表明する言語手段を用い、フェイスを脅かす行為を最小限に食い止めようとしていることがわかる。このような会話分析や談話研究によって、対話の中で異議がどのように表現され、発展し、あるいは放棄されるかという点も明らかにされてきた。自然な会話には、未完成な文、非文法的な文、文の言い換え、割り込み、つなぎ表現、冗談、皮肉、反復、議論の脱線などが多く見られる。説得がむずかしい時など、長々と補足説明をしたり、議論を反復したりするため、一文のみで発話行為が完了することはほとんどない[53]。たとえば異議を表明する対話では、一方が意見を表明すると、他方がその見解に異議を示す。それに対し、はじめの話者はもともとの意見を取り下げて譲歩したり、見解を修正したり、元の主張を一層強めたり、話題を変えて議論を放棄したり、立場を曖昧にして相手との関係を修復しようとしたりする[54]。英語の母語話者と日本人の上級英語話者との間で交わされた学問的議論をデータに利用した研究[55]によると、たがいに協力的な話者同士のやり取りでは、言語、非言語の両方の手段によって異議の内容理解が共同構築されたり、元の見解の拡充につながったり、いったん表明された異議がそれ以上は追及されずに放棄されたりするケースが見られた。

## 3. 批判のストラテジー

　他者の意見に否定的な見解を述べるのが反意の表明であり、相手の意見や成し遂げた仕事に対する建設的な批判も、その範疇に含まれる。ここでは、この領域の研究から、批判の言語表現をやわらげるストラテジーを紹介する。建設的な内容であっても、批判はやはり相手のフェイスを脅かすおそれのある発話行為である。そのため、批判をやわらかく伝えるためにさまざまな緩和表現（mitigator）が使われる。批判をやわらげるストラテジーは、批判の表現自体の中にも、またその前後にも散りばめることができ、相手の気持ちに配慮を示す役割をはたす。批判の表現自体に埋め込んで使われるストラテジーには、以下のように語彙の選択によるもの (1-7) と、文法構造の選択によるもの (8-9) がある。

・批判の表現の一部として使われる緩和表現 (internal mitigator)[56]
　1）ことばを濁す（hedges, 例：*sort of, kind of*）
　2）控えめに言う（understaters, 例：*quite, a little bit*）
　3）トーンダウンする（downtoners, 例：*maybe, possibly, probably*）
　4）個人的な意見として述べる（subjectivisers, 例：*I think, I feel*）
　5）相手の意見をたずねる（consultative, 例：*Do you agree?*）

---

53　Williams, 1988, p. 49.
54　Cheng & Tsui, 2009; Houck & Fujii, 2013.
55　Houck & Fujii, 2013.
56　Nguyen, 2008, p. 50.

6) 穏やかに話す（cajolers, 例：*I mean, you see, you know*）
7) 確認する（appealers, 例：*Okay? Right? Yeah?*）
8) 過去形を使う（例：*I thought you missed out something.*）
9) 疑問形を使う（例：*Should we change a little for…?*）

・批判の表現の前後に使われる緩和表現（external mitigator）[57]
1) 批判の対象を特定する（steers, 例：*I have some comments about your writing.*［あなたの書いたものにコメントがあります］）
2) 肯定的なことを言う（sweeteners, 例：*There are quite good relevant ideas.*［関連が深いかなりいいアイディアがありますね］）
3) 弁明をする（disarmers, 例：*You had some spelling mistakes but I think that's because you're writing too quickly. Nothing major.*［スペルミスがあるようですが、急いで書いたからだと思います。大きな問題ではないし］）
4) 理由を述べる（grounders, 例：*I think "is" is better than "are" there because "traffic" is singular.*［ここは *is* のほうが *are* よりいいですね、*traffic* が単数だから］）

批判に使われるストラテジーの多くは、用語や分類は多少異なっているものの、上で紹介したやわらかく異議を唱える一連のストラテジーと似ていることに気づくだろう。どちらも反意を表明する一方で、相手の考えや立場を尊重したり、相手とのつながりや共通見解を強調したりしながらフェイスを守ろうとする配慮が感じ取れる（反意の表明に関する指導案は第7章を参照）。

本章ではこれまで多くの研究によって明らかにされてきた発話行為を中心に、その機能や言語（および非言語）ストラテジーを紹介してきた（間接的苦情に関しては原著やCARLAのサイトを参照）。以下では、発話行為以外の語用論的ことばの使い方のうち、すでにある程度の研究や指導法が発表されていて、特に日本での外国語教育に役立つと思われる呼称、（会話の）推意、会話の終結、認識標識、談話標識、対話標識を紹介する。

## ▶呼称

固有名詞は外国語学習においてもっとも困難な領域の1つであるといわれている。学習者は外国語の名前のどの部分がファーストネーム、ラストネーム、ミドルネームであるか判別し、正式な名前とニックネームを見分け、相手に失礼のないよう正しい発音に気を配らなければならない。また、英語では呼称と相手の性別が密接に関わっている場合が多いため、名前から相手の性別を推測しなくてはならないことがあるが、学習者には

---

57　Nguyen, 2008, p. 50.

その判断がむずかしいことも多い。相手の社会的立場、自分との社会的および心理的距離、その場のフォーマリティーなどを考慮し、適切な呼称を効果的に使うことができれば、相手への敬意を表わしたり、相手との距離を縮めたりすることができる。反対に、不適切な呼称を選択してしまうと、相手のフェイスを脅かし、円滑な関係の構築を妨げてしまう場合もある。呼称や名前は地域差や個人差も大きいが、英語圏での標準的な名前の表記や呼称の用い方を見てみよう。

## 1. 名前の表記

- 標準的にはファーストネーム、ラストネームの順序だが、職場や正式な文書などでは、ラストネームを先に表記することもある。
- ミドルネームは持っていない人もいる。ミドルネームがあっても、ファーストネームより好んで日常的に使う場合もあれば、ほとんど使わない場合もある。ミドルネームの一部を使う場合やイニシャルのみを表記する場合もあり、個人差が大きい。
- 名前のどの部分がラストネームかをはっきり示すために、ラストネームをはじめに書き、コンマのあとにファーストネームを表記したり、ラストネームを大文字で書いたりすることもある。

John Doe (John がファーストネーム、Doe がラストネーム)
Doe, Jane (Jane がファーストネーム、Doe がラストネーム)
Jane Elizabeth DOE (Jane がファーストネーム、Elizabeth がミドルネーム、Doe がラストネーム)

## 2. 呼称の用い方

- 友人同士など社会的立場が同等な場合や、年齢や社会的立場の違いを強調する必要がない場合、また強調したくない場合は、ファーストネームを敬称なしで用いることが多い。
- 敬称なしのラストネームの使用は、相手への親しみの表現ではなく、相手との距離を強調する[58]。ただし、専門性の高い職業や正式な場では、(特に男性同士などで)ラストネームのみを用い、相手への敬意や距離、気取りなどを同時に表現することもある。
- かしこまった場などで、はじめて会う人に敬意を表わしたい場合は、ラストネームに敬称を付ける。男性なら *Mr.*、女性なら *Ms.* を用いるのが一般的である。*Ms.* は既婚・未婚の区別なく使えるため、未婚の場合の *Miss*、既婚の場合の *Mrs.* より無難で、特に本人から指定がない場合にはもっとも適切である場合が多い。
- 相手が医師や大学教員など、専門性の高い職業についていることがわかっている場合は、*Doctor* (*Dr.*) や *Professor* (*Prof.*) などをラストネームに付けて呼ぶ

---

58　Fordyce, 2012.

のが一般的である。たとえば、*M.D.* は medical doctor、*Ph.D.* は doctor of philosophy（［哲学］博士）、*Ed.D.* は doctor of education（教育学博士）を表わす[59]。ただし、本人が希望する場合は、ファーストネームで呼ぶこともある。

- 教員は生徒のファーストネームを敬称なしで呼ぶことができるが、敬意を表明するために *Mr./Ms.* をラストネームに付けて呼ぶこともある。教員が生徒のラストネームを敬称なしで呼ぶ時は、高い立場にいることを誇示したい場合や、生徒に腹を立てている場合が多い[60]。生徒を叱るためにフルネームで呼ぶこともある。
- 生徒は、中学・高校までは教員のラストネームに *Mr., Ms., Miss, Mrs.* などの敬称を付けて呼ぶことが多いが、ファーストネームで呼ばれるのを好む教員もいる。ALT 教員の中にも、ラストネームの発音がむずかしい、くだけた雰囲気を好む、生徒との距離を縮めたい、などの理由でファーストネームを使う教員もいる。
- 相手の名前を知らない場合は、かしこまった場であれば、男性なら *sir*、女性なら *miss* や *madam*（*ma'am*）、くだけた場では *man, dude, sis* などと呼ぶ。手紙やメールなどで、読み手が特定できない場合は、*Dear Sir or Madam, Dear colleagues, Dear all* などと書き始めるのが適切だろう。
- 複数の人びとに話しかける場合、かしこまった場面では、*gentlemen, ladies, ladies and gentlemen* など、くだけた場面では *guys, folk, fellows*、子供には *kids* などが用いられる。

これらに加え、家族や恋人など親密な関係では、愛情表現としてのさまざまな呼称（term of endearment）も使われる（例：*honey, sugar, baby, sweetheart*）。ただし、*toosie*（かわい子ちゃん、ねえちゃん）のように、性別などと関連して侮蔑的な意味をおびたり、時代や地域によってすたれてしまっている呼称もあるため、注意が必要だ。また、呼称や名前は、地域差、年齢差、性差、個人差なども大きいため、国際語としての英語には、より一層多様な語用論的規範が存在する（呼称に関する指導例は第 7 章を参照）。

## ▶（会話の）推意

（会話の）推意（[conversational] implicature）とは、間接的で、話し手・書き手の意図を聞き手・読み手が推測して解釈することばの使い方、または話し手や書き手が意味を生み出す過程を指す。意味は必ずしも文字どおりに伝えられるわけではない。間接的に伝えられた意味を、コンテクストの中に埋め込まれた情報を使って、また会話がどのように進むかという知識に基づき推測によって理解することは日常的に行なわれている[61]。たとえば、カフェで「コーヒー」と言えば、カップに入っていてそのまま飲むことのできるコーヒーを指すが、スーパーの棚の前では、コーヒー豆のことを意味する[62]。

---

59　Takenoya, 2003.
60　Fordyce, 2012.
61　Bouton, 1994a, 1999; Taguchi, 2013.
62　（会話の）推移の定義や、コーヒーの例は Bouton, 1994a, pp. 88 から引用。

| 第 4 章 |

　グライスが協調の原則（Cooperative Principle）として提唱したように、多くの発話や文章は真実に基づいていて、適度な長さや関係性を持ち、明瞭である[63]と考えられる。しかし時には、話し手や書き手が表面上はあえてこの法則にしたがうことをせず、間接的に意味を伝えることもある。文字どおりの解釈では意味をなさないように思われる時でも、やはり協調の原則は働いていて、聞き手や読み手は文脈に合う言外の意味をコンテクストから探して理解しようとする[64]。以下では、推意の種類やその例を見てみよう[65]。

1. **関連性に基づいた推意**（文字どおりの解釈では意味がないようでも、文脈を考慮すると発話に関連が生まれ、話し手・書き手が意図した意味が伝わるという原則）

    例1：　フランクが妻のヘレンに話しかける。
    フランク：　ヘレン、今何時？
    ヘレン：　**もう郵便が来てるわよ。**（郵便がほぼ一定の時間に届くことから、フランクに大体の時間を伝えている）
    フランク：　そうか、ありがとう。

    例2：　ハンクが道を歩いていると、車がスピードを落として止まり、見知らぬ運転手が窓を開けて話しかけてきた。
    見知らぬ人：　すみません、助けてください。**ほとんどガソリンがないんです。**（どこでガソリンを入れられるかたずねている）
    ハンク：　そうですか。この道を3ブロックくらい行くと右側にガソリンスタンドがありますよ。

2. **皮肉に込められた推意**

    例3：　自分が留守のあいだに行なわれたパーティで妻と親しげに踊った親友のピーターについてビルが話している。
    ビル：　**ピーターはほんとにいい友だちだよ。**（ピーターが友人としてすべきでないことをしたとほのめかしている）

3. **最低必要条件を示す推意**

    例4：　ブラウン氏は新しい家畜小屋を建てようと銀行でローンの申し込み手続きをしている。

---

63　Grice, 1975. 協調の原則に関しては、Yule, 1996, 清水 2008 などを参照。
64　Bouton, 1994a, b; Roever, 2013.
65　会話の推意の分類や例は Bouton, 1994a, b, 1999; Roever, 2013; Taguchi, 2013 に多少加筆して引用。英語版は原著第4章を参照。

銀行員：　　　ブラウンさん、**牛は 50 頭いますか。**（ローン申請の最低条件として必要な 50 頭以上飼育しているか、たずねている）
ブラウン氏：　はい。

## 4. 間接的に批判を示す推意

例5： 教員 2 人がマークという学生のレポートについて話し合っている。
A： マークのレポートはもう採点されました？
B： ええ、昨晩読みました。
A： どう思われました？
B： **ああ、うまくタイプできていましたね。**（タイプしてあることは当然なのだが、それしかほめることがない、つまりほとんどよいところのないレポートだったと暗に批判している）

例6： 友人同士が映画について話している。
A： 『ロビン・フッド』は観た？
B： うん、ゆうべ行ってきた。
A： どうだった？
B： **映画の撮影技術はよかったかな。**（それしかよかったことがない、と映画に対する低い評価を示している）
A： ああ、そんなにひどかった？

5. **「教皇」疑問文型の推意**（聞かれた質問に対し、*Is the Pope Catholic?*（ローマ教皇はカトリックですか）のように答えが明白な質問を返すことで、「もちろんそうだ」という意味を伝える推意）

例7： ルームメイトの 2 人が夏の予定について話し合っている
フラン：　　母がしばらく家にいてほしいっていうから、親戚がうちのビーチを訪ねてくる時、僕も家にいるだろうな。
ジョアン：　親戚は多いの？
フラン：　　**夏にハエはいる？**（もちろん親戚は多いと示唆している）

例8： セリアとロンは同僚で、意地の悪い上司について話している。
セリア：　それで、「ケチ男さん」は私の給料を上げてくれるかな。
ロン：　　**牛は飛べるかい？**（もちろんむりだと伝えている）

6. **ものごとの順序に基づいた推意**（ほかの箇所で明らかに示されていない限り、ものごとは話されたり書かれたりした順序で起こるという想定）

> 例9： ジャックはシカゴに車で出かけ、夕食を取った。
> ジャックは夕食を取り、車でシカゴへ出掛けた。（この2文に書かれているものごとの順序は明らかに違う）

（会話の）推意は日常の会話の一部であり、母語話者であればほぼ問題なく意味を解釈できる。しかし、文化的知識を前提にしなければ話し手の意図を読み取ることができない場合も多く、学習者にとってはむずかしい語用論的ことばの使い方である。それでも、明示的に指導することによって、（会話の）推意に関する理解を促進できることが研究によって明らかになっている[66]（［会話の］推意の指導例は第7章を参照）。

## ▶会話の終結

会話を終えるという行為は日常的に行なわれており、無意識に実行されている会話の運び方の1つだが、そこにも文化的規範があり、言語によって会話の結び方が異なることがある。一般的な英語の会話の終結には儀礼的パターンがあり、かなり丁重に何ターンにもわたって行なわれることもある。また、別れ際の表現には、以下のような構成要素があることも研究により解明されている[67]。隣接ペア（発話とこたえ）が1つだけ用いられる場合もあるが、複数の要素をいくつか組み合わせて使うこともある。

### 1. 終結前の信号（pre-closing signal）

*well, okay, alright, so, anyway, yes* などの表現を使い、それまでの話に新情報を加えたり新たな話題を提供したりせず、会話を結ぶ意図を示す。
- *OK*「うん」「さて」
- *all right*「わかった」「はーい」
- *well*「うん」「そう」「まあ」
- *anyway*「とにかく」

### 2. 終結前の流れ（pre-closing sequence）

話者同士がおたがいにこれ以上話し合うことがないと間接的に伝える。内容は、会話の主目的を反映することが多い。たとえば話の要約をしたり、約束事を確認したり、話ができて良かったと伝えあったり、感謝したりする。
- 約束事の確認（arrangement）　（例：*I'll see you in the morning.*［では朝にお会いしましょう］）

---

66　Bouton, 1994a, 1999.
67　Bardovi-Harlig et al., 1991; Schegloff & Sacks, 1973; Wong & Waring, 2010.

- o 会話（電話など）の理由 (reason for the call/conversation) （例：*I just called to find out if you're going.* [あなたが行くのかなあと思って電話したの]）
- o 終結の宣言 (announced closing) （例：*OK, let me get back to work.* [じゃあ、仕事に戻ろうかな] / *OK, I'll let you go.* [じゃあ、そろそろね]）
- o 感謝 (appreciation) （例：*Thank you.* [ありがとうございます]）
- o 相手への心遣い (solicitude) （例：*Take care.* [気をつけて]）

### 3. 最後のやり取り (terminal exchange)
別れの挨拶の定型表現などを使って実際に別れを告げ合う。
- o *See you.*（「またね」「では今度」）
- o *Bye.*（「バイバイ」「さよなら」）
- o *OK.*（「じゃあ」「それじゃあね」）[68]

以下では、自然な会話に見られた結びの部分の例を見てみよう。

会話 1 [69]

| | | |
|---|---|---|
| A: | All right. | 終結前の信号 |
| B: | OK. | 終結前の信号 |
| A: | So long. | 最後のやり取り |
| B: | See you later. | 最後のやり取り |

会話 2 [70]

| | | |
|---|---|---|
| A: | Oh well, I'll no doubt bump into you next week. | 終結前の信号・流れ |
| B: | Yeah. I'll see you sometime. | 終結前の流れ |
| A: | All right? | 終結前の信号 |
| B: | All righty. | 終結前の信号 |
| A: | Bye, Henry. | 最後のやり取り |
| B: | Take care. Bye. | 終結前の流れ・最後のやり取り |

　この2つの会話例を比べると、隣接ペアの少ない例1のほうが簡潔で、すぐに再会が予測されるような、より日常的な別れの挨拶なのに対し、例2では、今度いつ再会するかが不確定であるため、例1よりも若干丁重に別れを告げていることがわかる。このほかの会話の終結の言語データや指導については第8章を参照。

---

68　会話の終結の構成要素と例は Bardovi-Harlig, et al., 1991 を参考に、Wong & Waring, 2010, p. 184-203 から引用。
69　Bardovi-Harlig, et al., 1991, p. 7 の表記を調整し引用。
70　Wong, 2011, p. 149 の表記を調整し引用。

## ▶認識標識

　認識標識（epistemic stance maker）とは、言及している内容に関して話し手や書き手が自分の立場や意見、信条、態度などを表明する手段である。たとえば、その内容にどのくらい確信や疑いを持っているかを示したり、何かがどのくらいの確率で起こるかという予測を述べたり、情報の現実性、正確さ、限界などに関する立場を表明したりする。あるいは、情報源を示すことや、その情報がどのような視座から表明されたものかを示唆することなどもできる[71]。話し手や聞き手の立場は、次のようなさまざまな語彙や文法を用いて表現される[72]。

1. 認知的動詞　*think, guess* など
   I **think** you are right.
   I **guess** I'll just stay in school.

2. 証拠的動詞　*seem, appear* など
   They **seem** to be affected in different ways.
   It doesn't **seem** as though something is happening in my head.
   It would **appear** that they were hitting on me or something.

3. 法副詞　*maybe, perhaps, probably* など
   Oh well, **maybe** she'll come back later.
   **Maybe** we'll give them a small bonus.
   **Perhaps** I hadn't made that sufficiently clear.
   Well, it's **probably** real.

4. 法助動詞　*may, might, will* など
   It **may** have evolved from viruses.
   What kind of problems **might** happen?
   Some of these things **will** aid survival, so if you're…

5. 法の表現　*it is clear that, in my opinion* など
   **It is clear that** the Bible is only used to back up ideas that were already formed.
   Then things will **in my opinion** run much more smoothly and much more quickly.

---

71　Biber et al., 1998, p. 972; Grudy, 2008.
72　Fordyce, 2013, p. 8. 文章例は第4章で紹介した学術的な場におけるアメリカ英語の話しことばのコーパスであるMICASEから多少表記に加筆して引用。

1つの法助動詞でも義務や必要性を表わす場合と、立場や意見を表わす場合など複数の意味や機能を持つことがあるため注意が必要だ。たとえば、*must* には、「...しなくてはならない」という義務や必要性を示す場合と、「...にちがいない」という立場表明の場合がある。*may* にも同様に、「...してよい」という意味と「...かもしれない」という意味がある。

　これらの認識標識は単独で使われることもあるが、さまざまなレベルの表現が、1つの文や談話の中でいくつか同時に用いられることもある。そのため、認識標識の分析や指導には、語彙、形態素、文法、談話、語用論などの複合的視点が必要であると指摘されている[73]。

　また、認識標識の中でも、たとえば *seem to, suggest, may* など断定を避ける表現（hedge）は、研究論文など高度なアカデミック・ライティングで多用されるが、その理由としては、書き手が主張していることの真実性にあまり責任を負わないようにするため、不確定な主張であることを示すため、読み手の見解に配慮して丁寧度や間接度を上げるため、などがある[74]（認識標識の指導例は第7章参照）。

## ▶談話標識・対話標識

　ここでは、談話や対話の中で、話し手や書き手の意図を示す標識について、2つ例を見てみよう。本章の「感謝」の項目では、コーパスから見る感謝の定型表現の使い方を挙げたが、談話標識や対話標識の使い方もコーパスを用いた検証に適しており、自然な言語の中でどのように使われているか、その談話環境を詳しく観察することができる。まず、談話標識としての *anyway* の使い方をアメリカ英語の MICASE で検索し、次の会話の中で、*anyway* がはたす役割を見てみよう。

### 例1

　*if you go all the way up here, that these are the older fishes, these two groups of fish down here, um, are going to be, probably two separate spawnings... probably two separate spawnings. i'm not entirely certain. <u>anyway</u> i've taken the average of these fish here, and if you look at it on a a graph, you can see a fa- an effect which is quite common...*

### 例2

　*... i don't talk to most of those that's people though. that's a good thing. <u>anyway</u>, back to the topic at hand. so, so then, our nucleophile hits one side or the other, and...*

---

73　Fordyce, 2013.
74　O'Keeffe, et al., 2011, p. 148.

例1では「話や議論の新しい展開へと移行する」、例2では「割り込みや逸れた話からもともとの話題へ戻る」[75]という話者の意図を anyway によって示している。インターネット上で自由に検索できる MICASE にアクセスしてみれば、そのほかの用例も容易に入手できる。

次に、アイルランドの話しことばの LCIE コーパス（The Limerick Corpus of Irish English）から、対話標識の I mean の役割を観察してみよう[76]。

例3
 A: Have you ever come across a book by General Tom McEoin?
 B: I might have yeah.
 C: Ah I mean he is well he's more or less a poet.

例4
 A: …Why are they so untouchable these people?
 B: Well, I mean the judges are judges you know. They sit up on benches.
 C: They're like Gods.

例5
 A: She's gone to Geneva. I mean Zurich. I always confuse Geneva and Zurich.

例3では「何かをより明瞭に話す」、例4では「言いたいことを詳しく述べる」、例5では「間違いを正す」という話者の意図を I mean によって、より明確に表示している（このような談話標識や対話標識の指導例は第7章を参照）。

## ▶フェイスとポライトネス

本章では、いくつかの発話行為やそのほかの語用論的ことばの使い方について、これまでの研究から明らかになっている知見を具体的に紹介した。最後に、これらの語用論的ことばの使い方を理論的に考える際に参考になるフェイスとポライトネスの概念について述べる。これらの概念に関しては、すでに日本語でも多くの文献が出版されているため、ここでは、本書の内容に深く関わるフェイスの基本概念と、ポジティブ・ポライトネス（肯定的ポライトネス）とネガティブ・ポライトネス（否定的ポライトネス）の特徴について簡単に触れるだけにとどめる[77]。

フェイスとは、肯定的な社会的価値や表向きの「顔」にたとえられる概念であり、や

---

[75] この2つの anyway の機能は O'Keeffe, et al., 2011, p. 157-158 を引用。
[76] 3つの対話例と I mean の機能は O'Keeffe, et al., 2011, p. 159 より引用。
[77] ポライトネスについての詳細は、たとえば井出, 2006 や清水, 2009 などを参照。

り取りする者同士が、自分と相手のために維持しようとする「メンツ」に似ている[78]。フェイスは誰もが保持したいと願うものだが、実に繊細で、やり取りの際はつねにたがいに協力して維持しなければならない[79]。フェイスとは、対話する者同士がさまざまな言語ストラテジーを駆使して保ち守るものだが、時には脅かし、つぶしてしまうこともある[80]。**フェイスを脅かす行為**(face-threatening act, FTA)をどのように行なうか、たとえば、あからさまに行なうのか、やわらげるのか、ほのめかす程度にするのか、あるいはまったくしないのか、といったことに深く関連するのが「ポライトネス」である。

ポライトネスは「丁寧であること」とは異なる概念であり、丁寧度がまったくないところから非常に高いところまでの連続体ととらえられる。フェイスを脅かす侵害行為をやわらげるポジティブ・ポライトネス(肯定的ポライトネス)とネガティブ・ポライトネス(否定的ポライトネス)の概念[81]もよく知られている。肯定的、否定的という用語が使われるが、良い、悪いという価値判断とは関連がないので、注意が必要である。

**ネガティブ・ポライトネス**は、自由や自主独立を守りたいという願望に対する配慮で、相手の時間や自由の重要性に言及したり、敬意を示したり、負担をかけることや邪魔することを詫びたり、断定を避け曖昧な言語を使ったりすることによって表現する。たとえば、上司に急な書類確認を依頼する時に、ネガティブ・ポライトネスを用いて、*Ms. Miller, I'm sorry to be a bother, but you couldn't possibly check this document before today's meeting, could you?* と言ったとする。ここで使われているかしこまった呼称、謝罪のことば、断りも想定に入れた悲観的な態度とそれを控え目に表現する付加疑問文は、いずれもネガティブ・ポライトネス・ストラテジーの例である。

一方、**ポジティブ・ポライトネス**は、どこかに所属し、人とのつながりや共通の目的を持っていたいという相手の願望を満たそうとする配慮である。ことばの使い方によって連帯感を示したり、親密さや共通認識を持っていることを強調したりする。たとえば、*Hey, pal, you wanna help me move next weekend?* という依頼では、くだけた呼称の *pal* を使ってインフォーマルに注意を引き、肯定的な返事を想定した楽観的な態度を肯定構文を使うことで示し、かしこまった語彙を使わずに短縮形を用いて親密で軽快なトーンを醸し出している。ポジティブ・ポライトネスにはほかにも、冗談を言う、ほめる、祝福する、誘いや依頼を断る前に肯定的なことを言う、また反意を示す前に部分的に同意を述べる、*we* や *us* などの代名詞を用いて連帯感を表現する、などのストラテジーがある。

ポジティブ・ポライトネスとネガティブ・ポライトネスのどちらが一般的に好まれ許容されるかは、言語や文化によっても異なる。たとえば、スペイン語やギリシャ語を使うコミュニティでは、概してポジティブ・ポライトネスがより多用され、イギリス英語ではネガティブ・ポライトネスに配慮した表現が好まれる傾向がある[82]。また、ポライトネスに関する傾向

---

78　Goffman, 1967.
79　Brown & Levinson, 1987; Goffman, 1967.
80　Bremner, 2013; Locher, 2012.
81　Brown & Levinson, 1987; Goffman, 1967.
82　Johnson, 2006.

は、同じ国内であっても、コミュニティによって異なりうる。ある研究では、イギリスの西アフリカ系の英語では、会話の中で頻繁な割り込みが許容され、ポジティブ・ポライトネスが用いられる傾向が強かった。一方、同じイギリス国内でも、ヨーロッパ系の英語では、負担を避けたり、フェイスをやわらげたりするネガティブ・ポライトネスが多用され、ストラテジーの選択に相違が見られた[83]。

文化によってポライトネスの傾向に違いがあるために、多文化間のやり取りで誤解が生じることがある。残念なことに、この相違は、コミュニケーションスタイルの違いとして認識されるのではなく、相手の性格上の問題と見なされ、否定的なステレオタイプや、文化的敵対心にまで及ぶこともある。ある文化では友好的で肩が凝らないはずのポジティブ・ポライトネスも、ほかの文化では過剰になれなれしくて非礼だと誤解されるかもしれない。逆に善意のネガティブ・ポライトネスも、相手の文化によっては、よそよそしく高慢で、取っつきにくいととらえられることもある。文化によって異なるポライトネスの傾向を認識することは、言語や慣習の違う文化に対する理解への第一歩である。

ポライトネス理論に対しては、これまでにさまざまな批判も寄せられている[84]。その1つが、これまでのポライトネス理論では、丁寧であることが必要とされる状況のみが考慮され、丁寧である必要がない、あるいは、むしろ丁寧度が低いほうが好まれる状況が軽視されてきたという点である。これを受け、近年ではインポライトネスや非礼について、そして非礼やその対応に関する指導についての研究も散見されるようになってきた[85]。ことばの衝撃をやわらげる緩和表現は、概して一定レベルの丁寧度や直接・間接度と関連しているものだが、どんなことばも、それ自体が丁寧であったり非礼であったり、かしこまっていたりくだけていたりするわけではない[86]。さまざまな制限がある談話の中で、対話する者同士が流動的に意味を構築していくため、ある状況下では許容され、機知に富んでいるとみなされる表現も、別の状況では過剰に直接的あるいは間接的でふさわしくない場合があるだろう。ある表現の社会文化的な適切さを評価する際には、その表現が使われるコンテクストの影響や制限を考慮すべきであることは、すでに第1・3章でも述べた。意味が構築されるにあたって、コンテクストがことばの使い方に影響を与えると同時に、選ばれた言語表現もそのコンテクストを形作るという相互作用が動的に働いているのである。

## ▶まとめ

本章では、教員、教材執筆者、また学習者が参考にできる発話行為について、CARLAの発話行為のデータベースサイトを紹介し、先行研究によって明らかになっている発話行為の構造と機能を概観した。また、本増補・改訂版では、呼称、会話の終結、（会話の）推意、認識標識、談話標識、対話標識など、発話行為以外の語用論的

---

83　Johnson, 2006.
84　詳しくは Bremner, 2013; Locher & Watts, 2005 などを参照。
85　Beebe & Waring, 2005; Bousfield, 2008; Mugford, 2008 など。
86　Locher, 2012; Locher & Watts, 2005.

領域の研究結果も取り入れた。教員が語用論に関する明示的知識を持ち、分析し説明できること(メタ語用論的知識)はきわめて重要であり、その知識と指導力を駆使すれば、語用論的ことばの使い方を効果的に学習者に伝えることができるだろう(語用論的な言語データを収集するアクティビティーは、第3章アクティビティー2を参照)。本章の最後では、これらの語用論的ことばの使い方の背景にあるフェイスやポライトネスの概念を概説した。次章以降では、学習者に焦点をあて、語用論的学びや誤りについて考察する。

# 第5章
## 学習者の語用論
### 語用論的逸脱の原因

石原　紀子、アンドリュー・D・コーエン

## ▶語用論的逸脱[1]

　第2章で語用論的指導に必要な教員の知識（およびそれを活用する能力）の1つとして、学習者やその文化的・言語的背景に関する知識を挙げた。第5・6章では、これに焦点をあて、学習者の言語や語学学習、また文化的アイデンティティなどについて考える。比較的上級の学習者であっても、学習言語での会話が語用論的な典型パターンに落ち着かず、語用論的逸脱（pragmatic divergence）が起こることがある。この現象にはさまざまな原因が考えられるが、本章ではそのうち5つの主要因を検証する。

　たとえば、英語圏の大学院の指導教官と、その文化圏に来て間もない留学生との比較的重要度の高い会話を想像してみよう。留学生は指導教官の研究室での面談で、来学期に履修すべき授業についてのアドバイスに賛同できない。しかし、卒業に向けて単位を確実に取得することは重要であり、教官のフェイスを脅かすおそれがあるため、提案を断るのはかなり困難だろう。自分の希望する科目を履修し、なおかつ教官との関係を維持するためには、留学生の語用論的能力が決定的な役割をはたすことになる。上級の学習者であっても、ことばの使い方が母語話者とは異なり、そのせいで指導教官に誤解されてしまう場合があることは、これまでの研究でも報告されている[2]。

　第二言語の環境で生活している学習者は、日常的に学習言語に触れているという利点を生かし、自然に語用論的能力を伸ばすことができるのだろうか。一般的に、学習言語が第二言語として教室外でも使われるESLなどの環境であっても、語用論的指導を受けていない場合は、母語話者と同等の語用論的な理解力を身につけるまでに10年以上かかるという研究結果もある[3]。また、学習言語につねに触れている環境であっても、適切なことばの使い方のモデルがいつでも十分にあるとは限らない。たとえば、例に挙げた大学院での指導は、通常は個人的なものであり、たとえほかの教員が別の学生を指導している場面の会話を聞く機会があったとしても、教官と学生との個々の関係性が

---

1　本書に使われている逸脱（diverge, divergence）という用語は客観的描写であり、学習者やその言語に対する侮蔑的意味合いを含まない（Beebe & Giles, 1984; Beebe & Zuengler, 1983などでも同様）。failureの代わりにdissonanceという用語を提唱する研究者もいる（たとえばSpencer-Oatey, 2000; Zamborlin, 2007など）。
2　Bardovi-Harlig, 2001; Bardovi-Harlig & Hartford, 2005.
3　Olshtain & Blum-Kulka, 1985; Wolfson, 1989.

異なるため、必ずしもそのやり取りが最適なことばの使い方のモデルであるとはいえない。また、学習者が日常生活の中で語用論的ことばの使い方について建設的なアドバイスを受けることはほとんどなく、つねに母語話者並みの語用論的能力を期待されているわけでもない[4]。実際、語用論的能力は言語運用能力の中でもっとも複雑で困難な側面の1つなのである。

　一方、学習者自身が必ずしも母語話者のような語用論的ことばの使い方をめざしているとも限らない。ことばの使い方はアイデンティティと密接に結びついているため、学習者が母語話者に倣った言語行動を故意に避けることがあるという事例も研究から明らかになっている[5]。また興味深いことに、学習言語のコミュニティの規範からの語用論的逸脱は必ずしも否定的に受け止められるわけではなく、革新的で想像に富み、魅力的だとみなされることさえある。よって、語用論的指導をする際には、学習者の社会文化的アイデンティティを考慮する必要がある（この点については第6・9・10・11・12章も参照）。

　とはいえ、意図的ではない語用論的逸脱が誤解され、不本意な結果をもたらすことは避けるべきであり、そのためにも語用論的指導はきわめて重要である。文法や発音の誤りは語学力の欠如によるものとして許容される場合が多いが、語用論的誤りは、学習者の人格が疑われたり、学習者の文化に対する否定的ステレオタイプの形成につながることが多いからである。学習者が学習言語に表われる文化的規範を理解できていない場合や、学習言語で意図を的確に伝えきれていない場合は、語学教員はその文化的・言語的原因がどこにあるのかを明らかにし、それに基づいて指導することによって学習者を手助けすることができる。

　本章では、母語話者の間では一般的な語用論的ことばの使い方から学習者が逸脱する5つの主な要因を探る。そのうちの4つは**語用論的誤り**（pragmatic failure）となる危険性があり、主に言語学習・使用における認知的問題と結びついている。学習者がいくつもの問題を同時に抱えていることもあるため、複数の要因が重なって語用論的誤りを生むことがある。また、学習者の語用論的逸脱の表層だけを見ていたのではその原因を確定するのがむずかしい場合もある。5番目の逸脱の要因はほかの4つとは大きく異なり、学習者がある語用論的規範と考える言動を明確に認識しており、その認識を学習言語に反映させて流暢に使うことができる能力を持っているにもかかわらず、意図的にその言動を避ける**語用論的選択**（pragmatic choice）の場合である。

---

4　Barron, 2003; Iino, 1996; Kasper & Rose, 2002, Siegal & Okamoto, 2003.
5　詳しくは Ishihara, 2006; Ishihara & Tarone, 2009; LoCastro, 2003; Siegal, 1996 などを参照。

## ▶語用論的規範から学習者の言語が逸脱する主な要因
・不十分な語用論的能力による語用論的逸脱
1. 他言語の語用論的規範の影響
2. 学習言語の言語（文法）[6]能力の限界
3. 語用論的規範と認識した言動の過剰な一般化
4. 指導や教材の影響

・意図的な選択による語用論的逸脱
5. 語用論的規範と認識した言動への抵抗

以下では、それぞれの要因について例を挙げて解説する。

## ▶不十分な語用論的能力による語用論的逸脱

　学習者がある状況における学習言語での一般的なことばの使い方を知らずに、語用論的規範から逸脱してしまうことがある。学習言語の語用論的規範に対する意識が低いために、自身の第一言語やその他の言語の規範にしたがって不適切なことを言ったり、状況判断が不十分なために、本来はくだけた場面で友人に言うことばをかしこまった場で言ってしまったりする。また、教員の指導や教材が誤解しやすい内容だった場合に、そのせいで語用論的規範から逸脱してしまうこともある。これらの逸脱は多くの場合、語用論的意識の不足、学習言語の語用論的規範への注意の欠如、言語能力の欠如などに起因する。

　そこで、語用論的逸脱の要因を1つずつ検証し、語用論的逸脱の原因と複数の要因の組み合わせについて考えてみよう。学習者のニーズを評価することによって、学習者が意図したことを伝えきれないのはなぜか、また、語用論的規範から故意に逸脱するのはなぜかという問題に関して、より根拠のある推測をすることができるようになる。語用論的逸脱の要因を知ることは、効果的な語用論的指導を立案する第一歩といえる。

### 1. 他言語の語用論的規範の影響

　学習言語の語用論的規範を知らない、第一言語など他言語の規範を不適切にあてはめてしまうなどの理由で、学習者は他言語に潜在意識的に頼ってしまいがちである。他言語や他文化の知識が学習言語能力の発達におよぼす影響は、**語用論的転移**（pragmatic transfer）[7]と呼ばれ、語用論的誤りにつながりうる要因として知られている。語用論的転移には、語用論的規範が類似しているため学習言語での適切なことばの使い方につながる**正の転移**（positive transfer）もあるが、ここでは、**負の転移**（negative transfer）と呼ばれる語用論的逸脱に焦点をあてる。ただし、最近では、言語間の相互

---

6　ここでの言語・文法とは、ことばの構造に関する知識やその知識を使う技能を広く意味し、統語や形態統語のみならず、語彙や音韻に関する知識や技能も含む（Canale & Swain, 1980; Kasper & Rose, 2002）。
7　Kasper, 1992.

の影響が注目されるようになり、第一言語から第二言語への一方的な「転移」という用語が必ずしも正確ではなく、侮蔑的にもなりうるとして、「転移」という用語を避けることがある。このような配慮から、本書でも「**他言語からの影響（crosslinguistic influence）**」という用語を用いる。

　韓国出身の日本語学習者を例に挙げてみよう。授業中の発表について友人からほめられたが、日本語では何とこたえたらよいのかわからない時、第一言語の規範に基づいて「いや、そんなことないよ」と言ったとしよう。この場合、韓国語と日本語の語用論的規範が似ているため、おそらく謙遜した適切なこたえと受け取ってもらえるだろう。

　一方、語用論的規範が大きく異なる言語では、他言語の規範に頼ってしまうと、ぎこちない会話になったり、誤解されたり、意思疎通が一時的に中断したりさえする。特に相手に、学習者の言語・文化に関する理解や知識がない場合はこうした問題が起こりやすい。上の例の韓国人学習者が英語で話す時も、「いやいや、そんなはずない」と謙遜するつもりで *No, no, that's not true.* と激しく否定したとしよう。英語では、ほめことばをすげなく拒否すると、その評価を疑っているように聞こえ、友人との友好的関係を拒絶しているようなぎこちない雰囲気になってしまうだろう。韓国語の語用論的使い方に精通した教員なら、韓国人学習者がほめられた時にこのようにこたえる理由を理解できるかもしれないが、韓国語や東アジアの文化習慣を知らない聞き手ならば不審に思ったり、無礼に感じたりするだろう。以下に他言語の語用論的規範の影響で語用論的逸脱が起こる例をいくつか挙げる。

- アメリカ人のヘブライ語学習者がイスラエルでヒッチハイクをした時に、運転手を楽しませなければならないと考えて絶え間なく話を続けたのだが、イスラエルでは、相手によっては質問をされない限り、黙って静かにしているほうがよい場合もある。

- アメリカ人のアラビア語学習者が、ガザで、アラブ人の既婚者に子供は何人いて、どんな子供たちなのかたずねたが、アラブではこのような情報を明かすのは縁起が悪いといわれることがある。

- メキシコにいる友人の誕生パーティーに招待されたアメリカ人が、出席できない理由を詳しく伝えたが、メキシコでは参加の意図を伝えるのが典型的な断り方である[8]。

　学習者の語用論的誤りの原因が他言語の影響である場合には、指導に語用論的意識を高めるなんらかのタスクを加えるとよいだろう。ある文化では適切な対応がほかの文化では不適切になりうることを指導する必要がある。たとえば、学習言語を日常生活で使うESLの環境で、さまざまな第一言語の学習者を対象に、ほめとこたえを指導する時は、

---

8　Félix-Brasdefer, 2003 に報告されている例。

次のように学習者の第一言語の知識を活用することができる[9]。

　素敵な持ち物やすばらしい発表をほめたり、ほめられたりする時、あなたの国ではどのように言いますか。いくつか例を挙げて、それを英語に直訳してみましょう。

　このような活動は、学習者のさまざまな文化の類似点や相違点を明らかにし、ある言語の語用論的規範を別の言語にそのまま持ち込むことのリスクを表面化させるのに役立つ。あるアラビア語話者の学習者は、この活動をしたあとで「母語でどのようにほめるかはわかっているが、それを直訳するだけでは 英語では通用しない」と考察した。語用論的規範に関する意識を高め、この学習者のように語用論的規範が普遍的ではないと気づくこと、そして学習言語での一般的なことばの使い方を学び、適切に使えるようになることが、他言語からの不適切な影響を阻止する一助となるだろう。

　ここで、会話分析の視点からも語用論的逸脱について考えてみよう。談話をひとまとまりとしてとらえる観点から語用論的ことばの使い方を観察することで、学習者が学習言語の語用論的規範から逸脱してしまう原因を探ることができる。たとえば、ある研究[10]では、ペルシャ語とドイツ語それぞれの母語話者同士が電話で交わした会話の冒頭を比較し、イランとドイツでは会話の冒頭の特徴が異なることを会話分析を用いて例証した。ペルシャ語では、冒頭で相手の健康や家族についてたずね、それらについて長く会話が続くという予測可能なパターンが見られた。一方、ドイツ語の冒頭のやり取りは概して短く、儀礼的な会話をすることはほとんどなかった。このような談話レベルの違いが、第一言語など他言語の語用論的規範を図らずも学習言語に持ち込んでしまう原因となっている可能性がある。

　このように会話分析は他言語からの影響を分析する手段として有効である。時間の経過とともに学習者が他言語からの影響を修正し、学習言語の語用論的ことばの使い方を徐々に取り入れるようになるのか、あるいは、何度も対話するうちに相手のほうが他言語の影響を受けた学習者の語用論的言動を受け入れるようになっていくのか、なども会話分析を利用した研究で検証することができる[11]。さらに、会話分析の手法を導入した指導により、学習者も談話的視点を身につけ、自身が参加した談話に関する語用論的意識を高めることができたという報告もある[12]。

## 2. 学習言語の言語（文法）能力の限界

　学習者の言語（文法）能力と語用論的能力は必ずしも同等ではない。文法的な理解力や正しい文の産出能力は申し分ない学習者であっても、つねに相手の意図を理解し語用論的に適切なことばを使えるとは限らない。逆に、相手の伝えようとする意味を文

---

[9] Ishihara, 2004 に加筆。アラビア語話者のコメントは同論文 p. 54 より引用。
[10] Taleghani-Nikazm, 2002.
[11] Kasper, 2007.
[12] Barraja-Rohan, 2011; Félix-Brasdefer, 2006; Huth & Taleghani-Nikazm, 2006; Liddicoat & Crozet, 2001; Taleghani-Nikazm, 2002.

脈から理解でき、文法的には多少不正確でも社会的に適切なことばを使える学習者もいるだろう[13]。それでも、学習者の言語（文法）能力は語用論的能力に影響する。文法を正しく理解していれば、伝えられたことばの意図をより正確に把握できるし、コントロールできる文法の範囲が増えるからである。たとえば、単文の構造しか理解していない学習者は、*Could I use your pen for a second?* のような単文の依頼は理解できても、*Would you mind if…* や *I was wondering if…* のような複文構造の依頼の意図は汲み取れないかもしれない[14]。

そのため、学習者の言語（文法）能力が語用論的誤りの原因である場合には、教員はその能力に焦点を絞った練習を取り入れるべきだろう。たとえば、複文構造の依頼であれば、自己発見的な手法やより直接的な文法指導など、なんらかの明示的な手段を用いて、次のように動詞や if 節の仮定法の用法などに注目させることが重要である。

*Would you mind if I **borrowed** your notes?*
*I was wondering if you **could** possibly lend me your car for a few minutes.*

このような構文を理解し、流暢に、また正確に産出できるようになるためには、ドリルなどを利用した反復練習などが必要な場合もあるだろう。文法や構文、仮定法などに焦点をあてて、小テストやロール・プレイを行ない、文法の観点からフィードバックをするのもよいだろう。しかし、語用論的指導の一環であるならば、単なる文法指導にとどまるのではなく、**構文 (form)** と **意味 (meaning)** と **用法 (use)** を関連づける、つまり、あることばがどんなかたちをとり、文脈の中でどんな意味になるのか、そのかたちがいつ使われるのか、それはなぜか、といったことを認識することが大事である。この構文、意味、用法を一体化した指導法は、よく知られた文法書[15]でも提唱されている。より具体的に *I was wondering if* で始まる依頼をみてみよう。

**構文：** 過去進行形や if 節の仮定法のかたち
**意味：** *mind* や *wonder* などの動詞の意味、この構文によって表わされる依頼
**用法：** この構文を使った表現の丁寧度、直接・間接度、フォーマリティー、話し手と聞き手、書き手と読み手の関係などの状況要因を踏まえ、なぜこの表現が使われるのかという根拠

実際の言語使用の場では、これらの側面が連動していることを強調するため、依頼が使われるコンテクストの分析を可視化することも有効である。たとえば、話し手と聞き手の社会的立場、親疎関係、依頼の大きさなどの状況要因を図式化して学習者が分析し、依頼の言語をその前後に並べて書いてみることで、両者のつながりを明確に理解できる

---

13　このような学習者の例は Schmidt, 1983 を参照。
14　より詳しい議論は Bardovi-Harlig, 2003; Takahashi, 2001, 2005 を参照。
15　Celce-Murcia & Larsen-Freeman, 1999。

だろう。(この例は第 3 章を参照)

## 3. 語用論的規範と認識した言動の過剰な一般化

　学習言語の文法について仮説を立てて検証する段階で、学習者がある文法規則を、それがあてはまらない別の状況に誤って応用してしまうことがある[16]。たとえば、動詞の語尾を -ed に変えて過去形にするという規則を不規則動詞にあてはめ、*eated, taked, telled* など誤った過去形を使ってしまうことがある。

　語用論に関しても同様のことがいえる。学習言語やその文化、また語用論的規範についてまだ基礎的なことしか理解していない学習者は、学習言語の規範と誤って認識している先入観に依存し、その先入観を不適切な状況に応用したりして語用論的な誤解を招くことがある。そのような問題は、学習言語の語用論的規範であると思いこんだ言動を過剰に一般化することから起こる。学習者は、社会的、地理的、また状況による多様性を十分に意識していない可能性がある。たとえば、学習者がこれまでの他文化間交流の経験から、日本語は英語に比べて間接的な表現が多いというステレオタイプを持っているとすれば、間接的な表現がふさわしくない状況にも、それをあてはめてしまうかもしれない。ところが、その状況に限っては、実は日本語でも直接的な表現が適切だということもある。

　先入観による誤認、誤解、思い違いは、言語（文法）的な側面でも起こりうる。学習者が、ある構文から特定の丁寧度や**フォーマリティー**を連想する可能性がある。たとえば、依頼表現は長ければ長いほど丁寧度やフォーマリティーが増すと仮説を立てたとする。*May I...?* は実際はかしこまった表現だが、構文が比較的短いため、かなりくだけた表現に違いないと誤解してしまうかもしれない[17]。

　行きすぎた一般化を避けるためには、語用論的指導の際に、一般的な語用論的規範とともに、その規範があてはまらない反例もいくつか示し、それはなぜかを学習者とともに考えるとよい。以下に日本語の断りについて、語用論的カリキュラム教材[18]から引用した例を示す。

---

あなたとルームメイトは親しい友人ですが、そのルームメイトはたまにお金を貸してほしいと頼んでくることがあり、いつもすぐに返してくれるわけではありません。今日もまた 3000 円貸してほしいと言ってきました。前に 2、3 回貸したお金も返してもらっていないので、今回は断ろうと思います。それに、あなたも友人に貸してあげられるほどお金に余裕がありません。

---

16　Selinker, 1972.
17　Matsuura, 1998.
18　Ishihara & Cohen, 2004 (オンラインでこの問題や音声、音声の書き起こしなどにアクセスできる：http://www.carla.umn.edu/speechacts/japanese/Refusals/Ex2.html); Ishihara & Maeda, 2010. このカリキュラム教材についての詳細は第 9 章参照。

まずこの状況での 2 人の女性の会話例が学習者に提示される。この会話はロール・プレイによって引き出されたもので自然なことばの使い方に近いといえるだろう。下の**太字**の断りのストラテジーに着目すると、B の言語が概して間接的で丁寧であることに気づくだろう。日本語の断りは英語より間接的である、と一般化して認識している学習者が多いが、この例はその認識に合致するものである。

---

A: ねえ、みか、ちょっとお金貸してもらえないかな、今日。
B: **えー、いくら？**
A: あの、3000 円なんだけど。
B: **うーん、今月はね、私もちょっと厳しいの。**
A: うーん、そこをなんとかならないかな。
B: **えー、でも先月の 2000 円もまだ返してくれてないじゃない。**
A: うん、そうだったね。来週、ほら、あの、お給料入るから、全部一緒に払えるから。だめかな。
B: **うーん、ともこさんには聞いてみた？**
A: あー、そうだね、聞いてみるよ。
B: **うん、その方が嬉しいな。**
A: うん、わかった。じゃあ。
B: ごめんね。
A: いいよ、いいよ、気にしないで。

---

続いて、今度は男性 2 人の会話例も提示される。この例もロール・プレイによって録音されたもので、自然なことばの使い方に近い。**太字**になっている断りのストラテジーがどのように使用されているか見てみよう。

---

A: あ、けんじ、ちょっと頼みがあるんだけどさ。
B: えー、何、何？
A: あの、3000 円貸してくれない？
B: **え、また？　だってさ、この間貸したけどさ、返ってきてないよ。**
A: うん、返すからさ、月末には。
B: **いやー、そんなこと言っておまえ、いつも返してくれないじゃん。**
A: いやー、返すよ、ほらこの間返したじゃん、一回。
B: **いや、うそ、うそ。ちょっとだめだよ。だって全然返してくれないんだもん。**
A: いやー、困ってるんだよ。頼むからさ、今回だけ。
B: **だめ、だめ、もう癖になるからね。だめ、だめ。**

相手の発言を「うそ」と言って否定することは、英語より日本語のほうが衝撃が少ないとはいえ、B は何度もそれを繰り返していて、かなり直接的に依頼を断っている。したがって、この例は「日本語話者は間接的に話す」という学習者の先入観をくつがえす反例として機能する。学習者はこの 2 つの会話例を比較することによって、語用論的相違を生み出した要因は何かを考えることができ、性差や個人的なスピーチスタイルの違いなど、語用論的ことばの使い方の多様性に気づくかもしれない。このような対照例を使うことによって言語の変容性を示すことができる。そして、言語使用のパターンを先入観に頼って簡略化してとらえることは便宜的だがリスクをともなう、という注意喚起をすることができるだろう。EFL の環境で学んでいる場合でも、国内外でできるだけ多くの話者と対話し、さまざまな語用論的規範があることを、学習者が身をもって体験するのもよいだろう。

## 4. 指導や教材の影響[19]

この要因は、「語用論的規範と認識した言動の過剰な一般化」の下位範疇ともとらえられるが、指導に関する特記すべき点であるため、本書では別項目として挙げる。語用論的逸脱は、語用論的意識の欠如や不十分な語用言語的能力より、むしろ指導や教材の影響が原因となっていることがある。学習者の責任ではなく、指導側になんらかの問題があるため、その指導を受けた場合には当然のごとく誤りが誘発される。

一例を挙げると、語学の授業では、ことばの練習のために、あえて文法的に完結した文を作らせることがある。ところが、現実のやり取りで同じように文を完結させようとすると、非効率で機転が利かず、相手を苛立たせてしまう会話になることが多い。**節約の法則**（the principle of economy）にしたがって重複する情報は省略するという自然な会話の傾向[20] に反するからである。たとえば、*Have you already had a chance to go canoeing on the beautiful Lake of the Isles this summer?*（今年の夏はあのきれいなアイルズ湖でもうカヌーを楽しみましたか）という質問には、*It was absolutely beautiful.*（とてもきれいでした）または *Just next weekend.*（ちょうど来週行くところ）などと言えばよいのであって、*Yes. I have already had a chance to go canoeing on the beautiful Lake of the Isles this summer.*（はい、今年の夏はあのきれいなアイルズ湖でもうカヌーを楽しみました）とこたえるのは冗長で不自然だろう。

同様に、教材によく見られる解説なども誤解を生むことがある。たとえば、語学の教科書ではカルチャー・ノートなどの欄に「アメリカ英語は直接的な言い方をする傾向が強い」などと記載されていることがあるため、学習者がその傾向を過剰に一般化してしまい、英語には間接的な表現がほとんどないと誤解するかもしれない。こうした誤解は、複雑な語用論的規範を単純化し、状況によって変容する多様な語用論的ことばの使い方の理解を妨げる。このような誤った認識を持つ学習者が、職場でアメリカ人の同僚に「あな

---

19　Selinker (1972) では transfer of training という用語が使われている。
20　Thomas, 1983.

たの宗教は何ですか」などと直接的かつ個人的な質問をしてしまい、不本意な語用論的逸脱にいたるおそれがある。

　指導に起因する誤解を避けるために教員ができることは、さまざまな状況で使われる語用論的ことばの使い方が、どの程度指導内容に反映されているか確認を怠らないことである。間違いではないとしても、学習者の習熟度を考慮するあまり必要以上に言語が単純化されている教材もあるので、学習者が誤解しないように注意しなければならない。誤解を誘発するおそれがある場合は、その部分を使わない、誤解が生じないように加筆する、といった工夫が必要だろう。教科書の一部に問題があるならば、それはあくまで言語（文法）の練習を目的としているからであり、実際に使われる自然なことばの語用論的規範に沿うものではないことを学習者とともに考えることも有用だろう（このような指導例は第8章参照）。

　練習のために完結文の使用を指導する上の例をもう一度見てみよう。語用論的指導の一環として、かしこまった、またはくだけた自然な会話例を使い、学習者が完結文・非完結文の割合を分析してもよい。それぞれの文が、使われている状況において、どのような語用論的効果を生み出すのか話し合うのもよいだろう。状況によって、完結した文は、適度にかしこまっていて明瞭という好印象を与えるケースから、非効率的で重複が多く機転が利かない、慇懃無礼、皮肉っぽい、などの否定的な反応までさまざまに解釈されうる。完結文・非完結文を適切に解釈し使用する上での語用論的効果を学習者自身が考慮するように指導するとよいだろう。語用論的意識を高めるタスクに取り組むことで、学習者は語用論的意味をより的確に把握できるようになり、たとえ誤解を生みやすい指導や解説があったとしても、自分が実際に学習言語を使う時には、語用論的知識に基づいた判断ができるかもしれない。

### ▶意図的な選択による語用論的逸脱

　これまでは、基本的な言語（文法）能力の欠如や学習言語の語用論に関する知識不足による語用論的誤りや規範からの逸脱の原因について検証してきた。ここまで見てきた例に共通しているのは、いずれも故意に規範を逸脱しているのではないという点である。では、学習者がコミュニティの規範に意図的に抵抗する**語用論的選択 (pragmatic choice)** の場合はどうだろうか。

### 5. 語用論的規範と認識した言動への抵抗

　語用論的逸脱のもう1つの要因は学習者の抵抗、つまり学習言語の語用論的規範であると認識した言動を故意に避ける選択である。学習者は固定観念のない白紙の状態ではなく、自己の文化の価値観、信条、世界観などに満ち溢れている社会的存在である。学習者の主観、つまり社会的アイデンティティや態度、個人的信条や主義は、語用論的言動を通してどのように自己表現するかに影響することが多い。効果的に意思疎通するため、あるいはコミュニティにとけ込み、その中で社会的承認を得るために学習言語の語用論的規範に適応する一方で、学習言語の語用論的規範であると認識している言動

から意図的に逸脱し、自身の価値観や主観を強調することもある[21]。時にはコミュニティから孤立することになっても、学習言語の語用論的規範と認識した言動とは相容れない自分の文化的アイデンティティ、個人的な主義、価値観、道徳観などを維持しようとすることさえある。学習者が自己の主観と対立することばの使い方を新たに学ぶことをあえて拒否する場合の語用論的逸脱は、不十分な語用論的能力が原因といえるだろう。しかし、学習言語の使い方を習得し、規範にしたがったことばの使い方ができるにもかかわらず、自己の主観を主張する手段として、学習言語の規範と認識した言動を故意に避ける選択をすることもある[22]。

このような学習者の語用論的抵抗は、語学指導にとってさまざまな示唆に富んでいる。第1に、教員は学習言語の語用論的規範にしたがった自己表現を学習者に押し付けるべきではない。そのような行為は、文化的価値観の押しつけや権力行使と解釈されるおそれもある[23]。置かれた状況下で、語用論的規範の範囲内と思われる言動をいつどの程度採択するかという判断は学習者自身がすべきことである。したがって、教員は学習者の抵抗を排除しようとするよりも、文化的要因に配慮した指導ストラテジーを用いるべきだろう。

たとえば、ある研究に参加した日本語学習者は、自分より若い従業員とくだけた場面で話しているというロール・プレイの設定で、この状況では使わなくてもよいと思っていた尊敬語を、そうと知りながらあえて使用した。その学習者は、人間はみな平等だと信じていて、たとえ相手が目下であっても敬意が込められていないことばを使って礼を欠くのを避けたいと思ったからである[24]。この個人的信条や主義が、学習言語の語用論的規範であると認識された一般的言動と相容れなかったことが語用論的逸脱の原因だが、それは学習者自身が意図したものであった。このような学習者の語用論的選択は尊重されるべきだが、同時に、語用論的指導では、コミュニティの語用論的規範を学習者が十分に理解し、**受動的**語用論的能力（**receptive** pragmatic competence）があることを確認する必要がある。この例の学習者の場合、教員は次のような質問をディスカッションで用い、語用論的意識の向上をめざすことができる。

従業員はあなたやあなたのことばの使い方についてどのような肯定的、否定的、または中立的な印象を持つでしょうか。その結果、その人はあなたとの関係をどのようにとらえるでしょうか。そのように築かれた人間関係の長所・短所には何が考えられるでしょうか。

日本語の授業で、学習者が適切な敬語を使う**産出的**語用論的能力（**productive**

---

21　第6章で触れる言語応化理論 (Beebe & Giles, 1984) を参照。
22　このような学習者の語用論的ことばの使い方の例は LoCastro, 1998; Ishihara, 2006; Ishihara & Tarone, 2009; Siegal, 1996 などを参照。
23　Kasper & Rose, 2002.
24　Ishihara & Tarone, 2009.

pragmatic competence)があるか確認するには、

「このような状況で、あなたなら何と言いますか」というより、
**「このような状況で、日本では多くの人は何と言うでしょうか」**

などと聞くことができる。この2つの表現の違いは微妙かもしれないが、このような配慮により、学習者の自己表現という個人的な問題を回避しつつ、語用言語的な面（ここでは敬語表現）の指導や評価をすることができる。学習者の語用論的選択は、どの程度母語話者の言語に近いかではなく、学習者がどんな意図をどのように表現したいかをもとに評価されるべきである（これ以外の設問や評価については第11・12章を参照）。

いずれにせよ、学習者が学習言語で伝えられることばの意図を理解し、希望どおりに自己表現できるように支援する教員の役割は重要である。学習言語の規範と思われる言動に学習者が順応するにせよ逸脱するにせよ、教員が確認すべきことは、コミュニティにおける一般的な解釈や自らの言動の結末を、学習者自身が十分認識しているかという点である。上の例でいえば、日本ではくだけた場面で親しい年下の従業員に対して雇用者が敬語を使うことは例外的である。敬語を使うことによって、相手は少し疎外感を感じたり、あるいは雇用者が皮肉っぽく冗談めかして話していると解釈したりするかもしれない。あるいは、雇用者が外国人で日本語の学習者である場合には、雇用者は独自のやり方で敬意を払おうとしているとも解釈できるだろう。学習言語の規範に順応すると文化的にも適応しやすくなるが、抵抗するとそのコミュニティからの孤立という否定的な結末につながることもある。しかし、学習者が自身の文化的アイデンティティを表現できるだけでなく、コミュニティの規範を一方的に受容するのを避け交渉しながら規範を共同構築していくという肯定的結末がもたらされることもある。

## ▶まとめ

本章では、学習言語の語用論的規範とは異なる学習者の語用論的言動の要因について可能性を探った。語用論的逸脱が見られる際には、まずそれが、実際のコミュニケーションの場で問題になるかどうかを考えてみたい。問題になる可能性が低い言動であれば、学習言語の規範に沿っていなくとも意図は伝わると考えられるので、あえて指導する必要はないかもしれない。たとえば、英語では電話で名乗る時に *This is Ken.* という用法が一般的であり *I'm Ken.* という表現は規範から逸れるが、聞き手の気分を損ねることはあまりないだろう。一方、聞き手に誤解される可能性のある言動は指導の必要がある。同じ学習者が *Who are you?* と、きつい口調で聞いたら、聞き手の心証は悪くなる可能性が高く、無礼な人に違いないと先入観を持たれてしまうかもしれない。このような場合には教員が介入して、より適切なことばの使い方ができるように語用論的指導をするべきではないだろうか。

故意でない語用論的逸脱は、以下のように学習者の語用論的能力や言語（文法）能

力の限界に起因するいくつかの要因によるものと考えられる。

- 他言語の語用論的規範の影響
- 学習言語の言語（文法）能力の限界
- 語用論的規範と認識した言動の過剰な一般化
- 指導や教材の影響

　また逸脱の原因が意図的な語用論的選択であれば、学習者が学習言語の語用論的規範であると認識する言動を知りながら、自己のアイデンティティを表現するため故意に抵抗するケースと考えられる。これらの語用論的逸脱の要因は必ずしも単独ではなく、複合的に絡み合っている場合がある。また語用論的逸脱の原因はいつも明らかに判別できるわけではなく、学習者をよく観察し、時にはなぜそのような言動を取ったのか学習者にたずねてはじめて原因が解明されることもある。

　いずれにせよ、教員は学習者の観察や分析を通して語用論的逸脱の諸要因を探り、ニーズを評価すべきである。逸脱の原因が言語（文法）能力の限界であれば、すでに学習者が持っている語用論的認識を高めるタスクより、文法や語彙の練習で言語能力を補うほうが効率的である。学習者の語用論的選択に配慮するならば、単に母語話者の言動を模範とするのではなく、学習者自身の意図がどの程度表現されているかを主眼として評価すべきだろう（第11・12章参照）。次のアクティビティーでは、語用論的逸脱のオーセンティックな例を取り上げて、逸脱の原因を分析し、効果的な指導法を考えてみたい。

## ▶ Activity: 学習者の語用論的逸脱の原因を探ろう

### 目的
1) 語用論的逸脱の原因やその組み合わせを推測できるようになり、その原因に対処する指導法を考えることができる。
2) 教員自身が自らの語学学習や言語使用の経験を振り返り、自分の語用論的ことばの使い方に影響をおよぼした要因を分析できるようになる。

### 方法
パート1
　4, 5人のグループでリスト1（語用論的逸脱の原因）とリスト2（語用論的逸脱の例）をマッチングしてみよう。原因は1つとは限らないので、あらゆる可能性を考え、どのような場合に何が原因になりうるのかも考えてみよう。終了したらリスト3（解答例）と比べ、学んだことを話し合ってみよう。

パート2
　リスト2にある語用論的逸脱に関して、どのような指導が有効か考え、話し合ってみよう。

## パート 3
自らの語用論的誤りや抵抗の体験を振り返って次の点を話し合い、どのような要因が語用論的誤りや抵抗につながりうるのか考えてみよう。

a) 他文化の環境でどのような語用論的困難や失敗を体験したことがあるか？その時の相手の対応はどのようであったか？

b) 学習言語の語用論的規範に抵抗を感じたことはあったか？どのような状況で、なぜそのように感じたのだろうか。その時自分はどのように振る舞い、相手はどのように反応したか思い出してみよう。

**結び**

学習者の言語行動の表層を垣間見るだけでは、語用論的規範や語用論的抵抗の結末をどの程度理解しているか判断できない場合があるので、最後に、学習者の語用論的意識を探るタスクや質問を考えてみよう。学習者の語用論的意識が十分でない場合には、パート2で話し合った指導を取り入れるのが適当だろう。すでに語用論的意識が高く、故意の抵抗が見られる場合には、学習者の語用論的選択を尊重する評価も重要となるだろう。

## リスト1（語用論的逸脱の原因）
- 他言語の語用論的規範の影響（以下、**他言語**）
- 学習言語の言語（文法）能力の限界（**文法**）
- 語用論的規範と認識した言動の過剰な一般化（**一般化**）
- 指導や教材の影響（**指導・教材**）
- 語用論的規範と認識した言動への抵抗（**抵抗**）

## リスト2（語用論的逸脱の例）
1. あるアメリカ人のスペイン語学習者は、スペイン語の依頼は英語よりフォーマルだと信じ、ホストマザーに水が1杯ほしいと頼む時「お水をいただくことはできるでしょうか」と丁寧にたずねた。バルセロナではこのような場合には「水、お願い」や「水ください」のようなスペイン語が使われるため、ホストマザーは学習者の頼み方は丁寧すぎると感じた。

　　　　　　　　　　　　　　この語用論的逸脱の原因：＿＿＿＿＿＿＿＿＿

2. ある日本語の学習者が、英語の ALT 教員として日本の中学校で働き始めた。日本の学校では教員が放課後に生徒と一緒に掃除をするのが慣例なので、日本人の同僚がこの新任の教員にも協力してほしいと日本語で頼んできた。日本人であればおそらく受け入れるであろうと知っていたが、この教員は、学校の掃除を

するために大学教育を受けたわけではないと考えているので、断ることにした[25]。

この語用論的逸脱の原因：＿＿＿＿＿＿＿＿＿＿

3. ある英語学習者は、教科書に「アメリカ人はほめられると *Thank you.* と言います」と書かれているのを読み[26]、英語が堪能な人は皆そのようにこたえるものと信じて、ほめられるたびに *Thank you.* と言うようになった。

この語用論的逸脱の原因：＿＿＿＿＿＿＿＿＿＿

4. ある日本人の英語学習者は、週末にコンサートに行かないかと誘われたが、家で子供たちと過ごしたいので断りたいと思った。日本語であれば「家庭の事情があるので」と言うので、つい英語に直訳して *I have something to take care of at home.* と言ってしまった。

この語用論的逸脱の原因：＿＿＿＿＿＿＿＿＿＿

5. ある日本人研究者は、原稿へのコメントを送ってもらったので、届いたお礼を英語で *I certainly received your feedback. Thanks a lot.* と書いてメールを送った。「確かに拝受致しました」と丁寧に礼を言ったつもりだったのだが、図らずも、必要以上のコメントをもらい苛立っているような印象を与えることになってしまった[27]。

この語用論的逸脱の原因：＿＿＿＿＿＿＿＿＿＿

6. あるアメリカ人のインドネシア語学習者は *Did you eat yet?* という定型表現が通常の挨拶として使われると聞いたが、自分にはあまり挨拶表現とは思えないので、自ら使うのは避けることにした[29]。

この語用論的逸脱の原因：＿＿＿＿＿＿＿＿＿＿

7. ある欧米人の日本語学習者は、日本人女性が年配の男性に謙譲語と丁寧語を使って話すのを聞いて、「彼女はへりくだりすぎているように聞こえる。私は丁寧語だけで無難に話すことにしよう」と思った[30]。日本語の敬語のテストでは満点を取っているが、年配の男性にはあえて謙譲語を使わないと決めた。

この語用論的逸脱の原因：＿＿＿＿＿＿＿＿＿＿

8. ある初級の英語学習者は、英語で書かなければいけないレポートを手伝ってほしいと親しい友人に頼んだ。友人は、*If you'd told me earlier, I could've helped*

---

25 Ishihara, 2006 に報告されている例。
26 Coulmas, 1981 に報告されているテキストのコメント。類似した内容は、Sato et al,, 2006 にも見られる。
27 Beebe et al., 1990 に報告されている例。
28 これは実際に著者コーエンが受け取った電子メールである。
29 DuFon, 1999 に報告されている例。
30 Siegal, 1996 に報告されている例。

*you.*（もっと早く言ってくれれば手伝えたのに）と言った。*...I could...help* は聞き取れたのだが、手伝ってくれるのかくれないのかよくわからなかった。

　　　　　　　　　　　　この語用論的逸脱の原因：＿＿＿＿＿＿＿＿＿＿

9. ある初級の英語学習者は、店に修理を頼みにいった時に *Do this for me now.*（これを今やってくれ）と言ってしまった。*I was wondering how soon you might be able to repair this for me.*（これはいつまでに修理していただけますか）のような丁寧で間接的な依頼表現をまだ習っていなかったためである。

　　　　　　　　　　　　この語用論的逸脱の原因：＿＿＿＿＿＿＿＿＿＿

10. ある韓国人の観光客がアメリカに来て、アメリカ人はフレンドリーな人が多いと聞いていたのに、バスの隣に座った中年の男性の愛想が悪いのに驚いた。「この町では何がおすすめですか」と質問したが、「ああ、いろいろあるよ」とこたえただけですぐに読書を再開してしまったので、がっかりした。

　　　　　　　　　　　　この語用論的逸脱の原因：＿＿＿＿＿＿＿＿＿＿

11. あるアメリカ人の日本語学習者は、日本語の授業で、間を持たせるために「えーと」や「あの」を使うと習い、間があくたびに使うようにした。ところが、別の教員から、そのような表現の使いすぎを指摘され、ポーズを長く取ったり非言語的手段を使ったほうがいいと言われた。

　　　　　　　　　　　　この語用論的逸脱の原因：＿＿＿＿＿＿＿＿＿＿

12. あるイタリア語学習者は、イタリア人は手のジェスチャーを多く使うと聞き、ローマに留学中にジェスチャーを頻繁に使ってみた。だが、イタリア人の友人から、ジェスチャーが少し多すぎる、また意味が違うものもあると言われてしまった。

　　　　　　　　　　　　この語用論的逸脱の原因：＿＿＿＿＿＿＿＿＿＿

13. 英語を学習しているあるスペイン語話者の男性は、スペイン語ではこう言うだろうと思う表現を英語に直訳して、英語話者の女性を次のようにほめた。*My god! So many curves and me without brakes! (¡Dios mio, tantas curvas y yo sin frenos!* [31]〔うぁー曲線が多くてブレーキがかからないなあ〕）。このようなほめことばは piropo と呼ばれ、スペイン語圏では社会的に受け入れられやすい地域もあるのだが、英語圏では不適切とみなされることが多い。この場合も、この女性

---

[31] Campo & Zuluaga, 2000 に報告されている例。スペイン語のピロポの容認度や解釈は、聞き手の話すスペイン語のバラエティー、年齢、職業、教育レベルなどの要因によって異なる。より社会的に容認されやすいピロポの一例には次のようなものもある：*La flor por ser flor no necesita mil colores un hombre para ser hombre no necesita mil amores*「花は花であるために千もの色はいらない。男も男であるために千人の愛人はいらない」

は男性を失礼で男性優越主義な人だと解釈してしまった。

この語用論的逸脱の原因：＿＿＿＿＿＿＿＿＿＿＿＿＿

## リスト3：解答例

すでに述べたように、これらの状況での語用論的逸脱には複数の原因が複雑に絡み合っていることも多い。以下は解答例であり、これ以外の可能性を排除するものではない。また学習者の言動の意図を学習者自身にたずねることで、逸脱の原因が明確になることもあるだろう。このような分析は語用論的指導の基礎として重要な学習者のニーズの査定にもなるだろう。

1. 一般化、または学習者の印象の出所が授業などであれば、指導・教材
2. 抵抗
3. 指導・教材、または指導・教材が一般化の一部であるとすれば一般化
4. 他言語
5. 他言語
6. 抵抗、または学習言語でのこの挨拶の文化的・語用論的意味をまだ理解していない場合には他言語
7. 抵抗
8. 文法
9. 文法、または学習者がこのようなサービスを受ける際に直接的依頼が適切な他言語を話す場合には他言語
10. 一般化、または一般化が授業などから誘発されたものであれば、指導・教材
11. 指導・教材、または指導・教材が一般化の一部であるとすれば一般化
12. 一般化、または一般化が授業などから誘発されたものであれば指導・教材。または、第一言語などでこれらのジェスチャーが適切な場合は他言語。および間違ったジェスチャーの原因は文法（言語・非言語に関する知識）
13. 他言語

# 第 II 部
# 語用論的指導の核心

# 第6章
# 第二言語習得理論と語用論的指導

石原　紀子

## ▶多角的視座の重要性

　本書の大部分は実践的な側面を重視した内容だが、本章では語用論的指導の根拠となる理論を手短に紹介する。第2章で述べたように、教員の知識と信条と実践指導は相互に結びついている。語用論的学習や指導に関する自らの理解を省みることで、この3つの関連が深まり、より知識や信条にかなった指導ができるようになるだろう。語学学習は複雑な現象であり、習得に影響する複合的な要因を解き明かすのは容易ではない。そのことを象徴するインドの寓話[1]があるので紹介しよう。

> あるところに、好奇心旺盛だが、象がどんな動物か知らない9人の盲目の男たちがいた。あるとき、男たちは象がどんな姿をしているか知るために出掛けていき、各々が象のごく一部に触れて所見を述べた。耳に触れた男は、象は大きな薄い扇のようだと考えた。尾に触れた男は、象はロープのような生き物だと思った。鼻に触った者は、象から蛇を連想した。足に触った者は、象を木の幹に例えた。象の胴に触れた者は、この動物は高い壁のようだと言った…

　この寓話は**部分と全体との関連**を示唆している。複雑な現象のごく一部にスポットライトをあてて観察しただけでは全体の様子はわからず、逆に誤解を生んでしまうことがある。各部分の要素を総合し、現象全体の把握に努めることが重要である。

　語学教員には、学習者の頭の中をのぞくことはできないし、教室外でどのように学習言語を使っているのか付きまとって観察することもできない。語学学習という複雑な現象を理解しようとしている点では、我々もこの盲目の男たちに似ている。学習者の認知的プロセスを理解するための探索は重要ではあるが、それは多面的な現象の限られた側面だけを観察しているに過ぎない。語用論的能力の発達を包括的に理解しようと努めることは、言語学習の多様な側面にスポットライトをあてることであり、たとえば学習者の社会的存在がどのように語用論的ことばの使い方と関連するのか、など幅広い問題を含む。

---

1　Patton, 2002, p. 62 に引用されている。

第二言語習得理論と語用論的指導

　第二言語習得理論の研究者は語学学習のメカニズムがどのように機能するのか理解するためのさまざまな理論的枠組みを提唱してきた。本章ではまず、その1つである気づき仮説の基本的な考え方をみてみよう。この仮説は語用論的学びの認知的側面を解明する一助となり、教員が認知的学びをいかにサポートできるかという示唆に富んでいる。加えて、言語学習や言語使用の社会文化的な本質を踏まえ、さらに3つの分野横断的な枠組み（アイデンティティ、応化理論、言語社会化理論）についても考える。また、語用論的学習の解明を助けるその他の枠組みにも簡単に触れる。

多角的スポットライト

### ▶語用論的発達に関連する認知的枠組み

　語学学習に関連する認知的な枠組みには、**気づき仮説 (noticing hypothesis)**[2]、**アウトプット仮説 (output hypothesis)**[3]、**インタラクション仮説 (interaction hypothesis)**[4]、**社会文化理論 (sociocultural theory)**[5] などがある。ここではそれぞれの基礎概念について気づき仮説を中心に見ていくことにする。これらの枠組みは、今日の語用論的指導の場で推進されている意識向上アプローチの根拠となるものである。

### 1. 気づき (noticing)、意識 (awareness)、注意 (attention)

　第二言語習得理論で一般的に論じられている気づき仮説は、その下位領域である語用論的学習にもあてはめることができる[6]。気づき仮説では**注意**と**意識**はコインの両面のように分け隔てることができないものとされている。**注意**は限定的かつ選択的な性質を持ち、**意識**へのアクセスをコントロールするメカニズムとして行動や学習を規制する[7]。この枠組みでは、語用論的学習が可能となるためには、語用論的情報に意識的に注意を払うことが必要とされている。計画的な指導により（あるいは偶然にでも）語用論的情報に気づくと、そのインプットがインテイクとなり、長期記憶に留まる可能性が生じる[8]。

　それではどのような語用論的情報に注意を喚起すべきだろうか。気づき仮説によれば、全体的な属性に注意を向けるだけでは不十分で、学習言語のある特定の側面にも焦点を絞って注意を払わなければならない。学習者が単にコンテクストに埋めこまれたインプットに触れるだけでは、語用論的学習にはつながりにくい。実際の指導の場では、こ

---

2　Schmidt, 1993, 2001.
3　Swain, 1998; Swain & Lapkin, 1995.
4　Long, 1996; Long, Inagaki, & Ortega, 1998.
5　Lantolf & Thorne, 2006; Vygotsky, 1978.
6　Kasper & Schmidt, 1996; Schmidt, 1993, 2001.
7　Schmidt, 2001.
8　Kasper & Schmidt, 1996; Schmidt, 1993, 2001. また情報処理のコントロールや、注意の程度や種類については Bialystok, 1993; Kasper & Schmidt, 1996 なども参照。

とばのかたちとそれが使われる状況要因に焦点をあて、両者のつながりを意識的に探究するタスクを実施すればより高い学習効果を期待できる。気づき仮説が日々の語用論的指導への示唆に富んでいることは言うまでもないだろう。

　第3章・7章の内容にも関連のあるデータをもとに例を挙げてみよう。このデータは学習者が観察によって収集したもので、下の表には原文のままの表記で記載してある。この表は、会話の状況要因と実際に使われた言語を比較しやすく配置することによって、ことばのかたちと状況要因との関連に注意を向け、両者がどのように影響し合っているかという分析を促すものである。

| 状況要因 | 社会的地位 (S)<br>（年齢・性別・会話での役割など）<br>equals (same age group, females, classmates) | 社会的・心理的距離 (D)<br>（親疎関係）<br>Close | ことの重大さ (I)<br>（ほめる対象など）<br>T-shirt (appearance/possession) |
|---|---|---|---|
| 会話 | Jenny: Nice T-shirt!<br>Steph: Well, Jenny, I bought it at a thrift store.<br>Jenny: But it looks new!<br>Steph: Oh, no, it's used, I bought it for $1.<br>Jenny: That's really cheap.<br>Steph: Thanks you. | | |

　また、効果的な語用論的学習を促すためには、言語のかたちと状況要因をどのレベルで意識すればよいかという問題もある。気づき仮説では、少なくとも**気づき**と**理解**という2つのレベルが区別されている。**気づき**は「ある事柄が起こったことを単純に認識すること」、すなわち表層の言語のかたちに気づくことである。一方、**理解**は「一般的な法則やルール、パターンなどを認識すること」である[9]。たとえば、気づきはある状況で呼称のかたち (*Jane*「ジェーン」や *Professor Doe*「ドウ教授」など) に気づくことであり、理解は個々の状況に応じて選択された言語のかたちの意味を理解することである。この例では「ジェーン」は友人、同僚、家族などのあいだで使われ、「ドウ教授」は学生が教員に対して使うというように、どんな時にどの呼称がどんな理由で選択されるのか認識することが「理解」である。つまり「理解」とは、話し手・書き手と聞き手・読み手との相対的な社会的地位、年齢、性別、親疎関係、その状況のフォーマリティーなどの状況要因に応じて言語が選ばれているメカニズムを理解することである。「気づき」はどのような言動に注目するか、「理解」はその言動に関する情報をいかに体系づけるのか、という問題であるともいえるだろう[10]。気づき仮説の枠組みでは、語用論的習得において学習者は言語の表層のかたちに気づき、状況に埋めこまれたことばの使い方の法則や

---

9　Schmidt, 1993, p. 26.
10　Schmidt, 2001, p. 26 に加筆。

ルール、パターンなどを理解する必要がある。

　気づき仮説の枠組みは、現在の語用論関連の研究や指導の現場で広く受け入れられており、明示的な語用論的指導の手法の根幹となっている。気づき仮説によれば、語用論的情報を豊富に含むインプットを提供するだけの暗示的指導よりも、学習者が意識的・体系的に語用論的情報に注意を払うよう促し、語用論的理解を助ける明示的指導の方が効果的である。実際、言語のかたちとその機能、そしてコンテクストの分析を含む明示的指導の効果がさまざまな実証研究により報告されている（詳しくは本章の「教育現場への示唆」の項目を参照）。

## 2. 語用論的能力の習得に関連するその他の認知的枠組み

　前述のとおり、語用論的学習において「気づき」と「理解」は重要だが、それだけでは自然なやり取りの中で学習者が適切なことばを**産出**（使用）できるようになるとは限らない。そのような意識向上に加え、**アウトプット（言語産出）**や**インタラクション**の機会も言語産出能力の発達に寄与する。アウトプット・タスクに取り組む時、学習者は意思疎通のためにことばを生み出す難しさに直面して自らの言語システムの不備に気づき、意図した意味を表現するために必要な情報を求めてインプットに頼り始める。つまり、アウトプットする必要が生じてはじめて、学習者は欠如している言語能力に気づく。そしてインプットから必要な言語情報が得られた場合には、結果的に言語意識が高まり、言語産出能力も向上することになる。この学説を**アウトプット仮説**と呼ぶ[11]。アウトプット仮説に関しては、は言語（文法）能力全般の発達が中心に議論されているが、アウトプット・タスクは、語用論的言語のかたちに関する気づき、修正、補完を促すのに有効な指導ストラテジーであるともいえる。言語（文法）知識があるだけでは、適切な語用論的ことばの使い方ができるようにはならないが、言語（文法）能力は語用論的能力、とりわけ語用言語的能力にとって不可欠である[12]。下記では、学習者の語用論的発達を促進するアウトプット・タスクや、語用論的意識の向上を目標とするタスクを紹介する。

　双方向的でコミュニカティブなタスクでは、ロール・プレイや複数ターンの DCT などのシミュレーションであっても、学習者は自分だけでなく相手の発話にも注意を払い、文脈に合った適切なこたえを生み出さなければならない。相手の受け止め方を観察しながら、自分が伝えたい意味を交渉するという試みを通して、学習者が対話におけることばのかたち、会話の構造、伝える内容などを修正し、再構築する能力を身につけることが期待できる[13]。また、対話する機会を持つことによって、習得済みの情報へのアクセスが改善し、アウトプットの際の自動化が進むため、流暢に話せるようにもなるだろう。

　対話の果たす役割は、**社会文化理論**（sociocultural theory）の枠組み、特に**最近接発達領域**(zone of proximal development, ZPD) の概念[14]を用いることによっても説明できる。この枠組みでは、対話は思考や学習の手段として広く捉えられる。最近接発

---

11　Swain, 1998; Swain & Lapkin, 1995.
12　Bardovi-Harlig, 1996, 2001.
13　Long, 1996; Long, Inagaki, & Ortega, 1998.
14　Vygotsky, 1978.

達領域の概念では、認知的発達は学習者個人の中で起こるのではなく、当人よりも認知的発達レベルの高い他の学習者や教員などとの対話の中で起こるとされる。指導現場では、教員や他の学習者が**足場作り (scaffolding)** と呼ばれるサポートをし、学習者の認知的発達を促す。この足場作りは、たいていの場合、言語や文化的産物を**媒介 (mediation)** として学習が起こるインタラクションに織り込まれており、その対話を通して学習者は新しい知識や技能を内在化する。学習者が新しい知識や技能を自己制御できるようになると、それらが認知的レパートリーの一部となり、他者の助けがなくてもタスクを遂行したり、その知識を使って的確に意図を伝えたりできるようになる。学習者を社会的存在とみなし、文化的産物の役割を重要視する社会文化論の枠組みでは、学習が双方向的に起こる過程に焦点があてられ、他者との対話に従事するディスカッションやグループワークを指導に取り入れる理論的根拠となっている[15]。

認知的学習に関する理論的枠組みは、語用論的指導によって促される学びの認知的側面を説明しうるが、一方で語用論的学習は社会的・情緒的領域とも関連しているため、認知面からの解釈だけでは不十分であることも指摘されている[16]。たとえば、学習者のモティベーション、文化適応、社会的アイデンティティ、心理的投資、態度などは、学習者が語用論的インプットに気づいたり、状況要因が果たす役割を理解したり、対話の中で意味を交渉したりする過程と関連していると考えられる。このような社会的・情緒的要因は、学習者がある状況下で最も快適な文化適応の程度（たとえば文化的規範を完全に取り入れる、部分的に受容する、外部の者として完全に距離を保つなど）を決める要素にもなるだろう[17]。そこで、次に語用論的学習に関連する文化的・社会的・心理的・情緒的側面について学際的に見ていくことにする。

### ▶語用論的発達に関連する学際的な枠組み

認知的な見地からは、ことばの使い方が語用論的規範から逸れてしまう学習者は、語用論的能力が不足しているとみなされる。認知的には、学習言語のコミュニティの規範に従った認知的活動ができることが語用論的学習の成功といえるかもしれないが、上で述べた象とスポットライトの比喩が暗示しているように、文化的・社会的・心理的・情緒的な見地も加え、それらすべてを通して語学学習について考えるべきではないだろうか。近年、第二言語習得理論の分野でも、この多角的視座が取り入れられている[18]。学習者が自身の価値観から抜け出し、新しいコミュニティの規範に完全に染まらないことがある理由はさまざまである[19]。第一言語と同様に、第二言語を使用するときもアイデンティティを表現しているため、学習者の言語使用や能力の発達のメカニズムを解明するにはその自己表現のニーズも考慮しなくてはならない。これまでの語学指導や第二言

---

15　Lantolf, 2000; Lantolf & Thorne, 2006. 語用論的習得と社会文化理論については Kasper & Rose, 2002; Ohta, 2005; Shively, 2008, van Compernolle, 2013 などを参照。
16　Kasper & Schmidt, 1996; Schmidt, 1993.
17　Yoon, 1991.
18　DuFon, 2008.
19　Byram & Morgan, 1994; Dewaele, 2005; House & Kasper, 2000.

語習得理論では、母語話者の言語をモデルにすることが多く、中間言語語用論の領域においても、学習者のアイデンティティが果たす役割は過小評価されてきた[20]。しかし、たとえば、英語が国際語となった今日の英語教育では、実際の意思疎通の場面で母語話者の規範が無関係な場合もあるため、誰の規範をモデルとして指導すべきかという問題がよく持ち上がる。英語が母語か否かに関わらず、語用論的ことばの使い方に優れた熟練者であれば、状況に応じて学習言語のコミュニティの規範にも従いつつ、自分の社会文化的アイデンティティを表現することができる[21]。以下では、学習者の社会的アイデンティティを考慮し、語学学習をコミュニティへの参加と位置付ける学際的枠組み[22]を見てみよう。

## 1. 主観 (subjectivity) と語学学習

文化的・社会的・情緒的な見地から語学学習を見ると、我々の**主観**[23]は多面的かつ流動的である。主観とは、物の見方、感情、世界観、他者との変化し続ける動的な関係の中で築かれる自己概念、すなわち**アイデンティティ、価値観、信条、モラル、感情、個人的信条**などを指す[24]。アイデンティティが多様であるのと同様に、我々の主観も幅広く多様である。主観は社会文化的に構築され、流動的な他者との交渉の中で相互に規定される。たとえば以下のようなアイデンティティがある。

- 国・人種・民族・世代・性別に関わるアイデンティティ（例：日本人、女性、中年、白人、ラテン系）
- 関連性のアイデンティティ（例：妻、弟、母親）
- 社会経済的・職業的アイデンティティ（例：中流、教員、従業員、学生）
- 概念的アイデンティティ（例：平和活動家、環境保護主義者）

状況や会話におけるさまざまな制約によって、特定のアイデンティティだけにスポットライトがあたることがある。相手との関係や状況により、いろいろな帽子を被るようなものだ。アイデンティティは、自己の定義や他者が自他をどう位置づけるかという認識によって相対的に構築される。アイデンティティには長く続くものもあれば、社会的・歴史的・政治的状況の変動に影響され、変わりやすいものもある。アイデンティティや主観の特徴には、**1) 一元的ではなく多様であり、流動的である、2) 葛藤や矛盾が伴うことがある、3) 時空により変容しうる**、などがある[25]。

---

20　House, 2008.
21　DuFon, 2008; Horibe, 2008; House, 2003; Kachru & Nelson, 1996; 近藤, 2009; LoCastro, 2000; McKay, 2002; and Tarone, 2005.
22　たとえば Norton, 2000, 2001.
23　「主観」は「社会的アイデンティティ」とほぼ同義で使われることが多く、本書でもこの二つの概念を同義とみなす（これらの用語の定義は Ishihara, 2006 に倣う）。
24　Weedon, 1997, p. 32.
25　Norton, 1997, 2000.

| 第6章 |

　たとえばジェーンという人物がいるとする。この女性の一日は、妻や母としてのアイデンティティで始まり、職場で学生が教室に入ってくると、教員としてのアイデンティティが構築される。教員室でジョンに会ったときは、同僚としてのアイデンティティが前面に出てフレンドリーな挨拶を交わすかもしれないが、専門的な話になれば、かつてジェーンの指導教官だったジョンが上下関係を構築しようとするかもしれない。逆に、ジェーンの専門分野に話が及べば、ふたりの立場は逆転するかもしれない。また、一緒に働き続けて10年経った時には、学生と教官という関係を完全に脱却して、同僚として同等の関係を築いているかもしれない。

　主観は個人的な特性と、その場の社会文化的要因の両者によって形作られる。自己の立場を確立するために、自分をどのように表現するか悩み、他者から押し付けられたアイデンティティを受け入れるべきか、あるいは反駁すべきかなど、内面の葛藤を経験することもあるだろう。上の例で、ジョンが知識や経験が少なく権力のない立場をジェーンに押し付けようとすると仮定しよう。ジェーンが礼儀正しい性格で、波風が立たないようにそれを受け入れれば、丁寧で立場をわきまえたことば遣いをし、ジョンの方もなんらかの上下関係があると解釈するだろう。あるいは、ジェーンが進歩的な気風の中で教育を受けてきた女性であれば、そのコミュニティの価値観に従って平等な関係を構築しようとするかもしれない。その場合には、ジェーンは親しみのこもった、上下関係を示唆しないことばを使って、ジョンとほぼ同等の関係を交渉しようとするだろう。このように、個人的な属性がアイデンティティの形成や再構築に決定的な役割を果たす社会的コンテクストの中で、我々は意味を作り出しているのである。

　同時に、主観は、類似したアイデンティティを共有するコミュニティの構成員により長い時間をかけて作られ、維持されてきた社会文化的規範や慣習を具現化するものでもある。アイデンティティの形成過程は、特定の言語的特徴、社会的価値、信条、規範などの発展に影響する[26]。話し手・書き手がある特定の言語的・語用論的特徴を用いることで、所属するコミュニティの基準を示し、また同時にその所属意識を強固にする。第1章で扱った文化と語用論との関連と同様に、語用論的ことばの使い方、文化的帰属意識と主観とは密接につながっている。特定の言語的・語用論的・談話的慣習に参与することで、我々はコミュニティに帰属し、その有能な構成員として機能することができる[27]（詳しくは以下の言語社会化理論の項目を参照）。

　また、アイデンティティには、権力や制度との関連の中で行使できる力、すなわち**エージェンシー（agency）**を伴うという特徴がある。エージェンシーとは、社会文化的コンテクストの中で、影響を及ぼしたり、変化や決定を下したりする意思力や、権力を保ちつつ機能する独立自尊の自己規定能力である。我々は常に受け身でいるわけではなく、時には社会的な位置づけに異議を唱え、自らの新たな立場を築こうとすることがある[28]。上下関係のアイデンティティは交渉が不可能で強要されることもある（「強いられたアイデン

---

26　Hall, 2002.
27　Schieffelin & Ochs, 1986a, 1986b.
28　LoCastro, 2003, p. 198.

ティティ」)[29]。再び上記の例に戻ってみよう。ジョンが、権力をふるい支配的な態度をとれば、教え子だったジェーンには従属的な立場が押し付けられる。また、想定されたアイデンティティ（この場合は同等ではない関係）が比較的快く受け入れられ、折衝されないこともある（「想定されたアイデンティティ」）。さらに、変わりゆく関係の中で反発され変容するアイデンティティもあるだろう（「交渉可能なアイデンティティ」）。ジョンとのやり取りの中で、ジェーンが想定された低い位置づけに反発し、エージェンシーを行使することで、同等な同僚としてのアイデンティティを交渉し、ジョンがそれを受け入れることもありうる。

　要するに、アイデンティティの交渉過程で、我々は人間としての活発なエージェンシーを行使し、ことばの使い方を通して自己をいかに表現するか決定することができるのである。アイデンティティの形成は、個々の状況と密接に関連しており、上の例が示すように力関係の影響を受ける。しかし同時に、自己主張の一環として、我々がエージェンシーを行使する程度も、状況やアイデンティティに応じてさまざまである。権力のプレッシャーに屈し、隷属的な立場やことばの使い方を受け入れる場合もある一方、ことばを自分で選択し、対話の中で交渉を繰り返しながら、押し付けられた立場に抵抗を示す場合もある。語学の発達において、学習者の主観は言語の学び方や使い方に影響を及ぼす。学習言語での語用論的ことばの使い方は、文化的な帰属意識やアイデンティティから少なくともある程度は影響を受け、時には支配されることさえある。次に、このようなアイデンティティ、文化、言語、語用論的ことばの使い方とのつながりをさらに説明できるもうひとつの理論的枠組みを紹介しよう。

## 2. 言語応化理論 (speech accommodation theory)

　社会心理学の分野の応化理論[30]を適用すると、さまざまな社会的コンテクストにおける言語の変容を説明することができる。言語応化理論[31]では、アイデンティティに関わる言語行動を説明するにあたって、認知的・心理的・情緒的要因のすべてを考慮する。この枠組みは、学習者の社会的特徴、たとえば、年齢・性別・民族・社会経済的立場など、客観的に規定できる社会的カテゴリーのみが言語行動を決定するのではないという主張に基づいている。むしろ、学習者の主観的態度、状況のとらえ方、認知的・心理的・情緒的特性などが相互作用し、言語アウトプットを決定する[32]。学習者の態度、モティベーション、感情、価値観、感覚などの主観が、コミュニティからの社会的・心理的距離に影響を与えるのである。その結果、学習者の言語は、学習言語のモデルや相手の言語などのターゲットに**収束**したり (converge)、あるいはそこから**逸脱**したり (diverge)

---

29　「強いられた・想定された・交渉可能なアイデンティティ」は Pavlenko & Blackledge, 2004, p. 21 より引用。
30　応化理論は、言語的言動から非言語的言動、また特定の言語的特徴から談話的特徴へと、学際的により広い視点から扱われるようになったことに従い、広く「コミュニケーション応化理論」(communication accommodation theory) とも呼ばれている (Giles, Coupland, & Coupland, 1991)。
31　Beebe & Giles, 1984.
32　Beebe & Giles, 1984, p. 5.

する[33]。単純に言えば、学習者が学習言語や文化、またその属性を持つ対話の相手に好感を抱いていればいるほど、その言語的特徴を取り入れる傾向は強くなる。

　学習者は、発音・発話速度・語の選択などの音韻的・語彙的特徴などから、ポーズ、発話の長さ、話者交替などの語用論的・談話的特徴までさまざまなレベルの言語ストラテジーで学習言語の特徴を取り入れたり、拒否したりする。タイミング良く効果的な意思疎通を図ったり、社会的に容認されたり、自己のアイデンティティを表現したりするために、話し手・書き手が聞き手・読み手の言語パターンと認識している特徴を取り入れることがある（**収束 convergence、応化 accommodation**）。話し手・書き手は、見返りが犠牲より大きいと見積もった場合に応化する可能性が高い。たとえば、アメリカ南部の出身者が、東部で専門職に従事する時に東部のアクセントを模倣するとすれば、それは本人がより洗練されていると考える言語コミュニティに帰属したいという主張と解釈できる。同じ人物が仕事帰りに立ち寄る居酒屋では南部なまりで話すとすれば、その場では、暖かみのある自分の文化への誇りや南部出身のアイデンティティを表現していると解釈できる。一方、話し手や書き手が独自のアイデンティティを保持しようとする時は、他の言語集団から距離を置き、言語的違いを際立たせて、学習言語のコミュニティの規範に従うことを拒否することもある（**逸脱 divergence、抵抗 resistance**）。故郷から離れた土地へ移住してきても時には出身地のことばを使い続け、新しいコミュニティの言語に完全には同化しない人はその典型例といえる。収束や逸脱の程度は、個人の言語的レパートリー、個性、社会的・状況的要因が複雑に織り交ざった指標ともいえるだろう。

　次に、象にあてたもう1つのスポットライトともいえる言語の社会化の枠組みに焦点をあて、語用論的言語の習得という現象のさらなる理解に努めたい。言語社会化論は、応化理論と同様に、社会的コンテクストの役割を重視し、学習者の言語の変容を社会とのつながりの中で解釈する。ただし、応化理論が学習者の社会的・心理的・情緒的要因を強調するのに対し、言語社会化理論は、双方向性のある社会文化的側面に焦点をあて、学習者のことばの使い方をコミュニティの慣習への参加と捉える点が特徴である。

## 3. 第二言語社会化理論 (second language socialization theory)

　言語社会化理論は、文化人類学の分野で発展した枠組みである。第二言語習得理論にもすでに広く取り入れられ、語学学習を認知的のみならず社会文化的見地から理解する一助となる[34]。言語社会化理論では、語学学習は**実践コミュニティ (community of practice)** に社会的に埋め込まれたものとされる[35]。語学学習者やこどもなどの新参者は、ことばを媒介とするさまざまな活動[36]への参加を通して、そのコミュニティの知識

---

33　収束と逸脱はそれぞれ「会話の相手に合わせる話者のスタイルの変化」及び「（特異性を維持したり主張したりするため）会話の相手から離れる話者のスタイルの変化」と定義されている (Beebe & Zuengler, 1983, p. 201)。
34　Watson-Gegeo & Nielsen, 2003.
35　Lave & Wenger, 1991; Wenger, 1998.
36　Vygotsky, 1978.

や傾向や**社会的慣習 (social practice)** を習得し**社会化 (socialization)** するにつれ、少しずつコミュニティの中心的な役割を担うようになっていく。新参者は、コミュニティの慣習に触れ、自らも参加することで、ことばも適切に使えるようになる。言語パターンや適切なことばの使い方を習得するに従って、優れた熟練者へと成長し、徐々にコミュニティの中核メンバーとなるのである。

たとえば、留学生は、新たに参入したアカデミック・コミュニティに活発に参加しながら、そのコミュニティの談話構造に応じて少しずつ社会化していく。ある研究[37]では、日本人の大学院生が、北米の大学院コミュニティに参加し社会化していく過程で、聴衆を惹きつける話し方など、大学院の口頭発表に有効な談話ストラテジーを徐々に会得していく様子が検証された。その留学生は、発表に求めらる内容を教員と協議し、準備をし発表を行い、それを振り返る方法も体得していった。コミュニティの規範や慣習に従うことができて初めて、その中心的メンバーと認められていくのである。

言語社会化に関する研究の多くは、新参者がコミュニティの規範に従って社会化していく過程、つまり慣習への適応に焦点をあてている。一方で、実は規範への抵抗も、言語社会化理論によって説明できることは注目に値する。コミュニティの新参者は、必ずしも社会文化的慣習を受動的に再生するのではなく、むしろコミュニティの既存の規範や対話の結末を、**積極的かつ選択的に共同構築**しているのである[38]。

慣習からの逸脱を含む言語社会化の例も見てみよう。アメリカの大学の女子バレーボールチームで監督責任者を務めている日本人女性（仮称ノブコ）は古株で、英語を流暢に話し、おおむねコミュニティの規範に沿って社会化している。学生たちは、おそらくノブコと打ち解けた関係を築こうとして、くだけたことばを使う。あるいは、ノブコの物腰や前任の監督責任者との交流経験から、気が置けない関係を想定したのかもしれない。

しかし、ノブコは練習中の学生たちのくだけた接し方に違和感を覚えていた。たとえば、学生が、*Do you wanna get the ball?*「ボールとってくんない？」というように気軽に頼んでくることがよくあるが、このようなことば遣いは、ノブコにはくだけ過ぎていて不適切に思えた。彼女自身は、目上の人には「立場をわきまえた敬意のあることば」で話すように訓練されてきたからだ。この語用論的規範はノブコの主観に深く植え付けられていて、ノブコは自分が「正しい」と思うことば遣いを学生たちに「しつけ」ようと決めた。ボールを取ってほしいというくだけた依頼を冗談交じりに拒否したり、どのようなことばを使うべきかはっきりと学生に示したりした。このコミュニティで想定されている平等主義の規範を故意に破ったのである。彼女の意図をすぐに理解して、母語である英語の使い方を改め、よりかしこまった関係を築き始めた学生もいた。敬意を示すことばを使うようにというノブコの指示を何度も聞いて初めてその意図がつかめた学生もいた。このようなコミュニティでの交渉は、数年に渡る時間と労力をかけて続いたのだが、

---

37　Morita, 2002, 2004.
38　Garrett & Baquedano-López, 2002; Ochs, 1993; Schieffelin & Ochs, 1986a, 1986b; Watson-Gegeo & Nielsen, 2003.

努力の成果が蓄積し、ついにノブコは学生の一般的なことば遣いに「前向きな」変化を見出し始めた。社会的立場が高く影響力の強かったノブコの規範に触発されて、ほとんどが英語の母語話者であった学生たちの語用論的ことばの使い方が一部社会化し、このコミュニティの規範がわずかながら変化したのだ[39]。

注目すべき点は、コミュニティの新参者と熟練者の両者の間で交渉が行われ、言語の社会化が双方向的に起こりうることである。新参者が既成の慣習に順応して社会化すれば、文化的パターンが維持・再生される。一方、規範から逸脱した、創意に富むことばの使い方は、学習者の表現上のニーズを満たし、既存のコミュニティの慣習に一時的で微小な変化や、より大きな変革をもたらす可能性を秘めている。

言語社会化理論のこのような柔軟な解釈は、社会的規範自体が流動的で交渉可能である言語的・文化的に多様なコミュニティを研究するにあたって特に有効である。コミュニティにおける流動的な社会的コンテクストや対話の状況の中で、二言語・多言語使用者のアイデンティティは時間の経過と共に変容していくため、その言語社会化は生涯に渡る可能性もある[40]。

本章では、まず、語用論的学習の認知的枠組みである気づき仮説などの理論を簡単に説明した。次にアイデンティティに関する理論、応化理論、言語社会化理論を概観し、語用論的学習や言語使用の文化的・社会的・情緒的・心理的側面を分析した。以下では、これらの理論的根拠を、実際の指導現場にどのようなかたちで取り入れることができるか考えてみよう。

## ▶教育現場への示唆

### 1. 明示的 (explicit)・暗示的 (implicit) な語用論的指導

語用論的気づきを促す指導には、明示的な傾向の強い手法から暗示的な傾向の強い手法まであり、これまでの研究でもさまざまな程度の指導法の有効性が検証されてきた。一般的な解釈では、明示的な語用論的指導とは、語用論に関する情報、すなわち**メタ語用論的情報 (metapragmatic information)** を明確に、意識的に盛り込み、学習者が**ことばのかたち・機能・コンテクストの関連 (form- function-context mapping)** に気づくように促す方法である。ここでいう語用論に関する情報とは、社会的立場、心理的・社会的距離、ことの重大さなどの状況要因を考慮し、その状況下ではどのような語用論的ことばの使い方が適切かを分析することである。一方、典型的な暗示的指導では、語用論的情報を含むインプットを学習者に提供するだけで、語用論的ことばの使い方に注意を喚起する指導はしない。意識的な語用論的気づきを喚起することがまったくない指導を受けて語用論的学びが起こるとすれば、それは偶発的なものである。

明示的・暗示的指導の効果は、今後さらに検証を続ける必要があるが、これまでは、概して明示的指導の方が暗示的指導より効果があったことが数々の実証研究によって報

---

39 詳細は Ishihara, 2006 などを参照。
40 Bayley & Schecter, 2003.

告されている[41]。ただし、暗示的指導も効果的だとする研究結果もあるが、その多くは、インプットベースの指導の際に、たとえば太字や下線などを用いて学習者の気づきを促すインプット強化 (input enhancement) や、学習者の誤りを会話の流れの中で修正しつつ間接的にモデルを示すリキャスト (recast) 、コンテクストとことばのかたちの関連を考えるために意図的に表出されたインプット (structured input) などを暗示的指導の手法として用いている[42]。これらの手法は、暗示的指導の範疇に分類されているものの、インプットを調整して語用論的情報を強調し、語用論的気づきを促すという点では明示的指導法に近いと考えられる。一方、語用論的情報を含むインプットをただ提供するだけの完全な暗示的指導法は、語用論的発達につながらなかったり、学習が非効率的であったりする場合が多いようだ。

多くの場合、明示的指導や語用論的気づきを促す暗示的指導では、カギとなる言語のかたち、機能、コンテクストに注意を喚起する。そして、言語の選択がどのように状況と結びついているかを検証することによって、状況がことばの選択に影響すると同時に、選ばれ使われる言語のかたちが、その状況下における人間関係の形成に一役買っているという理解を深めることができる。このような明示的な語用論的指導は、次に述べる意識向上アプローチと相まって今日の語用論的指導で広く用いられている。

## 2. 語用論的指導における意識向上アプローチ

語用論的意識向上アプローチは、気づき仮説を理論的根拠とする語用論的指導の代表的手法である。このアプローチは、言語のかたち・機能・状況に注意を喚起することで、学習者がそれらの関連に気づくよう促す。以下に、受動的・産出的スキル向上を目指す指導に応用できる語用論的ことばの使い方の例を、言語的側面に焦点をあてたものと、文化的側面に配慮したものに分けてそれぞれ挙げる。

主に**言語的側面**に焦点をあてた語用言語学的ことばの使い方
- 状況に適した語彙の使い方の分析・練習
- 適切な文法構造の理解・練習
- 発話行為のストラテジー（意味公式など）の理解・練習
- 談話の構造（たとえばアカデミックな口頭発表など）の分析・練習[43]
- 発話行為、談話・対話標識（第4章参照）、言いよどみなどのさまざまな機能の分析・練習
- 認識標識（*I think, maybe, seem, tend to, of course* など、第4章参照）の分析・練習[44]

---

41　個々の研究の詳しい検証は Rose 2005; Rose & Kasper, 2001; Takahashi, 2010 を参照。量的研究のメタ分析は Jeon & Kaya, 2006 を参照。近年の研究には Fordyce, 2013（第7章指導例10参照）; Takimoto, 2007, 2008; 瀧本，2007 などがある。
42　たとえば、Fukuya & Clark, 2001; Martínez-Flor, 2006; Martínez-Flor & Fukuya, 2005; Takimoto, 2007 など。
43　アカデミックな談話や電子メールの構成に関する指導は Akikawa & Ishihara, 2010; Thonney, 2011 を参照。
44　認識標識の EFL の環境での指導効果については第7章や Fordyce, 2013 を参照。

- トーン（言語・非言語の合図やニュアンスなど、第 3 章参照）の分析・練習

主に**文化的側面**に焦点をあてた社会語用論的ことばの使い方
- 話し手・書き手の目的や意図を理解するための言語やコンテクストの分析、話し手・書き手の目的達成度や聞き手・読み手の解釈の評価（評価に関しては第 11・12 章を参照）
- 直接・間接度、丁寧度、フォーマリティーが異なる表現とそれらが使われる対話のコンテクストとの関連の分析 [45]
- 学習言語の文化のさまざまな社会的規範の理解・練習
- 文化に即した論理的思考や判断、または語用論的規範を裏付ける価値観やイデオロギーなどの理解・練習

実際には、このような言語と文化の側面は結びついており、明確に切り離すことはできないことが多い。たとえば、効果的なコミュニケーションのために、*I agree* や *I disagree* などの表現を使うとすれば、その表面上の意味や言語のかたちを理解するだけでは不十分である。この 2 つの表現は、同じ文法的・語彙的構造を取っている。しかし、直接的な賛同は多くの場合に適切である一方、直接的な反意の表明は好ましくない場合があり、それぞれの表現が適切とみなされるコンテクストが異なりうるため、社会語用論的理解（第 4 章 preference, dispreference 参照）が必要となる。上に挙げたさまざまな語用論的ことばの使い方は、たとえば以下のような活動を通して指導できる。

- 学習言語が話されているコミュニティやメディア（映画やコメディーショー、ドラマなど）からの言語データの収集（データ収集方法については第 3・7 章、映画やテレビ番組の利用については第 3 章を参照）
- 学習者の第一・第二言語の語用論的規範の比較（例は第 7 章）
- 適切・不適切な語用論的ことばの使い方の比較検討（例：類似したテーマでのスムーズな会話とぎこちない会話の比較など）（第 7 章）
- 語用論的誤りの経験や多文化の語用論的規範の体験談（第 7 章）
- モデルダイアローグの再構築（例：会話を自分のことばで再現、または順不同の発話の並べ替えなど）（第 7 章）
- ロール・プレイ（それぞれが役割や特定の意図を持ったロール・プレイ、たとえば一方が何かに誘い、参加するように説得、他方は断るという設定。このようなロール・プレイはその後の省察のために録画・録音するとよい [46]。第 7・8・12 章）
- 省察日誌や対話ログ（教室外での学習言語での対話の記録）（第 12 章）
- 優れた語用論的能力を持つ情報提供者のインタビュー（第 11 章）

---

45　Brown & Levinson, 1987; Scollon & Scollon, 1995.
46　Bardovi-Harlig, Hartford, Mahan-Taylor, Morgan, & Reynolds, 1991.

- 学習言語コミュニティの中で語用論的に適切と思われることばを使ってみるリアル・プレイ（第 7・11 章）

　一般的に学習言語が指導の場以外でも用いられる ESL などの第二言語の環境では、そのコミュニティで自然に使われていることばを観察・分析する語用論的指導が効果的である。この手法は、**学習者を民族誌学者**[47]**、あるいは研究者**[48] **とみなす学習者中心の指導法 (learners-as-ethnographers/researchers)** である。多くは帰納的方法（帰納・演繹的指導については次の項目を参照）によるもので、学習者が研究者のように言語データを収集したり、特定のことばの使い方に関するアンケートやインタビューを行い、その後、言語の特徴や言語に影響を及ぼす状況要因を分析する。学習言語の語用論的使い方について、それまで持っていた先入観と新たな発見を比較検討する方法もある。このような語用論的意識を高める活動は、今後、語用論的ことばの使い方を自発的に学べるようになるための疑似練習ともいえる。こうした活動を通して、学習者はオーセンティックな状況で使われた言語の特徴を観察・分析し、自分のことばとして取り入れるように奨励される。語用論的ことばの使い方について仮説を立て、自然な状況でそれを試し、再び他者の観察を重ね、必要があれば元の仮説を改善するというサイクルに基づいた学習指導である。

　語用論の研究者によって、語用論的指導のタスクなど指導の枠組みがいくつか提案されている。その 1 つ[49] は次のようなものである。

a. 学習者の探究
b. 学習者の産出
c. 仲間や教員からのフィードバック

また別の指導の枠組みには次のような段階[50] がある。

a. 感じる（ウォームアップ）
b. やってみる
c. 考える
d. 理解する
e. 使う

　しかし、指導におけるタスクの順序などは、その指導のコンテクストによって（学習

---

47　Bardovi-Harlig, 1996; Tarone & Yule, 1989; Wolfson, 1989. この手法の背景やエスノグラフィー（民族誌学）の手法の言語や文化の学習への応用については Roberts, Byram, Barro, Jordan, & Street (2001) を参照。
48　Tanaka, 1997.
49　Usó-Juan & Martínez-Flor, 2008, pp. 352-355.
50　Kondo, 2008, pp. 156-158.

者要因や学習言語要因については以下を参照)、また教員の信条(第2章参照)によって大きく変わりうる。指導を計画する際は、自身の指導環境や学習者の特徴を考慮し、状況に合った方法を柔軟に考えるとよいだろう。決定を下すにあたって、研究に裏付けられた次のような情報も参考にしていただきたい。

### 3. 演繹的 (deductive)・帰納的 (inductive) 語用論的指導

上に挙げたタスクや活動は、帰納的あるいは演繹的、または両者の融合的手法を使って指導することができる。**演繹的指導**では、教員や教材などのなんらかの外的要因が学習者に明示的に語用論的情報を提供し、そのあとで学習者が例を分析する。**帰納的指導**では、学習者が語用論的データを分析し、そこから語用論的規範を自己発見する、あるいは教員が学習者のそのような発見を促すこともある[51]。これを図示してみよう。

一般的に、帰納的手法のほうが高い認知レベルの思考を促進するため、演繹的手法より効果的であるとみなされている。しかし語用論的指導のこれまでの研究からは、それに相反する結果も出ており、どちらの手法がより効果的であるか現段階では確定できない[52]。学習者の帰納的な自己発見は、語用論的学びやその維持につながりやすいかもしれないが、帰納的指導を巧みに実践することは至難の業だろう。特に教員主導の指導法を中心に経験を積んできた教員が効果的な帰納的指導を実施するには、大きな発想の転換が必要であろう(演繹的・帰納的指導に関する探究的実践の例は、第2章のアクティビティー2を参照)。また、帰納的学習が一般的には効果的であるとしても、学習スタイルや指導のターゲットによってそのメリットは異なる。学習言語が教室外で使用されていないEFLの環境で実施された比較的新しい研究では、どちらの指導法でも肯定的な学習効果が報告されている[53]。

---

51 ここで言う演繹的・帰納的指導は、Decoo, 1996, p. 97 に見られる actual deduction (Modality A) および conscious induction as guided discovery (Modality B) に該当する。
52 Jeon & Kaya, 2006; Rose & Ng, 2001; Takimoto, 2008.

実際、語学教育の現場では、帰納的・演繹的指導の組み合わせが用いられることが多いかもしれない。帰納的指導の最中に、ある学習者が語用論的規範を発見すれば、まだその発見に至っていない他の学習者にとっては演繹的学びとなるだろう。また、教員が学習者の自己発見の過程を支援する場合、その語用論的学びは、純粋に帰納的でも演繹的でもなく、共同構築されたものとも捉えられうる。教員は以下に挙げるようなさまざまな要因を注意深く考慮し、学習言語の語用論的ことばの使い方を学習者が理解し、そのような表現を産出する十分な練習時間を確保するよう努めるとよいだろう。

**学習者要因**
- 学習者の言語能力（語用論的データの文法構造や語彙を学習者がどの程度理解・使用することができるのか）
- 学習スタイル（学習者は語用論的規範を発見する分析力をどの程度持っているか）
- 語用論的学習へのモティベーションや興味（学習者は語用論的ことばの使い方を学ぶべき理由を理解し、語用論的発達を重要視しているか）

**学習言語要因**
- 頻度（学習目的となっている語用論的特徴は、学習者の気づきを促すほど頻出するものであるか）
- 顕著さ（学習目的となっている語用論的特徴は、学習者の気づきを容易に促す顕著な特徴であるか）
- 複雑さ（学習目的となっている語用論的特徴の複雑さは、学習者が理解・産出できる程度のものか）

この他にも、どのような指導が効果的かという学習タスク要因の検証や、学習の効果がどのくらい継続するか、学習者の語用論的能力が授業内外でどのように発達していくのか、という長期的研究[54]も徐々に発表されており、今後の発展が期待される。

## 4. 語用論的指導における説明的手法とクリティカル・プラグマティックス

これまでは、語用論的指導の認知的側面を扱う枠組みの教育的示唆について述べてきた。学習者のアイデンティティや他者との関係性と相まって、語学学習は文化的・社会的・心理的・情緒的要因とも関連があることも見てきた。このような語学学習の社会的見解に賛同する教員であれば、この枠組みが示唆すること、つまりこのような見解が実践指

---

53　Takimoto (2008) の研究では、帰納的指導が問題解決型のタスクや意図的に表出されたインプットを用いるタスクと併用され、どちらも演繹的手法と同程度に効果的であった。ただし、演繹的手法で指導された学習者は、4週間後のリスニング・テストでは、指導効果の減少が見られた。著者は演繹的指導によって得られた明確な語用論的知識は、即興性を要するコミュニケーションでは運用されにくかったのではないかと述べている。

54　たとえば、Takimoto (2012) は、まったく同じタスクを繰り返す指導と、タイプは同じだが新たなタスクを使った指導の効果を比較し、前者がより有効であったと報告した。また Takimoto (2008, 2012)、瀧本（2007）では指導4週間後に2回目の事後テスト (delayed test) を行って指導効果を再評価している。また Taguchi (2012) や Matsumura (2007) などは英語学習者から9カ月以上データを収集する長期的研究で語用論的学びを検証している。

導をいかに形作るのかについても考えを巡らせることだろう。

　社会文化的見地からの語学学習の理論的枠組みや研究は、語学教育の場で、学習者のアイデンティティや文化に敏感になることの重要性を強調する。文法構造の知識があるだけでは、一般的に好まれる語用論的言動がどのようなものであり、その文化ではなぜそうであるのかまではわからない。文化を読み解く力、すなわち**文化的リテラシー (cultural literacy)** が不足していると思われる場合には、語用論的指導の説明的手法（第1・9章参照）[55] を用いることで、その文化の内側からの (emic) 視点を学ぶことができるかもしれない。

　たとえば、欧米の日本語学習者の中には、他人から家族へ向けられたほめことば（たとえば子どもの学校の成績についての賞賛など）を否定するのが日本語話者の規範と認識し、その傾向に従うのが不快と感じる人もいる。「いいえ、そんなことありません」など賛辞をきっぱりと拒否する人を見て、家族に対して思いやりがなく批判的過ぎると感じ、この語用論的規範を否定的に捉える学習者や日本語の母語話者もいるかもしれない。欧米の学習者は家族への誇りを表現することを好み、ほめことばを受け入れたり、グレードアップしたり（第4章参照）して、「そうなんです、うちの娘は学校で本当によくがんばっているんですよ」などと言うこともあるだろう。では、謙遜を美徳とする日本語の使い方の文化的根拠は何だろうか。

　ある研究者[56]は、自然に発話された日本語のほめことばを分析し、語用論的言動について次のように解説している。欧米のメカニズムでは、話し手は聞き手とのつながりを強めるためにほめことばを使うという解釈が一般的であるが、日本語話者が他者をほめるのは、むしろ、聞き手を自身より高い位置におくことで話し手と聞き手との距離を広げるのが狙いではないだろうか。そのため、日本語話者には、ほめられた側がほめことばを否定し、広げられた距離を縮めて、同等の関係に戻るという流れが必須となる。また、日本文化では、ウチとソトとの識別がはっきりしている場合が多く、家族はウチとみなされるために、ソトの人からのウチの家族へ向けたほめことばを受け入れるのは虚栄心の表われと捉えられかねない。実際、日本では、自分の家族へのほめことばを受け入れたり、グレードアップしたりすると、なおさら自己陶酔的な自慢だと思われることがある。この例のように、語用論的指導の説明的手法は、文化的視点を話し合い、学習者の文化的リテラシーを高めることをねらいとする。学習言語でなぜそのような慣習があるのか知ることで、その慣習に参与するかどうかを、文化的情報に基づいて判断しやすくなるだろう。

　自身の主観を表現するため、学習者が学習言語コミュニティの規範を採用するか、あるいは意図的に抵抗するかの決断には、実にさまざまな理由が考えられる。学習者の文化的背景に配慮した指導を目指すならば、学習者の語用論的選択は尊重されるはずであり、罰せられるべきではない。コミュニティの規範やその規範の多様性を知ること、

---

55　Meier, 2003; Richard & Schmidt, 1983. さらに、言語や文化に関するさまざまな説明の例は Spencer-Oatey (2000) を参照。
56　Daikuhara, 1986.

つまり学習言語の語用論的規範を理解する力（受動的能力）とそれを使用する力（産出的能力）を持つことは学習者の武器となるが、実際のコミュニケーションの場で自己表現をする際の語用論的選択は、学習者自身の裁量で決めるべきではないだろうか。このように**受動的・産出的能力と語用論的選択とを区別して考える**ことは、日頃の指導にとって非常に大切である。バイリンガルの主観の表明を奨励することは、学習者に力を与え、多様な言語・文化・語用論的知見の活用を促して、学習者の声を正当化することにつながる[57]。このようなクリティカル・プラグマティックスとも呼べる試みは、既成の階層構造（たとえば「母語話者」と「非母語話者」とレッテルをはられる構造など）によく見られる権力の不平等な分配を認識し、是正することにもなる。この批判的・変革的視点は、日本語の語用論的指導にも必要とされ、すでに取り入れられつつある[58]。（学習者のアイデンティティに配慮した指導法や評価法は第5・7-12章を参照）

## ▶まとめ

　本章では、語用論的発達やことばの使い方の理解を助ける理論的枠組みを手短に概説した。第1に、この領域の顕著な枠組みである認知的理論を取り上げた。言語のかたち・機能・状況要因との関係に意識的な注意を喚起する明示的指導が、単に語用論的インプットを提供するだけの暗示的指導よりも、語用論的学びを促進しやすいと言われている（この詳細や例外については上記を参照）。語用論的情報を明確に提示することによって、社会文化的規範とその状況で使われる言語との関連に気づき、理解しやすくなる。第2に、応用言語学で次第に注目を集めるようになってきた文化的・社会的・心理的・情緒的見地からの学際的枠組みについても概観した。これらの枠組みによって、語用論的ことばの使い方や語用論的能力の発達が、学習者の主観、アイデンティティ、エージェンシー、コミュニティへの参加などと関連していることも明らかになった。

　このような理論的枠組みを指導の現場へと応用すべく、本章の後半では、語用論的意識向上のための活動やタスクを紹介した。また、クリティカル・プラグマティックスの考え方を取りれた語用論的指導における説明的手法や、学習者の文化への配慮も見てきた。本章で紹介したタスクのうちで日頃の指導に取り入れることができるものはあるだろうか。理論的枠組みと実践指導とを連携させるためには、まず教員が自らの語用論的学習や言語使用、指導経験を回顧し、理論的枠組みでどのように説明できるか考えてみるとよいだろう（そのためのアクティビティーは原著第6章の末尾を参照）。同時に、本章で紹介した活動やタスクはあくまでも一例に過ぎないので、教員や語学指導に携わる読者の方々には、それぞれの指導の状況に見合うよう、改変したり、新しいタスクを考案したりしていただきたい。

---

57　Johnston, 2003; Pennycook, 2001.
58　Kubota, 2008; Ohara, Saft, & Crookdes, 2001; Siegal & Okamoto, 2003. Ohara *et al.* (2001) では、学習言語の文化的・語用論的規範を学習者が批判的に捉え、言語の使い方による社会的・政治的な位置づけや不公平な権力構造に関する意識を高めたことが報告されている。

# 第7章
# 語用論的指導の授業見学と指導例

石原　紀子

### ▶語用論的指導：実践編

本書では、これまで、さまざまな語用論的ことばの使い方と語用論的指導・学習に役立つ言語データの収集法を紹介し（第1・3・4章）、学習者の語用論的逸脱の原因（第5章）や語用論的指導の理論的枠組み（第6章）の考察をとおしてメタ語用論的な理解も深めた。本章ではいよいよ実践面に焦点をあて、語用論的指導の見学のポイントや指導例を見ていくことにする。

## 1. 語用論的指導の見学

語用論的指導の教案を作り、実際に教え、評価するにあたって、教員である読者の方々には、語用論的指導の現場を実際に見学することが役立つだろう。同じ教育機関や、近隣で語用論的指導をしている同僚がいれば、承諾を得て見学させてもらうことをおすすめする。語用論や語用論的指導について、大学院の授業や夏期講座などを履修している場合は、その担当教員やゲスト・スピーカーによる模擬授業などを目にする機会もあるかもしれない[1]。指導を見学する際には、下記のような語用論的な側面に意識的に注目すると一層効果的だろう。

- その授業の全体的目標、および語用論的目標は何か。（例：具体的にどのような語用論的理解・産出力の向上をめざしているのか）

- 教員はその授業で指導する語用論的ターゲットにどのように気づかせ、理解させているか。どのような意識向上タスク（第6章を参照）を用いているか、そしてそのタスクは授業の語用論的目標に鑑み、どの程度効果的なものとなっているだろうか。

- その授業には、どのようなインタラクションやアウトプットの機会が設けられているか。

---

[1] 神田外語大学、南フロリダ大学、テキサスA&M大学、テンプル大学日本校などでは、語用論やその指導に特化した大学院の授業が、ミネソタ大学、ハワイ大学などでは、語用論的指導に関する夏期講座が開講されている。

- その指導には、語用論的バリエーションはどの程度反映されているか。語用論的能力の発達の評価では、語用論的バリエーションはどのように扱われているか。

- 学習者の言語や文化は、重要な資質としてどのように利用されているか。

- 学習者の全般的な言語習熟度や、学習言語の文化に関する知識はどの程度か。教員は学習者の習熟度や文化の知識にどのように配慮しているだろうか。

- 語用論的学習に関する学習者のモティベーションはどの程度か。どのような要因が興味や関心につながっているか。

- 語用論的意識や産出能力は、どのようなフォーマルおよびインフォーマルな手段で評価されているか。学習者の言語は、母語話者の言語との比較により評価されているか、それとも、学習者の意図がどの程度伝わるかという尺度で評価されているか（第 12 章参照）。

- その授業からぜひ取り入れたいと思う点は何だろうか。

- 自分が担当する学習者や指導環境に応用するにはどのような調整が必要か。

- そのほかに興味深い点や疑問点はあるか。

## 2. 教員の省察

　教員である読者の方々は、語用論的指導に関する理論的・実践的資料に触れ、指導案を作成し、実際に語用論的指導を試みていく過程で、これまでの自らの指導や学習者の言語を振り返って考察し、**省察日誌** (reflective journal) として書き留めていくとよいだろう。省察日誌をつけることは、語用論的指導や評価に対する関心や活動を深める好機となる。ほかの教員ともたがいの省察についてフィードバックし合うことによって教員自身の学びの軌跡を残し、省察の内容について書いたり話し合ったりすることで、学びをさらに発展させることができる[2]。日誌には、たとえば次のような点について書くことができる。

- 語用論的指導について資料や書籍などから得た知識全般についての見解（第 1・4・7 章ほか）
- 自らの指導・学び・そのほかの経験に基づく洞察や省察（第 2 章）

---

2　この省察日誌は教員養成コースや研修における課題ともなりうる。そのような場合には、この課題はコースの初めから導入できる。

- 文化的・理論的・哲学的問題に関する考察（第5・6章）
- 方法論的問題に関する考察（第3・6・8章）
- 学習者の語用論的能力やその発達の評価に関する省察（第11・12章）
- 学習者の自律的な語用論的学びや能力の発達、ニーズ、ストラテジーのレパートリーに関する省察（第5・10章）
- 語用論的指導を実践する教育的・行政的環境や教育テクノロジーについての考察（第2・10章）
- そのほか、自らの授業、およびそのほかの教育環境に語用論的指導を応用することに関する考察

　語用論的指導に関する実践的な資料に関しては、本章で紹介するもののほか、原著第7章や Appendix A/B（pp. 355-359）も参照していただきたい。省察に関しては、第2章のアクティビティーにあるポイントも参考になるかもしれない。このアクティビティーは、パート1で自らの語用論的学びや指導について省察を促し、パート2で語用論的指導に関連するさまざまな問題を取り上げた。すでに取り組んだ読者は、その時の見解を振り返り、アクティビティーを実施したあと語用論的指導に関する知識や信条がどのように発展し、磨かれ、深まったのか考えてみよう。また語用論的指導についての懸念や不可解な点、今後解決すべき問題などについて書き出してみたり、自らの指導を分析的・批判的に考察し、今後の指導やカリキュラムに応用できる手法をまとめたりするのもよいだろう。

　可能であれば、この省察日誌を、同僚の教員、大学院生、教員養成指導者、そのほかの語用論的指導に関心のある教育関係者などと分かち合い、双方向性のあるものにするとより効果的だろう。書くという行為は、思考を方向づけて発展を促す活動であり、また、他者（あるいは自己）と対話することで考えが深まる[3]。プロフェッショナル・ディベロップメントの過程、たとえば新しい知見を内在化し、既存の知識や信条と関連づけてより一貫性のある指導に応用するなどの活動は長期にわたる体系的な努力を要するが、同僚などとの協力によって継続しやすくすることができる。相手をサポートする際には、自分とは異なる意見にも尊重して心を開いて耳を傾け、質問を投げかけることが相手の省察の手助けになる。そうした対話をとおして相互の意見を確認し、たがいに見解を深めることができる[4]。

---

3　教員の学びは、教員が従事するさまざまな社会的活動に大きく影響されると考えられる（Johnson & Golombek, 2003; Vygotsky, 1978）。また、教員の学びはことばが媒介となる対話的活動であり、言語が意味構築のための主要なツールとして機能する（対話的学びに関しては第6章も参照）。

4　Edge（2002）の教員の協働学習のモデルでは、教員同士が相手の話の主旨をこだまが反響するように繰り返して内容を確認することに努め、忠告は控えて問題のより明確な描写や理解を促すことが奨励されている。

## 3. 語用論的指導に関する書籍・サイト

ここまでは、語用論的指導を見学するにあたってのポイントや省察の機会を持つことの重要性について述べたが、語用論的指導を実際に見学する機会がない場合に備え、語用論的指導の例をいくつか示しておく。まず語用論の実証研究結果をもとに考案された書籍やインターネット・サイトを紹介する。

### 1）*Teaching pragmatics*[5]

語用論の領域の実証データをもとにして考案された、おそらく初の実践的指導書で、さまざまなテーマに基づく30の指導案がアメリカ国務省のサイトで閲覧できる。指導案のテーマには、語用論的意識や理解の向上（たとえば、ポライトネス、呼称、語用論的バリエーションなどの理解）、談話標識、会話の開始や終結などを含む会話の運び、挨拶・依頼・断り・ほめとこたえなどの発話行為がある。

### 2）*Pragmatics: Teaching speech acts* および *Pragmatics: Teaching natural conversation*[6]

アメリカのTESOL学会出版から刊行されているシリーズ書で、前者は依頼などの発話行為を中心に、間接的行為 (indirect acts)、こたえる行為 (responding acts) などについての指導案と教室内での語用論的能力の評価案が収録されている。後者は発話行為や定型表現に加え、電話での会話の開始・終結や話者交替など、談話の構造やインタラクションの展開などの指導に関する内容を中心に扱っている。指導案に加えて学習者用ワークシートや回答例も提供されており、インターネット上から音声ファイルやトランスクリプトなどの補助教材も入手できる。

### 3）*Workplace talk in action: An ESOL resource*[7]

職場で使われる英語の語用論に主眼を置き、発話行為などを扱う7章から構成されたESLのテキストで、ニュージーランドのヴィクトリア大学ウェリントン校から出版されている。同大学のプロジェクトとして20か所の職場で1500件の自然な会話を録音し、そのコーパスから選んだ会話例を学習者が分析しながら、言語と状況要因の関連を観察したり、ロール・プレイで産出練習したりできる構成になっている。7つの自然な会話の音声をインターネット上からダウンロードできる（第9章も参照）。

### 4）*Pragmatics in language learning, theory, and practice*[8]

全国語学教育学会（JALT）の語用論研究部会から出版された書籍で、研究論文が収録されているほか、実践的指導案も紹介されている。語用論的指導における映画の活用法、学習者制作DCTの利用法（第3・11・12章参照）、単純化されがちな日本

---

5　Bardovi-Harlig & Mahan-Taylor, 2003. http://americanenglish.state.gov/resources/teaching-pragmatics から指導案を入手可。
6　Tatsuki & Houck, 2010 および Houck & Tatsuki, 2011.
7　Riddiford & Newton, 2010.
8　Tatsuki, 2005.

語の「です・ます」と「だ・である」の使い方の指導法、学習者同士のライティング・フィードバック指導など、さまざまな語用論的テーマを扱っている。

5) *Pragtivities: Bridging pragmatics to second language classrooms*[9]
　同じく全国語学教育学会 (JALT) の語用論研究部会の出版物で、年少者から中・高・大学生、社会人までさまざまな学習者を指導対象に、幅広いテーマにわたる 64 件の指導案を集大成した実践的資料である。会話の構成や運び、発話行為、多文化理解などのテーマに加え、ライティング、文法、発表、プロジェクトなどの活動にも語用論を取り入れた多彩な指導例が豊富に掲載されている。

　なお、近年はこのほかにも、大学院生や研究者向けの中間言語語用論の概論書[10]をはじめ、セミナーなどの形式で語用論の基礎概念を紹介し、学生を語用論研究へ導く授業で使用できる大学生対象の教科書[11]なども出版されている。以下では、そのほかの指導案、つまり日本や海外の語学教育の場で実際に試みられている英語の語用論的指導例、そして中間言語語用論の領域の研究論文などで紹介されている指導法など、実践的なレッスン・プランや指導のアイディアを見てみよう。教員である読者の方々は、上に挙げたような語用論的視点から、自らの指導現場へどのように応用しうるかを念頭に読み進めていただきたい。

## 4. 語用論的指導例
### 指導例 1：挨拶
　外国語の授業でまず扱われる内容の 1 つに挨拶がある。入門レベルでよく扱われるテーマであるが、典型的な挨拶表現を 1 つ導入し、教室内外でいつもその表現を使うよう指導してしまうと、学習者が、その言語では誰に対しても、またどのような状況でもその表現が適切だと思い込み、語用論的誤りや誤解を招くおそれがある。実際、英語で *How are you?* と言われて誰にでも必ず *Fine, thank you. And you?* と返す多くの日本人学習者に違和感を覚える英語話者が多いのは、日々この表現のみを繰り返し使う学校教育の弊害を反映するものではないだろうか（第 5 章の「指導や教材などの影響」を参照）。

　もちろん、複雑な現象である挨拶の語用論を、初級の学習者にすべて指導することは現実的ではない。しかし、たとえ初級や年少の学習者であっても、語学学習の第一歩から語用論的意識を高めることは、多文化の理解の観点からも重要であり、挨拶を語用論的に教えることはそのきっかけとして最適と思われる。

　挨拶表現は教科書に掲載されている場合が多く、特に小・中学校では教科書を利用した指導をすることが多いため、教材の手直しについて述べる第 8 章で、指導例を詳し

---

9　Ronald, Rinnert, Fordyce, & Knight, 2012.
10　清水 (2009).
11　田中 (2006, 2013).

く扱うことにする（アメリカ英語でどのような挨拶表現が使われるかという研究結果については第4章を参照）。

### 指導例2：呼称

英語で授業をしている時に、学習者から *Teacher!* と呼びかけられた経験のある教員は多いだろう。日本語では（あるいはそのほかの言語でも）「先生」と呼びかけるのが適切だが、たとえばアメリカ英語などでは、教員を *Teacher!* と呼ぶのはせいぜい低学年のあいだだけなので、学習者の年齢がそれより上であれば、「先生」の直訳である *Teacher!* は、言語語用論的にふさわしくないといえる（第5章の「他言語の語用論的規範の影響」を参照）。

このように指導中に語用論的に問題のある言動が発生した場合には、これを絶好の機会ととらえ、ぜひ語用論的指導のきっかけとして利用してほしい。本題から逸れることなく、あまり時間をかけずにできる指導としては、以下の例が考えられる。

1. *Teacher!* と呼びかけられたら *Yes, student?* のように冗談半分で切り返し、教員にも名前があって、学習者もそれを使うべきなのだと間接的に伝える。このあとに、*You can call me Sanae.* や、*Please call me Mr. Suzuki/Professor Tanaka.* など、学習者が使うべき呼称を指摘する。

2. 指導の合間などに少し時間がある時には、*Teacher!* と呼ばれたことをきっかけに、ユーモアを交えて次のような選択肢問題を板書し、適切な呼称を選ばせてみてもよいだろう。
   1) Miss Yamada, 2) Mrs. Yamada, 3) Ms. Yamada, 4) Professor (Prof.) Yamada, 5) Doctor (Dr.) Yamada, 6) Megumi, 7) Dr. Megumi, 8) Megu-chan

*Miss* や *Mrs.* は既婚か未婚かという個人的な問題を持ち込んでしまうため、教員本人が望まない限り不適切な呼称であること、また大学であれば、*Professor (Prof.)* や *Doctor (Dr.)* にラスト・ネームを付けて呼ぶのが標準的であること、*Doctor (Dr.)* は博士号を持つ教員のみに用いること、教員の希望やコミュニティの慣習によってはファースト・ネームが許容されたり好まれたりすること、フォーマルな教室内では教員としての呼称が適切であっても、母親や友人などがくだけた状況で「めぐちゃん」などと呼ぶこともあること、などについても話し合いながら指導できるだろう。

3. 呼称はアイデンティティと密接に結びついており、特に日本などで英語を学ぶEFLなどの環境では、アメリカ英語やイギリス英語などの語用論的規範が必ずしも絶対的なモデルとはならない。したがって、日本の指導現場では日本語の規範に沿って *Teacher!* という呼称を許容するのも一案だろう。しかし、欧米などでは、

上に挙げたように敬称付きのラスト・ネームという呼称が一般的であり、教員の希望や関係性によってはファースト・ネームが使われる場合もあることを、機会があるごとに学習者に思い出させるべきだろう。

英語での呼称に関する母語話者の語用論的誤りを用いて学習者がその原因や改善策を話し合うケース・スタディーを取り入れた指導案[12]や、映画『トッツィー』の一場面を使って性別に関連する侮蔑的呼称について批判的に考える指導案[13]、呼称について考察したエッセイ[14]なども参照。

**指導例3：スモール・トーク（世間話）**

スモール・トークとは、気まずいととらえられがちな沈黙を避け、場を和ませる世間話のことで、良好な人間関係を築き、連帯感を維持する潤滑油のような役割をはたす。職場などでスモール・トークによって友好的な関係を構築するには、社会的立場や親疎関係、場のフォーマリティーなどを的確に判断できる社会的スキルが必要である[15]。たとえば、一般的には天気、休暇、スポーツなどに関するスモール・トークが無難で、政治や宗教などの話題は意見が対立する可能性があるため避けるべきであるといわれている。つまり、時と場にふさわしい話題や、自分の立場をわきまえたことば遣いを選ぶことが重要である。どの程度のスモール・トークが適当で、いつ、どのように始め、きり上げるべきかという的確な社会語用論的判断を学習言語で適切に行なうのは容易ではない。

すでに本章で紹介した職場での語用論的ことばの使い方に焦点をあてた教科書[16]には、スモール・トークを扱う章があり、自然な会話の言語データを観察して学習者の語用論的気づきを促す帰納的指導（第6章参照）を用いている。まず、ある状況設定が導入され、学習者が話者の立場や親疎関係を推測する。その上で、学習者同士でロール・プレイを行ない、そのやり取りに用いたことばを書き取る。その後、自然な会話の録音やそのトランスクリプトを参考に、次のような観点[17]から自然な会話とロール・プレイの会話を比較する。

- スモール・トークの話題は何で、それは場にふさわしいものか。
- どの程度詳しく話しており、どのくらい長くスモール・トークが続いているか。
- 会話全体のどの位置にスモール・トークがあるか。

---

12　Takenoya, 2003.
13　Fujioka, 2004.（この映画の邦題は『トッツィー』（かわい子ちゃん、ねえちゃん）だが、tootsie はアメリカ英語では「トゥッツィー」に近い発音である。）
14　Howard, 2008.
15　Holmes, 2005; Riddiford & Newton, 2010.
16　Riddiford & Newton, 2010. この ESL 教科書については本章の「語用論的指導に関する書籍・サイト」の項3を参照。日本で中級の大学生を対象に留学準備の一環としてスモール・トークを指導した例は Takeda, 2013 を参照。
17　Riddiford & Newton, 2010, p. 11 より引用、改訂。

- 誰が、どのようなことばでスモール・トークを始めているか。
- その始まりに対するこたえにはどのようなことばが使われているか。
- 話者はそれぞれ何ターン話しているか。それにより何がわかるか。
- スモール・トークが終わり、仕事の話に移行するのはどこで、その合図としてどのようなことばが使われているか。

このような問いにこたえるには、談話における語用論をよりよく理解するために使われる会話分析や談話分析の手法や考え方（第3・4章）が役立つだろう。もう1つの例として、週末にしたことについて話すスモール・トークの語用論的指導を見てみよう。週明けの月曜日に職場や学校などで会う人とは、週末にあったことについて世間話をすることがよくあるが、*Did you have a good weekend?* や *How are you?* のあとに続く談話のパターンは言語や文化によってさまざまである。たとえば、オーストラリア英語やドイツ語では、この質問は儀礼的なもので、概して短く外交的なこたえが返ってくるが、フランス語やペルシャ語ではたいてい真摯な質問としてとらえられ、実際にしたことの詳細や意見や感情を盛り込んだ長い会話が続くことが多い[18]。母語と学習言語に談話パターンの大きな違いがある場合には、語用論的誤りを避けるための指導が役立つだろう。成人の学習者に対しては、すでに持っている分析能力や文化的知識を利用した次のような指導案[19]もよい。

1. 母語と学習言語の文化のステレオタイプについて話し合い、そのような固定概念がコミュニケーションにおける文化的規範の違いから生まれていることを認識する。
2. 「よい週末を過ごしましたか？」という質問への典型的なこたえを母語と学習言語で比較し、多文化間コミュニケーションにおいて両者が経験したフラストレーションについて参考資料を読む。
3. 自然な会話のトランスクリプトを用い、母語と学習言語での週末についての世間話の異なる特徴を話し合う。
4. ビデオで録画された自然な会話例を事前に分割しておき、学習者が正しく並べ替える活動によって会話を再構築する練習を行なう。
5. ロール・プレイを用いて学習言語の文法、語彙、ジェスチャーの練習を行ない、クラスで発表し、その様子をビデオ録画する。
6. ロール・プレイで使われたことばの語用論的適切さを学習者が相互評価し、話し合う。

この指導案を用いた研究では、フランス語を学ぶオーストラリアの大学生を対象にフ

---

18　Liddicoat & Crozet, 2001; Taleghani-Nikazm, 2002.
19　Liddicoat & Crozet, 2001, p. 134-138.

ランス語の談話のパターンを指導した。指導直後と指導から1年後にそれぞれ行なわれた学習者のロール・プレイでは、言語のかたちよりも会話の内容の面で、フランス語の談話の規範への適応が見られた[20]。そのため、この研究は、スモール・トークにおける談話の規範に関する指導は有意義でありうると結論づけている。

### 指導例4：反意

異議を唱える、相手の主張を否定する、攻撃する、侮辱するなどの反意の表明には、相手のフェイスを脅かし、それまでに築きあげた関係を損なう危険性が潜んでいることが多い。そのため、反意の表明自体を避けたり、表明を遅らせたり、なんらかの緩和表現を使って衝撃をやわらげたりするなど、さまざまなストラテジーが使われることは第4章で述べた。ところが、学習者の場合、言語能力の違いや個人差はあるものの、概して緩衝材のない直接的な *no* の表現を多用したり、*I'm sorry* を過剰に用いたり、導入部の緩衝材が欠けていたり、反意の表明自体を控えることが多い場面でかなり直接的に反意を表明したりするといった特徴が明らかになっている[21]。

反意を表明することは、学問的議論、ビジネスでの交渉、外交の場などで有利に主張を展開するために不可欠な発話行為であり、場合によってはかなり直接的に意見を述べることが許容されたり、歓迎されたりすることもある。しかし、友好的な人間関係や仕事上の利権、国家間の平和的関係などを維持するためには、穏便な方法で反意を伝える能力も重要だろう。ここでは、そのようなストラテジーの指導について考える。異議を唱えるという発話行為に関するある指導案[22]では、次のようなステップを踏んで段階的に指導することを提案している。

1. 学習者の語用論的意識を探る：学習者が、母語での異議の表明について、相手との関係や話題と、異議を唱えることばの使い方との関連について考察する。
2. 異議の表明をやわらげるさまざまな言いよどみの分析：たとえばコーパスから得られる自然な言語データ[23]など、教員が提示したデータを学習者が分析する。その後、学習者自身も *well actually, well I think, well of course, well it seems* などのキーフレーズをコーパスで検索し、サンプルデータを収集して考察する。
3. 異議をやわらげる表現の練習：ポーズや *well* など、ためらうことで異議の表明を遅らせる言いよどみ、*it's not bad, but...* のように部分的な賛同を表明してから異議をやわらかく述べる表現、*I think that, it seems to me that, a bit* のよう

---

20 Liddicoat & Crozet, 2001.
21 Beebe & Takahashi, 1989; Glaser, 2013; Salsbury & Bardovi-Harlig, 2001.
22 Malamed, 2010, pp. 209-213. 反意や断りなど好ましくないこたえの表明に関する指導案は Carroll, 2011 も参照。
23 Malamed, 2010 (p. 210) には Corpus of Contemporary American English (COCA) から抜粋した言語データの例がある。*well* の使い方に関する指導案は Lee (2003) も参照。

な緩和表現など複数のストラテジーを含む会話例を反復練習する。また、さまざまな話題に関する意見のサンプルを用い、このようなキーフレーズを複合的に用いて異議をやわらかく表現する産出練習もする。
4. ロール・プレイとディスカッション：賛否両論の議論が起こりやすい話題について双方の意見を知り、賛同または異議を表明するキーフレーズを使いながら意見を述べる練習をする。その後、他者の意見を尊重する姿勢を大事にしながら総括を行ない、議論の内容やことばの使い方について学習者にフィードバックする。

また、時間と労力を要する方法ではあるが、学習者の産出データをもとに、きめ細かく指導していく例[24]も以下に紹介する。学習者が自ら産出したことばとモデルとなる言語データとの比較をとおして自己評価し、教員のフィードバックを得ながら考えることで、よりモデルに近いことばで異議を表明できるようになるだろう。

1. 異議を唱える状況設定を利用し、学習者がロール・プレイを行なう。合意を得た上で、その様子をビデオに録画する。
2. テレビドラマや映画を抜粋し、異議を唱える場面を観る。事前に状況設定や登場人物などの背景について詳しく説明し、学習者が内容を理解しているか確認する。また、異議の表明が登場人物の人間関係におよぼす影響などについても話し合う。
3. そのテレビドラマや映画のトランスクリプトを用いて実際に異議を表明するために使われていた表現を探し、リストを作って学習者と共有する。時間に余裕があれば、学習者が実際に見聞きしたことのある異議の表現やその状況について話し合うのもよい。
4. 学習者が研究者のように活動する指導法（第6章参照）を用い、授業時間以外の日常生活で見聞きした異議を唱える表現例を学習者が収集する。EFLなどの学習環境で、実際に使われていることばに触れる課題が用いにくい場合は、上の指導例でも紹介したCorpus of Contemporary American English (COCA) などのコーパスから引用した例を教員が紹介したり、学習者がコーパスから例を探したりする方法もある。
5. 学習者の省察のため、録画した学習者のロール・プレイを再生する。それが技術的に、あるいは学習者の心情的にむずかしい場合は、学習者が使ったことばを書き起こしたトランスクリプトを用意し、発話者を伏せた言語データを用いることもできる。その学習者の言語データを、2－4で導入した言語モデルと比較分析する。指導前には使うことができなかった緩衝材（ポーズなどの遅れ、言いよどみ、理由の表明、確認など）を学習者が自分で発見できるよう誘導する。

自然な言語インプットや、学習者の言語を利用したこのような指導は、相当な準備を

---

24　Glaser, 2013, p. 155-157 より引用、改訂。

要するかもしれないが、学習者の観察力や分析力を引き出し、自律した学習を促すことができるだろう。

また、職場でのことばの使い方を指導する場合には、録画・録音した自然な会話を利用して、実際に使われているストラテジーを学習者が主体的に分析するのが理想的である。たとえば、学習言語でビジネスの交渉に携わっている学習者には同僚や顧客とのやり取り、外交官であれば外交交渉など実際に遭遇する場面で交わされる言語データが望ましい。しかし、そのようなデータには機密情報や個人情報が含まれるので、入手しにくいだろう。外交交渉のための英語をテーマにした書籍 *English for diplomatic purposes* のある一章[25]では、学習者が経験のある外交官を模範として、その人物のことばの使い方を次のような観点から観察することを推奨している。

- 熟練した外交官は、どのような状況で反意を表明するのだろうか。それはなぜか。どのような場面で、異議を唱えたり、忠告を与えたり、真意を明かすのを控えるのか。その目的や理由は何か？
- 熟練した外交官は、どのような言語的・非言語的緩衝材を使ってやわらかく反意を表明するだろうか。それぞれの状況において、その緩衝材はどの程度効果的だったと考えられるか。
- どんな相手との会話で、また、どのような状況や話題の場合に、反意をやわらげる表現を使うことが望ましいだろうか。
- 熟練した外交官は、交渉相手の文化的・言語的背景によって、どのように反意を表明するストラテジーを変化させているか。直接的でわかりやすい表現を選ぶのはどのような相手か。よりかしこまった間接的な表現を使うのはどのような相手か。その根拠は何だろうか。
- 直接的な反意の表明がより適切で、建設的な議論につながるのは、どのような相手と、どんな場面や話題で交渉する時だろうか。緩衝材を使わないで反意を表明すると、どのような肯定的・否定的結末が起こりうるだろうか。
- 内容や目的によって通信手段を変えることはあるか。たとえば、安全性に配慮して電子メールで機密情報に関する意見を表明するのは避ける、微妙なニュアンスを伝えるため電話や対面での交渉を選ぶ、など。
- 交渉が滞ったり、意思疎通が阻まれたりした場合は、どのように対処しているか。そのストラテジーはどの程度効果的だろうか。また、言語・非言語の交渉術をさらに磨くために、どのようなことを試みているだろうか。

このような観察に加え、熟練した外交官にインタビューし、ストラテジーの選別や効果などについて直接聞いてみるのもよいだろう。実際に交渉の場面で意見を述べる際は、相手が選んだことばを文化的背景も考慮しながら分析し、同時に自分のことばがもたら

---

25　Ishihara (in press).

す効果にも注意を払えるようになることが望ましい。上に述べたような活動から情報を得ることにより、学習者は状況に適したことばの使い方についての意識を高め、ことばの使い方のさらなる向上に寄与するメタ語用論的ストラテジーを発達させることもできるだろう。

　反意の表明には、相手の意見や行動に対する建設的な批判も含まれる。第4章では、この領域の研究をもとに批判の言語表現について紹介した。ここでは、ビジネス英語を例にとり、建設的な批判を相手にやわらかく伝えるためのストラテジーの指導例を見てみよう。たとえば、中級以上の大人の学習者が英語でディスカッションを行なったとする。学習者がかなり直接的な異議や批判の表現を使って相手のフェイスを脅かしかねず、円滑な対人関係の構築が危ぶまれる時や、学習者の表現にバラエティーがない場合などは、以下のような意識向上の活動が有効かもしれない。

1. 第4章で紹介した批判の言語表現を例示し、学習者とともに各項目の新たな例を考えて、それぞれの批判表現の理解を促す。
2. 職場での会話を想定して書かれた下の会話例[26]を読み、リンのことば遣いが適切かどうか学習者が考察する。また、自分がリンならどのように表現するか英語でロール・プレイを行ない、学習者が使ったことばを書き出してみる。

---

Read out the following dialogue between your co-worker, Lynn and her boss at work. This is Lynn's first week of work.
同僚のリンと上司の会話を声に出して読んでみましょう。リンは今週からこの仕事を始めたばかりです。

Boss: Lynn, can I talk to you for a minute?
Lynn: Sure. What's it about?
Boss: Tomorrow's meeting. As you know, you and Sarah are both going to be presenting a sales pitch. I'd like to have Sarah present hers first, and then you can follow her, OK?
Lynn: I don't think that's a good idea. Sarah doesn't make very good presentations, and I don't think she should speak first. I'd like to present first instead.

---

3. この状況では、リンが新任で、おそらくまだ上司との信頼関係を築いていないだろうという認識を確認する。その上でリンのことば遣いが上司にどのような印象を与え、どのような人間関係をもたらしうるか学習者と話し合う。また、どのような状況であれば、上司に対してこのような話し方をしても問題がないだろうかという

---

26　Anderson, 2006 より改訂。この指導案は原著第15章、例4 (pp. 296-297) の一部。

点についても考える。
4. この状況で建設的に異議や批判を表現する一例として、以下の言語を分析し、どのようなストラテジーが使われているか話し合う。

> OK, that sounds fine, but um I was hoping that perhaps I could give the first presentation since I've come up with what I think are some strong arguments.

解答例（第4章も参照）：
- 肯定的なことを言う (*that sounds fine*)
- 口ごもる (*um*)
- 過去形を使い丁寧度を上げる (*was hoping*)
- 批判を軽減する (*perhaps, could*)
- 何かを改めたほうがいいと間接的に伝える (***um I was hoping** that **perhaps I could** give the first presentation*)
- 理由を述べる (*since I've ...*)
- 個人的な意見として述べる (*I think*)

5. 学習者は、2で書いた自分のことばと4の例を比べ、自己評価する。あるいは学習者同士が、指導のターゲットである建設的に批判を伝えるストラテジーを実際に使って相互に助言し合う。
6. 4の発言を用いてペアで声に出して会話を反復練習し、その後この例に近い表現をできる限り自発的に産出できるようになるまでロール・プレイを行なう。最後に教員から、または学習者同士でフィードバックする。

この例は、複数のストラテジーが使われているため言語そのものもそれなりに複雑であり、また内容も職場での会話を想定しているため、社会人の学習者向けであろう。

学習者が学生の場合は、ライティングの授業などで学習者が相互にフィードバックし合うなど、相手に配慮しつつ良い点と改善点の両方について建設的な相互評価を促す指導案[27]が参考になるだろう。また、相手に忠告や提案を与えるという関連テーマで、中学・高校生を対象にした指導案は第8章を参照。

### 指導例5：物語を使った語用論的指導－1

小学生など年少の学習者の授業でカリキュラムに柔軟性がある場合や、カリキュラムに縛られない特別授業などでは、絵本など視覚情報を盛り込んだ物語を用いて語用論的指導をするのもよいだろう。物語には興味を引きやすい題材が豊富で、協働的な語

---

[27] Fujioka, 2013; Nguyen, 2013; Nguyen & Basturkmen, 2010.

用論的学習や言語の社会化（第6章参照）を促す媒介となりうる。絵やビデオなどの視覚情報は、学習者の注意を惹きつけられるばかりでなく、非言語的なヒントを与えることもでき、理解の助けとなる。語用論的指導に関するこれまでの研究は、ほとんどが成人の学習者を対象としているが、年少者や青年への指導による語用論的発達についての効果を報告している研究もわずかながらある[28]。ここでは、日本人の小学3・6年生が参加した少人数の英語指導で実際に試みられた指導法の一例[29]を紹介する。

英語圏での食事中のマナーや依頼の表現、また英語の呼称について学習者の語用論的意識を高める指導に利用できる絵本[30]がある。食事中の行儀が悪い女の子ジニーが両親に叱られ、マナーを守らなくてもよい犬になりたいと願う物語である。この絵本を使った指導では、英語と日本語でストーリーの理解を促しながら、次のような対話をとおして、語用論的ことばの使い方についてディスカッションを進めることができる。

1. 犬になりたいと思ったことはあるか。いつ、どのような理由からか。なぜジニーは犬になりたいと思ったのか。（解答例：ジニーの飼い犬は *please* など丁寧なことばを使わなくても、また食事のマナーが悪くても叱られることがなく、お皿をなめるとむしろほめられるから）
2. ジニーは大好きなデザートのパイをどのように食べたか。（フォークを使わずにかぶりつき、皿をなめた）それはなぜか。（彼女によれば、おいしいパイを作った人への敬意を表わすため）普通はどのように作った人への敬意や感謝を表わすか。（おいしい、ごちそうさま、*Thank you for the pie. I enjoyed it.* などと言う）
3. ジニーの弟は食事の時、魔法のことば (magic word) を使って遠くにあるものを取ってもらうと言うが、魔法のことばとは何か。（*please*）どのように使うのか。（たとえば、*Can/Could you pass the potatoes, please?* などを依頼の丁寧度を少しあげる際に使う）日本語では、*please* に相当する「ください」や「お願いします」を家族に対して使うか。（あまり使わないことが多い）それはなぜか。（親しい関係の家族には丁寧なことばを使わなくてもよいから、など英語と日本語の言語語用論的違いやその理由を話し合う）
4. ジニーの弟はジニーのことを何と呼んでいるか。（*Ginny*）日本語では弟は姉のことを何と呼ぶか。（名前、ニックネームなどを使う場合もあるが、「お姉ちゃん」などと名前を使わず呼ぶことが多い）（英語と日本語の言語語用論的違いやその理由を話し合う）
5. ジニーの両親はジニーを普段何と呼ぶか。（*Ginny*）お母さんが *Ginny Mae Perkins!* とジニーのフルネームで呼ぶ場面があるが、それはどうしてか。（怒りやいらだちを表わしている）日本語でこのようにフルネームで呼ばれるのはどのような時か。（叱られる時、注意喚起される時など）

---

28　Ishihara, 2013; Isihara & Chiba, 2014; Kanagy, 1999; Kanagy & Igarashi, 1997; Lyster, 1994.
29　Ishihara, 2012b.
30　Williams, 1997.

学習者の習熟度に応じて、この絵本の対話に使われている英語表現を適宜練習・復習することで、語用論的意識の向上に加え、産出能力の発達もめざすことができる。時間が許せば、学習者が研究者のように活動する指導法（第6章参照）を用いて、学習者が食事中のことばをデータとして収集し、観察する「ことばスパイになってみよう」などの活動を取り入れてもよいだろう。

　年少の学習者の語用論的指導に利用できるそのほかの絵本[31]と指導ターゲットとなる語用論的ことばの使い方の例を挙げておく。

| 絵本 | 著者 | 指導ターゲット |
|---|---|---|
| *Martha speaks* | Meddaugh | ・ことばの丁寧度、直接・間接度<br>・社会文化的に適切・不適切な言動<br>・依頼 |
| *What do you say, dear?* | Joslin | ・語用論的定型表現<br>・ことばの丁寧度とフォーマリティー |
| *Forget their manners* | Berenstain & Berenstain | ・語用論的定型表現<br>・依頼<br>・社会文化的に適切・不適切な言動<br>・緊急性とポライトネス |
| *Yo! Yes?* | Raschka | ・呼称<br>・挨拶<br>・ボディー・ランゲージ |
| *Excuse me!* | Katz | ・語用論的定型表現 |

　そのほかの視覚的情報をともなう物語を使った指導案は第9章、評価例は第12章も参照。

### 指導例6：物語を使った語用論的指導−2

　これまではなんらかの言語データや教材を用いた語用論的指導の例を挙げてきたが、ここでは、教員の語用論的学びの経験をもとにした指導案を考えてみたい。教員である読者の方々も、世界のさまざまな文化に触れ、語用論的学びを体験したことがあるだろう。そのような教員の体験は、実際に起こった出来事であるため、学習者にとって興味深く、記憶に残るものとなりうる。ある英語教員がアメリカで国際語としての英語の語用論に触れた体験談を提示し、そのあとのディスカッションをとおして学習者と対話を深める例を見てみよう。

---

31　Berenstain & Berenstain, 1985; Joslin, 1958; Katz, 2002; Meddaugh, 1992; Raschka,1993. ここに挙げる絵本を用いた指導案は Asaba, 2012; Burke, 2012; Ishihara, 2012 b, Ishihara, 2013; Ishihara & Chiba, 2014 を参照。

▶**語用論的学びの体験談の例**（英語の原文は原著第 10 章、pp. 195-96 を参照）

　その頃、日本人の私はアメリカで大学院に通いながら ESL の環境で英語を教えていた。ある日、中国出身で中国語の教員だった知り合いと英語で話していると、おたがいの夫が同じ分野の研究者であることが判明し、「そのうち家に招待しますね」と言われた。私は喜んで、いつものように「いいですね、ありがとうございます」とこたえた。彼女とはそれほど親しくはなかったが、仕事面でも個人的にも多くの共通点があり、互いをよりよく知る機会になると思ったのだ。しかし、彼女は私のこたえを聞いてわずかに顔をしかめたように見えた。

　その後、大学構内の芝生で語学教員がアイスクリームを片手に親睦を深める気軽な外国語学部のイベントがあった時、彼女と同じようなやり取りがあったのだが、この時は実際に誘いを受けることはなかった。その頃、偶然にも中国語の断りについての論文を読んでいて、中国語には「儀礼的な断り」(ritual refusal)[32] という慣例があり、かしこまった場面で招待された時は、受け入れる前に 2, 3 度遠慮して儀礼的に断るべきだということを学んだ。同僚の中国語教員は、無意識のうちに中国式の会話の運び方を期待していたのかもしれないし、あるいは彼女が東アジア共通の方式と認識していたと思われる会話の流れを同じ東アジア出身の私と共有しようとしたのかもしれない。一方私は、アメリカで、それも英語で話していたため、無意識にアメリカ英語のことばの使い方にしたがっていたのだ。

　ところが、しばらくして再度チャンスが訪れた！彼女がふたたび家に招待したいと言ってくれたので、今度は「いいえ、お気遣いなく。ご面倒をお掛けしますから」と言ってみた。すると驚くべきことに、その後間もなく、私と夫は中華料理のレストランでの食事に招かれた。勘定は折半にするつもりだったが、私たちより少し年上の先方は、自分たちのほうが招待したのだからご馳走するといって譲らなかった。最後に彼女が言った。「本当は、拙宅 (our humble home) にお招きしたかったけど、いつもとても忙しくて片付けが行き届いていないので」

**ディスカッション**
- なぜ中国語（やスペイン語などそのほかの言語では）かしこまった招待を受け入れる前に何度か辞退するのだろうか。どのような価値観や文化的な習慣がその語用論的慣習に影響しているだろうか。
- 話の中盤でなにか不適切なことを言ってしまったかもしれないと気づいた時、あなたならその原因を探るためにどのような手段を講じることができるだろうか。
- このように文化が交錯する状況では、どの言語の規範が用いられやすいのだろうか。中国語か、日本語か、英語か、あるいはその折衷だろうか。時の経過や状況に応じて、さまざまに用いられる規範はどのように変化するだろうか。

---

32　Chen & Zhang, 1995.

この例では、語用論的ことばの使い方と文化的アイデンティティを交えて解釈することもできる。この中国語教員は40代女性で家族とともにアメリカに居住したが、職業がら中国人としてのアイデンティティや東アジア的主観が優勢だったかもしれない。一方、日本人のESL教員は20代で、アメリカで暮らし、英語を教えていた。そのため英語コミュニティでの生活が中心で、中国語教員よりもアメリカ人に近いアイデンティティを持っていた可能性がある。2人の語用論的ことばの選択には、この文化的アイデンティティの差が反映されていたと思われる。中国語教員は、2人に共通していると思っていた東アジアの語用論的ことばの使い方を用いることで、東アジア人としてのアイデンティティを共有し、結束を強めることを意図したのかもしれない。しかし、ESL教員のほうはすでに現地の英語コミュニティへの社会化を深めており、英語の規範に沿った語用論的選択をしたため、2人の会話は円滑に進まなかった。中国語教員は、おそらく相手が遠慮して断ることを前提に、自宅ではなくレストランでの食事に誘う会話の流れを想定していたのだろう。一方、ESL教員は、アメリカの規範にしたがって、2人の関係が同等で形式ばらない交際を期待しており、勘定の折半を予定していた。これに対し、中国語教員のほうでは、よりかしこまった関係や夕食会を思い描いていたと思われる。アメリカ英語ではあまり使われない *humble home*（拙宅）ということばを彼女があえて使ったことからも、その認識を見て取ることができる。この2人のやり取りでは、初めは中国語と英語の規範が衝突し、その後、中国語あるいは東アジア的と思われる価値観に基づいた語用論的規範へ移行することによって人間関係の発展が実現したといえるかもしれない。この語用論的選択の移行は、中国語教員のほうが年上で社会的立場が高いこと、そしてこの会話では招待する側であることから、さらに優位な役割を担っていたことと無縁ではないだろう。

　このほかにも、教員の体験をもとにした物語を語用論的指導に利用した指導案[33]（原著第10章も参照）がある。物語を使った指導の立案は、教員の語用論的学びに関する省察をともなうため、知識の共同構築を促して協働的なプロフェッショナル・ディベロップメントを奨励する試みの一環として教員養成にも応用することができる。

## 指導例7：ケース・スタディーを用いた語用論的意識向上

　第6章で、社会文化的側面に焦点をあてた社会語用論的ことばの使い方について触れたが、状況に合った適切な言動と、なぜそのような言動が適切なのかという理由を指導する際にはケース・スタディーを用いたディスカッションも有用である[34]。特に多文化間コミュニケーションにおける誤解のケースをもとに、問題が生じた原因や、それぞれの文化の考え方、価値観、社会通念などに焦点をあてて考察することが多い。たとえば、以下のケース[35]を考えてみよう。

---

33　Ishihara, 2012a.
34　本章の呼称の指導例で引用したTakenoya, 2003もケース・スタディーを用いた指導例である。
35　Cushner & Brislin, 1996, p. 202より引用、改訂。

> 日本人留学生のフミオはアメリカの大学院に留学して1年経つが、現地での生活にそれなりにうまく適応している。大学では教授やほかの学生たちともよく交流し、寮での生活環境にも満足している。特に統計学の知識に優れているので、統計に関してはフミオに相談したほうがいいと教授がほかの学生にすすめるほどだ。ただ、アメリカ人の学生たちは毎週金曜日の夕方にパブに集まって楽しそうに交流しているのだが、フミオはその集まりに招かれたことがない。誘われていないのに自分から参加することもできず、フミオは何か間違ったことをしてしまったのではないかと不安に思っている。

このケース・スタディーでは、状況の解釈として考えられる可能性が選択肢として提供されている。もっとも一般的な解釈としては、金曜日のパブでの集会は気心の知れた仲間だけが集まって冗談を言い合ったりする気楽でくだけた雰囲気であるため、社会的・心理的に少し距離のあるフミオは招かれないのではないかと考えられる。このほかの選択肢の解釈（フミオが嫌われたり妬まれたりしている、日本人はビールを飲まないと思われている、など）を学習者と検討したり、選択肢を提示せず自由に話し合って文化リテラシーを高め、招待されないことが表わすコミュニティの概念と（ここでは冗談などの）語用論的ことばの使い方との関連を考えたりするのもよいだろう。多文化間コミュニケーションにおける誤解を経験したことのある学習者がいれば、実体験に基づいたシナリオを持ち寄ることもできる。

ほかにも、事故の加害者が被害者に対して取るべき謝罪行為を題材とし、ケース・スタディーを用いた指導案[36]がある。たがいに面識がない場合、日本では加害者が口頭での謝罪に加え、手みやげを持って病院へ見舞いに行くことが誠意ある行為と見なされる。一方、アメリカでは見舞いに行くかどうかは個人が決めることであって、誰もが守るべき社会的ルールとは見なされない傾向がある。ケース・スタディーではこのような違いを話し合うことができる。また、日本語と英語の謝罪に関するエピソード[37]を使ったケース・スタディーでは、日本語の謝罪は社会の潤滑油として頻繁に用いられるが、必ずしも非を認めることや損失を保障することを意味しない、英語では過失を率直に認めて深く謝罪するよりも、その過失を犯すにいたった理由を説明しようとする傾向がある、などのステレオタイプを批判的に検証することができる。

**指導例8：談話標識・対話標識**

第4章では、談話標識 *anyway* と対話標識 *I mean* の使い方について言語コーパスから引用した例を挙げた。以下では、コーパスから入手できる情報を語用論的指導へ応用する方法について、Touchstone シリーズの教科書[38]から例を引いて考えてみ

---

36　Fujioka, 2010.
37　たとえば、田中・スペンサー＝オーティー・クレイ (2004) にあるさまざまなエピソードなど。
38　McCarthy, McCarten, & Sandiford, 2005/2014.（4レベルの教科書4冊がある。）

よう。このシリーズは初級から中級まで4レベルあり、1万語を所蔵する Cambridge International Corpus のアメリカ英語のデータに基づいて文法・語彙・会話ストラテジーなどを指導できるように構成されている。各章の会話例では、主に語用論的機能や談話の特徴などのストラテジーも取り上げている。談話標識 *anyway* を扱った初級の教科書 (Student Book 1) [39] では、まず学習者が友人同士の会話例を聞き、内容を理解する。この会話では、最初に1人が週末の様子を聞き、相手が週末の出来事をしばらく話したあとで、*So… anyway, what did you do?* と切り返す。この場合の *anyway* は会話の話題を変える時に使う談話標識である。また、最後に1人が *Well, anyway, … I have to go.* と切り出す時は、*anyway* が会話の収束を示すサインとして機能する。

　内容を理解したあとに、学習者が *anyway* を使って話題を変える練習があり、次に、短い会話を3つ聞き、それぞれの会話で使われている *anyway* が上記の2つの機能のうちどちらかを見極める以下のような問題が続く。

1. A: What did you do on Saturday?
   B: Not much. I slept late, went shopping. It was OK. But anyway, do you want to go out tonight?

2. A: Where were you on Sunday evening?
   B: Oh, I was out. I went bowling… Well, anyway, it's late. See you tomorrow.

　このような問題をとおして、*anyway* のさまざまな機能のうち、話題の転換と会話の収束の2つに関して初級の学習者にインプットを与え、語用論的気づきを促す機会を提供することができる。学習者が *anyway* を使って自然な会話をする産出練習を補うとさらに効果があるだろう。

　同教科書では、最も頻繁に使われる表現のトップ15に入るとされている対話標識 *I mean*[40] についてもほぼ同様の流れで指導が進められている。教科書には、連続して質問を重ねる2パターンの会話例が提示されている。1つは *I mean* を使わず単に質問を並べたもの、もう1つは *I mean* を使って自分の考えを繰り返す、あるいはさらに何か付け加えるものである。最初に会話例を聞いて内容を理解し、*I mean* の機能について学習者と話し合う。その後、1つ目の質問を読み、そのあとに続くと思われる2つ目の質問を選ぶ問題があり、*I mean* を使った短い対話のインプットが数多く提供されている。ペアワークでたがいに以下のように *I mean* を使って重ねて質問し、それにこたえることによって、産出練習の機会を多く持つこともできる。

---

39　McCarthy et al., 2005/2014, pp. 112-113.
40　McCarthy et al., 2005/2014, pp. 48-49.

- So what do you usually do in the evenings? I mean, do you spend time with your family?
- Do you know your neighbours? I mean, are they nice?
- So when do you usually have free time? I mean, do you have time during the week?

ただし、かしこまった場で I mean を多用しすぎると、くだけた印象を与え場にそぐわないことにもなりかねないので、このような産出練習の際は注意が必要であろう。

### 指導例9：(会話の) 推意

（会話の）推意とは、コンテクストなどに頼って間接的に伝えられる意味のことであり、第4章でその例を挙げて説明した。推意によって伝えられる本来の意図を理解するには、そのコミュニティの文化に関する知識が必要な場合が多いため、英語圏で英語を学ぶ ESL のような第二言語の環境で暮らし、日常的に学習言語に触れている場合でさえ、推意を適切に解釈するのはむずかしい [41]。学習言語を日常的に使わない外国語の環境、たとえば英語圏や英語が公用語でない国や地域で英語を学ぶ EFL の環境では、学習言語の日常的なインプットや文化的習慣に触れる機会が少ないため、推意を読み解く能力を身につけるのはさらに困難だろう。

推意の理解度は、推意の種類や、学習者の言語能力全般とも関連があると考えられている。第4章で紹介した「関連性に基づいた推意」や、なじみのある定型表現で伝えられる推意は、比較的早い段階で正確に意味を理解できるようになるが、文化に関する知識が前提となる推意は一般的により難解で、意味を推測できるようになるまでに時間がかかるようだ [42]。

しかし推意の種類によっては、言語の習熟度が高いほど理解度が上がり、また ESL の環境に長く住み、学習言語に触れる時間や現地の文化習慣に触れる機会が多いほど、理解度が高まる場合があるという研究結果も報告されている [43]。そして、明示的な指導により、会話の推意に関する理解を加速させることが可能であることも明らかになっている [44]。以下では、上級の学習者のための指導例 [45] を見てみよう。

1. さまざまな種類の推意を紹介する。推意の種類、定義に加え、それぞれの例をいくつか用意する（第4章参照）。
2. 推意の例を分析する。

---

41 Bouton, 1994a, b; Kasper & Rose, 2002; Roever, 2013; Taguchi 2013.
42 Bouton, 1999; Roever, 2005, 2013; Taguchi, 2005, 2013.
43 Roever, 2013 では、言語能力の習熟度が高く、学習言語や文化に触れる時間が長い学習者は、「間接的批判を示す推意」（第4章推意の項目4参照）の理解度が高かった。
44 Bouton, 1994a, 1999; Kubota, 1995. ただし、皮肉に込められた推意や「教皇」疑問文型の推意（第4章2・5参照）など文化的知識が必要なものは、指導を行なっても習得がむずかしいようである。
45 Bouton, 1994a, p. 102, 1999 より一部改定。

a. 文字どおりの解釈では意味が成り立たず、推意が用いられていることを認識し、実際に意図されている意味を確認する。
b. 推意の種類を見分ける。
c. 学習者が見聞きしたことのある推意や、母語で似たような推意があれば、その例を挙げて話し合う。
3. 推意を使った会話を学習者がグループで作成する。
4. 教員や学習者が持ち寄った新たな推意の例を分析する。

　この指導案を用いた研究では、1から4までの段階を合計6時間ほどかけて指導したが、実際の授業では、数週間かけて少しずつ進めるなど都合のよい時間設定にすることができる。最終段階4の指導は、普段の授業のウォームアップとして時々取り入れることもできるだろう。このような推意を使って会話をするのは、どのような相手が適切だろうか。話者の間の相対的な社会的立場や親疎関係、文化的背景などの観点から推意が使われるコンテクストを考えるのも有益であろう。

　このように推意について分析的に指導し、学習者のメタ語用論的意識を高める活動は効果的だが、体系的に指導する時間がない場合、あるいは年少の学習者が対象の場合などは、以下のような指導を日常の授業に取り入れることもできるだろう。

---

成人の学習者の場合：
下の文章を感情を込めて交替で読み上げ、そこに込められているニュアンス（たとえば、まじめ、皮肉っぽい、ショックを受けている、闘争的、悲観的、冗談めいている、誠実、など）を話し合ってみましょう。話者の声のトーンに加え、ジェスチャーや、顔の表情、姿勢、視線の使い方などにも注意を払ってみましょう。

a. It's raining today. (Say sadly.)
b. It's raining today. (Say angrily.)
c. I've got the results of the election. (Say excitedly.)
d. I've got the results of the election. (Say disappointedly.)
e. What a nice present! Thank you. (Say happily.)
f. What a nice day… the best day of my life. (Say cynically.)
g. [date here] is the last day of our class. (Say disappointedly.)
h. [date here] is the last day of our class! (Say excitedly.)

年少の学習者の場合：
下の文章を交替で感情を込めて言い、その人がどのような気持ちか想像してみましょう。☺😐☹ のカードのうちの1枚を選んで、その人の気持ちに近いものを示してください。

> a. It's raining today. ☹
> b. It's raining today. ☺
> c. We have apples for snack today. ☺
> d. We have apples for snack today. ☹
> e. We have apples for snack today. ☺
> f. These cookies are cute and sweet. ☺
> g. These cookies are too sweet. ☹
> h. Come on, let's go outside. ☺
> i. Come on, let's go outside. ☹

　このアクティビティーは、学習者がペアや少人数のグループを作って文を交替で読み上げ、聞き手がその感情を推測する協働的な活動にも応用でき、産出練習になるだけでなく、相互評価 (peer assessment)（第 12 章参照）も促すことができる。

　また、例に挙げたような個別の文章を使うだけでなく、推意に関する指導を既存のカリキュラムに盛り込み、もともと使っている教材を利用して、このような産出練習を取り入れることもできるだろう（オーラル・スキルの授業や評価に推意を取り入れる例は第 8 章参照）。

**指導例 10：認識標識**

　認識標識とは、言及している内容に関して、話し手や書き手が自らの立場や意見、信条、態度などを表明する手段であることを第 4 章で紹介した。語彙や文法をさまざまなレベルで用いる認識標識により、話し手や書き手の確信や疑念を示したり、ものごとが起こりうる確率についての見解を示唆したり、情報の現実性・正確さ・限界などに関する意見を表明することができる。

　日本の大学の 1－3 年生（中級上・中級下の習熟度の英語学習者）を対象にした研究[46]では、認識標識に関する明示的および暗示的指導を行い、その直後と 5 か月後の指導効果を検証した。被験者が書いた 2 種類のエッセイ（写真の描写と意見表明）に使われた認識標識の種類と頻度を分析した結果、明示的指導のほうがより効果があり、5 か月後には使われなかった認識標識もあったものの、その効果は、暗示的指導より持続する傾向があることがわかった。インプットとして用いられた教材には、学習ターゲットであるさまざまな認識標識が豊富に含まれているオーセンティックな社説・インタビュー・小説・会話文が選ばれた。学習者の気づきを促すべく、学習ターゲットである認識標識が太字、下線、拡大文字などで強調されていた。指導は 45 分の授業 4 回（計 180 分）で実施し、以下の流れに沿って授業を進めた。

---

46　Fordyce, 2013.

1. 認識標識のかたちを聞き、穴埋めタスクに取り組む。
2. 文章の中で使われている認識標識の意味や機能に注意を喚起する質問を教員が問いかける。
3. 認識標識のメタ語用論的使い方を教員が説明する。
4. 文章の中で使われている認識標識の意味や機能に注意を喚起するリーディング課題を宿題として行なう。
5. 指導前に学習者が書いた文章に使われている認識標識を自分で見つけ、印をつける。
6. 認識標識についてのまとめのテストを行なう。

　第4章では、アカデミック・ライティングで認識標識が多用されることに触れたが、ある指導例[47]では、学習者が研究論文の抜粋を読んで認識標識の表現を探し、その認識標識が読み手の受け取り方におよぼす影響を考えるタスクを用いている。学習者の認知機能や自主性が高い場合には、このようなオーセンティックなインプット、特に学習者の研究分野の論文などを分析するのが効果的だろう。

　本章ではこれまで、指導に要する時間が比較的短く、1回の授業でも行なうことのできる語用論的指導の例を挙げた。カリキュラムが決まっていて時間の制約がある場合でも、紹介した例の中から日常的に語用論的指導を少しずつ取り入れていくとよいだろう。たとえば挨拶や呼称については、それらのテーマが自然と話題にのぼる学期の始めに、時間の許す範囲で指導できるかもしれない。会話の推意はクイズ形式にして毎回少しずつ紹介する、認識標識はパラグラフ・ライティングと関連づけて取り入れる、反意の表明はディスカッション指導に絡めて指導するなどの工夫も考えられるだろう（第9章も参照）。
　以下では、大学の授業など、教員が自由にカリキュラムを設定できる場合に参考にしていただきたいユニット・プランを紹介する。ほめとこたえ、および依頼の指導案で、どちらも日本やアメリカの大学の語学の授業ですでに試用されている例である。いずれも時間をかけて特定の発話行為を指導する内容だが、1つのテーマを深く追求することで語用論的意識全般を向上させ、ことばを語用論的な視点で考え学ぶことができるようになることを目標としている。この2つの指導案や、上で紹介した物語を使った語用論的意識向上の指導は、特別授業や、留学やホームステイに行く前の準備にも適しているだろう。

## 指導例11：ほめとこたえ
・学習者と指導環境
　ここで紹介する指導案は、もともとはアメリカの大学への入学準備としてESLの授業

---

47　O'Keeffe, Clancy, & Adolphs, 2011, p. 149.

を履修する中・上級の学習者を想定して立案されたもの[48]だが、ここではEFL環境で英語を学習しているTOEFL iTP（レベル2）スコアが400–430程度の日本人とアジアからの留学生を対象に、授業のほとんどを英語で行なうことを想定して手を加えた指導案を紹介する。

・指導の目標

　ほめる行為とほめられた時にこたえる行為は、その文化で美徳とされている価値観や言語行動様式を如実に反映している。そのため、他文化で標準的に使われているほめことばやこたえを自分の文化の語用論的規範にあてはめて解釈すると誤解が生じたり、他文化に対する固定概念が生まれたりしやすい。たとえば、ほめことばを受け入れる *Thank you.* という英語のこたえは日本人学習者にもよく知られているが、英語の母語話者はほめられた時いつもそのように受け入れるのだろうか（第4・8章も参照）。また「とんでもございません」「いや、そんなことない」など、日本人やアジア人特有と思われがちな謙譲の美徳は英語にはまったく存在しないのだろうか。

　英語のほめことばは「社会の潤滑油」とされ、相手との絆を強める働きをするといわれている[49]。授業中に教員やクラスメイトからほめられて学習者が自信を持つようになり、望ましい結果や言動が誘発されたり、学習者同士の関係が改善されて協働学習がしやすくなることもあるだろう。ほめことばやこたえは、小学校の指導でも可能であり[50]、中学・高校では学習者同士がたがいにフィードバックし合う活動などにも活用できる。この指導案の達成目標は以下のとおりである。

1. ほめことばやこたえに関しての言語行動規範が文化によって異なることを認識できる。
2. 話者同士の相対的な社会的地位・親疎関係・ほめる対象を考慮し、ほめことばやこたえの適切さ、誠実さ、自然さを評価できる。
3. 状況を踏まえ、ほめことばやこたえの発話をとおして自らの意図を表現することができる。具体的には、①さまざまな形容詞・ほめる対象・9つの文法構造を駆使して適切にほめることができ、②少なくとも7つのストラテジーをとおして自己表現できる。

・指導時間と教材
- 合計250分（たとえば50分の指導を5回など）
- 学習者用ハンドアウト

---

48　このESLでの指導案は原著第7章やIshihara, 2010を参照。
49　Billmyer, 1990.
50　Estrada, Gates, & Ramsland (2006) の指導案は、小学4年生の英語の授業でさまざまな国から集まった学習者同士の人間関係を肯定的に築くため立案された。年少の学習者を対象としているため語用論的分析はシンプルだが、インタラクティブな練習をとおしてコンテクストや言語に関する語用論的意識を培うことができる。

・指導の手順と評価法 [51]
## A. 導入と学習者のニーズの査定
　導入部では、指導開始時の学習者の語用論的意識やほめとこたえの言語を査定すると同時に、主体的に語用論的ことばの使い方に興味を持つようになることを目的とする。

1) 指導の導入として、ほめとは何か、こたえとは何か、例を示して説明し、なぜ英語のほめやこたえについて学ぶのか話し合う。以下、2) – 5) はハンドアウトを用いて進める。
2) 誰かをほめたり、ほめられたりする時、英語ではどのように言うのだろうか。シナリオを提示し、その状況で一般的に英語話者が言うと思われるほめことばやこたえを学習者が記述する (free DCT)。（たとえば、会社の同僚が最近出産した赤ちゃんの写真を見た時、友人の新しい髪形やかばんなどに気づいた時など）
3) ほめる対象にはどのようなものがあるか学習者が話し合う。
4) 学習者が母語で最後に誰かをほめたり、ほめられたり、ほめことばを耳にしたりしたのはいつか思い出してもらう。また英語ではいつそのような場面に遭遇することになるか予測する。
5) 次のような英語の会話の話者を想像する。何がほめられているか、どのようなことばが選ばれているか、どのような文化背景を持つ話者か、話者同士の関係はどのようなものかなどを考える。
    a. "Nice job!" – "No, I didn't do well."
    b. "I like the color of your lipstick." – "Oh, thanks."
    c. "What an unusual necklace. It's beautiful." – "Please take it."
6) 英語で使われるほめことばの機能を紹介する。
    a. 人間関係を築き、絆を深める。
    b. 感謝を表わす。
    c. 会話を始めたり、維持したり、収束させたりする。
    d. 技能や仕事ぶりなどを評価する。

　ほめことばやこたえとは何か、なぜ英語でそれを学ぶのかについての導入 1) のあとは、2) へ進み、DCT を利用して指導開始時の学習者の産出能力を見極める。DCT のこたえを発表し合いながら、使われている形容詞や副詞をリストにまとめる。1980 年代のアメリカで収集されたデータでは *good, nice, great, beautiful, pretty* が最頻出の 5 つの形容詞であった [52]（第 4 章参照）ことを紹介し、作ったリストと比較する。昨今の大学生が使うアメリカ英語ではどのような形容詞が多く使われるか想像してみるのもよいだろう。

---

51　この指導案では Manes & Wolfson, 1981; Wolfson, 1989 に発表されている自然な言語データを用い、指導の手順や教材は Billmyer, 1990; Holmes & Brown, 1987 などの指導案やトム・フィッツジェラルド氏の提案を参考にした。英語やそのほかの言語のほめやこたえに関してのデータは第 4 章や CARLA のサイトをを参照。

また日本では、「ソト」の人にあたる友人に、「ウチ」の関係にある赤ちゃんをほめられた母親が「猿みたいでしょ」などと謙遜して言うことがある。同様に、妻や子供を指す「愚妻」「愚息」のようなかしこまった表現もある。欧米などでは、そのような発言が大きな驚きや衝撃を与えうること、どのようなステレオタイプが生まれやすく、それはなぜかということについても話し合い、文化によって語用論的規範が異なることがあり、ひとつの文化の規範にも幅があるという認識を高める。

　ほめる対象についての議論 3) では、ほめる対象がその文化の肯定的な価値観を反映しており、①容姿や所有物、②技能や仕事の出来栄えや、なんらかのパフォーマンス、③性格などに大別できることを指摘する。4) ではほめる行為の頻度が話題となる。1980 年代の研究では、アメリカ人の研究参加者がほかの人をほめたのは平均 1.6 日前であると申告したのに対し、日本人は 13 日前で、英語では日本語よりもかなり頻繁にほめる傾向があるという仮説の根拠となった[53]。なぜこのような研究結果が導かれたのか、またこの結果は今日でも有効であるか、男女間で違いがあるか、などについて批判的に話し合うこともできるだろう。

　5) で挙げられている会話例は、アメリカ英語では一般的ではないほめことばやこたえを含んでいる。主に東アジア出身の学習者は、ほめられた喜びより謙虚さを表現したい時や自信のなかった発表をほめられた時は、a のようにこたえたり、容姿をほめられて *No, I'm older and uglier.*[54] などと言ったりすることがある。b は南米などのスペイン語を母語とする男性の学習者によって発話された例である。スペイン語圏では、文化によって規範に差はあるものの、女性の外見に関するほめことば (*piropo*) が社会的に容認されやすい傾向にある[55]。ほめられる側がこの認識を共有していない場合には、口紅の色を話題にするのは、個人的な問題に踏み込みすぎであると警戒されるかもしれない。ほめる時は、話し手や聞き手の性別、文化的背景、ほめる対象などを考慮すべきである。c のようなこたえも、アメリカ英語などでは一般的ではないが、アラビア語などではよく使われる[56]。スペイン語でも同様にほめられた物を提供しようとしたり、同じ物を買ってあげると言ったりすることがある。文化によって語用論的規範が異なる場合があるため、母語でのほめことばやこたえを英語に直訳してしまうと本来の意図が伝わらず、誤解を生むことがある。このような語用論的認識を話し合い、学習者と共有することができる。

　6) では、ほめことばが単にほめる機能をはたすだけではないことを学習者とともに考える。たとえば「このサラダはほんとに新鮮だね」(*This salad is so fresh.*) とほめることによって、「ランチを用意してくれてありがとう」(*Thank you for fixing lunch.*) という感謝も同時に表現することができる。また、教員や上司が、学生や部下に「よく

---

52　Manes & Wolfson, 1981.
53　Barnlund & Araki, 1985.
54　Chen (1993) による中国語母語話者の発話例。Yu (2008) にも台湾出身の英語学習者が母語の語用論的規範を英語にあてはめたであろうと思われる次のような例がある：*No, I don't [look great]. Don't make fun at me. I know I'm just plain-looking* (p. 42).
55　Campo & Zuluaga, 2000. ピロポについては第 5 章のアクティビティーも参照。
56　Nelson et al, 1996（シリアのアラビア語）; Nelson, El-Bakary, & Al-Batal, 1993（エジプトのアラビア語）.

語用論的誤解

できましたね」(*Good job!*) と言えば、ほめると同時に課題や仕事の出来栄えを評価していることにもなる。さらに、日常の挨拶の代わりに「あ、髪切ったの、かわいい！」(*That's a cute haircut!*) などと言って会話を始めたり、そこから会話を発展させたり、「今日は成功だったね」(*Hey, you did well today.*) などと言って会話を終えたりする機能もある。

## B. 学習者のデータ収集および言語と状況要因の分析

A（導入と学習者のニーズの査定）に続く指導では、学習者が学習言語あるいは母語でのほめを含む対話を観察し、使われることばと状況要因との関連を考察する。下記のサンプルのようなワークシートを使い、身の回りで見聞きしたことのある、あるいは、実際に体験したほめことばとこたえをできる限り正確に書き取り、それぞれの場の状況要因（たとえば、年齢・性別などを含む会話者の相対的な社会的立場、親疎関係、ほめる対象など）を考慮した上で、そのほめことばの誠実さ、自然さ、適切さを判断する。データ収集にあたっては、下記の例のように、映画の一場面を使って例を示すこともできる。身の回りの言語や状況を観察することで、学習者の語用論的意識を向上させ、オーセンティックな言語インプットやアウトプットを増やすとともに、学習者中心の授業を進めることができる。ほめことばは学習者でも比較的簡単に発話することができるため、日常的に練習しやすいといえる。

## Giving and Responding to Compliments: Data Collection

For the next coming week, pay attention to **any compliments that you give, receive, or overhear in English or Japanese**. Jot them down in your notepad as accurately as possible after the conversation has ended. **Observe carefully the context** in which these compliments were given and received in terms of **age, gender, role, distance/closeness, and compliment topics**. Fill out the following form and then decide how appropriate each interaction seemed to be.

これから1週間、身の回りで交わされる**英語と日本語のほめことばやそのこたえをそのままの言語で観察してみましょう**。英語や日本語でどのようなほめことばが使われるのか意識して身の回りやテレビドラマなどの会話を聞き、会話が終わったらすぐにそのほめことばやこたえを翻訳しないで書き取ってください。**ほめる人、ほめられた人の年齢・性別・親疎関係・ほめる対象など**に気をつけ下の表に書き込みながら文脈を分析し、ほめことばがそれぞれの状況の中で適切・誠実だったか判断してみてください。

|  | **Social Status** (age, gender, social status) | **Distance** | **Compliment Topics** | **Appropriate?** (sincere? spontaneous?) |
|---|---|---|---|---|
| 例：映画『花嫁のパパ』 *The Father of the Bride* より<br>Dad: You look all lit up inside.<br>Annie: Oh, I feel all lit up inside.…<br>Dad: You smell pretty good, too.<br>Annie: Oh, you like it? It was a present. | M to F<br><br>40s → early 20s<br><br><br>L ◄—X—► H | Father → daughter<br><br>very close<br><br><br>C ◄—X—► D | appearance<br><br><br><br>perfume | sincere/ spontaneous/ appropriate |

| Interaction 1<br>A:<br><br>B:<br><br>(continues) | | | | |
|---|---|---|---|---|
| Interaction 2<br>A:<br><br>B: | | | | |
| Interaction 3<br>A:<br><br>B: | | | | |

　収集したデータは、指導のさまざまな段階で、次のような観点から繰り返し分析することも可能である（英語のデータについては第 4 章を参照）。

- ほめことばに使われた文法構造や形容詞・副詞の分析
- 対話におけるほめやこたえの誠実さ、自然さ、適切さの評価
- こたえのストラテジーの分析

## C. ほめに関する語用論的規範のさらなる分析

　リーディング課題として、スリムな体型であることや新しいものなど、アメリカの典型的な肯定的価値に関する文章の抜粋[57]を用いて、次のような点を話し合うこともできる。

1) スリムであるという肯定的な価値は、アメリカの男性・女性のどちらにもあてはまるものでしょうか。それはなぜでしょうか。
    *Does this positive value of being slender apply to both men and women*

---

57　Wolfson & Judd, 1983, pp. 113-114 の抜粋を改訂して使用。

*in the U.S.? Why/Why not?*
2) 相手が痩せたことをほめることばには、どのようなリスクがあるでしょうか。
　*What possible danger can accompany a compliment on lost weight?*
3) アメリカで、容姿の変化や新しい持ち物など肯定的価値があると見なされる典型的なことがほめられなかった場合、それは通常どのような意味と解釈されるでしょうか。
　*What does it mean in mainstream American culture when new appearances or possessions are NOT complimented on?*

　このような点をグループで話し合い、学習者同士や教員がフィードバックすることによって語用論的意識を高めることができる。

## D. ほめのこたえ
　ここではほめのこたえに焦点をあて、次のようなこたえのストラテジーを紹介する[58]。あるいは学習者の観察力を利用して帰納的に指導するには、まず各ストラテジーを使ったこたえの数例[59]を学習者に提示して、どのようなストラテジーか話し合い、最後に下のような分類を紹介する。

- 感謝する (*Thank you.*)
- 同意してコメントを加える (*Yeah, it's my favorite too.*)
- ほめのグレードを下げる (*It's really quite old.*)
- 疑問視する、または再確認や繰返しを求める (*Do you really think so?*)
- ほめられたものについて解説する (*I bought it for the trip to Arizona.*)
- ほめをかわし、対象を自分ではなくほかへ向ける (*My brother gave it to me.*)
- ほめ返す (*So is yours.*)

　学習者のレベルにより紹介するストラテジーの数を調整するとよいだろう。ストラテジーのカテゴリーを導入したあとは、学習者がそれぞれのストラテジーを使った新しい例を考えたり、先の活動で収集したデータで使われていたこたえのストラテジーを分析したりするのもよいだろう。

## E. ほめとこたえのインタラクティブな練習（リアル・プレイ）
　シナリオが用意されているロール・プレイと違い、リアル・プレイでは学習者同士が対話する形式でできる限り誠実に相手をほめ、それにこたえる練習をする。たとえば、次の図（左）のように、学習者が2つの同心円状に並び、外の円と内の円の学習者が

---

[58] より詳しいこたえのストラテジーは第4章や Herbert & Straight (1989, p. 39) を参照。
[59] このほかの例は Billmyer, 1990, p. 36; Ishihara, 2010, pp. 181-82 を参照。

ペアになって向き合う。教室の机や椅子の配置によっては、右の図のように平行線上に並んで向き合う形でもよい。外の円の学習者が相手をできる限り誠実にほめ、内の円の学習者がそれにこたえて会話を発展させ、可能な限り対話を維持する。教員が会話を収束させるよう合図したら、会話をできるだけ自然に終え、外の円の学習者だけが時計回りに進んで新しいペアを組む。この手順を繰り返し行ない、また外の円と内の円の役割も交替して、ほめことばとこたえの両方を練習できるように計らう。ほめられる学習者は、いつもほめを受け入れるのではなく、各自がもっとも的確に自己表現できるストラテジーを使うよう心がけるとよいだろう。

ほめとこたえのインタラクティブな練習

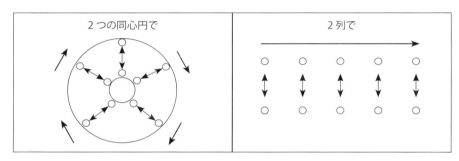

この双方向的な練習で学習者が使うことばがぎこちない場合や、パターン化されてしまって多様な表現に欠ける場合は、自然な会話例をペアで音読したり、その例に使われているほめことばの語彙やこたえのストラテジーを状況要因との関連で分析したり、類似した状況でのロール・プレイをしたりして言語語用論的能力に磨きをかけるとよい。また、それぞれのほめことばやこたえがどの程度誠実に聞こえるか、相手にどのように解釈されるだろうか、その結果として人間関係がどのように形作られうるかなどをまとめとして話し合うことで、対話のニュアンスに関する語用論的意識を高めることもできるだろう。

## F. ほめことばを利用した会話の維持・発展

導入部 A ではほめが持つ多様な機能について話し合った。その発展として、ここでは、ほめから対話が発展していく自然な言語データを学習者と分析し、ほめが会話を始めるきっかけとなったり、会話を発展させる話題を提供したりすることに学習者が気づくように促す。特に E の活動で、学習者同士の会話がすぐに終結してしまう場合には、このような気づきによって会話を発展させていく重要性を伝え、さらにロール・プレイを加えてインタラクティブな産出練習の機会を増やすことができる。

## G. まとめ

最終段階では、学習者のこれまでの語用論的意識や産出能力の発達を評価し、指導

後アンケートによって今後の語用論的ニーズを把握する。ここでの評価は比較的かしこまった形式だが、教員のみならず、学習者自身も参加して自己評価や相互評価を行なうこともできる。また、この最終段階を待つことなく、すべての活動に対してその都度フィードバックを与えることで、日常的にインフォーマル・アセスメントを取り入れていくことも可能である（詳しくは第 11・12 章参照）。

1) 記述式 DCT や口述式 DCT（第 3 章参照）、またはロール・プレイの形式で学習者の語用論的ことばの使い方を引き出し、フィードバックする[60]。
2) 指導後アンケートには、以下のような項目を挙げることができる。

   a. ①ほめること、②ほめられてこたえること、③ほめことばやこたえに関する社会文化的規範について、それぞれ何を学びましたか。例を挙げて具体的に詳しく書いてください。
   What did you learn about: a) giving compliments, b) responding to compliments, and c) sociocultural norms of complimenting and responding to compliments? Give examples and write in detail.

   b. 英語でほめたりこたえたりすることに対してどの程度自信がつきましたか。どのような疑問点が残っていますか。
   After studying about complimenting, how confident do you feel about giving and responding to compliments in English? What questions do you still have?

   c. 文化が関わる英語の使い方で、今後学んでみたいと思うのは以下のうちどれでしょうか。興味のある内容を選んでください（複数回答可）。
   Which of the following aspects of language and culture are you interested in learning about? Check all that apply.（挨拶、呼称、会話の開始と終結、誘いと受け入れ・断り、依頼、謝罪、感謝、苦情、祝福、会話の推意など、学習者の興味を引くようなものを併記する）

1) では、学習言語ではほめことばをきっかけとしてどのように会話が発展するのかについて、学習者が想像してほめことばやこたえを産出することで、学習者の言語語用論的能力を評価することができる。また、学習言語で自分が言うであろうほめことばやこたえが、そのコミュニティではどのように解釈されるか、学習者の意図と聞き手の解釈が合致しているかどうか、などを学習者と協働して評価するのもよい（詳しくは第 11・

---

60　ロール・プレイのシナリオは Rose & Ng (2001, pp. 169-170) や Carduner (2011, p. 69, p. 74 ) などを参照。

12 章参照）。2) の指導後アンケートでは、学習者がほめやこたえに関する学びを振り返ることで、語用論的意識がどの程度向上したかを評価することができる（ほめとこたえに関する指導については第 8 章も参照）。

**指導例 12：依頼**
**・学習者と指導環境**
　ここで紹介する語用論的指導案は TOEFL iTP（レベル 2）スコアが 370 – 430 程度の英語学習者を想定している。学習者の大半は日本人で、大学 1 年生の必修の英語科目の一環として実施した指導案[61]に多少加筆したものである。学習者は英語関連の専攻ではなく、中学・高校で少なくとも 6 年は英語を学んできているが、大半は自然な英語や多文化に触れた体験があまりない。高校までは伝統的な方法で英語を学習していて、日常生活で英語を使う機会がほとんどないため、口頭でのコミュニケーション能力にはかなり限界のある学生が圧倒的に多い。学習者の目標は、大学卒業後に望ましい就職をするために TOEIC や TOEFL などの英語標準テストで高いスコアを取ること、そして英語でコミュニケーションできる技能を身につけることなどである。

　一般的にこのレベルの学習者の場合、視覚的なサポートをもって理解できる内容であれば、英語を媒体とした指導でも高いレベルのモティベーションを保つことができる。ただし、学習者の母語が共通しているので、指導の一部を母語でサポートするのも効率的だろう。たとえば、DCT やロール・プレイのシナリオ、データ収集の方法などは、口頭では英語で説明し、配布物には日本語での指示や説明を加える、学習を振り返る省察などは日本語で書く選択を認める、などもよいだろう。また、この指導案は EFL の環境での英語指導を想定しているため、学習者がモデルとする英語も一様ではなく、世界の英語（アメリカ・香港・オーストラリア英語）の依頼表現や文化的規範も指導に取り入れられている。

**・指導の目標**
　依頼をする状況では、話し手や書き手が自身の利益となるような行動を聞き手や読み手に頼むため、その依頼にともなう負担をさまざまなストラテジーを駆使して最小限にくい止めようとする。このようなストラテジーは、両者のフェイスを脅かしうる依頼をやわらげ、話し手や書き手が必要としている行為を相手が遂行してくれることを助ける。この指導案では学習者の口頭でのコミュニケーション能力の向上をめざすことを前提として、口頭での依頼に焦点をあて、以下の指導目標を掲げている。

1. 依頼に関して、さまざまな文化や状況によって多様な言語行動様式の規範があることを認識できる。

---

[61] この語用論的指導と、その効果をエスノグラフィーの手法を用いて検証したケース・スタディーの詳細は Ishihara, 2009 に報告されている。

2. 一連の依頼表現や、依頼の前後に使われるストラテジーの丁寧度、直接・間接度、フォーマリティーを評価できる。
3. さまざまな状況下で適切な依頼表現や、依頼の前後に使われるストラテジー7つを使うことができる。
4. 話し手の意図と聞き手の解釈という観点から、さまざまな状況下でのやり取りを分析でき、自身の語用論的ことばの使い方がもたらしうる結末を理解できる。
5. 少なくとも4つの状況で学習言語を語用論的に使い、自身の意図を十分に表現できる。

・指導時間と教材
- 合計750分（たとえば50分の指導を15回など）
- 学習者用ハンドアウト

・指導の手順と評価法
A. 導入：状況に応じたことばの使い方について

社会文化的に適切なことばの使い方についての導入として、香港の英語についてのエピソード[62]を地図や写真などの視覚的情報を利用して紹介する。アメリカ人の著者（ローズ氏）が、香港で英語での依頼表現（たとえば、*Sit down over there and wait, Just put those books down over there, Give me your ID.*）をはじめて耳にした時、その依頼表現が直接的に響いて驚いたという体験とその考察である。以下の質問に沿って学習者とともに、日本語、アメリカ英語、香港英語の依頼について分析する。

1) 香港の銀行の出納係や図書館員や販売員からローズ氏が耳にした依頼はどのような表現だったでしょうか。このような依頼は日本語やアメリカ英語では通常どのように表現されるでしょうか。
What English requests did Rose hear from bank tellers, librarians, and sales clerks in Hong Kong? How are these requests usually phrased in Japanese and in American English?

2) なぜ香港の人は直接的な依頼をする傾向があるのでしょうか。
Why do people in Hong Kong tend to make direct requests?

3) アメリカ英語の話者と香港英語の話者の間で起こりうるコミュニケーションの問題にはどのようなものがあるでしょうか。
What risks are involved in the communication between American English speakers and Cantonese-English speakers?

---

62　Rose, 1999, pp. 172-173.

上記のような依頼は、アメリカ英語では *Please have a seat and wait, Could you put those books down over there, May I see your ID?* など、より丁寧度の高い表現を使うのが一般的だろう。視覚的なサポートを用いてさらに語用論的理解を促すため、1) で挙げられた依頼表現を、丁寧度や直接・間接度を示すスケールの上に表示するとわかりやすい。*please* を付けると丁寧になると指導されたために、*please...* がどのような状況でも非常に丁寧な表現だと思い込んでおり、実際にこの場面では丁寧度が比較的低くかなり直接的な表現になることを知って驚く学習者[63] は少なくないであろう。著者によれば、香港英語の依頼における丁寧度が低い理由としては、広東語の依頼の影響に加え、緩和表現が少なくシンプルでわかりやすい世界共通語としての英語の特徴も挙げられる。アメリカ英語の話者は、香港の人が命令口調で無礼だと感じ、香港英語の話者は、アメリカ英語はわかりにくく慇懃無礼だと感じる、など語用論的規範の違いから、相手に対する否定的な印象が生まれるおそれもある。この導入部の指導をとおして、学習者の語用論的意識をインフォーマルに評価することができる。

## B. 依頼表現の産出練習

ここでは4つのシナリオに基づく複数ターンのDCT（第3章参照）を利用して学習者から依頼表現を引き出す（以下の「言語データ例」を参照）。学習者は口頭での英語のコミュニケーションが苦手なので、依頼表現を書くところから始める。依頼表現を書いておくことにより、あとから学習者自身が振り返って分析することが容易になるため、ここでは話しことばの産出能力をある程度反映するものとして書きことばを使う。可能な場合には、学習者が自然に発話した依頼表現も、できる限り自然な談話の中で評価できると理想的である。この段階では、学習者の言語には成績をつけたりコメントしたりせず、教員によるニーズの評価の参考とするにとどめる。

DCTを終えたら、同じシナリオを用いて英語が堪能な話者から集めた言語データ（以下の「言語データ例」）の音声を繰り返し聞く。この教材では、語用論的バリエーションを示すため、それぞれ3パターンの会話例を紹介している。ターゲットとなる依頼表現をいくつか消したトランスクリプトを配布し、穴埋め問題を取り入れて、言語語用論的気づきを促すのもよいだろう。学習者はこのようなオーセンティックな会話に触れる機会が少ないため、会話の速度や自然な発音に圧倒されるかもしれないが、それでも貴重な語用論的インプットになる。このデータは、以下の語用論的分析 E・F でも再利用できる。このあと、データを詳しく分析し、使われている依頼表現を、A で使用した丁寧度や直接・間接度のスケールの上に表示する。同時に、各シナリオのコンテクストも分析し、話者同士の相対的な社会的地位 (S)、親疎関係 (D)、依頼の負担の大きさ (I) を図式化し、スケールの上に表示する。

---

[63]　Ishihara, 2009; Matsuura, 1998.

## C. 学習者のデータ収集

この段階では、学習者が母語である日本語と学習言語である英語での依頼を、日常生活で見聞きする自然な言語から収集する課題に取り組む。学習者は本章指導例 11 で挙げたワークシートと同様の形式で自然な依頼の言語を書き取り、(S)(D)(I) などの状況要因も書き留める。このデータはのちに詳しい分析の対象として利用する。

## D. 状況に応じたことばの使い方に関する省察

オーストラリア英語の依頼の指導案[64]を使い、依頼の緩和表現を導入する。この活動では、自然な会話での短い依頼の緩和表現を、その依頼が実際に発話された状況や場所とマッチングする。その後、依頼表現の丁寧度やフォーマリティー、および状況について話し合う。学習者は、言語のかたちや状況を考慮しながら、話者の意図と聞き手の解釈の両者に注意を払う。そして最後に、依頼に関してこれまで学んだことについて省察し、英語を話す時にはどのような印象を与えたいかを考え、話し合ったり、書いて提出したりする。この省察は、次のような基準で評価することができる。学習者が省察に真剣に取り組むように、必ず具体例を挙げて詳しく説明するよう指導し、これらの評価基準を前もって提示しておくのもよいだろう。

1) 会話者の相対的な社会的地位、親疎関係、依頼の負担の大きさなどの状況に応じて言語が多様に変化するという認識
2) 話し手や聞き手の年齢、性別、文化、宗教、民族、教育背景などによって言語が多様に変化するという認識
3) 新たに学んだ言語表現(文法や語彙の選択など)に関する認識
4) 話し手の意図と聞き手の解釈についての認識

## E. 言語と状況との関連の分析

B で利用した言語データや、C で学習者が収集した言語データを使い、状況要因と依頼の言語の関係を詳しく分析する。次のようなヒントを使って学習者に語用論的気づきを促すのもよいかもしれない(学習者の回答例と教員のフィードバック例は第 12 章を参照)。

> 収集した対話を比べ、S(社会的立場・年齢・性別)、D(社会的・心理的な親疎関係)、I(依頼の負担の大きさ)が依頼の言語にどのような影響を与えるか分析してみましょう。S・D・I は依頼の前後に使うストラテジーにどのように影響しているでしょうか。Comparing the dialogues you collected, analyze how S [social status, age, gender], D [social/psychological distance], and I [the level of imposition] influence the language of request. Explain how S, D, and I influence pre-request strategies and post-request strategies.

---

64 この指導案は Yates (2003) によるもので、オンラインでアクセス可:http://americanenglish.state.gov/files/ae/resource_files/short-yates.pdf.

## F. 言語に焦点をあてた練習と評価

ここでは、語用論の言語的側面に焦点を絞り、以下のような依頼の前後に使われるさまざまなストラテジーやその例[65]を紹介し、練習する。

1) 援助が可能か確認する checking on availability
2) 前置きをする getting a pre-commitment
3) 理由を述べる giving a reason for the request
4) 聞き手への配慮を示す・謝罪する・負担を小さく演出する showing consideration for the hearer /apologizing / minimizing the imposition
5) お世辞など肯定的なことを言う sweetening
6) 返礼を約束する promising to pay back
7) 感謝を述べる expressing gratitude

これらのストラテジーの語用言語的産出能力を定着させ、評価するには、十分な口頭練習に加えて小テストなどを利用するのもよいだろう。

## G. DCT 会話の自己改善とロール・プレイ

Bの段階で、学習者は4つのシナリオに基づく複数ターンのDCTに取り組んだ。この段階では、DCTで書いた表現を学習者自身が見直し、自己改善する。Bの段階で配布した回答例を復習してもよい。また、改善したあとの表現を評価する際に用いる次のような評価基準を事前に明示しておけば、基準が学習者にも明確になる。授業では、自分やクラスメイトが改善した会話をペアでいくつか音読する練習 (scaffolded role-play) に続き、そのあとに何も見ないでロール・プレイし (unscaffolded role-play)、最後に評価のためもっとも好ましい回答を書く。この会話例は教員が事前に学習者に明示しておいた次の基準を使って評価することができる(この評価例は第12章例1参照)。

---

65 これらのストラテジーの詳細は第4章やBlum-Kulka, House, & Kasper (1989) を参照。あるいはその要点はCARLA のサイトからもアクセスできる：http://www.carla.umn.edu/speechacts/requests/research.html

・**評価ルーブリックの例**
（教員が右の欄にある評価のうち適切なものをマルで囲む）

| | |
|---|---|
| a. 直接・間接度、丁寧度、フォーマリティー、など**依頼全体の印象、トーン**（イントネーション、視線やジェスチャーの使い方など、言語・非言語の印象）<br>Overall (in)directness, (im)politeness, and (in)formality, tone of the request (e.g., intonation, use of eye-contact/gaze, gestures if applicable) | とても適切<br>ほぼ適切<br>やや不適切<br>不適切<br>very appropriate<br>somewhat appropriate<br>less appropriate<br>inappropriate |
| b. **ストラテジーによって伝えられる意図**（適切なストラテジーが選ばれているか、与える情報が少なすぎ・多すぎないか、選ばれたストラテジーは意図が伝わるように適切に使われているか）<br>Choice and use of requesting strategies (e.g., offering a reason, getting a pre-commitment, checking availability, promising to compensate, showing consideration for the listener, expressing apology/thanks) | とても適切<br>ほぼ適切<br>やや不適切<br>不適切<br>very appropriate<br>somewhat appropriate<br>less appropriate<br>inappropriate |
| c. 正確さではなく適切さの観点からみた**発話の総合的なわかりやすさ**（発音・語彙・文法・発話構成など）<br>Overall comprehensibility of the speaker's intention (in terms of appropriacy, rather than accuracy) (e.g., pronunciation, word choice, grammar, sequencing) | とてもわかりやすい<br>ほぼわかりやすい<br>ややわかりにくい<br>わかりにくい<br>very comprehensible<br>somewhat comprehensible<br>less comprehensible<br>incomprehensible |

## H. DCT 談話の自己評価

　教員の評価とは別に、日本語と英語の両方で記載されている基準を用いて、学習者も自らの依頼の言語を自己評価することができる。この自己評価から、学習者の語用論的意識(以下の *1) と、産出された言語(以下の *2) の両者を評価できる。以下は次の「依頼のシナリオ」d をもとにした質問例である（英語版と学習者の自己評価回答例は第 12 章を参照）。

1. 直接・間接度、丁寧度、フォーマリティーなど依頼全体の印象、トーン（イントネーション、視線やジェスチャーの使い方など）の観点から、この状況でのカーラの依頼はどの程度適切でしょうか。
    a. 直接・間接度、丁寧度、フォーマリティーの面でカーラのことばが適当な部分はどこでしょうか。(*1)
    b. 直接・間接度、丁寧度、フォーマリティーの面で、この状況ではカーラのことばのどの部分を改善すべきでしょうか。(*1) 実際に何と言うべきだったか、書いてみてください。(*2)

2. 　依頼のストラテジー
    a. カーラが使った依頼のストラテジーの中で適切だったものはどれでしょうか。使われたストラテジーの左の欄にチェックを入れ、右の欄に該当する表現を書いてください。(*1)（この下にストラテジーの表を入れる、第 12 章の例 11 を参照）
    b. そのほかに使うべきだったストラテジーはありますか？何と言えばよかったか書いてみてください。(*2)

3. 聞き手の解釈：この状況ではカーラの依頼はジョンソン先生にどのように聞こえたでしょうか。先生の反応としてもっともふさわしいと考えられるものを選んでチェックし、その理由を書いてください。(*1)

　__ ジョンソン先生は提出期限を延ばしてくれるだろう。なぜなら _____
　_____

　__ 先生は提出期限を延ばしてくれるが、カーラの依頼のしかたをあまり快く思っていないかもしれない。なぜなら _____
　_____

　__ 先生は提出期限を延ばしてくれないかもしれない。なぜなら _____
　_____

## I. 話し手の意図と聞き手の解釈の分析

EFL の環境では、学習者が自然な英語のインプットを得る機会が限られている場合が多いが、言語習得のために作られた教科書ではなく映画などの会話を利用して、話し手の意図がどのように依頼の言語に織り込まれ、またどのように聞き手に解釈されるのかという例を示すことができる。一例としては、*A Few Good Men* という映画に、依頼表現の直接・間接度や丁寧度が聞き手におよぼす影響を示すシーンがあり、学習者が状況を踏まえた依頼表現を観察するのに適している[66]（第 3 章参照）。

## J. 学習者の意図と聞き手の解釈に関する協同評価

最終段階では、学習者が依頼に使われることばとともに依頼の意図も明らかにし、学習者の意図と聞き手の解釈がどの程度合致するかという点を、学習者と教員が協同して評価する。この評価は、言語技能やコミュニティの規範に対する語用論的認識に注目させ、学習者が自身の目的・意図と聞き手の解釈をできる限り近づけるよう手助けするものである。次の例では、教員の評価は学習者が提供した情報に基づいている（評価例は第 12 章例 10 参照）。

### ・学習者の情報に基づく教員の評価例

| | | |
|---|---|---|
| 1. 語用論的規範に沿った言語能力<br>Linguistic ability to use community norms | 大変よい<br>よい<br>ほどほど<br>要改善 | excellent<br>good<br>fair<br>needs more work |
| 2. 聞き手の解釈に関する意識<br>Awareness of most probable listener's interpretation | 意識が高い<br>やや意識が高い<br>意識が低い<br>要改善 | highly aware<br>somewhat aware<br>less aware<br>needs more work |
| 3. 学習者の目的・意図と聞き手の解釈との合致<br>Match between learner goal/intention and most probable listener's interpretation of learner language | 大変よい<br>よい<br>ほどほど<br>要改善 | excellent<br>good<br>fair<br>needs more work |
| 総合評価<br>Overall Evaluation | 大変よい<br>よい<br>ほどほど<br>要改善 | excellent<br>good<br>fair<br>needs more work |

---

66　Fujioka, 2003.

## 依頼のシナリオと言語データ例（B を参照）[67]

a. Chris and Pat[68] are university students and roommates in an apartment near campus. They are very close friends. Last week, Chris was sick and missed two class sessions. Since the exam is coming up soon, Chris needs to ask Pat for the class notes. Because Pat is a good student, Chris also wants to ask if they can study together.
クリスとパットは大学生でとても仲のよいルームメイトです。先週クリスは病気で授業を2回休んでしまいました。試験が近いのでクリスはパットのノートを借りようと思います。それにパットは勉強がよくできるので、試験勉強も一緒にしてくれるように頼みたいと思っています。

Pat: Hey, how's it going?（どう 調子は？）
Chris-1:
Pat: Sure, no problem, I just need my notes back in a couple of days.（いいよ。でも2，3日ぐらいで返してね）
Chris-2:
Pat: Okay. Let's plan on doing that then.（わかった。じゃ、そうしよう）

### 言語データ例

Chris-1:
1) Well, not so well. You know that the exam we have next week? Well, I missed two classes and I don't have any notes. I was wondering if I could borrow your notebook for a while, and see what I missed.
2) You know that class we're taking together, um, well, I was sick like last week. You think I can maybe borrow your notes and see if I can catch up for the exam?
3) Um, not too well. I missed class last weekend and now am not ready for the test. Do you think maybe I could borrow your notes?

Chris-2:
1) Thank you so much. Um, also, if you're not so busy, would you mind studying together? That way we can make sure that we haven't missed anything and we'll be ready for the test.
2) Okay, no problem, great. And also, if you could help me study, that would be great, too.

---

67 ここに挙げたデータは、語用論的能力が優れたアメリカ英語の話者から収集された言語データ (Ishihara, 2009) の中から、語用論的バリエーションを示すためさまざまな回答を選んだものである。
68 ことばの使い方により性差が表されるかもしれないシナリオ a と c では男女共通の名前が使われている。学習者が性別を選べることで、学習者にとってよりオーセンティックな状況となるであろう。

3) Can I ask you another favor? Would you mind studying with me a little bit, so I could ask you questions? Thanks a lot, you're a life saver.

b. John is in a large class taught by Professor Andersen. She shared a very interesting book in class last week. Since she offered to lend it to anyone who might be interested, John decides to go to her after class to borrow it. This is his first time talking to Professor Andersen in private.
ジョンは大勢の学生がいるアンダーセン先生の授業を受講しています。先週、先生はとても面白そうな本を紹介してくれました。先生が興味のある人にはその本を貸してくれると言っていたのでジョンは借りてみようと思っています。先生と個人的に話すのははじめてですが、授業のあとで先生のところに行って言います。

John-1:
Prof. Andersen:   Oh, I'm sorry but I've already lent it out to someone else who was interested.（ああ 悪いんだけどその本は ほかに読みたい人がいて貸してしまったの）
John-2:
Prof. Andersen:   Sure, no problem.（わかりました。いいですよ）

## 言語データ例

John-1:
1) Um, Professor Andersen, I was wondering if I could borrow that book you showed us last week.
2) Hi Professor Andersen, about the book that you...you told us about in class, um, do you think I can borrow it this weekend, and maybe look over it?
3) Professor Andersen, I was wondering if it would be possible to borrow that book you talked about in class last week.

John-2:
1) Oh, really? That's okay. Um, um, maybe I'll try to borrow it from you later.
2) Oh, okay, ah, that's all right. But if ah, he gives back soon, I, could I borrow that afterwards?
3) Ah, okay. Um, when they give it back, do you think I can look at it, then?

c. Terry lives with a roommate, Alex, who is a very good friend. However, Alex likes to have his/her TV on loud in the evening, and Terry has difficulty concentrating on the studies. Terry wants to ask that Alex not have the TV on so loud while s/he is trying to study. Alex approaches Terry and says:

テリーはアレックスというルームメイトと一緒に暮らしていて、2人はとても親しい友だちです。でもアレックスは夕方に大きな音でテレビを観るのが好きで、テリーはそのせいでほとんど勉強に集中することができません。勉強中はあまり大きな音でテレビをつけないようにアレックスに頼もうと思います。アレックスがテリーのところに来て言います。

Alex: So, have you finished your homework yet?（それで宿題はもう終わったの？）
Terry-1:
Alex: Why not take a study break for a while and watch some TV with me?（少し休憩して一緒にテレビでも観ようよ）
Terry-2:

**言語データ例**

Terry-1:
1) No, not yet. Um, it's kind of hard with the TV so loud. Do you think maybe you could turn it down?
2) Yeah, see, no, 'cause the TV is too dumb. Turn it down, Alex. Turn down your TV so I can study, please. That's all I'm asking.
3) No, Alex, because I haven't been able to study, because someone has a TV on so loud.

Terry-2:
1) Look, I, I can't. I've got tons of work to do, okay? So, so wouldn't you please just turn it down, okay? All right, thanks.
2) Dude, I can't, come on! But would you just turn it down for a little bit? I've got to get this done.
3) Um, okay, let's make a deal. I'll watch some TV, and then, after that, let's turn down the TV so I can study, okay?

d. Karla takes a large class at an American university. A week before a course papers is due, she notices that she has three more long papers due the same week. She realizes that it is not possible to finish them all by their respective due dates. She decides to go to one of the instructors, Professor Johnson to ask for an extension on the paper for his course. This is her first time talking to him in private. She approaches him after class is over and says:

カーラはアメリカの大学で、ある大人数の科目を履修しています。学期末レポートの締め切り1週間前になって、時間のかかりそうなレポートの締め切りがほかに3つも同じ週にあることに気づきます。すべてのレポートを期限までに提出することはむりだと考えたカーラは、ジョンソン先生に締め切りを延ばしてくれるように頼もうと思います。先生と個人的に話すのははじめてです。授業が終わったあとに先生のところへ行って言います。

Karla-1:

Prof. Johnson:   But you knew the deadline, didn't you? （でも 前から期日はお知らせしてあったでしょう？）

Karla-2:

言語データ例

Karla-1:
1) Hi, Professor Johnson, my name is Karla Philips and I'm in one of your classes. Um, I was wondering if it might be possible to get an extension on a paper that's due next week.
2) Um, Professor Johnson, ah, yeah, I was just wondering about the paper. Could I maybe get an extension?
3) Um, Professor Johnson, I was wondering if I could ask you for an extension on the paper that's due next week. Um, do you think that's possible?

Karla-2:
1) Ah, yeah, I did, but um, I, I, I didn't realize it until I wasn't gonna have enough time to do it. Um, so I was wondering if you could please, please extend the deadline for me. I'd really appreciate it.
2) Um, yeah, I did, I just, I've been really busy with a few of my other classes, and I don't know if I'll be able to get it down on time. Do you think it'll be possible to get an extension?
3) I knew it, but I have three other papers that are due, and I've been working on them, but it doesn't look like I'll be able to finish them all in time. Um, is it possible to have an extension?

## 5. 語用論的指導案の立案

　本書ではこれまで語用論的指導について、社会文化的な適切さ、丁寧度、直接・間接度、フォーマリティーの程度、話者の意図と聞き手の解釈、学習者のアイデンティティなどさまざまな観点から考えてきた。教員である読者の方々には、ぜひ本書で学んだことを授業に取り入れられる語用論的指導案を作成し、実践してみていただきたい。第4章で紹介したような語用論的ことばの使い方に関するデータや、学習者とともに収集した言語データをもとに語用論的指導を立案するとよいだろう。

　ところで、語用論的指導案に必要な構成要素とは何だろうか。指導案の作成過程でさまざまな判断をするにあたり、次のような点を盛り込むことができる。

- 指導する語用論的ターゲット（例：発話行為、談話標識、推意、談話の構造など）
- 指導の全般的目標（例：特定の語用論的要素の受動的または産出的能力、あるいはその両者）
- （指導案をほかの教員と共有する場合は）学習者や教育環境の説明
    - 学習者の母語と学習言語
    - 年齢や学年
    - 言語習熟度
    - 教育的背景や学習環境
    - 焦点をあてて指導しているスキル
    - カリキュラム全般との融合
    - ほかの授業との連携の可能性
- 語用論的指導の内容に関する受動的・産出的目標
    - 語用論的ターゲットの言語的目標（語用言語的側面）（例：文法構造、語彙・表現・トーンなど）
    - 語用論的ターゲットの文化的目標（社会語用論的側面）
- 予想される指導時間
- 必要な教材（テクノロジーを含む）
- 指導の流れ（例：導入、活動、発展、結び）
- 各タスクの指導手順
- 評価 [69]（評価についての詳細や例は第11・12章参照）
- 学習者用教材（例：表やグラフなど視覚的に情報をまとめる手段 (graphic organizers)、学習者用プリント、そのほかの視覚的資料、評価ツール）

　この指導案の作成が、教員養成講座やプロフェッショナル・ディベロップメント研修

---

[69] 語用論的能力の評価は、総括的評価のために数値化測定することが多い正式なテスト、あるいは現実的タスクを用いることの多い形成的評価の両者を使って行なうことができる。パフォーマンス評価は通常ルーブリック（特定の評価基準を学習者がどの程度達成したかを示す）やチェックリスト（評価基準項目を学習者が取り上げたかどうかを示す）などを使用して行なわれる (Tedick, 2002)。

の課題であれば、参考にした資料を引用し、指導案を発表し合ってみよう。作成した指導案や、実際に行なった指導を報告するレポートもインターネット上のコース・サイトなどで共有し、たがいに利用し合えるようにするとよいだろう（教育目的のテクノロジー利用に関しては第 10 章参照）。

## 6. 語用論的指導案の自己・相互評価

指導案の立案にあたって、または作成後の自己評価の際には次のようなルーブリックが参考になるかもしれない（評価欄には、E: excellent 大変よい、G: good よい、あるいは N: needs more work 要改善などを記入）。指導案の作成が、教員養成講座やプロフェッショナル・ディベロップメント研修の課題である場合には、下の自己評価欄の右側に同僚あるいは研修指導者の評価欄を設けることにより、1 つのルーブリックで自己評価・相互評価・指導者評価を兼ね、比較検討を容易にすることができる。

| 評価基準 | 自己評価 | 他教員のコメント |
| --- | --- | --- |
| 指導すべき語用論的ターゲットが明らかである。 | | |
| 語用論的ターゲットや指導の全般的目標が学習者の特徴に合致している。 | | |
| 語用論的指導の内容に関する目標は現実的で、学習者の年齢、教育背景、ニーズに適合している。 | | |
| 言語的目標は有意義で、指導環境に適している。 | | |
| 文化的目標は有意義で、語用論的指導の内容に合致している。 | | |
| 指導時間や資材は、指導目的や学習者にとって適切である。 | | |
| 指導手順は合理的かつ現実的である。 | | |
| 語用論的情報は研究に裏付けられており、指導に使用する言語データは適度に自然である。 | | |
| タスクはコンテクストの中で学習者の語用論的意識を引き出し、コンテクストと言語のかたちとの関連の理解を明確に促す。 | | |

| 指導目的に鑑み、タスクは十分かつ効果的なインプット、あるいは双方向的なアウトプットを含む。 | | |
|---|---|---|
| 評価やフィードバックの方法は指導と一貫しており、学習者の目的や意図に基づいたものである。（第12章参照） | | |

　省察日誌と同様に、指導案についても協力者のコメントを得ることによって効果的な指導のあり方を確認し、補強すべき点を認識できるかもしれない。語用論的指導を実現するには、さまざまな困難があるかもしれないが、同僚など他者との協力関係がプロフェッショナル・ディベロップメントの励みになるだろう。

### ▶まとめ
　本章では、第1に、語用論的指導を見学する際に注目すべき点について解説した。見学に際しては何か特定の語用論的視点を持っておくのがよいだろう。第2に、現段階で閲覧可能な語用論的指導案について、インターネット・サイトや書籍として出版されているもの、論文の中で個別に紹介されているもののほか、それなりにまとまった時間をかけて指導するユニット・プランを紹介した。近年、語用論の研究結果をもとに考案された指導案や学習者用資料が増えているのは喜ばしいことであり、今後一層の発展が期待される。最後に、指導案を立案する際のガイドラインと、作成した指導案を評価するにあたって使用できる評価基準をルーブリックで示した。

　教員である読者の方々には、学習者の語用論的ニーズを今一度考察し、本章で紹介した実践的な語用論的指導の例から参考になるものを選んで改訂するだけでなく、新たにクリエイティブな指導を発案することも推奨したい。

# 第8章
# 語用論的指導に向けた教材の改訂

石原　紀子

## ▶語用論的指導と教材

これまで本書の随所で述べてきたように、語用論的指導は実証されたことばの使い方に基づくべきだというのが、今日のこの領域の研究に共通する見解である。しかし、実証研究を読み、そこから教材を開発するのは、多くの教員にとって時間や労力の負担が大きく現実的ではないだろう。教員がそのまま活用できる語用論的指導の教材が豊富にあればよいが、第7章で紹介した指導案や教科書のほかには、十分な語用論的指導を取り入れている市販の教材は少ない。そのため、現段階では、語用論的指導にあたって、教員が学習者の習熟度や指導環境を考慮し、現在使用している教材に手を加えたり、補助教材を作成したりする必要がある。本章では、現在出版されている教材が語用論的指導の観点からどのように評価できるかについて最近の研究結果をもとに検証し、教員が身近な教材をいかに評価し、どのように手を加えられるか考えてみたい。

## ▶語用論的な観点からの教材分析

第3章で述べたように、現在出版されている英語教育の教材に掲載されている会話例は自然な会話に比べるとぎこちないものも少なくない。多くの教材は執筆者の直観に基づいて書かれているため、自然な会話にみられる語用論的ことばの使い方を反映していないという点でオーセンティックではないと言える。以下に語用論的視点から国内外の英語の教科書を分析した研究をいくつか挙げてみよう。

8冊の英語の教科書（4技能を扱ったEFLの教科書とESLの文法の教科書）を分析した研究[1]によると、これらの教科書や教員用の付属教材には、社会的地位がことばの丁寧度にどのように影響するかといった語用論的情報はほとんど明示されておらず、レジスター (register, 言語使用域)、発語内効力 (illocutionary force, 文字通りの意味に対する言外の意味)、丁寧度、適切さなどについての言及がほとんどなかった。扱われている発話行為の種類や数もかなり限られており、コンテクストに関する情報がほぼ欠落していたり、語用論的要素に関する明示的な意識向上を促す工夫がなされていなかったりと、語用論的指導の観点からは概して十分ではなかった。また、この研究に参加した教員たちが、これらの教材に不足していた語用論的情報を補うために別の情報

---

1　Vellenga, 2004.

源に頼ることもほとんどなかった。

　さらに最近の研究[2]では、48種類の教科書が語用論的指導や流暢さの向上の観点から分析され、教科書によって語用論的ことばの使い方を扱う程度にかなり差があることがわかってきた。レベル別教科書のシリーズ全体ではさまざまな発話行為や会話のストラテジーを扱っていても、取り入れ方に一貫性がなく、発話行為や会話のストラテジーをどんな理由で選んでいるか明確な理由が見当たらなかった。また、語用論的タスクを多く取り入れている教科書でも、コンテクストに埋め込まれていない語用論的ことばの使い方の扱いは表面的で、ある状況でどの発話行為を、いつ、誰に対して使うのが適切かという情報が提供されていないことが多かった。

　ただし、例外もある。この研究の著者が注目したTouchstoneシリーズでは、会話のストラテジーに一貫して焦点があてられていた。この教科書は言語コーパスから抽出したデータを利用して、よく使われる語用論的表現の頻度を示したり、学ぶべき表現の優先順位をルーブリックで提示したりしている（第7章指導例8を参照）。また、American Headway 3では、コンテクストが示された会話を語用論的観点から比較検討するなど、学習者の語用論的気づきを促す活動もあった。分析結果を受けて、この研究の著者は、コーパスなどのデータベースを活用した教科書を選ぶこと、そして語用論的タスクの指導に際しては、会話者の相対的な社会的立場や親疎関係、使われていることばのレジスター（言語使用域）などの状況要因を学習者にできる限り意識させることが重要だと述べている。

　そのほかにも、特定の語用論的ことばの使い方に特化した教材研究も数多く報告されている。会話の推意の観点からの教科書分析を紹介しよう。実際、日常のやり取りでは推意によって意思疎通を図ることが多いが、そのような例は語学の教科書にはなかなか登場しないようだ[3]。ある研究[4]によれば、推意を含む会話例を使用している教材でも、暗示されている意味に注意を喚起する記述は少なく、ことばとコンテクストがどのように相互に関連して意味を生み出すかについて指摘しているものはほとんどない。推意を理解するための指導としては、協調の原則（第4章）や隣接ペアの概念を紹介して、第二話者のこたえが第一話者の発言と表面上は関連がなくても文脈の中で関連した意味が伝えられることを示す、コンテクストや言語の特徴（イントネーション、声のトーン、ポーズの長さなど）にも注意を喚起する、推意が用いられる理由を考えることによって直接的な言語表現を回避し相互のフェイスを守る推意の機能についての気づきを促す、などが考えられる[5]が、そのような指導をサポートする教科書はあまりなかった。

　オーストラリアやその他の地域でよく使われている中級の教科書5冊を口頭での依頼に焦点を絞って詳しく分析した研究[6]では、学習者の語用論的意識を向上させることができるか、直接・間接度の異なる依頼表現（第4章参照）が含まれているか、依頼表

---

2　Diepenbroek & Derwing, 2013.
3　Bouton, 1994b.
4　Bouton 1990.
5　Taguchi, 2005, p. 558.
6　Petraki & Bayes, 2013.

現の丁寧度に影響を及ぼす状況要因（依頼の負担、人間関係、フェイス、イントネーションなど）を十分に分析しているか、依頼に対するこたえ（好ましいこたえ・好ましくないこたえ、第3・4・7・9章参照）にも着目しているか、依頼の前後の複数ターンを提示しているかについて包括的な分析が行なわれた。このような語用論的・談話的視点を持つことで、発話行為理論、ポライトネス理論、会話分析から得られる洞察が教科書の指導に生かされているかを検証できる。しかし、全ての条件を満たして依頼を多角的に網羅し、それぞれの例を十分に挙げている教科書は残念ながら1冊もなく、指導が十分とは言えないという結論に至った。どの教科書も、さまざまな観点からの依頼の説明が不足していて練習の機会も少ないため、英語を使った実際のコミュニケーションの場で誤解やカルチャー・ショック、自信喪失を招きやすく、ひいては日常のやり取りを通じて人間関係を築く機会が失われるきっかけにもなりかねないと、著者は警鐘を鳴らしている。

また日本で出版されている教材も似たような状況にある。ある研究[7]では、日本で最も使用頻度の高い文部科学省認定の中等教育の英語の教科書5冊を分析した。いずれも語用論に関する情報量、描かれている状況、発話行為の表現などの記載は限られており、最近の改訂版ではより自然な会話に近い例が見られるものの、言語のかたちとそれが使われる状況との関係に気づくように促す指導はなかった。ファースト・フード店での注文という接客場面での会話に特化した最近の研究[8]でも、会話分析によって記録・分析された自然な談話と、文部科学省認定の教科書5冊に載っている会話例とでは、その構造や内容、表現にさまざまな違いが見られた。たとえば、自然な会話では、店員が注文の確認をし、実際の商品はあとで別の場所で受け取るが、教科書では確認の段階が省かれており、その場ですぐに注文した品が渡されていた。また、自然な会話では、談話標識、言いよどみ、あいづち、言い直し、割り込みなどが頻発するが、これらの談話の特徴は教科書の会話には見られなかった。実際にはあまり使われない語彙や用法（たとえば、自然な会話では省かれることの多い通貨の単位、代金の合計を聞く質問など）が使われている点も、教科書の会話を不自然に感じさせる要因であった。EFLの環境では、主なインプットを教科書に頼らざるをえないケースが多いため、教科書のみでこのような会話を学んだ学習者が実際に注文するときに混乱するおそれがあり、自然な会話の談話的特徴も指導されるべきであると著者は主張している。

つまり、語用論的観点から行なわれた教科書分析に共通する傾向は、新しい教材の中には改善の兆しが見られるものの、現在使われている語学教材の多くは、語用論的言語データや自然な会話の分析から得られる洞察を学習者のインプットとなる会話例に十分に採用していないばかりか、そのようなインプットがある場合でも語用論的指導が十分に行われていないという点である。残念ながら語用論的指導に関しては、教科書を全面的に頼りにすることはできず、教員の裁量や力量次第であるというのが現状のようだ。

---

[7] McGroarty & Taguchi, 2005.
[8] Nguyen & Ishitobi, 2012.

| 第 8 章 |

## ▶語用論的情報を駆使した教材加筆

　既存の研究から明らかになっている豊富な語用論的情報、たとえば、ある発話行為と関連付けられる文法構造やストラテジー（意味公式）、会話の運びや構造、談話におけるストラテジーなどが、語学の教材に十分に取り入れられていない傾向があるのは残念なことである。以下では、このギャップを埋めるための取り組みを考える。

　たとえば、中学校 2 年生のある教科書では、誰かをほめることに関する文化の違いを話題として取り上げている。日本人のユキが友人のジムから頻繁にほめられるので、それをどう捉えたらよいか、アメリカ人のマイクに相談する会話で以下のようなやり取り[9]がある。

> Yuki: Do Americans always say nice things to each other?
> Mike: Sometimes. It's a kind of greeting. Here, I'll give you an example. When you have a new bag, I can say, "I like your bag."
> Y: What should I say then?
> M: You should say, "Thanks."
> Y: Should I say something else?
> M: No. Just "Thanks."

　この会話には、ほめやこたえに関する文化の違いを考えさせる意図があるのかもしれないが、第 4 章や第 7 章で紹介したように、語用論の研究から、こたえのストラテジー（意味公式）は多彩であることが明らかになっている。この会話例を文字通り受け止めてしまうと、「ほめられた時は *Thanks.* とだけ言えばよい」、または「アメリカ人はかならずそう言う」などのステレオタイプを助長するおそれがある。語用論的な意識の高い教員であれば、第 4 章で扱ったこたえのストラテジーの中から、特に「謙譲の美徳」に通じる「ほめを和らげる」ストラテジー群からいくつか適当なものを選び、日米の文化に共通する言語表現を紹介することができるだろう。これまでの研究から明らかになっているとおり、*Thank you/Thanks.* など感謝を表すこたえは全体の約 30 パーセントに過ぎず（第 3・4 章などで言及している CARLA のサイトを参照）、英語でもほめを和らげるストラテジーの選択が主流であることは学習者にとっても興味深い事実だろう。そして、ではマイクはなぜ *Thank you.* と言いさえすればよいと言ったのかを学習者と共に批判的に考えることによって、母語話者のことばの使い方に関する直観は必ずしも正しいわけではなく、明確な語用論的知識を持っているとは限らないことなどを話し合い、メタ語用論的なディスカッションに発展させるのもよいだろう。

　つまり、教員にとってまず必要なことは、異文化間語用論や中間言語語用論、異文化間コミュニケーションの領域の研究結果などの情報を入手し（第 4 章参照）、学習言語

---

9　Sato et al., 2006, pp. 40-41.

のコミュニティにおける語用論的規範を学び直して明確なメタ語用論的知識を獲得することであり、時には学習者と共にデータを収集し、分析してみることも大切であろう。また、できる限り自然で多様な語用論的要素を含むデータを加えたり、普段使っている教材の一部を差し替えて補足したりできる自由裁量を教員が持っていることが望ましい。以下では、挨拶、会話の終結、提案・忠告、(会話の)推意を取り上げ、第4章で紹介した情報、すなわち、さまざまな機能が英語では具体的にどのように実現されているかというデータを思い出しながら、語用論的指導の観点から教材をどのように補うことができるか、さらに例を見てみよう。

### 1. 挨拶

ある研究[10]で、日本の中学校1年生の英語の教科書7冊に掲載されている挨拶と自然なアメリカ英語の挨拶とを比較したところ、教科書ではかしこまった表現が中心だったのに対し、自然な会話ではそれぞれの状況に応じてフォーマリティーの程度が異なる多様な表現が使われていて、教科書の挨拶は自然な英語の使い方を十分に反映したものとは言えないことがわかった(第4章参照)。またこの研究では、学習者が産出した挨拶表現も分析し、語用論的能力の発達を促すには、これらの教材の語用論的指導では不十分であると結論づけた。

#### ・教科書にありがちな英語の挨拶

次の挨拶の会話は、英語のモデルとして日本の中学校の教科書に掲載されている典型的な例である。ここに引用する中学1年生対象の教科書[11]では、主な登場人物が初めのページでイラスト付きで紹介されている。タナカ・クミとポール・グリーンという二人の登場人物は友人同士らしく、中学1年生の学習者と同世代と思われる。タナカ・クミは日本人と想定され、ポール・グリーンはアメリカ人と紹介されているが、この会話が教科書に登場する時点では、実際の年齢や二人の関係は明確に示されていない。

> Kumi: How are you?
> Paul: Fine,* thank you. And you?
> Kumi: I'm fine too. Thank you.
> \* *Very well/Not bad* なども使われる。(Teacher's Book の記述)

#### ・語用論的指導のための教材改善例

普段使用している教科書にこのような会話例が掲載されている場合、それに全く触れずに授業を行なうのはむずかしいかもしれない。しかし、第7章でも述べたように、こ

---

[10] Kakiuchi, 2005a.
[11] Takahashi et al., 2006/2009 pp. 2-3.

のような例のみを使用した挨拶の指導では、学習者の語用論的誤りを誘発しかねない。このような場合には、第4章で紹介した挨拶に関する自然な英語のデータをもとに、教科書に以下のように加筆することが可能である。

---

会話1：学校で

Kumi:　　　　　How are you, Ms. Anderson?
Ms. Anderson:　I'm fine, thank you. And you?
Kumi:　　　　　I'm fine too. Thank you.

---

会話2：道で

Kumi:　Hi Paul.
Paul:　Hey, Kumi, how's it goin'?
Kumi:　Pretty good, thanks. How are you doing?
Paul:　I'm OK.

---

会話1は「学校で」という場面設定とクミの初めの発話に Ms. Anderson を足しただけで、その他はもともとの文章と変わらない。会話2は「道で」という、よりインフォーマルな場面を設定し、くだけた会話例を導入した。このような2つの例を紹介し、練習したあとで、学習者と次のような語用論的意識の向上を目指すディスカッションをすることができる。

1. Ms. Anderson は誰だと思いますか。なぜそう思いますか。
2. Paul とは誰でしょうか。なぜそう思いますか。
3. 会話1と会話2はどの程度かしこまって・くだけているでしょうか。下のスケールの上にそれぞれの会話のフォーマリティーを示してみましょう。

　くだけている　　　　　　　　　　　　　　　　かしこまっている
　　informal　　　　　　　　　　　　　　　　　　formal

会話1の大部分はもともとの表現と同じだが、いずれもややかしこまった表現なので、ここでは話者を生徒の Kumi と教員の Ms. Anderson に設定し、学校での会話というコンテクストを追加した。会話2は第4章で引用した挨拶に関する自然な英語のデータを参考に作成したものである。13歳の英語話者同士が実際に交わす自然な挨拶を使ったり、ALT 教員と協力したりして、より自然な会話にできればなおよいだろう。この例は、会話1よりもくだけた表現を多用し、友人同士のクミとポールが道で会った時

の会話と設定されている。学習者の語用論的気づきを促すため、この2つの会話例を比較し、質問1・2では Ms. Anderson や Paul が誰で、Kumi とどのような関係なのか、なぜそのように推測できるのかディスカッションを行なって、詳細な語用論的分析を助ける。*Ms. Anderson* と *Paul* という呼称、*Hi* と *Hey* という挨拶、*how are you* と *how's it goin'*, *thank you* と *thanks*, *fine* と *pretty good* との言語のフォーマリティーを色分けしたり図式化したりして、学習者が具体的に分析できるように導くとよい。それぞれの表現が示す語用論的ことばの使い方を理解した上で、質問3では、会話1・2の状況のフォーマリティーの相対的な評価を下のように図示することができる。

また現在は、インターネットなどのメディア上に言語コーパスやビデオ資料が豊富に蓄積されているため、学習者が自分と同世代の話者が使う挨拶の言語データを収集したり、多様な世界の挨拶について調査したりする活動へと発展させるのもよいだろう（第3・7章を参照）。

## 2. 会話の終結

会話の結び方は文化によって変わりうる。たとえばタイやネパールなどの文化では、会話の終結部分がほとんどないまま、かなり唐突にやり取りを終えることが許容される場合もあるが、英語やスワヒリ語などでは慎重に段階を経て会話を終える傾向がある[12]。会話の結び方が比較的短い文化の出身の学習者は、会話が少しずつ収束するスタイルを好む文化があることに気づかないかもしれない。また、そのことを意識している場合でも、学習言語で適切に会話を結ぶための言語を知らない可能性もある。典型的な会話の終結パターンを学ぶことで、学習者は会話を終える際に性急でぎこちなく唐突だという印象を与えてしまうことを回避できるようになる。会話を結ぶ方法がわからないために、自分から会話の収束をコントロールすることができないという学習者の助けにもなるだろう。

これまでの研究から、アメリカ英語の会話の終結部は、次のような要素から構成されることが明らかになっている（詳説は第4章を参照）[13]。

- 終結前の信号 (pre-closing signal)
- 終結前の流れ (pre-closing sequence)
- 最後のやり取り (terminal exchange)

---

12　Bardovi-Harlig et al., 1991.
13　Bardovi-Harlig et al., 1991; Schegloff & Sacks, 1973; Wong & Waring, 2010.

しかし、このような知見は、一般的な語学指導にほとんど生かされていないと言える[14]。1990年代前半に行われた研究では、20冊の教科書が分析されたが、12冊には自然な会話の終結のストラテジーが1つ以上見られたものの、完結した形で自然な会話の結び方を反映した会話例を掲載している教科書はほとんどなかった[15]。会話の結び方を十分に指導に反映している教科書がないという議論は2000年代以降にも持ち越されている[16]。一方で、英語での会話の結び方に焦点をあて、自

会話の終結

然な会話データをもとにした指導案がいくつか発表されている。次の指導案[17]は中上級のESLの学習者を対象にしたものだが、EFLへの応用も可能であり、現在使用している教材では会話の終結を十分に指導できない場合、特に参考になるだろう。

1. 学習者の母語での会話の終結に関する語用論的規範や、規範に従う場合と従わない場合に与えてしまうニュアンスについて、教員が誘導し話し合う。
2. 第4章および本章末のアクティビティー1にあるような自然な会話のさまざまな終結部を書き起こしたトランスクリプト[18]を用い、学習者が会話の終結のさまざまな段階や、使用されている言語を分析する。その後、ロール・プレイでそのやり取りを再現してみる。
3. 学習者が、適切で完結した自然な会話の結びと、唐突すぎる会話の結びを比較し、自分で完結した結びの例を作る。
4. 一文で会話を終えてしまう不自然な例をさらに提示し、より自然で完結した結びになるよう学習者が修正する。
5. ロール・プレイでの練習（たとえば、一方が会話を丁寧に終わらせようとし、他方が会話を続けようと試みるシナリオなど）を重ね、フィードバックする。

また別の指導案[19]では、ある程度パターン化されている英語での会話の終結を、学習者が分析する際に役立つ次のような質問が紹介されている。

- この会話はどこで行われていると思いますか。目的は何でしょうか。
- 話者同士はどのような関係でしょうか。

---

14 Wong, 2011.
15 Bardovi-Harlig et al., 1991.
16 Saito, 2013a; Wong, 2011; Wong & Waring, 2010.
17 Bardovi-Harlig et al., 1991, pp. 11-13.
18 Saito, 2013b; Wong, 2011, Wong & Waring, 2010 などから他の例も引用可。
19 Griswold, 2003.

- 会話が終わりつつあることをお互いにどう伝えているでしょうか。
- 会話を終えるために使う定型表現はどのようなものでしょうか。
- 会話の終結にあたって、唐突で失礼にならないために、どのような工夫をしているでしょうか。
- どの発話が実際に別れを告げているでしょうか。
- 話者同士の関係、会話における役割、会話のコンテクスト、その目的などは、ことばの選択にどのように影響を及ぼしているでしょうか。

このようなディスカッションは、語用論的規範の発見を促すのに有効だろう。学習者の観察眼や産出能力は、省察日誌、スキット作成、ロール・プレイ、リアル・プレイなどの活動と、それに対するフィードバックによって、さらに磨きをかけることができるだろう。

### 3. 提案・忠告

第 3・4・7 章などで言語コーパスについて触れたが、これまでさまざまな研究によって、コーパスに収録されている自然な言語と教材に掲載されている言語との比較が行なわれてきた[20]。その一例として、ここでは提案と忠告の発話行為を取り上げる。ある研究[21]では、オフィス・アワーでの教授と学生との対話とスタディー・グループでの学生同士の会話にみられた提案と、使用頻度の高い 6 冊の ESL の教科書(3 冊は比較的古く、残りの 3 冊は最近出版されたもの)に掲載されている提案を比較した。新しい教科書は古い教科書に比べて提案表現を多く紹介していたものの、自然なことばの使い方と教科書の表現には相違があった。たとえば、wh-question を用いた表現 (*what about/how about, why don't you, why not* など) は教科書には頻出したが、コーパスでは使用頻度が低かった。オフィス・アワーやスタディー・グループのコンテクストでは、*let's* が最も頻度の高い提案表現で、*have to* や *need to* が *should* よりも一般的であった(本章アクティビティー 2 も参照)。この結果を踏まえ、同研究では、次のような指導上の注意点を挙げている。

- 教科書は、コンテクストのない提案表現の文法構造のリストや、それらのドリル練習、不自然な会話例を載せるだけでなく、提案表現の適切さに関する情報を提供し、レジスターや話し手・聞き手の関係にできる限り注意喚起すべきである。
- 教員は可能な限り自然な会話のデータを指導に使うべきである。
- 指導では、使用する提案・忠告表現が持つインパクトに関する意識を高めるとよい。(たとえば、*how about* や *you might want to* などに比べ、*why don't you* とい

---

20 たとえば、賛同・異議 (Pearson, 1986) や、接客場面での指示 (Scotton & Bernsten, 1988) の自然発話と教科書の言語に関する初期の比較研究など。
21 Jiang, 2006.

う表現は、聞き手にあまりオプションを与えないため相手のフェイスを脅かす危険性がより高くなることなど)

コーパス言語学では、学習者主体の探求的な指導法、たとえば**「例証・対話・推論」**(illustration-interaction-induction) の流れを推奨する研究者も多い。この指導法は、学習者がまず言語データを分析し (例証)、データについて話し合い (対話)、ルールを考案して、さらにそれを改訂していく (推論) もので、伝統的な教員主導の**「指導・練習・産出」**(presentation-practice- production) より好ましいとされている[22]。このような学習者発見型の手法は、語用論的指導の中心的な手法である意識向上アプローチとも矛盾しない。こうした指導法を用いることによって、学習者は、対話における意味の交渉が、頻繁な話者交替や割り込みなどの発話で成り立っていることに気づき、意味が構築される過程を分析することができるようになるだろう。

一方、言語コーパスを用いた研究に基づくものではないが、日本人の英語学習者が、英語で相手に忠告・提案する際に生じやすい誤解について指摘し、中学校や高校で助動詞を教える際などに語用論的指導を取り入れることを提案した指導案[23]がある。第4章で述べたように、忠告は、欧米では相手の自由やプライバシーを侵害しうる否定的な行為と捉えられることがあるため、社会的立場が自分より高い相手に対しては忠告自体を控えたり、忠告する場合でも間接的にやわらかく伝えたりすることが多い。一方、日本では、相手に対する忠告が善意の優しさと解釈される傾向がある。中学生の日本人英語学習者が、ALT 教員に向かって、「もっとやせた方がいいですよ」「早く結婚した方がいいのでは」「先生は甘いものを減らした方がいいですね」などと直接的に言ってしまい、欧米出身の教員を驚かせることがあると報告もされている[24]。第一言語の語用論的規範が学習言語でのことばの使い方に影響を与えていることが一因と思われるが、同時に、学習者は忠告を和らげて間接的に伝える言語的手段 (文法的能力) を十分に持っていないとも考えられる。また欧米の文化では、いつでも直接的に話すことが許容されると誤解しているため、そのステレオタイプに合わせて直接的な忠告をしてしまい、誤解を生む結果となっているのかもしれない (第5章参照)。

しかし、ある高校教員の報告では、語用論的指導を実施した後では、学習者が教員に言った忠告の 75% がより間接的で適切なものになったという。その指導案[25]を以下に紹介する。

1. 学習者の現段階の技能や知識を査定する:DCT を用いて、社会的立場が高い相手と同等の相手に対する忠告を書かせ、指導前の学習者の産出能力や知識を査定する。

---

22 Carter & McCarthy, 1995, pp. 155, 2004; McEnery & Tono, 2006.
23 Houck & Fujimori, 2010.
24 Houck & Fujimori, 2010; Verla, 2011.
25 Houck & Fujimori, 2010, pp. 92-103.

2. 状況設定とその状況で発話されうる忠告が書かれた例を読んで、表現の直接・間接度(**直接的** direct, **緩和的** soft, または**間接的** indirect, 第4章参照)を学習者が判定し、また相手の社会的地位を考慮して、その状況に適した忠告の表現を選ぶ。さらに、忠告を聞きその内容をイラストとマッチングするリスニング指導のあと、使われた忠告表現の直接・間接度を判定し、緩和表現に注目する。
3. DCT やロール・プレイにより忠告を与える産出練習によって緩和表現の練習をし、その後の話し合いを通してフィードバックを得る。
4. 総括として覚えておくべきポイントをまとめる。

この指導案をもとに、高校の授業に英語での忠告の指導を取り入れたある教員は、学習者にわかりやすい比喩を用いて、直接的忠告を「野球」、緩和的な忠告を「ソフトボール」、間接的忠告を「フリスビー」、そして忠告を与えないという選択を「お口にチャック (zip your mouth)」とたとえて解説した[26]。このような比喩やイラストなどの視覚的インプットは学習者の注目を引き、記憶を助けるものとなるだろう。

## ▶ (会話の) 推意

本章の導入部では、教科書に語用論的指導が十分に盛り込まれていることが少ない現状を紹介したが、ここでは、ある教科書に一貫して取り入れられている (会話の) 推意をくみ取る練習問題を紹介しておきたい。日常的な会話に頻出する推意は、学習言語の文化に不慣れな学習者にとっては真意がわかりにくいことも多いため、この例は指導の参考になるだろう。

一般に販売されているこの教科書(初級者用レベル1)[27] では、意見が分かれると思われる内容の会話が CD に録音されている。学習者がまず会話を聞くか、トランスクリプトを読んで内容を理解し、そのテーマについてディスカッションをして意見を交わすことが奨励されている。教員は出版社のサイトから各章のテストサンプルをダウンロードできるのだが、そのテストの一部に、会話内容の理解度を確かめる多岐選択肢問題が含まれている。この問題には、推意に関わるものが頻繁に出題されていて興味深い。

たとえば、ある章[28] では、二人の女性マキとユミが海外旅行に出かけ、一日のショッピングを終えてホテルへ戻ってくるという設定で会話が始まる。マキが見慣れない高価なブレスレットを身につけていることに気づいたユミが、万引きを疑い、マキを問い詰める場面で *Those are real diamonds.* と言うのだが、その真意を問う問題の選択肢は次の4つである。

---

26  Minematsu, 2012.
27  Day, Shaules, & Yamanaka, 2009.
28  Day, Shaules, & Yamanaka, 2009, p. 14.

> a) The bracelet is very beautiful.
> b) She really likes the style of the bracelet.
> c) She doesn't like the look of the bracelet.
> d) The bracelet was very expensive.

　また、会話の最後では、誰かがふたりの部屋のドアをノックする。おびえたマキは、呼び出しに応じないようユミに言う。そのときのマキの心理状態に関して以下の選択問題が出される。

> a) She is afraid of being caught.
> b) She wants to answer the door herself.
> c) She doesn't like talking to strangers.
> d) She is nervous about being in a foreign country.

　ここでの正解はそれぞれ d) と a) だが、別のコンテクストであれば、その他の選択肢も正解となりうる。したがって学習者は、この会話の状況を理解した上で、話者の意図を解釈しなければならない。このような話し手の真意を問う問題は、教員には平易に感じられるかもしれないが、学習者にとってはそれなりにむずかしく、大学1年生でも誤った選択肢を選ぶことがしばしばある。言外の意を読み解く練習は、授業内の指導の一環として口頭で行うこともでき、その評価として上のような多岐選択肢問題をテストなどに含めることも可能である。このような推意に関する問題は、学習者がその会話の内容や状況を理解していないと解けないため、文字通りの意味の理解と同時に、内容理解や状況判断も試すことができる設問であり、言語能力と語用論的能力の両者を関連づけて指導することができる。このような指導は日々のリーディングやリスニング指導にもスムーズに取り入れることができるだろう。

## ▶まとめ

　本章では、語用論的指導の観点から行われた教材分析研究を紹介し、現在使用している教材に加筆して語用論的指導を実践する方法について、挨拶、会話の終結、提案・忠告、(会話の) 推意の例を挙げて説明した。市販されている教科書の内容では語用論的指導が不十分なことが多いため、普段使用している教材を批判的に見直すことが肝要である。インプットとなる言語モデルは、学習者の言語習熟度の許す範囲で、可能な限りオーセンティックで、学習言語のコミュニティで使われている幅広い語用論的規範を反映するものが理想的だろう。しかし、語用論的指導のための教材を教員が個々に立案・作成するのは非常に大きな負担であるため、今後は教材執筆者も、語用論の領域の研究やコーパスを利用し、そこから得られる知見を教科書や教員用ガイドに明確に反映させていっていただきたい。

　以下のアクティビティー1では、普段使用している教材の適性を語用論的視点から批

判的に検証するため、会話の終結を例にとり、研究で明らかになった語用論的情報をもとに、教材を分析・評価し、手を加える方法について考える。アクティビティー2では、言語コーパスを利用して教科書の言語を評価し、語用論的指導のために、その教材に実際に加筆してみよう。

## ▶ Activity 1：会話の終結について教材を評価してみよう

### 目的
1) 会話の終結に関する実証済みの語用論的情報を利用して教材を評価することができる。
2) 語用論的指導のために教材に手を加え、語用論的要素を的確に補うことができる。

### 方法
#### パート1：会話の終結の要素を分析する
1) 個人や少人数のグループで、第4章にあるアメリカ英語の会話の終結に関する情報を見直し、会話終結における3つの要素（終結前の信号・終結前の流れ・最後のやり取り）を再認識しよう。
2) タスク1の「会話終結の要素分析」にある会話1－4のそれぞれの発話について、どの要素の発話であるか分析し、右の欄に記入しよう。
3) 最後に分析結果と解答例を比較検討してみよう。

#### パート2：会話の終結に関する教材を分析する
1) 少人数のグループで、普段使用している教科書など、できればなじみのある教科書に載っている会話例の終結部を分析してみよう。タスク2の「会話の終結に関する教材分析」の表を利用し、分析結果を記録してみよう。一行目は例として、タスク1の会話3を使って記入してある。準備段階として、次の例を同じ表の会話4に基づいて各自で分析し、結果をグループ内で比較してみよう。
2) 選んだ教科書に載っている会話を各自で分析し、グループでその分析結果について話し合ってみよう。
3) 表の下にあるディスカッションの質問を参考に、会話の終結の観点からその教科書を評価し、どのように手を加えれば的確に語用論的指導を補うことができるか考えてみよう。

### 結び
このアクティビティーを振り返り、分析した教科書の会話がどの程度自然な会話に近いか評価してみよう。十分な語用論的指導を実施するためには、どのような加筆が必要だろうか。もっと自然な会話例が必要な場合、どこから言語データを入手できるだろうか。第6章などで扱った語用論的意識向上のタスクを思い出し、どのような方法で語用論的

指導をするのが効果的か考えてみよう。たとえば、学習者は会話終結のどのような特徴に気がつくだろうか。母語と学習言語の会話終結について比較する機会を導入するとすれば、どのように進めると効果的だろうか。

## タスク1：会話の終結の要素分析

左の欄にある自然な会話例[29]を読み、会話終結の要素を分析して右の欄に記入しよう。

| 会話の終結の例 | 会話の終結の要素 |
|---|---|
| 会話1<br>A1: All right. See ya.<br>B1: See ya later. | |
| 会話2<br>A1: All right.<br>B1: OK.<br>A2: So long.<br>B2: See you later. | |
| 会話3<br>A1: OK. Thank you very much.<br>B1: All right.<br>A2: Now I have to go to French, which is a lot more complicated than this was. [laugh]<br>B2: All right. Good-bye.<br>A3: Bye-bye. | |
| 会話4<br>A1: Yeah, well, next time we come up, um … I'll bring our set and … you can go through 'em and pick the ones you want.<br>B1: OK. OK.<br>A2: So …<br>B2: That'll be fine.<br>A3: OK.<br>B3: Give my love to David.<br>A4: OK. Tell And …Uncle Andy I hope he feels better.<br>B4: I will.<br>A5: OK. Thanks a lot for calling.<br>B5: Bye-bye.<br>A6: Bye, dear. | |

・解答例
　会話 1
　　A1: 終結前の信号、最終のやり取り　　B1: 最終のやり取り

　会話 2
　　A1: 終結前の信号　　B1: 終結前の信号
　　A2: 最終のやり取り　　B2: 最終のやり取り

　会話 3
　　A1: 終結前の信号、終結前の流れ　　B1: 終結前の信号
　　A2: 終結前の流れ　　B2: 終結前の信号、最終のやり取り
　　A3: 最終のやり取り

　会話 4
　　A1: 終結前の流れ　　B1: 終結前の流れ（終結前の信号）
　　A2: 終結前の信号　　B2: 終結前の流れ
　　A3: 終結前の信号　　B3: 終結前の流れ
　　A4: 終結前の流れ　　B4: 終結前の流れ
　　A5: 終結前の信号　　B5: 最終のやり取り
　　A6: 最終のやり取り

## タスク 2：会話の終結に関する教材分析

　分析対象の教科書：＿＿＿＿＿＿＿＿＿＿＿＿＿＿＿＿＿＿＿＿

　この教科書に会話の終結について明示的に指導している部分はあるか。

　ある場合：当該部分の会話を分析し以下の質問に答えてみよう。
　ない場合：任意にひとつの章を選び、その会話を以下の質問に沿って分析してみよう。

---

29　会話例のデータは Bardovi-Harlig et al., 1991、解答例は Wong & Waring, 2010 を参考に作成。

|  | 会話の終結の3つの要素がそれぞれ何ターンで使われていたか ||| 左の分析を踏まえた会話の終結の評価 |||
|---|---|---|---|---|---|---|
|  | 終結前の信号 | 終結前の流れ | 最終のやり取り | 完全な終結 | 部分的終結 | 終結なし |
| 例：会話3 | 3 | 2 | 2 | ✓ |  |  |
| 例：会話4 |  |  |  |  |  |  |
| 会話1 |  |  |  |  |  |  |
| 会話2 |  |  |  |  |  |  |
| 会話3 |  |  |  |  |  |  |
| 会話4 |  |  |  |  |  |  |
| 会話5 |  |  |  |  |  |  |

**ディスカッション**
1) 会話の終結に関し、教材の分析対象部分については相対的にどのような評価ができるか。
2) 自分が担当する学習者に対して効果的な語用論的指導をするためには、この教材にどのように手を加えて補うとよいだろうか。

## ▶ Activity 2：教材改訂に言語コーパスを使ってみよう

**目的**
1) 英語での提案を例にとり、言語コーパスを利用して教材を評価することができる。
2) 語用論的指導のために教材に手を加え、言語コーパスから自然な例文を引用して語用論的要素を補うことができる。

**方法**
1) 少人数のグループで、次の「アメリカ英語の『提案』の特徴」を読んでみよう。これはアメリカの大学で自然に使われた話しことばや書きことばの言語コーパスを使って提案の言語について調査し、教科書で指導されている提案の言語と比較した研究結果のまとめである。
2) 現在使用している教科書に「提案する」という項目があれば、そこで使われている言語の特徴と、「アメリカ英語の『提案』の特徴」にある言語がどの程度一致するか検証してみよう。上記のアクティビティー1タスク2にあるような表を使って教科書の提案表現を分析するとよい。また「提案する」という項目がない場合でも、教科書の会話文に提案する表現があれば、それらを比較の対象としてみ

よう。自然な会話の表現と教科書の表現に違いがある場合は、その原因は何だろうか。
3) 現在使用している教科書の指導内容をより自然なデータに基づいて改訂する余地があるとすれば、どのように加筆できるだろうか。その場合、どのように言語コーパスを利用できるか話し合ってみよう。
4) インターネット上で利用できる言語コーパス MICASE (http://quod.lib.umich.edu/m/micase/) にアクセスし、実際に学習者に紹介できそうな例文をいくつか探してみよう。それぞれの例文が、どのような状況でどのような相手に対して発話されたものかも合わせて考え、言語表現と状況との関連にどのように学習者の意識を向けられるか話し合ってみよう。

**結び**

　言語コーパスを使って教材に手を加えることの長所と短所を振り返ってみよう。たとえば、コーパスから得られた自然な言語データは、そのまま学習者に提供できるだろうか。語彙や表記にはどの程度加筆しなければならないだろうか。学習者のレベルに合った例文をこのコーパスから手軽に見つけ、日常的にこのような改訂に取り組めるだろうか。また、それぞれの例文が発話された状況は、学習者にどのように伝えられるだろうか。あるいは、MICASE より使用しやすいコーパスはあるだろうか。書きことばの「提案」の言語データも入手する必要があるだろうか。また「提案」以外に、コーパスを利用して効果的に指導できる発話行為やその他の語用論的ことばの使い方はあるだろうか。

## アメリカ英語の「提案」の特徴 [30]

1. 話しことばと書きことばの両者を収録したコーパスでは、*let's...* が何かを提案する際に最も頻繁に使われる構文であった。この表現は、一緒に行動することを提案する時にも、またやわらかく何かを指示する時にも使われている。
2. 話しことばでも書きことばでも、最も頻繁に使われる法助動詞（句）は *have to* と *need to* だった。*should* は教科書では頻出したが、自然な言語のデータではそれ程頻繁に使われていなかった。
3. 法助動詞（句）の *ought to* と *must* は、提案にはほとんど使われていなかった。
4. *just, probably, really, only* などを使った言いよどみは法助動詞（句）と共に頻出した。
5. *wh*-question を用いた表現（例：*what about/how about, why don't you, why not*) は教科書には頻出したが、コーパスではそれ程頻度が高くなかった。
6. *why don't you* は母語話者よりも非母語話者に頻繁に使われる傾向があった。

---

30　The TOEFL 2000 Spoken and Written Academic Language Corpus (T2K-SWAL Corpus, Biber *et al.*, 2002) を用いた Jiang (2006) による研究結果の一部をまとめたものである。

この表現は、話し手の知識や判断力が聞き手より優れているというニュアンスを含むため、あまり丁寧ではないと思われる可能性がある。

# 第9章
# 語用論的指導のためのカリキュラム編成

石原　紀子

## ▶語用論的カリキュラムの必要性

　カリキュラム編成者や教材執筆者、教員や一般の学習者の中には、学習言語が話されている環境に暮らしていさえすれば、状況に適した言語を使えるようになるだろうと楽観視している人がいるかもしれない。逆に、学習言語を日常生活で使うことのない外国語の環境では語用論的ことばの使い方は学べないという先入観もあるかもしれない。実際、語学教育のカリキュラムの中で語用論的指導の優先順位が低いのは、このような誤った認識が原因となっている可能性がある。しかし、たとえ教室外でも日常的に学習言語に触れることが多い ESL の環境であったとしても、語用論的な指導を受けていない場合は、母語話者と同等の語用論的能力を習得するまでに長い期間が必要である。具体的には、語用論的理解という受動的能力のみを考えても、概して 10 年以上かかるといわれている[1]。語用論的ことばの使い方の学習がこれほどまでに困難な理由には、適切なことばの使い方の規範に語用論的バリエーションや流動性があること、文法的・語彙的な複雑さ、ニュアンスや非言語コミュニケーションの微妙さなどがある。それだけでなく、学習者が語用論的誤りをおかしたとしても、実際のコミュニケーションの場ではそれを指摘されることは少ないといわれており、学習者自身が気がつかないまま語用論的逸脱を繰り返すことも多いだろう。このように自然な環境で語用論的能力を身につけるには長い時間がかかるが、第 6 章で見たように、たとえ EFL などの外国語の環境であっても、的確な明示的指導により、習得にかかる時間を短縮することができる。

　しかし、第 8 章で取り上げたように、現在出版されている教材には語用論に関わる情報をあまり取り入れていないものが多く、扱っているとしても十分な指導ではない場合がほとんどである。語学教育の現場では、どの教材を使うかがカリキュラムの根幹をなすことも多いため、文脈に合った自然なことばの使い方を反映し、実証研究に基づいた語用論的指導のための教材やカリキュラムの必要性は高いといえる。教材開発について論じている書籍[2]には、実証研究の結果や理論は、「こうすべきである」という規範的な指示を現場の教員に与えるものではなく、「こうすることもできる」という例を示すことによって、独自の思考や試験的試み、そして革新的アイディアを刺激するものである、と

---

1　Olshtain & Blum-Kulka, 1985.
2　Tomlinson, 2013, p. 4.

の記述がある。本書でもこの見解を踏襲し、クリエイティブな語用論的指導や、学習者や教育環境にとってふさわしいカリキュラムの立案を支援することをめざす。

　本章では、第1に、社会文化的に適切なことばの使い方を基軸とする語用論的指導のカリキュラム編成について2つの方向性を提案する。第2に、教員である読者の方々が、それぞれの指導環境の中で、語用論的指導を中心としたカリキュラムを開発する際に重要であり関連があると思われる基本方針を紹介する。その方針が、どのようなかたちで学習者の語用論的意識を高め、語用論的産出能力を向上させうるのか、例を挙げつつ進めたい。

## ▶語用論を基軸としたカリキュラム編成

　カリキュラム開発にあたっては、語学学習や指導に対するカリキュラム編成者の知識、信条、主義などが、さまざまな段階での決断を方向づける[3]。語用論中心のカリキュラムでは、社会文化的な文脈の中でのことばの適切さが中心的課題としてひときわ注目されることになる。学習者が他者の意図をコンテクストにしたがって適切に理解し、自らも意図したとおりに自己表現できるようになることが指導の目標となる。さらに、学習者主体のカリキュラムであれば、学習者が自律的に学び（第10章参照）、究極的には語用論的言動をとおして自己のアイデンティティを効果的に表現し、交渉できるようになることも目標にすることができる。指導に用いるタスクや評価の手法は、語用論的学習や指導に関する最新の理論的・実証的知見を反映しつつ、それぞれの環境や学習者にふさわしいかたちで具現化したものであるのが望ましい（第6章参照）。

　カリキュラムに語用論を取り込む方法としては、少なくとも2つの方向性が考えられる。1つは既存のカリキュラムに付随する側面として語用論的視点を追加する方法、2つめは、本章で主に紹介するように、語用論的視点を基軸とした新たなカリキュラムを編成する方法である。前者の場合は、語用論に特化したタスクを新たに取り入れたり、すでに実践している活動の中で語用論的側面を強調したりすることができる。第8章では、既存の語学教材を語用論的な観点から改訂し、社会文化的に適切なことばに関する意識や使い方を導入する具体例を紹介した。また語用論的指導は話しことばのみならず、たとえばビジネスレターのニュアンスを理解する、電子メールで苦情を送るといった書きことばにもあてはまるため、4技能を統合したカリキュラムの中に融合できることも忘れてはならない。

　語用論的視点を既存のカリキュラムに追加するにしても、新たなカリキュラムの中心に据えるにしても、語彙や文法のみをコンテクストから切り離して指導するだけでは不十分であり、さまざまな状況において適切なことばの使い方に焦点をあてることの重要性は明確に強調しなければならない。語用論的指導を取り入れると、その分、学習者の認知的負荷が大きくなるため、語用論的な要素以外の認知的負担を軽くするなどの全体的な調整も必要となるだろう。以下では、既存のカリキュラムに語用論的ことばの使い方

---

3　Graves, 2000; Tomlinson, 2013.

を取り入れる方向性、そして語用論的視点を基軸とした新たなカリキュラムを編成する方向性の 2 点について、例を挙げながら解説する。

## 1. 既存のカリキュラムに語用論的視点を取り入れる

　既成のカリキュラムに付随する側面として語用論的視点からの指導を追加する場合には、もとのカリキュラムの範囲内で、語用論的要素を円滑に取り入れられる好機をとらえ語用論的指導を行うことになる。たとえば、文部科学省認定の中学・高校の英語の教科書には、多くの発話行為が取り上げられている。挨拶、感謝、依頼、提案、忠告などの発話行為が教科書に出てきた際に、時間が許す限り、さまざまな方法で語用論的要素を取り入れることができる。一例としては、感謝表現が出てきたところで、フォーマリティーが比較的高い表現と低い表現を紹介し、それぞれが適切に使われている状況との関連を示して、語用論的意識の向上を促し、産出練習をすることができる（そのほかの発話行為、会話の終結、推意の指導の例は第 8 章参照）。

　ディスカッションを中心に進める発信型のクラスであれば、意見表明をする際に、好ましいこたえ・好ましくないこたえの考え方と使い方や、異議をやわらかく表明する緩和表現（第 4・7・8 章）を学習者の言語を観察しながら少しずつ導入し、機会があるたびに繰り返し練習することで、的確な場面での産出を促すことができる。また、アカデミック・リーディングやライティングの授業では、談話の構造、談話標識、認識標識（第 4・7 章）などを図式化したり色分けして示したりして学習者の注意を喚起することで、語用論的気づきを促し、それらを取り入れる練習を日常的に行なうことができる [4]。

　また小学校や中学校の授業であれば、ALT 教員などと協力し、それまでの学習ポイントや季節のイベントなどと関連づけて、絵本やビデオなど視覚や聴覚に訴える物語を利用した語用論的指導（第 7 章参照）が可能だろう。たとえば、クリスマスを題材にしたある英語の絵本[5]では、ペットのネズミが飼い主の子供にありとあらゆるお願いをする。絵本にはネズミが実際に使うことばは書かれていないのだが、ストーリーを読み、言語的・文化的理解を促しながら、教員や学習者が依頼表現を補う指導によって語用論的に適切な依頼について導入したり復習したりすることができる。小学校であれば、英語圏の国ではクリスマスに本物の木を買ってきて家の中でクリスマス・ツリーの飾り付けをする習慣があることや、映画を観る時にはポップ・コーンがつきものであることなど文化に関する理解に加え、親しい間柄での依頼表現に繰り返し触れる機会を提供できる。中学校では、助動詞や *please* を使った表現を通常の授業で指導したあと、ネズミがどんなことばで依頼すると思うか学習者がグループで考え、その表現と ALT 教員など優れた語用論的能力を持つモデル・スピーカーから DCT で収集した言語データとを比較検討することで、依頼の負担の大きさによって丁寧度や直接・間接度が変わることに注意を喚起し、語用論的気づきを促すことができるだろう。産出練習としては、声だけで演じ

---

4　高校と大学レベルの教科書の談話構成や談話標識を比較する指導案は Burke & Takeda, 2012 を参照。
5　Numeroff, 2000.

るリーダーズ・シアターの手法を用いて学習者が感情をこめて役割を演じながら依頼表現を学ぶクリエイティブな練習をするのもよい。

　ビジネス英語の授業であれば、間接的に使われていることばの言外の意味を読み取って相手の真意を理解する練習をはじめ、相手が目上の場合や伝えにくいことを言う場面でも、丁寧度や間接度を上げ、緩衝材となる緩和表現を使いながらやわらかく意図を表現する練習などが有用かもしれない。また、映画を題材にした英語や多文化理解の授業であれば、第8章で述べた会話の推意などの理解に加え、スラングやインフォーマルな言語がどのような場面で誰に対して使われ、どのような効果を持っているか、そして、その言語が使われなかった場合には、どんな会話になるか考えることができる。使われている言語から登場人物の人間関係を予測することも語用論的意識を喚起する活動となるであろう。

　つまり、たとえば以下のような語用論的要素が既存のカリキュラムに出てきた時に、その部分を掘り下げて語用論的指導をすることができる。

- 発話行為（たとえば、挨拶、ほめとこたえ、感謝とこたえ、依頼、断り、提案・忠告、反意、苦情、祝福など）（第3・4・7・8章）
- （会話の）推意（第4・7・8章）
- 立場や意見を表明する認識標識（第4・7章）
- 談話・対話標識、あいづち、言いよどみ、ポーズ、イントネーション、ジェスチャーなど（第4・7章）
- 話しことばと書きことば、あるいはその中間と考えられるインターネット上のSNS言語などに見られる談話の構造や会話の運び（たとえば、会話の開始および終結、衝突の解消、スモール・トーク）、修復、話者交替など（第4・8章）

現在使用している教科書の目次などを見ながら、このほかにもどの単元に語用論的指導の機会が埋もれているか、考えてみるとよいだろう。

## 2. 語用論的視点を基軸としたカリキュラムを編成する

　新たなカリキュラムを考案する場合には、その基本方針として語用論的ことばの使い方を中心的に扱うことになるだろう。語用論に特化したカリキュラムはまだ少ないが、ここでは3つの例を紹介する。

　1つ目は第7章でも紹介した Workplace talk in action というカリキュラム教材で、職場での英語の語用論的ことばの使い方に特化している。ニュージーランドの職場で収録された1500の会話を収録したコーパスから言語データを引用し、スモール・トーク (small talk)、依頼 (requesting)、断り (refusing)、提案 (making suggestions)、異議 (disagreeing)、苦情と批判 (making complaints and criticizing)、謝罪 (making apologies) の7つの語用論的要素ごとに章立てした構成になっている。

　各章には、自然な会話のトランスクリプトや自然な電子メールのメッセージが10種類

ほど掲載されていて、そのうちの1つはインターネット上から音声をダウンロードできる。指導は明示的かつ帰納的で、学習者の発見を導きながら語用論的気づきや理解を促し、ロール・プレイをとおして双方向的な対話練習を行なう。たとえば、スモール・トークを扱う第1章（本書第7章参照）では、まず学習者がある状況を想定してロール・プレイを行なう。次に同じ状況で収録された自然な会話例を聞き、ロール・プレイで生み出した言語と比較検討する。また、10の質問（第7章、指導例3に一部引用）に答えることによって、会話例の状況要因や言語の特徴、両者の相関関係などを綿密に分析する。さらに巻末には、産出練習を重ねるためのロール・プレイのシナリオが各章ごとに5つずつ用意されている。そして、第1章の最後では、ニュージーランドで暮らす他国出身の学習者を想定し、自身の文化と英語のことばの使い方を比較して、多文化理解を促す構成になっている。そのほかの章の構成も、多少の違いは見られるものの、語用論的気づきとインタラクティブな産出練習という基本的な指導法は共通している。なお、全7章のうち、書きことばでも頻繁に使われる発話行為に関しては、電子メールのメッセージやインターネット上の言語の分析も含まれている。

　次にインターネット上で学習者が自律的に学習を進められるように考案された日本語とスペイン語の語用論的指導のカリキュラム教材を2つ紹介する。これらは、ミネソタ大学に置かれているアメリカ政府の言語研究機関 CARLA（第3・4章）での研究の一環として、アメリカ教育省の補助金を得て 2003 年から 2008 年に作成され、その後研究に利用されていたものである。第一段階で編成された**日本語のカリキュラム教材**[6] は、大学で日本語を学ぶ3年目の中級[7]の学習者を対象としており、1）語用論的意識の向上をめざす導入部、2）ほめとこたえ、3）感謝、4）依頼、5）断り、6）謝罪の6章から構成されている。学習者はロール・プレイを録音した自然に近い会話例をいくつか聞き、状況と言語の関係を分析しながら主体的に日本語の語用論的使い方を学び、文化的慣習など社会語用論的規範について考える。また言語面に特化した語用言語的練習や、記述式 DCT を利用した産出練習を行ない、事前に用意されたフィードバックを得る形式になっている[8]。

　CARLA による語用論的指導プロジェクトの第二段階で編成された**スペイン語のカリキュラム教材**[9] は、1）導入部、2）ほめとこたえ、3）感謝と別れ、4）依頼、5）謝罪、6）招待とこたえ、7）接客、8）提案・忠告・反対・苦情・叱責の8章から成り、日本語のカリキュラム教材と同様に、語用論的意識を高めるとともに、産出練習もすることが

---

6　Ishihara & Cohen, 2004.（研究に関しては Cohen & Ishihara, 2005; Ishihara 2007 も参照）コーエンの監督のもと石原が 2003 年に作成、学習者による試用や Elite Olshtain 氏のアドバイスを経て何度か改訂されている。以下よりアクセス可：http://www.carla.umn.edu/speechacts/japanese/introtospeechacts/index.htm
7　ACTFL (1999) 言語運用能力基準のスピーキング能力指標では初級上から中級上。
8　対面の授業での使用を前提にこのカリキュラムに加筆した日本語中・上級の教科書 (Ishihara & Maeda, 2010) は、インターネット上に音声ファイルや、追加問題、教員用ガイドなどの補助教材がある：http://www.routledge.com/books/details/9780415777087/
9　Sykes & Cohen, 2006.（研究に関しては Cohen & Sykes, 2013 なども参照）コーエンの監督のもとサイクスが作成、学習者による試用を経て改訂され、以下よりアクセス可：http://www.carla.umn.edu/speechacts/sp_pragmatics/home.html

できる。このスペイン語のカリキュラムでは、ロール・プレイによる対話例のビデオが豊富に提供されていて、語用論的言動を目と耳で学ぶこともできる。

　教室指導用のカリキュラムにも、インターネット上の自主学習用のカリキュラムにも、それぞれの利点があるが、その両者を併用して指導することももちろん可能である。自主学習カリキュラム教材には、学習者にとっての利便性や、自律した学習者主体の学習を支援できるという長所がある（教育テクノロジーに関しては第10章を参照）。反面、双方向的な対話の練習をする、教員から個別のフィードバックを得る、ほかの学習者と協働して言語や文化の考察や自己・相互評価をする、といった活動は、対面の指導に向いている。また、指導の一環として、学習者が研究者のようにプロジェクトを企画し（learners-as-researchers/ethnographers appraoch、第6章参照）、たとえばESLのような第二言語の環境であれば、日々の生活の中でデータ収集したり語用論的言動を観察したりすることも有効であろう。EFLのような外国語の環境であっても、教員が用意したデータやメディアから入手可能な言語を学習者が主体的に分析したり、学習言語の能力が優れている情報提供者に学習者がインタビューしたりして語用論的ことばの使い方を考察し、意識を高めることが可能だろう。

## ▶語用論に焦点をあてたカリキュラム開発における基本方針

　ここでは、カリキュラム開発における基本方針を示し、それらを具現したカリキュラム教材の例を紹介する。基本方針には次のようなものがある。

1. 語用論的指導の主要目的と指導方針を明確に伝える
2. 実証研究に裏付けられた語用論的情報や自然な言語データを使う
3. 学習者の観察を導き、語用論的意識の向上をめざす
4. 双方向的練習または言語に焦点をあてた練習を盛り込む
5. 学習者の自己・相互評価を奨励する
6. 学習言語の規範に関する文化的根拠や背景を説明する
7. コミュニケーション・ストラテジーを盛り込む
8. 語用論的学習に関する資料を紹介する

以下では、例を挙げながらそれぞれの基本方針を解説する。

### 1. 語用論的指導の主要目的と指導方針を明確に伝える

　語用論的指導のカリキュラムの主目的は、文法的な正確さなどとは一線を画して、コンテクストに合ったことばの使い方という視点を学習者に根付かせることにあるといえる。語用論的規範は文化によって異なり、また1つの文化の中にも多様性が存在するので、カリキュラム編成者としては、状況に適したことばの使い方そのものの指導に加え、学習者が独自に語用論的学習を進められる手段の獲得を支援することも目的に掲げるとよいだろう。比喩的に言えば、「魚を与える」のみならず「魚の釣り方を教える」ことも

重要ということである。英語のように1つの言語であっても、世界の英語には多種多様な語用論的規範が存在するので、すべてを詳細に網羅するカリキュラムを作ることはできないだろう。また、話し手と書き手が双方向的に参与するコンテクストを度外視して、言語のかたちのみに焦点をあてることが語用論的カリキュラムの目標となることもないだろう。一方、学習者が主導権を握って、長期的に自らの語用論的能力を発達させていけるように語用論的意識を高めることは、カリキュラムの目的の1つとしてふさわしいだろう。

「魚を与える」

「魚の釣り方を教える」

そして、語用論的指導を主眼としたカリキュラムでは、その主目的とカリキュラム編成者の方針を指導を担当する教員や学習者に明確に伝えることが肝要である。1つの方法として、前書きに方針の説明を盛り込むことができる。上で紹介した日本語の発話行為を中心とした語用論的カリキュラム教材をもとに改訂された教室指導用のカリキュラム[10]では、次のような点が前書きに記されている。

- 言語を社会文化的コンテクストの中で学ぶことの重要性、発話行為の定義、そのカリキュラムで発話行為に焦点をあてる根拠
- 語用論的バリエーションの本質や、カリキュラムの中で例示されている語用論的規範の幅広さ
- 語用論的学習と指導の方針
- カリキュラムで扱われている学習言語のバラエティー
- カリキュラムで扱われている状況（例：大学生が遭遇することの多い大学での状況）
- カリキュラムの構成と内容
- 補助教材についての情報
- 学習者のエージェンシーに関するカリキュラム編成者の信条、つまり母語話者の規範をどの程度取り入れるかという裁量が学習者にあるという認識

---

10　Ishihara & Maeda, 2010.（上に紹介した日本語の語用論的カリキュラム教材をもとに改訂された対面指導用のカリキュラム）

従来のカリキュラムで指導してきた教員は、語用論的指導を中心としたカリキュラムや語用論的指導の方針に慣れていないので、どのように日常の指導に語用論的要素を融合すればよいかという例を随所に散りばめ、教員を支援するとよいだろう。以下にその例を示す。

## 2. 実証研究に裏付けられた語用論的情報や自然な言語データを使う

　語用論的指導は実証研究の結果や自然な言語の使い方にできる限り忠実であるべきだという今日の考え方にしたがって、カリキュラム編成の際は、たとえば第 4 章で紹介したようなデータをもとに教材開発を進めるとよいだろう。言語は無意識かつ自動的に使われることが多いため、カリキュラム編成者の直観のみに頼るのではなく、学習者の習熟度に合わせて適度に自然な言語の特徴を保持するべきである（第 3・8 章）。そのためには、ターゲットとなる語用論的ことばの使い方について明確なメタ語用論的意識を持つことが重要であり、第 4 章で紹介したような語用言語的ストラテジーとその背景にある社会語用的規範に関する情報の両方を盛り込むのが有益であろう。また、指導言語に精通したほかの教員や情報提供者の協力を得ながら、ロール・プレイなどを用いて言語データを収集し、言語ストラテジー、トーン、ポーズ、言いよどみ、談話の構成、非言語ストラテジーなどを抽出して教材として活用するのもよいだろう。情報提供者が多いほど語用論的バリエーションも生まれやすいので、規範的 (prescriptive) 指導ではなく記述的 (descriptive) 立場をとり多様性を例示することができる。

　ロール・プレイなどで得られた言語データは、できる限り自然な言語の使い方を反映したものであるべきなので、カリキュラム編成者は収集したデータを研究結果と比較したり、情報提供者にデータの自然さを判断してもらったりするとよい。学習者が自然な言語の複雑さに圧倒されるおそれがあるため、語彙の解説、音声や動画のトランスクリプト、翻訳など、カリキュラム教材にはさまざまなサポートが必要になるだろう。

## 3. 学習者の観察を導き、語用論的意識の向上をめざす

　語用論的指導では、場面や会話に携わる人物を想定し、その状況の中で使われる言語の分析を促す手法がよく用いられる。語用論は言語と文化の接点でもあるため、学習者が多文化を比較し、共通する語用論的規範と、言語や文化によって異なりうる語用論的規範の両者を意識できるようになるとよいだろう。ケース・スタディー方式のシミュレーションを行なえば、学習者が遭遇しそうな場面を想定し、その状況の文化的特徴に関する理解を話し合ったり（第 7 章参照）、学習者の言語を引き出してコンテクストとの整合性を検討したりすることができる。カリキュラム全体や各章の導入部でこのような意識向上をめざした活動を行なうことで、社会的状況に埋め込まれたさまざまな状況要因に注意を喚起し、言語のかたちだけでなく、いつどのようにその言語が使われるかを認識することがきわめて重要であると伝えることができるだろう。

　海外留学やなんらかの国際交流などによって、学習言語を自然な場面で使った経験が豊富にある学習者を授業で指導する場合には、対応に苦慮したことのある社会的状

況を学習者自身が持ち寄り、話し合うこともできる[11]（第3章参照）。このような学習者主導の場面設定は、オーセンティックで現実的であることが利点だが、それなりの社会経験や多様な文化体験がないとむずかしい。指導の導入段階では、文化的な意識向上を目的として状況の理解に焦点をあて、表現の言語的正確さなどはあとの課題にすることもできる。

　語用論的理解を深める段階では、コンテクストをともなう言語データを提供するだけでは必ずしも語用論的学びにつながることは期待できないため、適切な語用論的ことばの使い方について直接的・明示的に指導することが重要となる。学習者の特徴や教員の信条、教育環境などに応じて適宜選択する余地はあるが、1) 初めに語用論的規範を示し、学習者がその規範を理解した上で双方向的に使う練習をする演繹的手法や、2) 状況設定や言語データを提供し、学習者が主体的に語用論的規範を発見するように導く帰納的手法がある（第6章参照）。

　言語データのみを提供し、学習者が使われている言語の特徴に注目することで話者のアイデンティティや関係性を推測するタスクも効果的だろう。使われている挨拶表現や呼称、スラングの有無、短縮形の有無などの発音、語彙、会話の内容などから、会話が行なわれている場所やその場のフォーマリティー、話者の社会的地位・親疎関係・会話における役割などを推測できるケースは多々あり、言語の語用論的な側面に注意を喚起する練習になるだろう。異なる状況での会話を比べ、言語のかたちの類似点や相違点が、その状況や話者の関係性とどのように結びついているのかを考察したり、母語と学習言語の会話を比べ、言語や文化における共通点や特異性を比較検討したりするタスクも有益である。

　上述の日本語の語用論的指導のカリキュラム[12]から一例を挙げてみよう。ほめとこたえに関する章には、以下のように、録音された会話の音声を聞いて、ほめことばを書き取り、ほめられているであろう聞き手が誰か予測するアクティビティーがある。

---

まず、短い会話を聞いて、下線部にほめる表現を書き取ってください。次に、ほめられている相手は誰かを考え、相手が以下のa‒cである可能性を高・中・低の選択肢から選んでください。

例　　A: <u>おー！　そのスーツかっこいい！</u>
　　　B: へへぇ、そうでしょう。

---

11　McLean, 2005.
12　Ishihara & Maeda, 2010, p. 19 より改訂・引用（原著には日本語・英語を併記）。もともとのオンラインのカリキュラム教材の同様の例は以下からもアクセス可：http://www.carla.umn.edu/speechacts/japanese/Compliments/Ex3-1.htm, http://www.carla.umn.edu/speechacts/japanese/Thanks/Ex9.html

|  | 相手の可能性 | | |
| --- | --- | --- | --- |
|  | 高 | 中 | 低 |
| a) 講義をしている年配の教授 |  |  | ✓ |
| b) 就職面接のためスーツを着ている友達 | ✓ |  |  |
| c) 年齢が近く親しみを感じる会社の上司 |  | ✓ |  |

　このアクティビティーでは、学習者は、ほめことばを書き取りながら、使われている語彙、ほめられている対象、敬語などの待遇表現など、発話全体のフォーマリティーに注意を払い、さらにこたえのストラテジーにも留意して聞き手候補の可能性を判断する。

　次に高校や大学での指導に適した英語の語用論的指導の例を見てみよう。たとえば、日本人の英語学習者には一般的にあまりなじみがないといわれている *I was wondering if ...* の構文を中心とした依頼に関する指導案[13]では、始めに、この依頼表現に関するオーセンティックなエピソードを聞く（その録音は当該サイトから入手可、あるいは教員が要旨を朗読することもできる）。そのエピソードは、あるアメリカ人の大学教授の在外研究中の体験で、初対面の日本人の大学院生が修士論文を読んで出版に向けたアドバイスをしてほしいと依頼してきたが、その表現があまりにも直接的で丁寧度が低かったため、依頼を受け入れる気にならなかった、という主旨の経験談である。学習者はその語用論的誤りを引き起こした依頼表現 (*Please read this*) と、本来使われるべきだった丁寧度や間接度が高い表現 (*I was wondering if you might just take a quick look at this because I would appreciate your feedback*) の一部を聞きながら書き取る。そのあとで、語用論的意識の向上を目的として、次のような観点からディスカッション[14]をすることができる。

1. 修士論文は長いでしょうか、短いでしょうか。学生の修士論文を読むのは、この教授の仕事だったでしょうか。その2点を考えた上で、この依頼の大きさを判断し、下のスケール上の適当な位置に×印をつけてみましょう。
   小さい ←――――――――――――→ 大きい

2. ここに登場する大学院生から見て、教授の社会的立場はどう考えられるでしょうか。下に×印をつけてみましょう。
   低　い ←――――――――――――→ 高　い

3. 2人の登場人物はどの程度親しいでしょうか、下に×印をつけてみましょう。
   親しい ←――――――――――――→ 疎遠

---

13　Knight, 2012.
14　Knight, 2012, p. 107 より引用、改訂。

4. 教授は大学院生の依頼を受け入れたでしょうか。それはなぜでしょうか。

5. 大学院生が使うべきだった依頼表現にはどのような緩和表現が含まれているでしょうか。教授の反応はどう変わると思いますか。

　この場合には、社会的地位が高く疎遠な関係にある教授に大きな依頼をしているので、3本のスケールすべての右側に印がつくことになる。一方、大学院生が発話した依頼表現は、丁寧度が低く、むしろ3本のスケールの左に印がついた時に適した表現であった。このように状況に注目し、その分析を可視化することで、学習者は、状況と言語のかたちの関連を分析し、語用論的意識を高めることができるだろう。

### 4. 双方向的練習または言語に焦点をあてた練習を盛り込む

　上で述べたように語用論的指導において、語用論的意識の向上は大変重要であり、指導時間が限られているカリキュラムでは意識向上が優先となる場合もあるだろう。しかし一般的には、学習者が社会文化的状況を踏まえて語用論的に適切なことばを使用できるように、言語の選択やかたちに焦点をあてたアウトプット・タスクや双方向的な会話練習も必要である。たとえば、頻出する文法構造や語彙の理解と練習、あるいはいくつかの言語のかたちを状況や相手に合わせて選択し使用する練習、ロール・プレイでの双方向的な会話練習、電子メールのやり取りのシミュレーションなどが考えられる。そのようなアウトプットやインタラクションをとおして学習者は自らの言語にもより注意を払うようになり、言語的正確さを高め、さらに深く状況を理解できるようになるだろう（第6章参照）。

　たとえば、上の *I was wondering if ...* の指導案では、先に挙げた語用論的意識の向上をめざす活動のあと、学習者が8つの状況描写を読み、*I was wondering if ...* のかたちを取る依頼がもっとも適切である状況を選ぶ以下のような練習[15]がある。

---

Read the situations under 1 below and decide whether the phrase, *I was wondering if ...* would be the most appropriate choice. Write *yes*, or *no*, or *maybe*.

1. Situations
   a. You want to borrow your friend's pen during a lecture.
   b. You want a professor who is not your usual teacher to check your speech for the English speech contest.
   c. You want your teacher to let you leave class 20 minutes early because you have a job interview.

---

15　Knight, 2012, p. 108.

>     d.　（以下、計 8 場面の状況描写が続く）
>
> 2. For those situations above for which you answered *yes* or *maybe*, write what you would say using I was wondering if…

　解答例によると、*I was wondering if ...* が適当なのは、b, c を含む 6 場面で、2 の依頼文を作るタスクでは、学習者は言語のかたちに注目し、実際どのような依頼をするのか産出し、反復練習をすることもできる。

　この複文の依頼表現のように文法構造が複雑な場合には、学習者の言語習熟度によって、言語のかたちに焦点を置く練習が不可欠である。また学習者が、ターゲットの言語を容易に産出できるようになったら、より複雑なロール・プレイなどインタラクティブな練習も加えて、ことばの丁寧度、直接・間接度、フォーマリティー、語彙、ストラテジーの選択などについて教員がフィードバックをしたり、次の項目で述べるように、学習者が自己評価や相互評価をしたりするとよいだろう。

## 5. 学習者の自己・相互評価を奨励する

　学習者の言語の評価には、教員のみならず、学習者自身の自己評価や、学習者同士の相互評価も取り入れることができる。「評価する」という活動は、よく知られているブルームの分類体系 Bloom's Taxonomy[16] でもっとも上位に位置づけられており、認知的レベルの高い活動とされている。何かを評価をするには、単に評価対象についての知識があり、理解しているというだけでは不十分で、比較検討などの分析を重ねつつ、批判的思考を伴わなければならない。カリキュラムを編成する際には、学習者の知識や理解を高める活動だけでなく、その知識を応用したり、分析したり、統合したり、評価したりする認知レベルの高い活動をふんだんに盛り込むとよいだろう。

　語用論的指導の場合には、たとえば教員が評価を提示する前に、学習者がルーブリックなどで示された評価基準のガイドラインを参考にしながら、自身の言語の使い方は学習言語のコミュニティではどのように解釈されるだろうかという観点から自己評価を行なうことができる。カリキュラム全体をとおしてこのような自己評価を繰り返し行なえば、学習者もその方法に慣れていき、自律して学ぶスキル、すなわち他者の言語行動を語用論的に観察して、自らの言語使用の向上のために考察し、産出に結びつけるスキルを会得できるかもしれない。本章の挿絵に示した比喩で言えば、学習者の自己および相互評価を取り入れたカリキュラムでは、学習者は「魚を与えられる」のみならず、「釣りをする方法も伝授される」ことになり、さらに「その釣りの経験を振り返って今後に生かす省察の機会を得る」こともできる（具体的な評価例については第 11・12 章を参照）。

---

16　Bloom, 1956. ブルームの分類体系や、語用論的指導に関する示唆については、原著第 13 章（pp. 256-257）や、同章のアクティビティー 1 を参照。

## 6. 学習言語の規範に関する文化的根拠や背景を説明する

　第 5 章では、母語（やそのほかの言語）と学習言語の語用論的規範が異なる場合に、学習言語に望ましくない影響を与える可能性があることを説明したが、このような多文化間の語用論的相違は必ずしも学習を困難にするわけではない。実際には違いが際立ったものである時には、逆に学びやすくなることもある。しかし、母語の語用論的規範や学習者の個人的な価値観が、学習言語の規範や価値観と矛盾し対立する場合[17]には、学習言語やその文化に対する否定的な価値判断が生まれ、その文化やコミュニティの人びとに対する否定的な固定観念につながりやすい[18]。その結果、学習言語の規範を受け入れて適応するか、その場合はどの程度適応するか、あるいは抵抗し受け入れることを拒否するかという決断に影響をおよぼす。その決断の過程では、なぜそのコミュニティではそのような語用論的規範があるのかについて十分な情報があるとよいだろう（第 1 章）。言語の使い方の裏にある文化的根拠を知ることで、文化の内側からの視点を得ることができ、文化的リテラシーが高まることもある。学習言語の文化事情を学習者が好むと好まざるとにかかわらず、情報を得た上で語用論的選択をすることが可能になるわけである。

　そのため、語用論的視点に基づくカリキュラム教材には、第 1 章で紹介した語用論の説明的手法[19]を参考に、異文化間コミュニケーションや社会言語学などで用いられる文化的解釈を可能な限り取り入れるとよいだろう。たとえば、すでに紹介した欧米の学習者を対象に日本語を指導する語用論的カリキュラムでは、日本語の「うそも方便」(white lie) の文化的概念が紹介されている。日本語では自分や相手の顔をつぶさないための罪のない方便は社会的・倫理的に容認されやすい[20]が、欧米の学習者にはそれが不誠実だとして否定的に映ることがあり[21]、その場合には説明的手法が有効かもしれない。学習言語の文化での一般的な価値観や慣習について知り、それに基づいて自らの言語を選択する一助となるだろう。たとえば、日本語の語用論的カリキュラムの一例では、学習者がロール・プレイをしたあとでモデルの会話例を聞き、それに基づいて自分が産出した言語を自己評価するのだが、その会話例では実際に、依頼や招待を断る際に外交上の方便が使われている。次の例は、その解説である[22]。

> 話し手が、聞き手の依頼や誘いに応じたくない時、他愛ないうそが方便として使われるのは、お互いの面目をつぶさないようにするストラテジーでもあります。通常は応じたくない意向をそのまま伝えるより、自分には制御できない理由を述べる方が

---

17　Di Vito, 1993; Ishihara, 2006.
18　Wolfson, 1989.
19　Meier, 2003; Richards & Schmidt, 1983.（第 1・6 章参照）
20　Moriyama, 1990.
21　Ishihara, 2007; Kubota, 1996.
22　Ishihara & Maeda, 2010、断りの章の Teachers' Guide 練習 2 の解説より改訂、引用 (http://cw.routledge.com/textbooks/9780415777087/teachers-guide/5_Refusing_Teachers_Guide.pdf)。同様の例は以下からもアクセス可：http://www.carla.umn.edu/speechacts/japanese/refusals/feedbackex2.htm

> 丁寧で望ましいと言えますが、性格や人間関係によって、特に親しい友人と話している場合には、率直に話すほうが好まれる場合もあります[23]。人間関係と状況に応じて断る理由を選ぶのが賢明なストラテジーと言えるでしょう。
>
> このように、発話行為の理解や遂行に関する文化規範は非常に複雑です。他の日本語話者のことばの使い方に注意深く耳を傾け、状況も合わせて観察するようにしてみましょう。適切なことばの使い方に関して仮説を立て、必要に応じて改定していくとよいでしょう。

　方便としてのうその社会的容認度などの文化の違いは、語用論的指導において有意義なディスカッションの起爆剤となりうる。そのような話し合いは学習者の記憶に残りやすく、語用論的規範に関する文化的な説明が貴重だと感じる学習者もいるだろう[24]。

## 7. コミュニケーション・ストラテジーを盛り込む

　語用論的ことばの使い方に焦点をあてたカリキュラムでは、学習者の主観についてどのように考えたらよいだろうか。学習言語のコミュニティにおいて、学習者が特別な立場にあると見なされると、外国人らしいふるまいを期待されることがある[25]。また、学習言語のコミュニティの規範にしたがって言語を使うことができる場合でも、学習者がアイデンティティを示すために自ら学習言語のコミュニティの規範から逸脱し距離を保つことを選ぶ場合もある。そのため、文化的アイデンティティに配慮しようとするならば、母語話者の規範を学習者に押しつけることは避けるべきではないだろうか（評価に関する詳細は第 12 章を参照）。ある研究者のことばを借りれば、カリキュラム編成者も教員も、「失礼に、如才なく、非常に丁寧に、など、学習者が意図したとおりに自己表現できる準備を手助けするべきであり、回避すべきは、学習者がその意図に反して失礼になったり、へつらったりしてしまうことである」[26]。

　教員やカリキュラム編成者の本来の目的は、学習者が学習言語の語用論的規範に適応しようとしまいとにかかわらず、十分に情報がある状態で根拠のある選択をできるように支援することである。規範から逸脱する場合には、その規範が持つ文化的意味について十分な理解があり、聞き手がどのように解釈するであろうかという認識、そして規範を拒絶することで起こりうる否定的な結末についてもよく知っておく必要がある[27]。語用論的視点に基づくカリキュラムでは、学習者が根拠のある決断をしつつ自己表現できるように、語用論的ことばの使い方に関するコミュニケーション・ストラテジーの使い方を指導し、学習者が二言語・多言語使用者としての特権を享受できるよう配慮するとよ

---

23　Moriyama, 1990.
24　教員やほかの学習者との対話をとおして、日本語での他愛ないうその文化的側面を理解し自ら取り入れていく例や社会文化論的解釈は、Takamiya & Ishihara, 2013 を参照。
25　Barron, 2003, House & Kasper, 2000; Iino, 1996; Ishihara, 2006; Ishihara & Tarone, 2009.
26　Thomas, 1983, p. 96.
27　Kasper & Rose, 2002; Thomas, 1983.

いだろう[28]。学習者がその意図をより効果的に伝えるためのストラテジーがある一方で、まだ不十分な語用論的能力を補うために使用するストラテジーもある。以下はその例である。

- 本来の意図を強調するため、語用論的ことばの使い方に関するコメントを付ける
- 学習言語の語用論的規範に不慣れなことを会話の相手に警告する
- 母語の感覚をより効果的に伝えられそうな表現で比較的適切なことばを学習言語から探す
- 母語や学習言語のみに頼らず、意図をよりよく伝えられることばを第三言語から借用する

コミュニケーション・ストラテジーについては第10章も参照。

## 8. 語用論的学習に関する資料を紹介する

カリキュラム開発における最後の基本方針は、カリキュラムの中で扱った語用論的ことばの使い方に関する研究の情報などを、教員および学習者に提供することである。教員が指導言語に堪能であったとしても、語用論的ことばの使い方に関する明示的な知識を得るためには一層の意識向上が必要である。語用論的学習に関する情報を教員用ガイドに含めたり、また教員と学習者の両者が閲覧できるようインターネット上に提供したりするのもよい。学習言語によっては、第4章で紹介したCARLAデータベースやDiscourse Pragmaticsサイト[29]などにすでにかなりの情報があるが、それ以外の語用論的ことばの使い方を指導する場合には、さらなる最新情報を提供するとよいだろう[30]。

## ▶まとめ

本章では、既存の教材に語用論に焦点をあてたタスクや練習を補い、より語用論的な側面を補強したカリキュラムと、語用論をカリキュラムの基軸として新たに編成するカリキュラムについて考え、その基本方針を紹介した。語用論的ことばの使い方は、これまでの語学学習で比較的軽視されてきた領域であるため、語用論を体系的に取り入れたカリキュラムにはそれなりの価値があるといえるだろう。

基本方針の1つとしては、第1にカリキュラム編成者がその主要目的や指導におけるアプローチを利用者に明確に伝え、補助教材などで教員をサポートしていくことが重要である。また、そのほかの方針として、実証研究に基づいた情報や自然な言語データをできる限り使用すること、語用論的意識の向上のために文化的（社会語用論的）側面について話し合うこと、言語的（語用言語的）側面に焦点をあてた練習、特にインタラクティ

---

28　Aston, 1993.
29　http://www.indiana.edu/~discprag/index.html
30　CARLAサイトには、語用論研究に関する（概要付き）参考文献の検索が可能なページもあり、教員や研究者に広く利用されている。http://www.carla.umn.edu/speechacts/bibliography/index.html よりアクセス可。

ブな練習を取り入れることなどについても述べた。さらに、学習者が主体的に語用論的意識やことばの使い方を分析し自己評価や相互評価できるよう導くこと、学習者の文化的リテラシーを高める背景説明や文化的根拠を取り入れ、文化を内部から見る視点を補うこと、コミュニケーション・ストラテジーや追加資料を盛り込むことにも触れた。そして、繰り返しになるが、カリキュラム編成者が指導言語に堪能である場合でも、自らの直観のみに頼って教材を執筆するのではなく、これまでの研究で実証されたことばの使い方についての情報をできる限り反映することが望ましい。

　語用論的ことばの使い方がコミュニケーションの際に重要な役割をはたすことを学習者が認識している場合には、語用論的カリキュラムや指導に学習者が好意的な態度を示すことが報告されている[31]。幸い語用論の領域ではすでに、ある程度の研究結果が蓄積されており、今後の指導やカリキュラムの礎として活用できる。現在実践されている語用論的指導には発話行為に関するものや成人・大学生を対象にしたものが多いが、それ以外の語用論的ことばの使い方を指導するカリキュラムや、初級や年少の学習者を対象にしたカリキュラム、ビジネスやアカデミックな場面での言語に特化した語用論的カリキュラム、そして教室内指導を主眼にしたものからインターネット上に掲載されていて学習者が個別に利用できるものなど、多様なカリキュラムが今後開発されていくことが望まれる。

　これまでの指導にさらに深く語用論を取り入れたい場合、また新たに語用論的ことばの使い方を中心としたカリキュラムの策定をめざす場合には、まず基本に立ち戻り、自らの語学学習や指導における信条を振り返るところから始めるとよい（第2章参照）。カリキュラム全体にわたって自己の信条を貫き、そのカリキュラムを利用して指導する教員や学習者にもそれが伝わるとよいだろう[32]（カリキュラム編成に向けたアクティビティーは原著第11章を参照）。

---

31　Crandall & Basturkmen, 2004; Ishihara, 2004.
32　Graves, 2000.

# 第III部

# 語用論的学習・指導・評価に関する諸問題

# 第10章
# 学習者の自律と語用論的学び

アンドリュー・D・コーエン、石原　紀子

## ▶学習者の自律を育てる指導

　学習者の自律と語用論的学習の接点は何だろうか。語用論的指導の究極の目的として本書が掲げているのは、学習者が語用論的理解や適切なことばの使い方ができるようになること、そして語用論的指導を行なう授業を学習者が修了したあとも独自に学習を続けて語用論的ストラテジーのレパートリーを増やす、自律した学習者を育てることである。その手段として、本章では、ストラテジー指導とテクノロジーを利用した語学学習を例に取り、語用論的指導への応用を考える。第二言語習得全般における明示的なストラテジー指導の効果は実証研究でも報告されており[1]、また一方で、さまざまな形態のテクノロジーを駆使した語学学習もその発展がますます期待されている。本章ではまず発話行為について学び、実際にその発話行為を遂行するストラテジー、そしてその過程全体をつかさどるストラテジー案を見てみよう。後半では、テクノロジーを利用した語用論的指導や学習効果を検証した研究を紹介する。

## ▶言語学習や言語使用におけるストラテジー

　語学学習者のストラテジーはさまざまに定義されているが、ここでは研究者の共通認識を踏まえ、学習言語の知識や流暢さを向上させる目的で学習者が用いる意識的、あるいは半意識的な思考や行動のことをストラテジーと呼ぶ[2]。語学学習に成功した学習者がどのようなストラテジーを使っていたかという点に焦点をしぼった初期の研究[3]から発展をとげ、ストラテジーを使うことが語学習得においてなんらかの役割をはたすことが広く合意されるようになった。そして現在では、カリキュラムにストラテジー指導が導入されるにいたっている[4]。ストラテジーを効果的に使用することが語学学習に役立つという前提に基づき、対面で教員が指導する場合でも、また学習者がインターネットなどを利用して独自に学習する場合でも、語学カリキュラムにストラテジー指導が取り入れられるようになり、研究においてもストラテジーの有効性を主張する立場が支持されるようになってきた。こうした研究では、ストラテジーを使う学習者のほうが、使わない学習

---

1　Cohen, Weaver, & Li, 1998; Chamot, 2008; Rubin, Chamot, Harris, & Anderson, 2007.
2　Cohen, 2007b.
3　Rubin, 1975、また Griffiths, 2008 も参照。
4　Cohen & Weaver, 2006.

者よりも語学学習に成功する確率が高いことが報告されている。

依頼という行為を1つ取ってみても、さまざまな一連のストラテジー群が関わっていることがわかる。何かを依頼しようと計画する時には、計画・モニター・評価などの**メタ認知ストラテジー (metacognitive strategy)** を使う。依頼に使うことば、つまり適切な語彙、動詞のかたち、構文などに焦点をあてた瞬間には、その言語の記憶にアクセスして産出する**認知ストラテジー (cognitive strategy)** を使っている。もちろん、その合間に自身の言語使用をモニターしながら言語の選択を確認して、メタ認知ストラテジーに戻ることもある。**社会的ストラテジー (social strategy)** を使うのは、相手の年齢、性別、社会的地位などに鑑みて、誰にどのような状況で依頼しようかなどを考える時である。そして、依頼にともなう不安の解消法を考える時には、**情緒ストラテジー (affective strategy)** を使っている。

以下では発話行為の習得や使用のためのストラテジーを見ていくが、ここで紹介する研究が多少はあるものの、まだその効果は確立されていないといえるだろう。そのため、それぞれのカテゴリーからいくつか例を挙げるにとどめる。

## ▶発話行為の学習・使用に関するストラテジーの分類

ここに挙げる例は、より詳細にわたる関連研究[5]からの抜粋である。ストラテジーの分類は、学習者ストラテジー全般や第4章で紹介したような語用論の研究を反映して作成されている。また、このようなストラテジーを指導するカリキュラムについては、日本語、スペイン語、フランス語の語用論的指導を受けた大学生や留学生の語用論的発達に関する研究[6]もある。明示的なストラテジー指導が語学学習全般に役立つことは知られている[7]が、発話行為の習得への応用はまだごく限られている。発話行為の習得から使用に特化した試験的ストラテジーは、1. 発話行為の初期学習に関するストラテジー、2. ある程度習得された発話行為の遂行に関するストラテジー、3. 語用論的ストラテジーの学習や使用を計画・モニター・評価するためのメタストラテジーの3つに分類できる。それぞれの例を見てみよう。

### 1. 発話行為の初期学習に関するストラテジー

ある発話行為をはじめて学ぼうとする時には以下のようなストラテジーの使用が考えられる。

- 観察や、学習言語の優れた能力を持つ話者のインタビューなどをとおして、学習言語のコミュニティではどのように発話行為が遂行されているのか情報を集める(例:職場の同僚に何かを依頼する、地位の高い人からの誘いを断る、接客してくれた人

---

5 Cohen, 2005.
6 Cohen & Ishihara, 2005; Cohen, Paige, Shively, Emert, & Hoff, 2005; Cohen & Shively, 2007; Cohen & Sykes, 2013; Ishihara, 2007 など。
7 Cohen et al., 1998; Dörnyei, 1995; Nakatani, 2005.

に礼を言う、など)。その際は次の点に留意する。
    1) 何を言うか
    2) どのように言うか (話すスピード、声のトーン、丁寧度、直接・間接度など)
    3) 非言語行動 (顔の表情、姿勢、ジェスチャーなど)

- 自分なりの文化的分析をする
    1) その状況で自分の母語では何と言うのが適切か考えたり書いたりしてみる
    2) 学習言語コミュニティにおける、ある発話行為に関する文化的規範や、母語の文化との共通点・相違点を知る
    3) 意味公式などの発話行為セットのストラテジーの全般を知り (第4章参照)、状況に合うのはどのストラテジーか考える
    4) コミュニティの規範に照らし、使うべき表現を決める
    5) 文化の相違に関する解釈について、たとえば、どのような文化的根拠に基づいてその言語を使うのか、友人や同僚などコミュニティの構成員に聞くなどして学ぶ

## 2. 発話行為の遂行に関するストラテジー

　ここで紹介するストラテジーは、これまで部分的に習得した発話行為の知識や技能を実際に使う時に用いられる。学習言語の文化について資料を読んだり授業で習ったりしたこと、実際に学習言語の文化に触れた体験、言語データ収集などにより、学習者には発話行為についてすでになんらかの知識はある。学習者にとってむずかしいのは、それらの知識を動員して自ら発話行為を遂行することであり、そのために以下のストラテジーを使うことが考えられる。

- なんらかの工夫をして、以前に学んだ発話行為を思い出そうとする (例：発話行為セットのリストを視覚化したり、頭文字を使ったりして思い出し、その中から状況に適切と思われるものを選ぶ、など)
- 発話行為の産出練習をする
    1) 言語構造などに注目しながら、やり取りを想像してみる
    2) ほかの学習者などとロール・プレイをして発話行為の産出練習をする
    3) 店員や受付係など、学習言語のコミュニティの人びとに協力してもらい、オーセンティックな状況でリアル・プレイをして練習する
- 学習言語の優れた話者から、自身の発話行為について適切・不適切だった点をアドバイスしてもらう
- コミュニケーション・ストラテジーを使って意図を伝える
    1) 社会的・双方向的ストラテジーとして、完全に習得していないことを事前に警告する (例：*I want to make a request here, but I'm not sure it will come out right...*「お願いしたいことがあるのですが、うまく言えないかも

しれません」)

事前警告ストラテジー

2) 発話行為のあとで、語用論的逸脱（第5章参照）が誤解にいたってしまう危険を回避すべく説明を加える
3) 語用論的に適切な発話行為の遂行に近づけるよう努める
   a) 発話行為の遂行方法をいくつか比較検討し、1つを選ぶ
   b) すでに持っている知識から推測し、適切と思われる言語行動を選ぶ
4) 不足している知識を補うため、学習言語に応用できるか不明であっても、母語やそのほかの言語で使われる言い方を参考にして発話行為を遂行する

- 語用論的に適切に発話行為を遂行できる技能を持っていても、アイデンティティの表現のため自己に忠実になり、過度に母語話者の模倣をしない（語用論的抵抗については第5章を参照）[8]

この分類では、発話行為の初期学習とその後のフォローアップを区別しているが、実際はどちらの場合にも重複して使用できるストラテジーもある。では最後に、発話行為の学習と遂行の両者をつかさどるストラテジーを見てみよう。

## 3. 発話行為の学習と遂行に関するメタ認知ストラテジー

メタ認知ストラテジーは、語用論的ストラテジーの学習や使用を計画し、モニターし、また評価する目的で使われる。つまり、次のようなメタ認知ストラテジーは、ストラテジー全体の使用を管理・監督する機能をはたす。

- 発話行為の理解、産出、あるいはその両者にどの程度焦点があたっているか見極める
- 発話行為にともなう声のトーン、顔の表情などに注目する
- 発話行為の遂行前の計画、遂行中のモニタリング、そして遂行後の評価について決

---

[8] 学習者の主観の描写は LoCastro, 1998, 2003、その研究については Siegal, 1996 や Ishihara, 2006; Ishihara & Tarone, 2009 を参照。

定を下す
- 語用論的誤りを回避するため、下記の点についてモニターする
    1) 発話行為における適切な直接・間接度や丁寧度
    2) 選んだ呼称の適切さ
    3) ある状況で発話行為を遂行するタイミングの適切さ（例：社交の場で、同僚に仕事関連の話をするべきか、など）
    4) 談話の構造の適切さ（容認度）（例：やり取りの初めから主旨を伝える、少しずつ徐々に伝える、あるいは最終段階まで待ってから伝える、など）
    5) 選択したストラテジーの文化的適切さや、それを表現する言語構造の適切さ

先に述べたように、ここに紹介したものは、発話行為の学習や理解、産出に寄与する可能性のあるストラテジーの分類の試案である。次に、学習者要因、タスク、状況要因などがどのように発話行為の遂行に影響をおよぼすのか考察してみよう。

## ▶語用論的ストラテジーが言語使用に影響を与える要因

発話行為の学習や遂行の際に使うストラテジーが相対的に成功するかどうかには、その決め手となるさまざまな要因が関係する。ここでは、それらの要因のうち**学習者の特徴、タスクの性質、言語使用のコンテクスト**について解説する。

### 1. 学習者の特徴

次のような学習者要因は、語用論的学習や言語使用のためのストラテジーに影響をおよぼすと考えられる。

- 年齢：年齢が低いほど、発話行為のストラテジーをより簡単に覚え、効果的に使用できる可能性が高い。（小学2年生がストラテジーを有効に活用できた例もある。年少の学習者の場合には、教員が語用論的ストラテジーを強調し、ユーモアに富んだ視覚的資料などを利用する、あるいは学習者自身が作成するなどして楽しく学べるようにするとよいだろう）
- 性別：あるコミュニティで、女性と男性が選ぶ一連のポライトネス・ストラテジーは異なる可能性がある。
- 学習言語への適性：名詞の性によって異なる語形変化などに敏感に気づく学習者は、ラテン語源の言語を学習する場合に有利かもしれない。
- 学習スタイルの好み：好みの学習スタイルと関連の強いストラテジーは使いやすい傾向がある。（例：より直観が働く学習者は、具体性を好む学習者より、暗示的に表現された苦情の意図を推測しやすいかもしれない。具体性を好む学習者は、直接的なコミュニケーションは得意だが、暗示された真意を読み取り損なってしまうこともある、など）[9]
- 性格：話すより聞いていることのほうが多い内向的な学習者は、その逆の外向的な

学習者に比べ、ほめことばの中にほのめかされている皮肉なトーンに気づきやすいかもしれない。

## 2. タスクの性質

　母語と学習言語の共通点や相違点などの要因により、語用論的タスクの難易度はどの学習者にとっても一様というわけではない。わかりやすいキーワードを含んでいることや、逆にニュアンスがつかみにくいことなどが、語用論的理解に影響をおよぼす場合もある。また、タスクが複雑な場合は、高いレベルの機知や判断力、つまりメタ認知ストラテジーが必要となることに加え、認知ストラテジーも駆使して言語を慎重に使わざるをえない場合もある。たとえば、過重な仕事量を上司に減らしてもらうための依頼であれば、上司を怒らせないように自らの言動の効果をモニターしながら、へりくだる姿勢を示すと同時に、さまざまな認知ストラテジーを駆使して、明確に依頼を提示する力強さも必要だろう。具体的には、まずはポジティブ・ポライトネスを使った挨拶で友好的に会話をはじめ、話しにくい話題を間接的に持ち出す。その際は相手に敬意を払い、依頼の負担をやわらげるネガティブ・ポライトネスを用いる。そして、依頼を正当化する理由を述べ、その理由を上司に認めさせてから依頼を切り出す、などのストラテジーである。

## 3. 言語使用のコンテクスト

　学習者が経験できるオーセンティックな状況は限られていることが多いため、どうふるまったらよいのかわからない状況に図らずも遭遇することがあるだろう。挨拶をする、別れを告げる、依頼をする、などの場面は学習言語のコミュニティでも日常的になじみがあり、学習者は多様な場面を何度も体験できるかもしれないが、たとえば、これまであまり出席した経験がない葬儀などの場合は、どう行動し何を言うべきか躊躇してしまうかもしれない。このような場面を設定した教材はきわめて少なく、学習者が自主的に語用論的ストラテジーを駆使せざるをえないことが多いだろう。規範から外れた言語行動は、遺族にとっても学習者にとっても気まずい結果を生むことになりかねない。

　学習言語での対応がわからない場面に遭遇した際は、母語などなじみのある言語や文化のパターンに依存するというストラテジーもあるが、そのストラテジーが学習言語のコミュニティでは不適切と見なされることもあるため、注意が必要である。その文化を熟知している人や、書籍やインターネットなどの資料から、**事前に適切な言動について情報を得る**、そして**その場では周りの言語行動を観察・分析しながらメタ認知ストラテジーを用いて最善を尽くす**、また一般的ではない言動を取ってしまった場合には、**コミュニケーション・ストラテジーを駆使して修復に努める**など、言語使用の状況に応じて有効なストラテジーを選び、効果的に使用することが必要となるだろう。

　これまで本章では、自律した語用論的学びを促すさまざまなストラテジー案や、その

---

9　学習スタイルやストラテジーに関しての詳細は Cohen & Weaver, 2006 を参照。

効果的使用に影響を与える要因などを紹介した。ここからは、テクノロジーを駆使した語用論的学習や指導に焦点をあて、本章のテーマである自律的学習について、新たな方向から考えてみよう。

## ▶テクノロジーを利用した語用論的指導

　テクノロジーと一言で言っても、その定義はさまざまだろう。時と場所が変われば、紙や鉛筆でも最新のテクノロジーと呼べる状況があるかもしれない。語学学習においては、音声やビデオ映像をともなう教材を用いた指導や、コンピューターやスマートフォンを使って学習者がクイズ形式や対話形式で取り組む自主学習[10]が、よりハイテクであると認識されることもあるだろう。近年はウェッブ 2.0 による**コンピューターを媒介としたコミュニケーション (CMC, computer-mediated communication)** の発達がめざましく、電子メールやチャット、ビデオ・チャットなどのさまざまな通信手段から、インターネット上の学習支援システム（たとえば、ムードルやウィキ、ブラックボード、グーグル・グループなど）、ブログやツイッターなどの発信手段、そしてオンラインゲームやバーチャル・リアリティーによる疑似体験学習まで、あらゆる手段が開発されつづけている。

　双方向的な対話を促す CMC は、語学学習をさまざまな局面でサポートする影響力の大きい教育テクノロジーとみなされている。CMC による学習者同士のインタラクションの中で意味が構築されると、学習意欲を掻きたてられて自律的な学習が奨励され、その過程を通じてバイリンガルとしてのアイデンティティが交渉されていく[11]。伝統的な学びでは、学習者は受け身で知識を授かる側に置かれるが、CMC を利用した学習では、**社会的な学びの過程において知識を構築する積極的な存在**として肯定的に位置づけることができる[12]。

　語用論的学習においても、テクノロジーのはたす役割を見過ごすことはできないだろう。最近では、中間言語語用論の領域でも研究が進み、語用論的指導におけるテクノロジーの役割や教育効果に特化した書籍[13]も出版されている。以下では、CMC による語用論的学びを中心に、これまでの研究の一部を概観してみよう。

### 1. CMC による語用論的学び

　CMC を取り入れた学びでは、国外に居住する母語話者や、離れた場所で同じ言語を学ぶほかの学習者との**テクノロジーを介した協働 ( テレコラボレーション、telecollaboration)** により、多文化交流が可能となり、オーセンティックな場面で言語を使う機会が生まれる。特に、EFL など教室外での学習言語のインプットやインタラクショ

---

10　学習者主体でインターネットや携帯電話を利用し日本語やスペイン語の語用論的ことばの使い方を学ぶカリキュラムやその研究結果は第 9 章や Holden & Sykes, 2013 を参照。日本語のカリキュラム教材で使われたコンピュータ・ソフトの紹介や教材例、また CMC テクノロジーのリンクなどは原著第 13 章やその章末のアクティビティー 2 を参照。
11　Freiermuth & Huang, 2012; Smith & Craig, 2013.
12　de Andrés Martínez, 2012; Guarda, 2012.
13　Taguchi & Sykes, 2013.

ンが限られている環境では、学習言語で何かを伝え理解しようとする意思疎通の機会が得られることによって、学習意欲が刺激され、言語の習得が促される[14]。このような多文化間の接触は、語用論的学習にとって非常に有利な条件となりうる。たとえば日本の英語学習者が、テレコラボレーションを利用して意味を交渉していくやり取りに参加し優れた英語話者たちの語用論的ことばの使い方に触れれば、徐々にそのコミュニティの慣習に社会化していくだろう。その過程で、自らの使った英語によって相手との関係を築くことができたり、逆に相手の気分を損ねて気まずい思いをしたりしながら、語用論的な英語の使い方が人間関係にもたらす結末をじかに体験できるのである。

　CMCを利用した学習がもたらす語用論的発達については、以下のようにさまざまな言語の指導研究に報告がある。

- スペイン語、ドイツ語、フランス語の人称代名詞の使い方[15]
- ドイツ語の心態詞 (modal particles)[16]
- スペイン語の会話の終結および依頼と謝罪[17]
- 日本語の終助詞および断り[18]
- 日本語の呼称、終助詞、方言、絵文字、スタイルの変化[19]

　いくつか例を挙げてみよう。スペイン語・ドイツ語・フランス語などでは、二人称の代名詞は、相手との関係や場のフォーマリティーなど複雑な社会語用論的規範にしたがって選択される。ある一連の研究[20]は、学習者がテレコラボレーションを利用して、その規範を学ぶことができるか検証した。この研究では、学習者同士が同時には利用しない (asynchronous) インターネット上の日誌や電子メールに加え、同時にリアルタイムで利用する (synchronous) テレコンファレンス機能を使ったチャット、インターネット上の発信ツールなど多様なテクノロジーを用いたが、学習者は徐々に相手や状況に合った人称代名詞を選べるようになっていった。語用論的発達が見られた理由は、テレコラボレーションにおけるやり取りの中で、学習者が自分や相手のフェイスを保たなければならない状態にあったことに起因するのではないかと著者は結論づけている。

　同様に、アメリカの大学のスペイン語学習者と、スペインの大学の英語学習者とがリアルタイムで交流した研究[21]でも、スペイン語学習者の人称代名詞の選択に語用論的学習が見られた。学習者は協働プロジェクトに取り組んだあとにテクノロジーを使ってやり取りをしたのだが、学習者が母語話者と同様に人称代名詞を使いこなせるようになるには、数週間におよぶやり取りの中で、人称代名詞の選び方についての明示的・メタ語

---

14　Belz, 2007; Kinginger & Belz, 2005.
15　González-Lloret, 2008（スペイン語）, Kinginger & Belz, 2005（ドイツ語、フランス語）.
16　Belz & Vyatkina, 2005.
17　Gonzales, 2013（会話の終結）; Sykes, 2008, 2009（依頼と謝罪）.
18　Kakegawa, 2009（終助詞）; Takamiya & Ishihara, 2013（断り）.
19　Ishihara & Takamiya, 2014.
20　Belz & Kinginger, 2003; Kinginger & Belz, 2005.
21　González-Lloret, 2008.

用論的ディスカッションを繰り返すことが必要だったとこの研究者は述べている。このように、人称代名詞の語用論的習得には、長期にわたって双方向的なやり取りを継続することが肝要で、そのやり取りの中で学習者がオーセンティックな状況で意思疎通しながら意味を交渉することのできる CMC が最適な環境を提供したのではないかと洞察されている。

　また、CMC の一形態であるゲーミングやバーチャル・リアリティーでのやり取りも、語用論的発達に貢献できる可能性があるといわれている。セカンド・ライフなどのインターネット上の仮想空間では、学習者はアバターと呼ばれるキャラクターを選んで自己を投影し、言語やジェスチャーなどのボディー・ランゲージを使って、ほかの架空のキャラクターと交流する。このような 3 次元の仮想環境で 120 時間のゲーミングを行ない、スペイン語の語用論的ことばの使い方を疑似体験した学習者の依頼と謝罪を検証した研究[22]では、統計上の有意差は見られなかったものの、学習者の反応はおおむね肯定的であった。この研究者によると、バーチャル・リアリティーでのゲーミングの利点は、学習者が各自のペースで参加できること、さまざまな役割やアイデンティティを体験できること、その場で語用論的言動のフィードバックが得られること、現実の世界であれば存在するはずのリスクが低い環境でコミュニケーションを楽しめることなどである[23]。

## 2. ブログによる語用論的指導と文化的学び

　リアルタイムで利用する CMC の利点もさることながら、学習者同士が同じタイミングで使うとは限らない CMC の教育効果についても研究が進んでいる。ここでは、その一例として、語用論的指導や多文化間コミュニケーションのためのブログの用い方について見てみよう。ブログは写真やリンクも掲載できるインターネット上の日誌に近いもので、読者がコメントを残す機能もあるため、省察的機能とインタラクション機能の両者を兼ね備えたメディアといえる[24]。ブログは、個人の記録であると同時に、他者とのやり取りの経緯も残るため、言語や文化的学びの評価や自己評価のツールとしても適している。

　日本の英語学習者とアメリカの日本語学習者が、それぞれ授業で発話行為やスタイルの変化について学習しながら、ブログを通じて連携し、発話行為について学び合った研究[25]には、既習の発話行為や終助詞、方言などの使い方が向上し、日本語の断りや、「です・ます」「だ・である」のスタイルの変化などに関するメタ語用論的意識が高まったことが報告されている。ブログ活動では、読者が教員やクラスメートだけでなく、一般の母語話者など、学習言語の優れた語用論的能力を持つ話者にまで広がるため、学習者個人の認知的活動という枠を大きく超えて、学習言語のコミュニティに参与することができ、コミュニティの慣習や規範への社会化が起こりうる。学習者の語用論的選択は、コミュニティへの社会化や、多文化に影響されて変容するアイデンティティを交渉しようとす

---

22　Sykes, 2008.
23　Holden & Skyes, 2013; Sykes, 2009.
24　Ducate & Lomicka, 2005; Swanson & Early, 2009.
25　Takamiya & Ishihara, 2013; Ishihara & Takamiya, 2014.

るエージェンシーとも密接に結びついていると考えられる（テクノロジーを媒介とした語用論的学びの理論的枠組みとなる社会文化論や、言語社会化理論については第6章を参照）。

　また、語用論的発達と深い関係がある多文化間コミュニケーションに関する学びも、CMCを用いた学習によって活性化できることがわかっている。CMCの利用は、ブログを通じて意義のある談話に参加し、学習言語を読み書きする機会を得るだけにとどまらない。文化的慣習を反映するオンラインのやり取りに参加する中で、学習者は読み手をより明確に意識し、自らの知識を見直して再評価したり、問題解決に批判的に取り組んだりするようになる。その過程をとおして、発言力が向上し、自発的かつ自律的学習が生まれるからである[26]。

　ある研究[27]では、アメリカやドイツの学生が、テレコラボレーションの中で起こった衝突を解決するにあたって、社会的・歴史的コンテクストを考慮しながら相互の文化的価値観を理解し、そのやり取りを省察した様子が報告されている。同様に、アメリカの日本語学習者が、ブログでの省察をとおして、同年代の日本の大学生のさまざまな見解に触れ、教科書に記載されていた日本文化に関する固定観念を批判的に考え直した例[28]もある。さらに、スペインに留学した学習者と、アメリカ国内に残ったスペイン語学習者とが、ブログを使って現地の文化に関する交流を継続し、たがいに洞察を深めていったケース[29]など、興味深い事例も報告されている。ただし、長期にわたるテレコラボレーションを効果的に行なうには、**自らの文化を批判的に見直す**、**多文化や他者の視座を持つ**(perspective-taking)[30]、**インターネット上で交流する際に守るべきエチケット（ネチケット、netiquette）を明示的に学び、メタ語用論的意識を高める**[31]など、多文化間コミュニケーションに関わる訓練を可能な限り事前に行なっておくことも重要である。

## ▶まとめ

　本章前半では、発話行為の学習や遂行に関するストラテジーや、その過程全体を管轄するメタ認知ストラテジーに注目し、語用論的能力の発達をめざす学習者主体の自律した学習の重要性を強調した。そして、試案ではあるが、発話行為の学習や使用のためのストラテジーの分類とその例を一部紹介した。次に本章後半では、テクノロジーを介した語用論的指導や学びについて、これまでの研究結果の一部や、指導への示唆を紹介した。テクノロジーを用いた英語の語用論的指導の例はまだ報告が少ないようだが、教員である読者の方々が、教室の内外での自律的な語用論的学習を支援するアイディアをここから得られれば幸いである。次のアクティビティーでは、発話行為に関するストラテジーを実際に使用し、学習者の立場で、対話やストラテジーの使用状況を観察・分析

---

26　de Andrés Martínez, 2012; Ducate & Lomicka, 2005.
27　Schneider & von der Emde, 2006.
28　Takamiya, 2009.
29　Elola & Oskoz, 2008.
30　Schneider & von der Emde, 2006.
31　Hatakeyama, 2006.

する体験を通して、今後のストラテジー指導について考えてみよう。

## ▶ Activity：発話行為を遂行する際に使用するストラテジー

### 目的
1) 発話行為を遂行する際に自身が使うストラテジーを認識することができる。
2) 発話行為を遂行する際にほかの話者が使うストラテジーにも気づき、認識することができる。

### 方法
1) タスクにある謝罪と苦情のシナリオを用い、学習者として体験するため、英語などの第二言語でロール・プレイを行なう準備をしよう。相手には、その言語に精通した話者を選ぶとよいだろう。
2) 本章の「発話行為の学習・使用に関するストラテジーの分類」の項目を振り返りながら、発話行為をより効果的に遂行するために役立つストラテジーを積極的に使ってみよう。たとえば、どの程度効果的に発話行為を遂行できるか自分自身をモニターするストラテジーを使い、ロール・プレイを行ないながら、自分が使っているストラテジーを意識してみよう。
3) ロール・プレイを行なう際は相手が使っているストラテジーにも留意してみよう。
4) 発話行為のやり取りが収束したら、その対話の内容や使われた言語、ストラテジーなどについて相手と省察してみよう。
5) 次のシナリオに移り、1) – 4) を繰り返し行なってみよう。

### 結び
このアクティビティーを振り返り、発話行為を遂行する過程で使用したストラテジー全体を思い出してみよう。このようにストラテジーを意識して語用論的にことばを使う体験をとおし、ストラテジー学習についての理解が深まっただろうか。また、どんな難点があったか。ストラテジーを使うということに関して、今後学習者にどのように指導できるだろうか。

## タスク：第二言語で発話行為を遂行する

### 謝罪する
(a) 先週、友人から本を借りました。その本は限定版で、どこにでも売っているようなものではありません。返す時に感想を伝えようと思っていましたが、バスに乗った時にかばんから滑り落ちてしまったようです。バスの紛失物取扱所に電話してみましたが、届いていないとのことです。再会した友人に謝りましょう。

(b) 先週の土曜日に親しい同僚と食事し、とてもおいしい食事をご馳走になりました。次の週末になって、そのお礼を十分に言っていなかったことに気づいたあなたは、今その同僚に謝ろうと思います。

**苦情を言う**

(a) 友人が企画したパーティーに参加していますが、タバコの煙がきつく、音楽の音量もとても大きくて苦痛に感じます。もう帰ってしまおうかと思いましたが、友人とは仲がよいので、タバコの煙や音量について苦情を言って、なんとか事態を改善できるか試してみましょう。

(b) デートで街中のすてきなレストランへ行きましたが、注文してからすでに 45 分も待たされています。普段はゆっくりした食事も好きですが、今晩に限ってはこのあと観劇の予定があり、1 時間以内に開演の予定です。以前に食事した時はサービスが速かったのでこのレストランを選んだのにと腹立たしく思い、苦情を言います。

# 第11章
# 語用論的能力の評価

アンドリュー・D・コーエン

## ▶ 語用論的評価の必要性

　語用論的能力を評価するためのテストは1990年代から開発が試みられているが、語学指導の場で実際に使われることはまだほとんどない。語用論的能力のテストを実践の場に応用するまえに、コミュニカティブな指導法についての理論を発展させ、評価に関するさらなる実証研究を積み重ねて妥当性や信頼性を確立するのが先決だという主張があるかもしれない。一方で、そのような考え方は指導の場での語用論的評価を阻む理由にはならないことを示す次のような根拠もある。

1. 指導の場で語用論的能力を評価することにより、あらゆる社会文化的状況の中で、適切に相手の意図を理解し自己表現することが重要であり、またその能力があると有利だと学習者に伝えることができる。
2. 語用論的設問をテストに含めることで、学習者に語用論的学習の動機を与えることができる。
3. 語用論的評価をすることで、相手のフェイスを脅かすおそれがある難易度の高いタスクを、学習者がどの程度遂行できるかという大まかな指標を教員が把握できる。
4. 明示的に指導した語用論的能力の習熟度を教員が把握できる。

　指導したことがそのまま評価につながることが理想的ではあるが、学習者の語用論的ことばの使い方には評価しづらい面もある。母語話者同士でさえ意思疎通が円滑に行なわれない場合があり、また、効果的な語用論的ことばの使い方には、幅が広く多様な表現やストラテジーがある中で、何を適切さの基準とすべきなのだろうか[1]。たとえば日常生活によく見られる謝罪という発話行為の場合、妻の機嫌を大きく損ねてしまった夫が冗談めいた口調で *Sorry about that, dear.* と言っても妻の心に響かないかもしれないが、*I'm really sorry about that, darling. That was really insensitive of me.* のように誠意を込めて非を認めれば和解できる可能性は増すだろう。このように過失の大きさなどの状況要因や謝罪のトーンを考慮しなければならないため、謝罪における誠意

---

1　McNamara & Roever, 2006 参照。

の度合いは評価しにくい点の1つといえる。

　語用論的能力を指導現場で計測し、評価することもきわめて困難である。ロール・プレイを評価に取り入れるとしたら、学習者を個別に録画や録音して1人ひとり評価しなければならず膨大な時間がかかる。あるいは記述式のDCTを利用したとしても、正当な評価をするためには、トレーニングを受けた複数の評価者が慎重に数量評価をすべきである[2]。そもそも、会話は共同構築されるものであるため標準化しにくい。そのため、語用論的ことばの使い方を信頼性の高い方法で、なおかつ指導現場で実施可能な方法で評価するのは至難の業であり、なんらかの創意工夫が必要となるだろう[3]。

謝罪の誠実さの評価

　上に述べたように、語用論的ことばの使い方は、状況要因に左右されやすい上に多様性もあり、そのことが指導や評価を困難にする一因なのだが、一方で、どのようなことばの使い方がそのコミュニティで受け入れられやすいかという語用論的な傾向をつかむことは可能である。特に、母語と学習言語との顕著な違いを比較検討するような指導やその違いを分析する評価タスクが効果的である。評価したあとの指導では、学習者の語用論的逸脱が本人の望まない結末を招き、語用論的誤りや誤解を引き起こしやすい場合を中心に扱い、フィードバックをするとよいだろう（第5章参照）。

　語学教育において語用論的指導が重要であるとするならば、小テストやそのほかのテストにも語用論的能力に関する項目を取り入れなくてはならない。先に述べたように、学習者はテストに何が出題されるかということに格別の注意を払う傾向がある。本章では、学習者の語用論的意識やことばの使い方を引き出すタスクを作成する方法を中心に述べ[4]、第12章で具体的な評価例をとおして、学習者の語用論的意識や産出能力をいかに評価し、どのようなフィードバックができるか示す。

## ▶語用論的評価の手法

　語用論的評価にあたって第1に重要なことは、学習者が言語使用の状況を理解することである。EFLなどの環境で学習者に共通の母語や優勢な言語がある場合には、その言語で状況を説明し、状況要因を確実に理解できるように配慮してもよい。

### 1. 発話行為の理解の評価

　語用論的評価には理解と産出の両面がある。理解の評価では、間接的なメタ語用論的手法を用いることが多い。たとえば、ある状況でのロール・プレイの音声やそのトランスクリプト、あるいはシリーズもののテレビドラマの映像などを使って、その中で使わ

---

2　McNamara & Roever, 2006, pp. 54-75.
3　Roever, 2004.
4　研究ツールとしての語用論的評価はCohen, 2004; Roever, 2004などを参照。

れていることばが語用論的な観点からどの程度適切であると思うかを、学習者が**評価スケール (rating scale) 問題、多岐選択肢 (multiple-choice) 問題、ランク付け (rank order) 問題**などをとおして回答する方法がある。上に挙げた夫婦間の謝罪の状況を用い、作成した評価スケールの例を見てみよう。

---

妻と夫との次の会話を聞いて (または読んで) 質問に答えてください。

Wife: Darling, I don't like it when you criticize our children in front of other people. I was really annoyed last evening when you made cracks about them at the dinner party. I realize it was your effort to be amusing, but people can take it the wrong way, and…
あなたがよその人の前でうちの子供たちを悪く言うのは嫌なの。ゆうべの夕食会の時だって、子供たちをネタに悪い冗談を言って不愉快だったわ。みんなを愉しませようとしてたんでしょうけど、誤解されることだってあるし…

Husband: Really? I don't think so. In fact, I think you're overreacting – it's not such a big deal. But if you insist, I'm willing to watch what I say….
本当かい?そんなことないだろ。考えすぎだよ、そんなに大げさなことじゃないじゃないか。でもどうしても、って言うならことばに気をつけるよ。

夫の謝罪の程度を評価し、該当するものに✓をつけなさい。
1. ＿＿ 謝罪の程度が高い
2. ＿＿ ほどほど
3. ✓ 低い
4. ＿＿ 謝罪は存在しない

---

このような評価スケール問題に加え、なぜそのような評価をしたのか自由記述で理由を問うこともできる。この場合は、たとえば、「夫の発言は謝罪としては十分ではない。トーンが皮肉っぽく、妻を批判しているように聞こえる。反省して実際に態度を変えるか不明である」などの解答が考えられるだろう。

学習者の反応がさまざまに異なる場合は、その認識の違いが興味深いテーマとなるため、ディスカッションをすることも可能だろう。さらに、発話が聞き手におよぼす影響(アップテイク、ここでは聞き手である妻の解釈)に焦点をあて、謝罪がどのように受け止めら

れるかという観点から下のような多岐選択肢と**自由記述（open-ended）問題**を組み合わせた設問を作ることもできる。

> 妻が夫の発言を謝罪だと解釈する可能性は：
>   a. とても高い
>   b. それなりにある
>   c. ほとんどない
> その理由は：＿＿＿＿＿＿＿＿＿＿＿＿＿＿＿＿＿＿＿＿＿＿＿＿＿＿＿＿＿＿

　学習者と教員が母語などの言語を共有している場合には、自由記述問題への回答をその言語で書くこともでき、より深い分析が期待できる。このようなタスクによって、いらだちや皮肉などの感情や、間接的に生み出される意味などの理解度を探ることができる。発話行為が何かを見分けるのはそれほどむずかしくないかもしれないが、インタラクションの中で、ある発話がどの程度効果的に機能しているか判断するのは、話し手のトーンや態度も考慮する必要があるため、より複雑である。

　より直接的でオーセンティックな状況で語用論的理解の習熟度を評価するには、指導中に指示やフィードバックをする際に、間接的で微妙な表現を使ってみる方法がある。たとえば発表に関する批判をベールに包むようにして言う、指示に丁寧な依頼表現を使う、などである。そうすることにより、実際に学習者が意図された意味を理解しているか観察することができる。

　多岐選択肢問題や評価スケール問題、ランク付け問題は、語用論的理解を評価する手段の例だが、いずれも自由記述問題より点数化が容易であるという長所がある。これらの手段によって評価する語用論的判断は、学習者の語用論的理解や意識のレベルを反映し、また語用論的産出能力にも間接的に関連すると思われる。多岐選択肢問題の例を見てみよう。

> 知り合いのトムとブラッドが別れる場面での会話で、ブラッドのこたえとしてもっともありえそうなものを a) から d) の中から選んでください。
>
> Tom: Hey, Brad. It's been nice talking with you. Let's get together some time.
> 　　　ブラッド、話ができて良かったよ。またそのうち会おう。
>
> Brad:
> 　　a)　Good idea – when would you like to do it?
> 　　　　いいね、いつにしようか？

> b) You always say that but don't mean it.
>    いつもそう言うけど、本当はそんなつもりはないんだろ。
> c) Sounds good. Take care.
>    いいね、じゃ、気をつけて。
> d) I won't hold my breath.
>    期待しないでおくよ。

　アメリカ英語の話者にとっては、おそらく c がもっとも一般的なこたえである。a の可能性もあるが、*Let's get together some time.* は具体的な誘いではなく曖昧な表現であり、むしろ会話の収束を示すサインであるため、アメリカ英語の規範からは少し逸脱したこたえといえるだろう。

　また、さまざまな表現を、直接・間接度や丁寧度、誠実さなどの観点からランク付けする方法もある。たとえば、*Oh, sorry about that...* や *Oh, my goodness, I am really very sorry about that.* などの謝罪表現を、「気軽な謝罪」から「後悔の念の強い深謝」までのスケールを用いてランク付けすることなどが可能である。

## 2. 発話行為の産出の評価
### ・口述式ロール・プレイ

　語用論的発達を評価する手段としては、スピーキング・ポートフォリオなどを用いて、自然な状況の中で学習者のことばを長期間記録できるのが理想的だが、特定の語用論的ターゲットがあり一律に学習者を評価したい場合には、そのターゲットを引き出すなんらかの方法が必要だろう。言語を引き出す過程では、「最善の偏見を持つ」[5]、つまり学習者の能力が最大に発揮されるよう万全を期すとよい。たとえば、学習者は学習言語を即座には適切に操れないかもしれないので、評価前のウォームアップの活動で言うべきことをパートナーと予行演習したり、書いたりしてみるとよいだろう。

　では、学習者のこたえの評価ポイントを考えながら、例を見てみよう。

> 　新しい職場で、あなたは上司とのとても大切な会議をすっかり忘れてしまいました。会議時間の1時間後に、謝ろうとして上司のところへ行きました。この仕事に就いたばかりなのに、このような会議を忘れてしまったのは実は2回目で、上司は怒った声で言います。「今度はどうしたんだ？」この状況を丸く収めるよう、最善を尽くしてください。

　話者の相対的な社会的地位や親疎関係、そして過失の大きさなどに鑑みると、新入社員である話者は社会的に低い立場で、上司との間には距離もあり、かなり深刻な過ち

---

[5] Swain, 1984.

| 語用論的能力の評価 |

を犯してしまったと判断できる。このような状況の中で、適切な発話行為や模範的な表現を使えるか、適当な情報量を踏まえて話せるか、発話のフォーマリティー、丁寧度、直接・間接度は適切か、などを評価ポイントとすることができる。

たとえば、ある学習者が以下のようにこたえたとする。

> Very sorry, Mr. Peterson. You see…uh…I have sleeping problems and…uh…then I missed the bus. But I can make it up to you.
> 「ピーターソンさん、申しわけない。実はあの、睡眠に関する問題を抱えていまして、えー、それでバスに乗り遅れてしまいまして。でも埋め合わせはします」

この例では、謝罪の表現、理由の説明、修復の申し出の3つの謝罪のストラテジー（第4章参照）が使われている。だが語用論的に優れた能力を持つ話者であればアメリカ英語では理由や修復についてもっと詳しく、たとえば以下のように述べるだろう。

> Oh, I'm really sorry about that, Mr. Peterson. I've been suffering from chronic sleep disorder and as a result I have trouble getting going in the morning. I can get you a doctor's note about it. And to make matters worse this morning, I got to the bus stop just as the bus was pulling away. I'm really sorry about that. What can I do to make it up to you? I'll work overtime.
> 「あの、ピーターソンさん、大変申しわけありませんでした。このところ慢性の睡眠障害のため、朝、なかなか家を出られなくて。この件に関しては診断書を提出できます。それに今朝はさらについてなくて、バス停に着いた途端バスが行ってしまったんです。本当にすみません。どのように埋め合わせいたしましょうか、残業もいたします」

睡眠障害を患っていること、そしてうっかりバスに乗り遅れたことを許容してくれる理解のある上司ならば、そして医師の診断書があればなおさら、アメリカ社会一般ではこのような謝罪が容認されやすいといえる。ただし、アメリカ英語では、睡眠障害についてさらに詳しい症状を挙げたり、バスを逃した状況を追加して説明したりすることが多いだろうということは特筆しておきたい。そして、おそらくその分残業して償うなど、具体的な修復を申し出ることもあるだろう（これに対応する評価ルーブリックは第12章を参照）。この例ではアメリカ英語を基準に評価を考えたが、第1・4章などで述べたように、謝罪のストラテジーやその組み合わせの適切さが文化やコミュニティによって変わり

うることはいうまでもない。
　次に、より双方向的なロール・プレイの例を2つ挙げてみよう。

---

1. Your next-door neighbor keeps her dog out on her porch well into the evening and the barking is driving you crazy. Role-play the part of the irate tenant who knocks on the neighbor's door and requests that the dog be kept inside at night. Your partner will play the role of the elderly neighbor, who wants to keep this dog happy since it was the pride and joy of her deceased husband.
   隣の家では、飼い犬を夜遅くまでポーチに出していて、あなたは鳴き声に悩まされています。お隣のドアをノックして、夜は犬を家に入れるよう頼んでみましょう。パートナーが、亡きご主人の可愛がっていた犬を大切にしている年配の隣人の役を演じます。

   年配の隣人： Well, hello, _____. What can I do for you?
   　　　　　　あら、こんばんは、_____さん。どうかしました？

   あなた：

   隣人：

   あなた：

---

2. You promised your friend that you'd get tickets in advance for a special showing of a movie but forgot, and now the show is sold out.
   あなたはある映画の特別上映の前売チケットを取ると友人に約束していましたが、忘れてしまい、チケットはもう売り切れてしまいました。

   友人： What a bummer! I really wanted to see that movie this evening. I was supposed to report on it in film class tomorrow.
   　　　そりゃないよ！その映画、今晩どうしても観たかったのに。明日の映画の授業でその映画について発表することになってるんだ。

   あなた：

   友人：

> あなた：
>
> 友人：

　1の例では、機転の利く理解ある隣人でありつづけたい一方、飼い犬を静かにさせてほしいという依頼を明確に伝える必要もあるので、学習者が自然で親しみの感じられる会話を進めながら、意図どおりの丁寧な依頼ができているかという点を中心に評価できる。2の例では、おそらく多くの謝罪のことばや納得できる理由が必要である。まだチケットが残っている遠くの劇場まで車で送っていくことを提案するなど、過失の修復も大切な評価ポイントになりうる。このように自由に展開できる会話タスクでは、学習者が時には苦労しながら、記憶を探りつつ、さまざまな選択肢の中から適切な言語のかたちを選んでいく。口述式ロール・プレイは、会話の話者交替、使用するストラテジーの順序、意味の交渉などの語用論的要素がふんだんに含まれるという点でオーセンティックな対話により近いといえるだろう[6]（これ以外の教室内評価の例は第12章を参照）。

・記述式DCT

　話しことばの代わりとして、学習者がその場面に遭遇したら実際に言うであろうことを書く方法が「記述式DCT」と呼ばれることはすでに述べた。書きことばを利用した評価ではあるが、話しことばを使う能力をある程度反映した方法といえる。事前の準備なしに話す時に比べ、より思慮深く、社会的に望ましい言語になることもあり、学習者の言語語用論的知識を示唆する側面もある（第3章参照）[7]。DCTには口述式もあるが、記述式DCTは発話行為などの評価によく使われている。話し手と聞き手の各1ターンのみ、あるいは複数のターンから成ることもあり、学習者はすでに与えられている発話があればそれを考慮に入れた上で会話を完成させることになる。以下は複数ターンのDCTの例である。

> You arranged to meet a friend in order to study together for an exam. You arrive half an hour late for the meeting, and your cell phone battery was dead so you couldn't call to alert your friend.
> 友人と一緒に試験勉強をする約束をしていましたが、30分遅刻してしまいました。携帯電話の電池が切れていて、遅れることを連絡できませんでした。
>
> 友人：(annoyed) I've been waiting at least half an hour for you!
> 　　　（怒って）30分も待ったんだけど。

---

[6] Kasper & Dahl, 1991.
[7] Beebe & Cummings, 1996; Kasper & Dahl, 1991.

| 第11章 |

あなた1：

友人： Well, I was standing here waiting. I could have been doing something else.
ここに立って待ってたんだよ。何か別のことしてられたのに。

あなた2：

友人： Well, it's pretty annoying. Try to come on time next time.
ああ、それでも頭にくるなあ。次は時間どおりに来てよ。

以下はあるヘブライ語の母語話者の回答例をそのまま引用したものである。

あなた1： So what! It's only an – a meeting for – to study.
だから何さ！ただ、勉強する約束してただけじゃない。

あなた2： Yeah, I'm sorry. But don't make such a big deal of it.
ああ、ごめん。でもそんな大げさに言わないでよ。

　このこたえは、友人に対して適切なくだけた会話である点は評価できる。ただし、英語では友人からあまり反省の色がみられないと解釈されるおそれがあり、そのため評価では減点されるだろう。
　第3章でも触れたが、ロール・プレイやDCTを作成する時には、社会的要因（たとえば話者同士の相対的な社会的地位）や状況的要因（たとえば過失の大きさ）をコントロールし、自由自在に場面を設定することができる。1ターンのみの記述式DCTには、実際の会話のような話者交代がないという限界[8]があるが、複数ターンのDCTを用いれば、想像上の対話をよりインタラクティブに提示することができる。その反面、学習者がすでに与えられている相手のせりふに合うよう自らの発話を考案しなければならないという短所もある。いずれにせよ、DCTやロール・プレイでは、学習者がどのように自己表現したいかという問題を回避し、学習言語のコミュニティで一般的に使われると思うことばを反映するように指示するとよいだろう（第6・7章も参照）。そうすれば、学習者のアイデンティティの表現にペナルティーを科すことなく、社会的に受け入れられていることばの使い方に関する学習者の知識を評価することができる（その評価例は第7・12章を参照）。

---

8　Bardovi-Harlig & Hartford, 1993.

・短い文章完成タスク

　語用論的産出能力の評価の手段には、言語面に焦点をあてた文章完成タスクもある。次の例は、使うべき単語の原型が提示されており、そのヒントにしたがって文法的・語用論的に適切なことばのかたちを学習者が書き入れる短い文章完成タスクである。

> Brad is requesting a raise from his boss. Complete his request so that it sounds tactful:
> ブラッドは上司に昇給を交渉しようとしています。適切な依頼となるように文を完成させてみましょう。
>
> I was ＿＿＿＿＿＿＿ if you ＿＿＿＿＿＿ consider increasing my pay a bit.
> 　　　(to wonder)　　　　　(will)

さらに難易度の高い問題として、語彙のヒントなしの完成タスクもある。

> I was ＿＿＿＿＿＿＿ if you ＿＿＿＿＿＿＿ consider increasing my pay a bit.

　文章完成タスクにより、たとえばよく使われる語用論的表現や語彙を適切に使う能力、また依頼をやわらげる言語能力などを評価することができる。

## ▶発話行為の評価ストラテジー

　最後に語用論的評価のためのストラテジーを6つ挙げておこう。

### 1. 現実的な状況を使う

　シナリオで設定する状況は、学習者にとって現実味があり興味を惹くものにすべきである。たとえば、日本人の高校生の英語学習者にとっては、上の昇給交渉のシナリオは一般的ではなく、なじみが薄いといえる。また、学習者自身が困った経験のある状況を振り返って語用論的に考える機会を持つこともできる（学習者制作DCT[9]、第3・9章参照）。多文化間コミュニケーションを経験したことのある学習者であれば、語用論的に適切な解決策は思いつかなくても、対応に困った状況を考え出すことはできるかもしれない。そのような状況設定を引き出すには、たとえば次のような指示を出すことができる。

> コミュニケーションにおいて困難を経験した社会的な状況、たとえば、依頼や断り、謝罪や苦情などで困ったことのある状況を描写し *What do you say?* で締めくくっ

---

[9] McLean, 2005.

てみよう。

## 2. 語用論的用法の重要な点をランク付け評価する

　ある状況で使われたストラテジーの文化的適切さに的を絞って、学習者の理解をランク付けタスクにより評価することもできる。たとえば、昼休みに同僚と話している際に次のような2つの質問をすることは、どの程度文化的に適切かを、「適切」「ほぼ適切」「やや不適切」「不適切」の4段階評価などで問う。もちろん話者同士の関係性にもよるが、北米ではたいていの場合、このような質問は文化的に「不適切」と判断されるだろう。

> "I see you got a new car. How much did you pay for it?"
> 新しい車を買ったんですね。おいくらだったんですか。
>
> "How much do you make a month?"
> あなたの月給はいくらですか。

　また、使われている言語のかたちの適切さを、フォーマリティーの点から、たとえば「くだけすぎ」「適当」「かしこまりすぎ」などのランク付けを使って学習者が判断を示すこともできる。丁寧度であれば「適切」「ほぼ適切」「やや不適切」「不適切」、情報量であれば「多すぎる」「適当」「少なすぎる」などの選択肢が考えられる。優れた語用論的能力を持つ話者の間でも、このような判断には個人差があるため、学習者の評価にも幅を持たせるとよいだろう。

## 3. 学習者の状況判断について話し合う

　学習者が語用論的なタスクを行なったあとなどに、状況要因をどの程度理解していたか確認するのもよいだろう。こたえに影響をおよぼした状況要因を話し合ったり、話者の相対的な地位や親疎関係などについての判断を視覚的に、あるいはランク付けタスクで質問したりすることもできる（第3・7・12章参照）。

## 4. 学習者の主観がはたす役割を確認する

　母語話者であればこう言うだろうと思われるこたえを問うことや、学習者自身がそのようにこたえたくない場合には、どのように自己表現したいのか聞くこともできる。このようなディスカッションにより、コミュニティの語用論的規範を学習者がどのようにとらえているのかがわかるだろう。たとえば上司との会議を2回も忘れてしまった場合、イスラエルでは過失の修復を申し出るのは不適切だと思われる傾向があるため控えることが多い。しかし、アメリカ人のヘブライ語学習者は、「5分早く行って問題に対処します」などの修復を申し出ることで、自身の主観を表現するかもしれない。このような語用論的

選択が、コミュニティの規範を踏まえた上での意図的なものであるならば、規範から逸脱することにペナルティーを科すべきではないだろう（評価例は第 12 章を参照）。

このような場合には、規範についての意識（「十分に意識している」「ほぼ意識している」「意識が低い」など）と、なぜその規範に抵抗するのかという理由（「明確な理由が述べられている」「多少の理由が述べられている」「理由がない・不明確」など）の両者を評価することができる。

### 5. こたえの根拠を学習者に確認する

ある状況で、なぜそのようなことばを使ったのか学習者にたずねることで、語用論的理解をより的確に評価することもできる。大人数の授業の場合は、次のような指示を用いて、個々の学習者がそれぞれの根拠を書くこともできる。

> この状況でなぜそのようにこたえたか説明してください。こたえに影響を与えた要因は何でしたか。

### 6. 語用論的評価を行なう時期を決める

いつ何を評価するかについては戦略的に決定するべきである。たとえば、初級の学習者であれば、コースの初めには、言語的にあまり複雑でない発話行為、たとえば、ほめや感謝、別れの挨拶、サービスを受ける際の比較的シンプルな依頼などが指導や評価に向いているだろう。それ以外の依頼、招待、断り、謝罪、苦情などより言語的に複雑な発話行為は、コースの終盤や中・上級者を対象に指導や評価を行なうのが適切だろう。

### ▶まとめ

指導現場での語用論的評価に関する 2 章のうち、本章ではまず、なぜ語用論的能力の評価が必要なのかについて述べた。そして語用論的理解と産出の両面の評価に触れ、学習者が自身や他者の語用論的ことばの使い方をどのように理解しているか、また、どの程度語用論的産出ができるかという点からの評価を考えた。受動的能力の評価手段としては、評価スケール問題、ランク付け問題、多岐選択肢問題、自由記述問題を、産出能力の評価手段としては、口述式ロール・プレイ、記述式 DCT、短い文章完成タスクなどの手法を紹介した。そして最後に、語用論的評価のストラテジーを挙げた。

以下のアクティビティーでは、学習者の語用論的理解を評価するタスクの作成を試みる。また次章では、指導現場で利用できる評価について考え、学習者の言語例を実際に評価してみることにする。

## ▶ Activity 1: 発話行為の理解を評価するタスクを作成してみよう

### 目的
発話行為や、それが遂行される状況の理解度を測る評価タスクを考案する。

### 方法
1) 個人または少人数のグループで、まず以下の「発話行為の状況例と語用論的理解の評価手段」に目を通しておこう。
2) その中から発話行為（謝罪）の状況と、その評価に使う手法を1つずつ選んで評価タスクを作成してみよう。
3) 作成できたら、ほかの教員やグループが作成した評価タスクと交換し、学習者になったつもりで試行してみよう。
4) その結果について話し合い、各タスクがどのような語用論的理解を測ることを目的としているか、学習者のこたえがどのように評価されるのか、このようなタスクの作成と実施における実効性や改善点などを明らかにしてみよう。

### 結び
このアクティビティーから学んだことを振り返り、受動的な語用論的能力を評価する際に困難となる問題と、その対処法をまとめてみよう。

### 発話行為の状況例と語用論的理解の評価手段

#### 1. 発話行為（謝罪）の状況例
a. 1人で子育てしている近所の人の子供が病気になってしまったので、出掛けるついでに薬局で薬を買ってきてあげる、と約束していました。今、その約束をすっかり忘れて帰ってきたことに気づき、その人に謝ります。
b. あなたは信号を無視して道を横切っています。そのせいで、自転車に乗っていた大学生が、あなたを避けようとして急に曲がる羽目になりました。その学生に謝りましょう。
c. 昨日はあなたの母親の誕生日でしたが、うっかり電話するのを忘れてしまいました。今から電話して謝りましょう。
d. ある夕食会で、あなたはうっかり、夫／妻が皆に隠していたことをばらしてしまいました。家に帰ってから夫／妻に謝りましょう。

#### 2. 語用論的理解の評価手段
a. 多岐選択肢問題：ある状況でもっとも適切なこたえや解釈を選択肢の中から選ぶ。
b. ランク付け問題：たとえば直接度の高い順、丁寧度の高い順、誠実度の高い順などに各表現をランク付けし並べる。

c. 評価スケール問題：ランク付け問題に似ているが、選択肢を順に並べる代わりに、それぞれをたとえば1（まったく反省していない、まったく断定的でない）－4（もっとも反省している、もっとも断定的）などのスケールで評価する。
　　d. 記述式問題：ここでは産出力ではなく理解力を評価するためのものなので、こたえの根拠を探ることを目的とし、そのようにこたえた理由などを学習者が自由記述する。理解力を直接的に評価できるわけではないが、学習者の言動を理解するためのメタ認知的評価である。

## ▶ Activity 2: 発話行為の産出を評価するタスクを作成してみよう

### 目的
　話しことばや書きことばで発話行為が使われるやり取りを引き出し、学習者が発話行為を適切に遂行する能力を評価するタスクを考案する。

### 方法
1) 個人または少人数のグループで、まず以下の「発話行為の状況例と語用論的産出の評価手段」に目を通しておこう。
2) その中から発話行為を引き出す状況と、その評価に使う手法を1つずつ選んで評価タスクを作成してみよう。
3) 実際に学習者の言語を評価する際に使用する評価基準も合わせて考えてみよう（たとえば、依頼・苦情・謝罪の負担や深刻さを考慮した上で、その状況にふさわしい丁寧度や直接・間接度の表現が用いられているか、など。この点に関する詳細は第12章を参照）。
4) 作成できたら、ほかの教員やグループが作成した評価タスクと交換し、学習者になったつもりで試行してみよう。ここでは、可能な限り多くの回答を交換するとよいだろう。
5) その結果について、複数の回答を比較検討し、類似点や相違点について話し合ってみよう。学習者の産出能力を適切に評価するためには、どのような改善が必要か考えてみよう。

### 結び
　このアクティビティーから学んだことを振り返り、考案したタスクによって、さまざまな回答を効果的に評価することができるかどうか、困難な点やその対処法にはどのようなアイディアがあるか、まとめてみよう。

## 発話行為の状況例と語用論的産出の評価手段

### 1. 発話行為の状況例
　　a.　依頼する（たとえば、病院で告げられた診断が受け入れがたい時に、別の医師にセカンド・オピニオンを求める、など）
　　b.　苦情を言う（高級レストランの支配人に、サービスが遅いことと料理が平凡なことについて苦情を言う、など）
　　c.　ほめる（よいアドバイスをくれた謙虚な友人を皆の前でほめる、など）
　　d.　謝罪する（たとえば、昨日の会議で気分がすぐれなかったために八つ当たりしてしまった同僚に詫びる、など）

### 2. 語用論的産出能力の評価手段
　　a.　口述式ロール・プレイ：ある状況を設定し、そのシナリオを考えて描写する（たとえば、上司との会議を2度も忘れてしまい謝罪する場面など）。学習者が話を切り出す設定でもよいし、相手が何かを言い、それに学習者がこたえる形式でもよい（たとえば、上司が *What happened to you this time?*「今回はどうしたんですか」と切り出す、など）。
　　b.　記述式 DCT：ある状況を設定し、そのシナリオを考えて描写する。その場面で学習者が言うであろうことばをそのとおりに書く。この場合は、学習者のターンは1つだけになる。
　　c.　複数ターンの記述式 DCT：ある状況を設定し、そのシナリオを考えて描写する。対話の3－4ターンを空欄にしておき、相手が言うと思われることは、あらかじめ記入しておく。学習者がすでに記載されている相手のことばを考慮した上で空欄を埋め、談話を完成させる。

# 第12章
# 語用論的能力の評価の実践

石原　紀子

## ▶語用論的能力の教室内評価

　前章でも述べたように、語用論的能力を受動的・産出的能力の両面から評価することは語用論的指導の一環であり、不可欠である。評価といってもテストだけではなく、日常の授業の中で、形式にとらわれずに学習者の言語を観察し、能力を査定することも含まれる。評価を日常的な指導に織り込んでいくことで、学習者がすでに学んだことや、まだ習得していないことが明らかになり、教員はフィードバックをとおして語用論的気づきを促すことができる。ある研究[1]で報告されているように、語用論的な観点から見て不適切なことば遣いをしていても、指摘されることなくなんとか意思疎通できている場合、その学習者は語用論的意識を向上させる機を逸し、文法力や語彙力や流暢さが備わったとしても、状況にふさわしい語用論的ことばの使い方は学習できないおそれがある。教員の側も、学習者の語用論的ことばの使い方を評価してはじめて、指導や評価がどの程度効果的に実施されたかという情報を得ることになる。語用論的指導を語学のカリキュラムに体系的に組み入れる必要性が議論され始めたのは比較的最近で、指導に比べ、指導現場での評価については議論の進展が遅れているが、本書では評価の問題にもできる限り注目していきたい。

　第11章では、主に評価タスクの作成について述べたが、本章では、指導現場である教室内での語用論的評価の手法、評価対象である学習者の言語や語用論的意識の例、そして教員のフィードバック例に焦点をあてる。**教室内評価 (classroom-based assessment)** とは、その名が示すとおり、授業中に教員が行なう評価であり、teacher assessment, teacher-based assessment, alternative assessment, alternative in assessment などとも呼ばれる[2]。教室内評価は、学習者の学びを奨励するために行なわれるため、多岐選択肢問題を使って標準化されたテストや、学習者の成績を比べて序列化するために言語能力を数値化する評価とは対照的なものとして位置づけられている[3]。

　本章では第1に、実証研究の結果を、指導のみならず評価の際にも利用することの

---

1　Taguchi, 2012.
2　Brown & Hudson, 1998; Norris, Brown, Hudson, & Yoshioka, 1998; Rea-Dickins, 2008; Shohamy, 1996.
3　McNamara, 2001.

大切さについて述べる。そして、教室内評価のツールの例や学習者の回答例、教員の評価・コメント例を、語用論の言語的・文化的側面、またメタ語用論的側面から考える。教室内評価を実践することによって、学習者の語用論的能力を査定すると同時に、建設的にフィードバックすることもできる。またメタ語用論的意識を高めることを目的とした学習者の自己評価や相互評価の重要性も強調したい。さらに、学習者の文化的アイデンティティにも配慮して語用論的能力を評価するためには、学習者の意図や目的も考慮に入れるべきだろう。

　本章で挙げる評価例は ESL や EFL の指導現場ですでに試用され、EFL や日本語教育の研究にも導入されている。しかし語用論的評価はまだ試行錯誤の段階にある。教員である読者の方々も積極的にアイディアを出し経験を共有しながら、語用論的評価を改善していく過程に参加していただきたい。

## ▶語用論の研究結果に基づいた評価

　語用論的指導では、教員が指導言語の母語話者やそれに近い場合でも、直観のみでことばの使い方を判断せず、可能な限りこれまでの実証研究の結果を参考にすべきである、と本書の随所で繰り返し述べてきた。データに裏づけられた情報は、より偏りのない語用論的ことばの使い方を反映しているという点で洞察に富んでいるからである。同様に、語用論的評価でも、教員1人の直観に頼るより、**参考になるデータや資料を駆使し、できる限り自然で一般的な言語の使い方をもとにした判断を心がける**とよいだろう。そのためには、教員や学習者が語用論的な能力の優れた話者の言語データをまず分析し、それを評価の判断基準として利用することができる。たとえば、第7章の依頼に関する指導例12では、アメリカの大学生から収集した会話のデータが学習者に紹介され、依頼の言語の標準的な使い方のさまざまな例が示された。このようなデータは、学習者のモデルとなるばかりでなく、教員が学習者の言語を評価する際にも、比較対照の判断基準として機能する。データの提供者が年齢や社会的立場などの点で学習者に近ければ近いほど、その言語データは学習者にとってより適切なモデルとなるだろう。

## ▶ルーブリックによる評価

　ルーブリックやチェックリスト[4]は、受動的および産出的な語用論的能力の評価に役立てることができる。ルーブリックでは、指導や評価の中心となる語用論的側面が強調され、学習者も教員もその重要な側面に焦点をしぼって学習、指導および評価をしやすくなる。特に形成的評価 (formative assessment) では、評価は指導と密接に結びついている。たとえば、学習者が自己評価、あるいは学習者同士で相互評価をする場合には、評価結果そのものよりも、評価するという活動自体が語用論的気づきや学びに寄与する点が重要だと考えられる（以下の自己評価の項目を参照）。また、授業で語用論

---

[4] ルーブリックを利用した評価では、評価基準がどの程度達成されたかを示すことができる。一方、チェックリストではシンプルな二分法を用い、その評価基準が達成されたかどうかのみを示す (Tedick, 2002)。

的規範について話し合ったり省察したりする時に、学習者の語用論的意識を日常的に観察し評価することもできる。

　教室内評価の基本方針の1つに、**評価基準を指導目標に合致させる**という点がある[5]。すなわち、指導の際に中心的に扱った能力が評価でも同様に強調されるべきであり、また学習者が事前にその評価基準を知ることも重要だ。次に語用論的評価の焦点となりうる側面を挙げる。

1. 言語的（語用言語的）側面
2. 文化的（社会語用的）側面
3. メタ語用論的側面

教室内評価では、このうちのいずれか、あるいは複数の側面を評価の対象とすることができる。以下で1つずつ見てみよう。

### 1. 言語的（語用言語的）側面の評価
　言語的（語用言語的）側面を中心とした語用論的評価は、次のような受動・産出能力の観点から行なうことができる。

- 相手の意図した意味をどの程度理解しているか。
- 意図を伝えるにあたり、言語がどの程度効果的に使えているか（学習者の言語は、学習言語のコミュニティではどのように理解されると思われるか）。

具体的な言語の選択や使用に関しては、たとえば次のようなさまざまな点についての評価が可能である。

- 語彙やフレーズ（例：a *big* favor, I *just* need…）
- 文法構造（例：*Can you …? / Would you…? / I was wondering if … / Would it be possible …?*）
- 発話行為やそのストラテジー
- 語用論的トーン（例：言語・非言語の合図やニュアンスなど、第3章参照）
- 書きことば・話しことばの談話の構造（例：導入、本論、結論）
- 談話・対話標識や言いよどみ（例：*by the way, speaking of…, well, um*）
- 立場や意見を表明する認識標識

　ここでは評価の対象となりうる主な点を挙げたが、実際の指導現場ではそれぞれの教育環境に応じてこの中から選択したり、付加したり、修正したりして、ターゲットとし

---

5　O'Malley & Valdez Pierce, 1996.

て集中的に指導した内容と合致する評価基準を作成するとよいだろう。そして、教員や学習者が判断基準となる言語データ、つまり可能な限り自然な会話を反映したデータを指導の際に利用し、同じデータを評価の時にも参照できれば理想的である。以下の例は依頼の**言語的（語用言語的）側面に特化した分析的評価**の例である（指導の詳細については第 7 章例 12 を参照）。

例 1[6]

| | |
|---|---|
| 大学生が大人数の授業を担当する先生に、レポートの締め切りを延ばしてもらうよう依頼する（第 7 章指導例 12、言語データ例にある依頼のシナリオ d 参照）。<br><br>評価基準：<br>　　　　　　　　　　　　　　　　4: とても適切・とてもわかりやすい<br>　　　　　　　　　　　　　　　　3: ほぼ適切・ほぼわかりやすい<br>　　　　　　　　　　　　　　　　2: やや不適切・ややわかりにくい<br>　　　　　　　　　　　　　　　　1: 不適切・わかりにくい | |
| a.　直接・間接度、丁寧度、フォーマリティーなど**依頼全体の印象、トーン**（イントネーション、視線やジェスチャーの使い方など、言語・非言語の印象）<br>**Overall (in)directness, (im)politeness, and (in)formality, tone of the request** (e.g., intonation, use of eye-contact/gaze, gestures if applicable) | 4 3 2 1 |
| b.　**ストラテジー全体によって伝えられる意図**（適切なストラテジーが選ばれ使われているか、与える情報が少なすぎ・多すぎないか、選ばれたストラテジーは意図が伝わるように適切に使われているか）<br>**Choice and use of requesting strategies** (e.g., offering a reason, getting a pre-commitment, checking availability, promising to compensate, showing consideration for the listener, expressing apology/thanks) | 4 3 2 1 |
| c.　正確さではなく適切さの観点から見た**発話の総合的なわかりやすさ**（発音・語彙・文法・発話構成など）<br>**Overall comprehensibility of the speaker's intention** in terms of appropriacy, rather than accuracy (e.g., pronunciation, word choice, grammar, sequencing) | 4 3 2 1 |

---

6　Ishihara, 2009 より引用、改訂。この指導や評価の詳細は同論文を参照。

（下記、**太字**部分がカーラ役の学習者の回答例）

| 学習者1 | 学習者2 |
|---|---|
| 指導2週間目： | 指導2週間目： |
| Karla: **Excuse me. I have a favor to ask of you. Could you postphone report?**<br>[Prof. Johnson: But you knew the deadline, didn't you?]<br>Karla: **Yes. But I was sick since last month. So I couldn't did my report.**<br>教員による評価<br><table><tr><td>a. Tone of the request</td><td>2</td></tr><tr><td>b. Strategies</td><td>2</td></tr><tr><td>c. Comprehensibility</td><td>2</td></tr></table> | Karla: **Hello, I'm student at your class. I want you to postpone...**<br>[Prof. Johnson: But you knew the deadline, didn't you?]<br>Karla: **Yes.**<br>教員による評価<br><table><tr><td>a. Tone of the request</td><td>1</td></tr><tr><td>b. Strategies</td><td>1</td></tr><tr><td>c. Comprehensibility</td><td>1</td></tr></table> |
| 指導8週間目： | 指導8週間目： |
| Karla: **Excuse me. I have a favor of you. Could you postphone report?**<br>[Prof. Johnson: But you knew the deadline, didn't you?]<br>Karla: **Yes. But I was sick since last month. You know your report are so many. I want to do a good job. So could you postphone the deadline two days?**<br>教員による評価<br><table><tr><td>a. Tone of the request</td><td>2</td></tr><tr><td>b. Strategies</td><td>3</td></tr><tr><td>c. Comprehensibility</td><td>2</td></tr></table> | Karla: **Excuse me. My name is Karla. I'm a student of your class. May I get some extention for the deadline of a course papers?**<br>[Prof. Johnson: But you knew the deadline, didn't you?]<br>Karla: **I know the deadline. I'm sorry. But, I have another three long course papers at same week. However I want do my best on all course papers. So, could you possibly extend the due date of a course papers for a few days?**<br>教員による評価<br><table><tr><td>a. Tone of the request</td><td>4</td></tr><tr><td>b. Strategies</td><td>4</td></tr><tr><td>c. Comprehensibility</td><td>4</td></tr></table> |

　学習者1・2は同じ授業を受けていた大学生だが、授業に取り組む姿勢やモティベーション、言語習得に関する信条の違いなどから、指導8週間後の学習の成果に大きな

差が生じているのが興味深い。

　以下は、例1と同様にルーブリックを使用した評価例だが、**教員の詳しいコメント**が付加されているため、より**形成的評価**に向いているだろう。このように全学習者に個別にコメントするのは、時間や労力に制約のある教員には現実的ではないかもしれないが、たとえば、グループ学習を取り入れて協働的な学びを促し、各グループが回答を1つにまとめて提出するような設定であれば、より実行可能となる。そして、指導の一環として、学習者の言語やその評価を授業内で共有できれば、全体の語用論的意識の向上を期待できるだろう。

例2（第11章の記述式 DCT 例を改訂）

> 大学生のジョンとケビンは親しい友だちで、一緒に試験勉強をする約束をして、待ち合わせています。ケビンは、携帯電話の電池が切れてしまい、ジョンに連絡できないまま30分遅れて到着します。
>
> John and Kevin are good friends at college. They arranged to meet in order to study together for an exam. Kevin arrives half an hour late for the meeting.

（下記、**太字**部分がケビン役の学習者の回答例）

| 学習者1 | 学習者2 |
| --- | --- |
| John: (annoyed) I've been waiting at least half an hour for you!<br><br>Kevin: **So what! It's only an – a meeting for – to study.**<br><br>John: Well, I was standing here waiting. I could have been doing something else.<br><br>Kevin: **Yeah, I'm sorry. But don't make such a big deal of it.**<br><br>John: Well, it's pretty annoying. Try to come on time next time. | John: (annoyed) I've been waiting at least half an hour for you!<br><br>Kevin: **I am so sorry…. I studied until 3 in the morning last night and I couldn't get up this morning. I will buy your lunch for the compensation.**<br><br>John: Well, I was standing here waiting. I could have been doing something else.<br><br>Kevin: **I am very sorry for keeping you waiting. I should have called your cell-phone. I won't do this again!**<br><br>John: Well, it's pretty annoying. Try to come on time next time. |

| 評価 | |
|---|---|
| 4 - very appropriate; 3 - somewhat appropriate; 2 - less appropriate; 1 – inappropriate<br>4－適切、3－ほぼ適切、2－やや不適切、1－不適切 | |
| 1. Strategies of apologies<br>謝罪のストラテジー | 2 |
| 2. Vocabulary/phrases<br>語彙・フレーズ | 4 |
| 3. Level of formality<br>フォーマリティー | 4 |
| 4. Pragmatic tone<br>語用論的トーン | 2 |

教員のコメント：
2人は親しい友だちなので、ことばはちょうどよい程度にくだけていてわかりやすい。ケビンは2ターン目までほとんど謝らず、怒っているジョンを責めてさえいるので、ジョンが期待するほど反省していないように聞こえる。おそらくケビンはあまり悪いと思っておらず、ジョンに対して少しけんか腰である。

| 評価 | |
|---|---|
| 1. Strategies of apologies<br>謝罪のストラテジー | 2 |
| 2. Vocabulary/phrases<br>語彙・フレーズ | 4 |
| 3. Level of formality<br>フォーマリティー | 4 |
| 4. Pragmatic tone<br>語用論的トーン | 2 |

教員のコメント：
ケビンはとても反省しているように聞こえる。謝罪のストラテジーをいくつも使って誠意を表現している。2人は親しい友だちなので、ケビンのことばはもう少しだけくだけていてもよい。たとえば、*I will buy your lunch for compensation.* の代わりに、*I'll make it up to you. How about if I bought you lunch?* や、ただ *I'll buy you lunch.* と言ってもよい。

　読者もすでにお気づきのように、語用論の言語面と文化面を完全に切り離すのはむずかしいことが多い。これはまさに語用論が言語と文化の交わる点であり、両側面が多くの点で融合しているからである（第1章）。そのため、本章のほとんどの例に見られるように、言語面と文化面を区別せず、より包括的に評価する融合方式もよいだろう。以下ではより文化面に焦点をあてた評価の例を見てみよう。

## 2. 文化的（社会語用的）側面の評価

　文化的（社会語用論的）側面を中心とした語用論的評価は次のような受動・産出能力の観点から行なうことができる。

- 学習言語の使い方がその文化の中でもたらす結末や、状況要因の社会的な意味をどの程度理解しているか。
- 学習言語のコミュニティでは、学習者の意図はどのように解釈され、どのような結末をもたらすだろうか。
- その文化的コンテクストにおいて、学習者の語用論的言動はどの程度効果的に意

## 第 12 章

図を伝えられるだろうか。

より具体的な文化の側面に関しては、次のような点についての評価が可能である。

- やり取りにおける直接・間接度、フォーマリティー、または丁寧度全般がその状況ではどの程度適切か。
- 状況判断(話者の相対的な社会的立場、親疎関係など)は適切か。
- (学習言語の文化的規範にしたがうことが学習者の前提となっている場合には)その規範や、規範のもとにある文化的根拠や考え方をどの程度理解し、適応しているか。

語用論的評価では、産出的能力のみならず受動的能力も評価することが重要である。何をどのように表現するかという問題に加え、他者の意図もそのコミュニティの規範に沿って解釈できるようにならなくてはならない。学習者の受動的能力の評価は、学習者がコンテクストの中で意味を解釈する、引き出す、多岐選択肢問題で社会文化的適切さを判断する[7]、特定の表現の適切さをランク付けするなどの手段で行なうことができる(第11章参照)。教室内評価を実施すれば、学習者の語用論的理解力を認識すると同時に、学習言語のコミュニティでの一般的な解釈について学習者にフィードバックすることもできる。

以下は、分析的評価ツールを用いて**学習者の言語と文化的理解の両者を評価**し、フィードバックする例である。繰り返しになるが、ここでも優れた語用論的能力を持つ情報提供者の言語データがあれば、評価の基準として役立つだろう。

例 3 (第 11 章の口述式ロール・プレイの例を改訂、以下では学習者がミシェール役で、上司の性別は自由に設定)

> 新しい職場で、ミシェールは上司とのとても大切な会議をすっかり忘れてしまいました。会議の開始時間の 1 時間後に、上司のところに謝りに来たところです。この仕事に就いたばかりなのに、大事な会議を忘れてしまったのは実は 2 回目で、上司は怒った声で言います。「今度はどうしたんですか?」
>
> Michelle completely forgets a crucial meeting at the office with the boss at her new job. An hour later she shows up at her boss' office to apologize. The problem is that this is the second time she's forgotten such a meeting in the short time she has been working at this job. Her

---

[7] 妥当性や信頼性の高い選択問題を作成するには多くの時間を要するため日常的な使用には向かないかもしれないが、受動的な語用論的能力を測定する一連のテスト開発の試みにはさまざまなものがある (たとえば Hudson, Detmer, & Brown, 1995; Liu, 2007; Roever, 2005)。

boss is clearly annoyed, "What happened to you this time?"

| | 学習者1 | | 学習者2 | |
|---|---|---|---|---|
| ミシェール： | So sorry, Mr. Peterson. I have sleeping problems and then I missed the bus. I can make it up to you. | | ミシェール： | Ms. Peterson, I'm terribly sorry. It completely slipped out of my mind. I know this is my second time, but believe me, this never happened to me before. I'm really sorry, I'll be very careful and this won't happen again. |

評価

4 - very appropriate; 3 - somewhat appropriate; 2 - less appropriate; 1 – inappropriate

4－適切、3－ほぼ適切、2－やや不適切、1－不適切

| | 学習者1 | 学習者2 |
|---|---|---|
| 1. フォーマリティー、直接・間接度、丁寧度 | 3 | 4 |
| 2. 謝罪のストラテジー | 3 | 4 |
| 3. 文化的規範 | 2 | 4 |

教員のコメント（学習者1）：
ミシェールは3つの謝罪のストラテジー（謝罪の表現、理由の説明、修復の申し出）を使っており、その選択はこの場面に適切である。ただ、過失の理由が詳しく説明されていないので、謝罪があまり誠実に聞こえないだろう。上司は正直に話してほしいと思うかもしれない。

教員のコメント（学習者2）：
ミシェールはとても反省しているようで、イントネーションが適切であればとても誠実に聞こえるだろう。さまざまな謝罪のストラテジー（謝罪の表現、理由の説明、再発防止の約束）を使っているが、修復の申し出 (I can meet with you right now or work overtime, whatever you want me to do to make it up. など) を使うこともできる。

（教員コメントの英語版は原著第15章例5, p. 298を参照）

　本章のこれまでの例は大学生など認知的機能が高い成人の学習者を対象としたタスクで、それまでに指導した内容を理解していることを前提として評価している。しかし、タスクをよりシンプルな内容に変え、状況描写を視覚化するなどの工夫をすれば、年少の学習者の状況理解や言語を引き出し、そのコンテクストにおける文化的理解や語用論的産出能力を評価することも可能だろう。たとえば、絵本などを使って（第7章参照）依頼の発生するコンテクストを導入し、could you/could I/can you/can I/may I などの表現を指導・練習したあとで、学習者が絵を添えて状況を可視化する**学習者制作ビジュ**

アル DCT (student-generated visual DCT, SVDCT)（第 3 章参照）を利用し、その回答を評価することもできる。以下に、香港在住で 12 歳の日本人英語学習者が、語用論的指導を受けたあとに実際に行なったビジュアル DCT の例[8] を挙げる。

例 4

この例は、学習者が花を買おうとして店員の前にあるバラを取ってもらうという設定であり、学習者が描いた絵から、店員が若い女性で学習者の年齢に比較的近いことがわかるため、自分で花を選んで店員に渡す形式の店であれば *Can you pass me the rose?* という学習者の言語が適切であると評価できる。言語のみで状況を描写しつくせなくても、このように絵があれば、学習者が思い描いたシナリオが伝わりやすく、年少の学習者自身も状況を意識しやすくなるだろう。教員も、学習者の状況の文化的理解や、そのコンテクストでの言語の使い方を評価しやすくなるだろう。

### 3. メタ語用論的側面の評価

言語面や文化面の語用論的能力の評価に加え、コンテクストに鑑みて学習者が意識的にことばの使い方を分析あるいは説明するメタ語用論的能力も評価することができる（メタ語用論的意識については第 2 章参照）。特に、語用論的指導の目標の 1 つが、将

---

8　Ishihara & Chiba, 2014.

来的には指導を受けなくても自発的に語用論的学習を進める能力を培うことであるならば、このようなメタ語用論的分析力の発達も評価対象とすべきだろう。

以下に、第一言語と学習言語の語用論的使い方を分析する例を2つ挙げる。例5では、学習者が母語の日本語と学習言語の英語での依頼の談話の言語データを収集したあとで、**コンテクストと言語との関係を分析**する。学習者は相対的な社会的立場や、親疎関係、依頼の大きさなどの状況要因と依頼の言語やストラテジーの使い方との関連を検証する。以下に、ある大学生の日本語での回答と教員が実際に書いたフィードバック[9]をそのまま挙げる。

例5

> 前回の課題の自然な依頼表現の収集はとてもよくできていました！今度は収集した英語と日本語のデータを使って、依頼がその状況の中でどのように使われていたかを見てみましょう。
>
> 1. 収集した会話例を比べ、S（社会的立場・年齢・性別など）・D（社会的・心理的な親疎関係）・I（依頼の大きさ）が依頼の言語にどのように影響を与えたか分析してください。
>
> （学習者の回答例）
> （日本語では）Sが同じくらいでDが小さい（親しい）時は、Iが小さい時はもちろん大きい時でも敬語になる時はあまりないと思う。またSが大きくDも大きい相手の時は、Iが大きくても小さくても敬語が使われると思う。Sが大きくてもDが小さければ、きっちりした敬語ではなく、少しくだけた感じの敬語が使われるのではないかと考えた。
>
> （教員のフィードバック例）
> **Excellent observation!**
>
> 2. S・D・Iがどのように依頼の前後のストラテジーに影響するか仮説を立ててください。
>
> （学習者の回答例）
> Sが同じくらいでDが小さい（親しい）時は、Iが大きいほどストラテジーが使われる頻度が高く、Iが小さい時はあまりストラテジーは使われない。また、Sが大きくDも大きい相手の時は、Iが大きかろうと小さかろうと、ストラテジーが使われる頻度は高くなるだろう。

---

9　別の学習者のコメント例はIshihara, 2009, p. 458を参照。

（教員のフィードバック例）
Very good analysis. Now how does this apply to English? The influence of (I) in particular may be different in different cultures.

この例も、認知的機能が高い大人の学習者を対象としたタスクであり、データをもとにした複雑な分析を必要とするのだが、先の例4と同様に、タスクをシンプルにして可視化すれば、年少の学習者であってもメタ語用論的発達を引き出して評価することができる。第7章で紹介した物語を使った語用論的意識向上の指導（指導例5）では、絵本に描かれているさまざまなユーモラスな状況で英語ではどのような表現が適切か、などを学習者に紹介することができる。たとえば、「オーケストラの音が大きくて、王女さまのひみつが聞こえなかったとき時」というシナリオでは、絵本[10]にあるこたえは *I beg your pardon?* 1つだけだが、語用論的指導では、そのほかの表現（*Excuse me?* など）も含めて教え、それらを比較対照することで、表現の丁寧度やフォーマリティーを指導することができる。そして、下の例6[11]のように学習者がフォーマリティーや丁寧度のスケールに印をつける**フォーマリティー評価タスク** (formality judgment task, FJT) を利用すれば、語用論的指導の一環として、または絵本を一通り読み終わったあとに、小学生など年少の学習者の語用論的理解度の評価もできるだろう。

例6

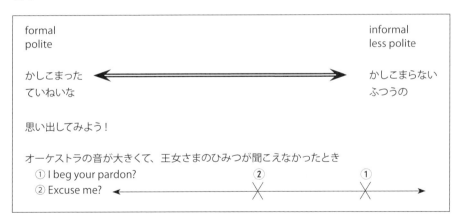

なお、丁寧度とフォーマリティーは必ずしも一致しないが、この例では指導する表現の丁寧度とフォーマリティーが相反することがないため、学習者のメタ語用論的意識を高めることを目的として両者を同一のスケールで示している。また、学習者の学びの過程や学習者同士のやり取りなどを教員が指導中に注意深く観察し、フィールドノートに記録し

---

10　Joslin, 1958.
11　フォーマリティー評価タスクの別の例は Ishihara, 2013, p. 141 を参照。

ておくことや、省察を書きとめることも評価の一手段である（年少の学習者の相互評価を促す活動は第7章指導例9を参照）。

　ここで成人の学習者の評価に戻ろう。次の例7は、長期にわたる省察日誌の一環として行なうタスクで、学習者が研究者のように活動する指導法[12]（第6・9章参照）を用い、言語データを収集し書くことをとおして自然な言語を観察して、語用論的規範や収集した言語のかたちについて省察を深めることができる。以下は**学習者によるデータ収集とその考察を評価**する例である。

例7

> これから1週間、周りの人が何かに誘われた時にどのように断っているか観察し、できるだけ多くの表現を書き取ってみましょう。以下の4点について日誌に書いて考察してください。1）観察した内容を記録する、2）コミュニティに存在していると思われる文化的規範について論じる、3）断りの衝撃をやわらげるための言動を観察する、4）なぜ人びとがそのような言動をとるのか考察する。
> In the coming week, listen to how people around you refuse invitations and jot down as many expressions as possible. In your journal, 1) report your observation, 2) discuss any cultural norms that you think exist in the community. Also, include in your writing 3) what you have seen/heard people typically do/say to soften the blow of the refusals, and 4) why you think people do/say it that way.
>
> 教員の評価例
>
> | | |
> |---|---|
> | 1) 観察した内容の報告<br>Report of observation<br>コメント： | 大変よい |
> | | よい |
> | | 要改善 |
> | 2) 文化的規範の理解<br>Understanding of cultural norms<br>コメント： | 大変よい |
> | | よい |
> | | 要改善 |
> | 3) 断りの緩衝材として使われる言語の理解<br>Understanding of the language of refusal softeners<br>コメント： | 大変よい |
> | | よい |
> | | 要改善 |
> | 4) 文化的規範を裏づける文化的根拠の分析<br>Analysis of cultural reasoning behind target culture norms (why people behave the way they do)<br>コメント： | 大変よい |
> | | よい |
> | | 要改善 |

---

12　Tanaka, 1997.

この日誌タスクを授業内でのディスカッションの題材として応用する場合、学習者が学習言語をオーセンティックな場で使用した際の**衝撃的な体験**（critical incident）なども話し合うことができる。日誌にせよディスカッションにせよ、このような省察タスクは、たとえばある社会的コンテクストが学習言語ではどのように解釈されるのか、社会的意味をどのように伝えるのか、学習言語の根底にある文化的価値観はどのようなものか、などの語用論的問題を批判的に考えるように学習者を促す[13]と同時に、教員が学習者の語用論的意識を評価することができる。

ここで、第5・6章で主に扱った学習者の語用論的逸脱について思い出してみよう。語用論的規範からの逸脱は、すべてのケースがオーセンティックなやり取りにおいて同じ意味を持つわけではない[14]。ややぎこちない語彙を使うなどのわずかな逸脱であれば、学習者の意図の誤解にはつながりにくい。しかし、たとえば何かを断る時に緩衝材のない直接的な発話で伝えるなど相手のフェイスを脅かすおそれのある逸脱は、学習者の意図に反して誤解を引き起こすかもしれない。教室内評価では、重大な語用論的逸脱と軽微な逸脱を区別し、深刻な語用論的誤りや誤解を誘発しやすいものにより注目するべきである。

そして、第5・6章で述べたように、学習者は学習言語の母語話者をモデルとし、そのコミュニティで文化的に受け入れられている語用論的規範にしたがおうとする傾向があるが、場合によっては自己の主観を保持するため、意図的に規範からはずれた独自の言動を取ることもある。たとえば、くだけた状況で親しみやすく好意的に話すことが完璧にできる学習者であっても、あまり関わりたくない集団から距離を保つ手段として、過度に丁寧なことば遣いをすることがあるかもしれない。そのような場合、教員は、どのように自己表現したいかという学習者の意図を尊重し、その目的をはたす支援に徹するのがよいだろう。次に、このように学習者の文化に配慮した評価が、教室内でどのように行なわれうるのか見てみたい。

### ▶学習者の目的や意図に基づいた語用論的評価

学習者の目的や意図に基づいた語用論的評価では、以下を評価の焦点とすることができる。

- 学習者のことばの使い方によって、その目的はどの程度達成できるのか（たとえば、話者が達成したいことと、その語用論的ことばの使い方がもたらすであろう結末との合致）
- 話し手の意図は聞き手の解釈とどの程度一致するだろうか（たとえば、どの程度丁寧で、かしこまった印象を与えたいかという話者の意図と、実際にどのように聞こえるだろうかという聞き手の解釈との合致）

---

13 Shively, 2008. この論文には、衝撃的な体験の例と、特に留学する学習者に有益なディスカッションガイドが紹介されている (pp. 420-422)。
14 Kasper & Schmidt, 1996.

この評価では、教員は学習者と協力して、ある語用論的言動によって伝わるであろうニュアンスが意図的なのか、そうでないのか判定することができる。繰り返しになるが、教員の役割は、学習者が意図したとおりに意味を伝え、また他者が意図した意味を解釈できるように手助けすることである[15]。つまり、究極的には、コミュニティの規範ととらえるものをどの程度取り入れるかは学習者の裁量によるものであり、評価の際には、対話における学習者の目的や意図を考慮しなければならないだろう。

　それでは、それぞれの状況下での学習者の意図はどのように確認できるだろうか。1つの方法としては、教員1人が評価を担う伝統的な手法とは一線を画して、評価活動に学習者を巻き込み、協働で評価することが考えられる。語用論的能力の評価が文化的に微妙な問題を含むことを考えると、学習者の協力は、実際不可欠であるともいえるだろう。以下に挙げる**教員と学習者との協働評価活動**の例では、**話者の目的や意図が、聞き手の解釈ややり取りの結末とどの程度合致しているかという点を主に評価**している。これらの例では、教員のフィードバックはコメントで示されており、数値化されていないため、形成的評価に向いている（評価の数値化の例は例10を参照）。学習者がタスクの指示を理解するために、評価の形式や評価基準は明確に説明するべきであり、可能であれば学習者の母語でのサポートがあるとよい。学習者がこのような評価形式を効果的に使えるようになるには、多少の経験や慣れが必要かもしれないので、同じまたは似た形式の評価ツールを繰り返し使うことも重要だろう。

例8

> あなたは宿題をやろうとしていますが、ルームメイトのジェニーがテレビでコメディードラマを見ています。大音量なので、気が散って宿題になかなか集中できません。彼女に何か言う場合には、何と言うか書いてみてください。
> You are trying to do some homework but your roommate, Jenny is watching a sit-com on TV and has the volume up so loud that it is distracting you and making it hard to concentrate. Write what you would say to her, if you decide to speak to her about this:
>
> あなた：（学習者が書く）
> You say:
> 　Jenny, would you mind turning the volume down a little bit? Thanks.
>
> a)　あなたの意図・目的：英語でどのように聞こえるように言いたいですか。またこの依頼によって何を達成したいですか。（学習者が書く）

---

15　Thomas, 1983.

Your intention/goal as a speaker: How do you want to sound, and what do you want to achieve through your request?

**I want to sound politely and getting my wish granted.**

b) 聞き手の解釈（教員が書く）
Most probable listener's interpretation:

**The speaker made a fairly polite request. Most people in this situation would comply with this request.**

c) a) と b) との合致（教員が評価する）
Match between a) and b):

| (大変よい) | よい | まずまず | 要改善 |
|---|---|---|---|
| excellent | good | fair | poor |

例 9（例 8 と同じ状況）

あなた：（学習者が書く）
You say:

**Jenny, I'm trying to do my homework – I apologize to bother you but would you mind volume down a little bit?**

a) あなたの意図をもっともよく表わすものを選択肢から選んでチェックしてください。（学習者が書く）
Check and/or circle one(s) that best describe your intention as a speaker.

____ 英語話者にとってもっとも好ましい言い方で依頼し、その依頼を受け入れてもらいたい。
I want to make a request the way most people do in the community and get my request granted.

_×_ 英語話者の基準では許容範囲だが、普通より（少し・かなり）（かしこまって・くだけて）（丁寧に・直接的に）あるいは（_____）に聞こえるように言いたい。

246

> I would want my request to sound (a little, a lot) more (formal/informal), (polite/impolite), (or _____) than most other people and get my wish granted, but still within the range of acceptable behavior.

___ 自分の意図を自分なりのやり方で伝える（あるいは伝えないことを選択する）ので、英語話者の標準的な伝え方にはしたがわない。
この場合は英語話者のどんな規範にしたがうことを避けたいのか、どうして避けたいのか書いてください。
I choose not to use common behavior because I want to communicate my intentions (or not communicate them at all) in my own way. Specify what community norms you decide not to use and why you don't want them: _____
_____

___ その他 Other (Specify: _____)

b) 聞き手の解釈（教員が書く）
Most probable listener's interpretation:

**The speaker made a very polite request. Most people in this situation would comply with this request but the request sounds so formal for a college student that it may seem fairly unfriendly or distant to the listener.**

c) a) と b) との合致（教員が評価する）
Match between a) and b):

| 大変よい | (よい) | まずまず | 要改善 |
| excellent | good | fair | poor |

　形成的評価は例8・9のようにコメント中心の評価手法なので、評価自体が個々の学習者へ向けたフィードバックとなる。より総合的に評価したい場合、また**評価を数値化**したい場合は次のような評価項目も考えられる。

- 学習言語コミュニティの語用論的規範を使用する言語（語用言語的）能力（以下の例では a) と c) で評価）

| 第 12 章 |

- 聞き手の解釈の可能性に関する意識（例 10 では d) で評価）
- 学習者の意図が聞き手の解釈と合致する程度（例 10 では教員の判断と b) により評価）

例 10（例 8 と同じ状況）

a) 英語ではほとんどの人がどのようにこたえると思いますか。（学習者が書く）
What would most English speakers say?

**Hey, Jenny, can you turn the TV down a little bit so that I can finish studying? It's kind of hard to concentrate, but I can probably take some time off afterwards.**

b) あなたの意図（学習者が書く）
Your intention

___ 英語話者にとってもっとも好ましい言い方で依頼し、その依頼を受け入れてもらいたい。
I want to make a request the way most people do in the community to get my request granted.

_×_ 英語話者の基準では許容範囲だが、普通より (少し) かなり (かしこまって)・くだけて）（丁寧に・直接的に）あるいは（_____）に言いたい。
I would want my request to sound (a little/a lot) more (formal/informal), (polite/impolite), or _____ than most other people and get my wish granted, but still within the range of acceptable behavior.

___ 自分の意図を自分なりのやり方で伝える（あるいは伝えないことを選択する）ので、英語話者の標準的な伝え方にはしたがわない。
（この場合は英語話者のどんな規範にしたがうことを避けたいのか、どうして避けたいのか書いてください。）
I choose not to use common behavior because I want to communicate my intentions (or not communicate them at all) in my own way. Specify what community norms you decide not to use and why you don't want them: _____

_____
_____ )
___ その他 Other (Specify: _____ )

c) あなたなら何と言いますか。（上の a) と違う場合のみ）（学習者が書く）
What you would say (if different from a) above)

I hope you don't mind my asking this big favor, I'm sorry if it trouble you but I am wondering if it is ever possible for you to turn the TV down just a little bit? I wish it is no problem for you. I very appreciate.

d) ルームメイトはあなたの依頼をどう解釈すると思いますか（学習者が書く）
How does your roommate most likely interpret your request?

A little more polite than most Americans but considerate and nice.

教員による評価
Teacher's Assessment

| | | | | |
|---|---|---|---|---|
| 1. 語用論的規範に沿った言語能力（上記のaとc）<br>Linguistic ability to use community norms (a and/or c above) | ④<br>母語話者並み<br>native-like | 3<br>よい<br>proficient | 2<br>ほどほど<br>fair | 1<br>要改善<br>poor |
| 2. 聞き手の解釈に関する意識（上記のd）<br>Awareness of most probable listener's interpretation (d) | 4<br>意識が高い<br>highly aware | ③<br>ほどほど<br>aware | 2<br>意識が低い<br>less aware | 1<br>要改善<br>unaware |
| 3. 学習者の目的・意図 (b) と聞き手の解釈との合致<br>Match between b) learner goal/intention and most likely listener's interpretation | 4<br>大変よい<br>excellent | ③<br>よい<br>good | 2<br>ほどほど<br>fair | 1<br>要改善<br>poor |
| 計 | 10/12 | | | |

教員のコメント（英語版は原著第 15 章例 10, p. 305 を参照）
依頼はとても丁寧でルームメイトへの配慮がよく示されている。おそらく依頼は聞き入れてもらえるが、くだけた状況であることを考えると、依頼のしかたが少し堅苦しくて表現がややくどいため、少しよそよそしい印象を与えている。

例10では、教員が学習者の意図にしたがって語用論的選択や言語を評価しつつ、コミュニティの規範を産出する言語能力も探っている。究極的には、母語話者の語用論的規範のみならず、学習者の語用論的意識や聞き手の解釈の理解などあらゆる要素を踏まえた言語の使い方により意思疎通が成功するかどうかが決まると考えられる。例8－10では、学習者が学習言語のコミュニティの規範にしたがって会話することを望む場合には、その規範が評価基準となる。つまり、一般に受け入れられている規範の許容範囲内に、学習者の言語がどの程度近づくことができたかが評価される。一方、学習者がアイデンティティを表現するために規範から逸脱する選択をした場合には、その規範を理解していることは重要であるものの、規範のみが評価基準ではなくなる。

　このような評価を実際に教室内で行なうのは、複雑で時間がかかりすぎると感じることもあるだろう。その場合には、よりシンプルではあるが、やはり学習者の文化的アイデンティティに配慮した下のような方法が考えられる。たとえば、**学習言語コミュニティの典型的な構成員を想定し、その人が言うであろうことばを学習者に問う**などである。つまり、*What would **you** say in this situation?*「**あなたなら**この状況で何と言いますか」とたずねるのではなく次のように質問すればよい。

- この状況では**多くの人**は何と言うでしょうか。
  *What **would most speakers** say in this situation?*

- マイク（**想像上の人物**）ならこの状況で何と言うでしょうか。
  *What **would Mike [an imaginary character]** say in this situation?*

- この状況で**マイクが言えること、言えないこと**は何でしょうか。
  *What **could Mike say** in this situation? **What couldn't he say?***

- この状況での**典型的なこたえ**はどのようなものでしょうか。
  *What would be **a typical response** in this situation?*

　この方法であれば、学習者が学習言語の語用論的規範を取り入れるかどうかの選択、また時折そこから逸脱する選択に関わらず語用論的意識や産出能力を評価することができる（本章の例1－3もこの手段を採用）。さらに、学習者の文化的アイデンティティに配慮した評価手法として学習者に自己評価を促す手法もあるので、次にそれを見てみよう。

## ▶自己評価
### ・語用論的能力の自己評価における省察の役割

　自己評価では、教員の評価を受動的に待つのではなく、学習者が責任を持って自らを評価するのだが、事前に教員が用意した省察ポイントや評価基準を使うとよいだろう（第7・9章参照）。語用論的ことばの使い方について仮説を立て、それを見直す作業には、積極的な観察や分析活動が必要となる。語学学習における省察は、効果的な語学習得に寄与する可能性があるといわれており、自身や仲間の言語使用と理解について意識的に考える自己評価や相互評価、まとめのディスカッションなどの活動をとおして行なうことができる。

　語用論的学習のためには、特に学習者の認知能力が高い場合は、第6・7章で触れたようなメタ語用論的省察も有効だろう[16]。省察の過程で学習者は語用論的言動と状況要因の両者を観察・分析し、さらにそれらを考察するわけだが、教室内で教員やほかの学習者から得るフィードバックだけでなく、教室外の自然な状況で見聞きする語用論的ことばの使い方やそのやり取りの結末なども、考察に役に立つだろう。

### ・自己評価における教員の足場作り

　学習者が体系的な省察や自己評価を効果的に行なうために、教員はさまざまな配慮をする必要がある。学習者の特徴や学習スタイルによって、指導時の指示やフィードバックにも工夫が求められるだろう。ルーブリックやチェックリストに明確な例を示すのも一案だ。自己評価の書式は、同じものを何度も繰り返し使うことで、大きなテストなどで自己評価を行なう前に使い方がわかるよう準備しておくとよい。モデルとなる言語データを自分の言語と比較し、重要な語用論的ポイントを自己評価することもできる。

　また、学習者と教員の協働作業をとおして自己評価を実践するのもよいだろう。教員のみが行なう評価と違い、協働評価ではまず学習者が自分の言語を省察し評価する。それから教員が加わり、自己評価における洞察や、学習者の言語自体を評価する（例8－10を参照）。協働作業による評価の計画段階では、教員による評価を主体としたツールに加筆し、学習者の自己評価を取り入れられるように改訂できる。たとえば、まず語用論的に重要な側面に注意を引くような設問によって省察を促し、学習者の自己評価と教員があとから行なう評価とを並べて記載できるようにすれば、両者を比較検討することによってさらなる学びを促すことができる。次の例11は、自身の**語用論的意識**（*1）と**語用論的能力**（*2）に関する学習者の省察を促す目的で作成されたものである。**学習者の語用論的ことばの使い方**の成功例とその**自己評価**（**太字**部分）、また**教員のフィードバック**が含まれた例である（この自己評価の前後の指導は第7章の例12を参照）。

---

16　Kasper & Rose, 2002.

例11[17]（例1と同じ状況）

> Karla:（学習者が書く）**Hi Professor Johnson. Um, will you do me a favor? I was wondering about the paper. Could I get an extension?**
>
> Prof. Johnson: But you knew the deadline, didn't you?
>
> Karla:（学習者が書く）**I knew it. But I have three other papers.**
>
> 自己評価
> 1. 下のスケール上に、社会的立場 (S)、親疎関係 (D)、依頼の大きさ (I) をマークし、カーラがジョンソン先生に言うと思われることを書いてみましょう。
>    Mark an × for status (S), distance (D), and imposition (I) below on the scale and then write what Karla would say to Professor Johnson after class.
>
> | 社会的立場 (S)<br>Social Status (S) | 親疎関係 (D)<br>Distance (D) | 依頼の大きさ (I)<br>Imposition (I) |
> |---|---|---|
> | low ←――――×―→ high<br>低　　　　　　高 | close ←―――×――→ distant<br>低　　　　　　高 | minor ←――――×―→ major<br>低　　　　　　高 |
>
> 2. 直接・間接度、丁寧度、フォーマリティーなど依頼全体の印象、トーン（イントネーション、視線やジェスチャーの使い方など）の観点から、この状況でのカーラの依頼はどの程度適切でしょうか。
>    Given the context, how appropriate was Karla's request in terms of overall directness, politeness, formality, and the tone (e.g., intonation, eye contact, and gesture)?
>
>    a. カーラのことばの中で、この状況に適切な直接・間接度、丁寧度、フォーマリティーを表わしている部分はどこでしょうか。(*1)
>       What part of Karla's language demonstrates appropriate levels of (in)directness, (im)politeness, and (in)formality? (*1)
>
>    （学習者が書く）**I was wondering ...** は丁寧な表現だった。

---

17　学習者の話しことばの評価は、ロール・プレイによって、または可能な場合には自然な談話の中で行なうのが最善であるが、この例にあるように記述された会話の分析は学習者や教員の省察を促すという利点がある。

（教員が書く）　**Good.**

b. 直接・間接度、丁寧度、フォーマリティーの面で、この状況ではカーラのことばのどの部分が改善されるべきでしょうか。（*1）実際に何と言うべきだったか、書いてみてください。（*2）
What part of her language may need improvement, considering the appropriate level of (in)directness, (im)politeness, and (in)formality called for by this situation? (*1) What should she have said? Write the actual expressions you think she could have used. (*2)

（学習者が書く）　**Could I get an extension? の部分はもっと丁寧にお願いできた気がする。: Do you think it'll be possible to get an extension? I was wondering if you could please, please extend the deadline for me.**

（教員が書く）　**Yes, nice analysis and appropriate language!**

3. 依頼のストラテジー
Request Strategies [supportive moves]

a. カーラが使った依頼のストラテジーの中で適切だったものはどれでしょうか。使われたものを左の欄にチェックし、右の欄に該当する表現を書いてください。（*1）
What requesting strategies did Karla use appropriately? Check the ones she used on the left column, and write out the expressions she used in the right. (*1)

| | 依頼のストラテジー<br>Requesting strategies | カーラの言語<br>Karla's language |
|---|---|---|
| ✓ | 前置きをする<br>Getting a pre-commitment | （学習者が書く）**Um, will you do me a favor?** |
| ✓ | 理由を述べる<br>Giving a reason for the request | （学習者が書く）**I have three other paper.**<br>（教員が書く）**Give more details. (e.g., I have three other papers due the same week. I've been working very hard but...)** |

253

| 聞き手への配慮を示す・負担を小さくする<br>Showing consideration for the hearer/minimizing the imposition | |
|---|---|
| 謝罪する Apologizing | |
| 感謝する<br>Thanking/expressing gratitude | |
| お世辞など肯定的なことを言う<br>Sweetener | |
| 返礼を約束する<br>Promising to pay back | |

b. そのほかに使うこともできたストラテジーがあれば、何と言えばよかったか書いてみてください。(*2)
What other strategies could she have used? What might she have said? (*2)

（学習者が書く）もっと謝ったり、下手にでてお願いすることもできたと思う。
i. Thank you; that will be really helpful.
（教員が書く）**Good!**
ii. I was wondering if you could please extend the deadline for me. I'd appreciate it.
（教員が書く）**Good.**

2. 聞き手の解釈：この状況ではカーラの依頼はジョンソン先生にどのように聞こえたでしょうか。先生の反応としてもっともふさわしいと考えられるものを選んでチェックし、その理由を書いてください。(*1)
Listener's interpretation: How do you think Karla's request sounds to Professor Johnson, considering the situation? Check the one that most likely represents the professor's reactions. Then, explain why you think that is the case. (*1)

__ ジョンソン先生は快く提出期限を延ばしてくれるだろう。なぜなら
Prof. Johnson would be willing to give her an extension because...
_____

✓ 先生は提出期限を延ばしてくれると思われるが、カーラのことば遣いをあまり快く思っていないかもしれない。なぜなら
He would give her an extension but may not be very happy with Karla's language because …

――――――――――――――――――――――――――――――

（学習者が書く）**言い方があまり丁寧でないし、理由もあいまいで、先生が納得して締め切りを延ばしてくれるほどの説得力がないから。でも、わざわざ言いに来たことに対しての評価で伸ばしてくれると思う。**
（教員が書く）**Excellent analysis!**

＿ 先生は提出期限を延ばしてくれないかもしれない。なぜなら
He may not give her an extension because …

――――――――――――――――――――――――――――――

教員の評価
Teacher's Assessment

| *1：語用論的意識の評価 *1: Assessment of awareness | | *2：言語（語用論的）評価 *2: Assessment of language | |
|---|---|---|---|
| ✓ | 大変よい分析 Excellent analysis | ✓ | 大変効果的な言語 Excellent language |
| | よい分析 Good analysis | | 効果的な言語 Good language |
| | より深い分析が必要 Need more work with the analysis | | より効果的な言語が必要 Need more work with the language |

　教室内では、多くの学習者に共通して見られた誤解や語用論的誤りを解説したり、一般的な語用論的規範の解釈を強調したりしてフィードバックすることができる。学習者が語用論的な観点から相手の意図を的確に理解し、また自分の意図を状況に応じて適切に伝えられるようになるためには、文法や語彙の説明など、言語的な足場作りも必要だろう。個別にフィードバックし、関連した例を挙げたり、より双方向的な対話練習を補うのもよいだろう。

## ▶会話分析・談話分析による評価

　近年の研究では、自然な会話を録画・録音したものを書き起こし、会話分析や談話分析によって学習者の語用論的能力やインタラクション能力をその談話のコンテクストの中で詳細に評価する手法がますます盛んに取り入れられるようになってきた[18]。このような分析を通じて、社会的なコンテクストの中で交わされる会話の基本的構造がどのように組み立てられ、運用されているのかについて詳細な研究が進んでおり、自然なやり取りの中にもあらゆるところに秩序があること、そして会話に参加する話者は、その社会で容認されている方法にしたがって談話を理解し、意味を構築していることがわかっている[19]。たとえば、対話における話者交替には、一連のつながりや順序について暗黙の了解があり、そのルールに則って会話が進まない場合には、なんらかの支障やその理由があるはずだ。したがって、学習者がどのような発話をし、それが相手にどのように受け止められたか、どこで会話が滞ったり変則的に展開したりし、誰がどのように修復したか、などを談話の流れの中で緻密に検証することで、学習者の語用論的能力やインタラクション能力を評価することができる。

　たとえば、ドイツ語とアメリカ英語のほめのこたえを比較した研究では、アメリカ英語の母語話者であるデビッドが、ドイツ語の母語話者であるクリスチャンやアネッタと朝食の席で話す下のデータを紹介している[20]。

1　David:　　　　That's the best tea- I've - I think I've ever had.
2　Christiane:　　Great, right?
　　*(D gazes at C with puzzled look.)*
3　*(pause)*
4　David:　　　　Uh- that lemonny kinda, yeah. It's quite nice.
5　Christiane:　　*(with a smile)* Yeah, we like it too.
6　*(pause)*
7　Annette:　　　What was the- exact name of it. It's just called- orange tea?
8　Christiane:　　Lemon tea. It's zitronentee.

　まずクリスチャンがいれてくれた紅茶がおいしいとデビッドがほめる（1行目）と、クリスチャンはドイツ語で許容されているこたえのストラテジー、すなわち同程度の強さの第二評価 *great* とそれに対する反応を求める標識（response pursuit marker）*right?* を用いて答えている（2行目）。そのこたえに対してデビッドは困惑した表情でクリスチャ

---

[18] たとえば、Golato, 2002; 2005, Okada & Greer, 2013; Tateyama & Kasper, 2008; van Compernolle, 2013 など多数。
[19] Ross & Kasper, 2013, p. 9.
[20] Golato, 2002, p. 566-567. 会話分析では、データの書き起こしにさまざまな記号を用い、詳細な情報がトランスクリプトに盛り込まれているため、ここでは会話分析になじみがなくても読みやすいよう、もともと使われている会話分析の表記に加筆している。

ンを見るが、それは、アメリカ英語では、第二評価では通常はほめのグレードを落とすため、同程度の強さの第二評価に意表を突かれたからである。クリスチャンの反応を求める発話のあとには短いポーズが続き（3行目）、そのあとでデビッドは、ためらい *uh* を示すが、気を取りなおして紅茶の好ましい点を説明し、自己確認 *yeah* を添える。これは、デビッドがクリスチャンの反応を求める標識を、確認がほしいという合図（「すごくおいしいと思うでしょう？」と確認を求めているサイン）、あるいは理解の確認として解釈した可能性があると研究者は主張している。デビッドは、ほめのグレードを落とす第二評価 *it's quite nice* を提示するが、それはア

紅茶の会話の分析

メリカ英語の慣習にしたがえば本来はほめにこたえる時のクリスチャンの反応であって、ほめる側のデビッドが使うべき手段ではない。この研究者によれば、クリスチャンの5行目の微笑みと *Yeah, we like it too.* という発話は、この会話に語用論的誤りがあったことにクリスチャン自身も気づいたことを示しており、そのためドイツ語であれば *ja yes* とだけ言うであろうところを、*we like it too* という第二評価も示していると解釈できる。そのあとにデビッドもクリスチャンも発話しない短いポーズが続き（6行目）、7行目でアネッタが会話を続ける。この研究者は、アメリカ英語の典型的な流れにしたがっていないクリスチャンのこたえを受けて、デビッドが予想外だと感じている証拠がデータに数箇所表われており、会話分析が語用論的能力の評価に有効であると主張している[21]。

　このような詳細な分析は大変興味深いが、学習者の言語を録画・録音して書き起こし、分析を加えるという過程には、言うまでもなく多大な労力と時間がかかる。そのため、この手法は研究には有効であっても、日々の教室での語用論的評価には適さないというのが一般的な認識だろう。

　ある研究[22]では、小学生に物語を使った語用論的意識向上の指導（第7章例5参照）を行ない、その際に学習者と教員が交わした談話の分析から得られる語用論的評価と、教室内評価の手法（DCT, SVDCT, FJT などで引き出された言語や語用論的意識をルーブリックなどで評価する手法、本章例4・6参照）で得られる評価とを比較した。談話の評価では、録画した指導中の対話を会話分析の表記を用いて書き起こし、詳細な分析を行なった。労力のかかる方法だが、談話分析を行なうことによって、学習者が教員や学習者同士の対話の中で語用論的意識を共同構築していく過程が明らかになった。一方、より現実的な手段である教室内評価では、学習者の語用論的な産出能力だけでなく、語用論的意識も引き出し、評価することができた。だが教室内評価では、

---

21　Golato, 2002, pp. 566-567.
22　Ishihara & Chiba, 2014.

学習者の語学力とは相容れない方法を選択していたり、教員の先入観が働いて評価が甘くなったこともあった。この結果を踏まえ、用いられた談話分析による評価と教室内評価の両者が相互補完的な手法であったことが示唆されている。語用論的指導を実践し、教室内での評価を取り入れる場合には、教室内評価法の短所を踏まえ、さまざまな手法を指導の随所に織り込みながら多角的に評価できるとよいだろう。

## ▶まとめ

　効果的な語用論的指導は、学習者の語用論的な理解・産出能力、そしてメタ語用論的意識の評価なくしては成り立たない。本章では、日常の教室指導での教員主導による評価について扱い、評価ツールの例、学習者の言語と評価例、そして教員のフィードバック例などを挙げた。本書の至る所で繰り返し強調してきたように、語用論的規範は幅広く多様であり、厳格なルールとは異なる一般的な傾向である。語用論的に適切であるかどうかの判断には個人差があるのが自然であり、そのことも評価を複雑にしている一因である。

　学習者の能力を公正に判断し、評価の信頼性を上げるには、別の評価者に加わってもらうのもよいだろう。ただしその評価者は、ルーブリックやチェックリストの評価基準についてなんらかのトレーニングを受けているなど、一定の背景知識や評価技能を持っていることが理想的である。語用論的評価には、語用論的バリエーションに起因する個人差が生じやすく、評価者間で完璧な合意は得にくいかもしれないが、トレーニングの一環として、サンプル回答を評価し、評価後の話し合いを通してある程度の合意に達することは可能だろう[23]。このような評価手段には時間がかかるため日常の授業に取り入れるのは現実的ではないかもしれないが、教員同士でグループを作り、協働環境を整えれば活動しやすくなるだろう[24]。本書で紹介した評価の例はまだ試験的なもので、今後さらに改良され、研究が進められなければならない。教員や研究者である読者の方々が、効果的な語用論的評価の開発に加わってくださることを期待する。

　以下のアクティビティー1では、学習者の言語や自己評価の例を見ながら、学習者に実際の評価やフィードバックを提供する練習を行ない、その評価活動の過程について話し合ってみよう。アクティビティー2では、教員のみが行なう通常の評価ツールに加筆し、自己評価や相互評価を取り入れたり、学習者の意図や目的を基準にしたりする評価案を考案してみよう。

---

23　Taguchi, 2011.
24　このような協働的評価の仕組みはライティング・ポートフォリオの評価において効果的に機能している。語用論的能力に特化しているわけではないが、ライティング評価者のトレーニングについては O'Malley & Valdez Pierce, 1996 などを参照。

## ▶ Activity 1：語用論的能力を評価してみよう

**目的**
1) 学習者の言語を評価し、フィードバックできるようになる。
2) ほかの教員の評価を共有することで自身の評価を相対化し、より多様な評価のストラテジーを学ぶ。

**方法**
1) 教室内評価を実際に行なう時のように、まずは個人で、学習者の言語を読み学習者に実際に伝えたいフィードバックを書いてみよう。その際、学習者の目的や意図を考慮に入れ、学習者のこたえがおそらくどのように理解されるかという観点からもコメントを用意してみよう（例8-10も参照）。
2) 最後にほかの教員と、用意したフィードバックを比べ、話し合ってみよう。

**結び**
　上で述べたように、語用論的フィードバックを得ることは、学習者の語用論的気づきの向上に大きく影響しうるため、語用論的指導においては不可欠である。語用論的評価について、このアクティビティーから学んだことや問題点を話し合ってみよう。語用論的評価をするにあったって困難な点（たとえば時間的制約など）を克服するにはどのような解決策があるだろうか。

### タスク：学習者の言語を語用論的に評価する

　下記の学習者言語のサンプル[25]を読み、評価し、「教員のコメント」の欄に実際に学習者に宛てて書くようにフィードバックしてみよう。

例1

> 友人のケイトがあなたをほめてくれます。なんとこたえるか、実際に言うとおりに書いてください。
> Your friend, Kate, is giving you praise. Write your response as if you were talking to her.
>
> 　　Kate: I like your hat.
> 　　You: **Keep liking.**

---

[25] これらの評価例に含まれているオーセンティックな学習者言語は、例1・2はIshihara, 2004, pp. 47, 56 より引用。断りの学習者言語やその評価例は原著第15章アクティビティー1を参照。

あなたの意図をチェックしてください。
　×　英語話者にとってもっとも好ましい言い方でこたえたい。
　__　英語話者の基準では許容範囲だが、普通より（少し・かなり）（かしこまって・くだけて）（丁寧に・直接的に）あるいは（_____）に言いたい。
　__　自分の意図を自分なりのやり方で伝える（あるいは伝えないことを選択する）ので、英語話者の標準的な伝え方にはしたがわない。（この場合は英語話者のどんな規範にしたがうことを避けたいのか、どうして避けたいのか書いてください。）
　　　_____
　__　その他 _____

教員のコメント

## 例 2

友人のスティーブが、授業でのあなたの発表をほめてくれました。なんとこたえるか、実際に言うとおりに書いてください。
Your friend, Steve, is complimenting you on your class presentation. Write your response as if you were talking to him.

　　Steve: Nice job!
　　You: **No, I didn't do well.**

あなたの意図をチェックしてください。
　__　英語話者にとってもっとも好ましい言い方でこたえたい。
　×　英語話者の基準では許容範囲だが、普通より（少し・かなり）(かしこまって・くだけて）（丁寧に・直接的に）あるいは（**謙遜して**）に言いたい。
　__　自分の意図を自分なりのやり方で伝える（あるいは伝えないことを選択する）ので、英語話者の標準的な伝え方にはしたがわない。（この場合は英語話者のどんな規範にしたがうことを避けたいのか、どうして避けたいのか書いてください。）
　　　_____
　__　その他 _____

教員のコメント

**教員のコメント例**（英語版は原著第15章アクティビティー1を参照）
例1
　ケイトとは友だちなので、ことばのフォーマリティーは適切。keep –ing は文法的には正しいが、*Keep liking.* という表現がアメリカ英語では一般的ではないのでユーモラスなこたえになっている。ケイトはおそらくあなたの言いたいことを理解してくれるだろう。この状況では、*Thanks.* や *(I'm) glad you like it.* などの表現が一般的。
例2
　スティーブとは友だちなので、ことばのフォーマリティーは適切。親しい仲なら、あなたが謙遜して丁寧にこたえていることを理解してくれるだろう。ほめことばを直接的に否定するのは非常に無礼できつく聞こえることが多いので、それほど親しくない人に鋭く抑揚のない声のトーンでこのように言うと、相手は拒絶されたように感じるかもしれない。英語では、謙遜の気持ちは、*Do you really think so?* や *Well, I didn't think so myself, but thanks.* または *I think it could have been better.* などと表現することが多い。

## ▶ Activity 2：自己評価や学習者の意図に基づく評価を取り入れてみよう

### 目的
1) 自己評価や学習者の意図を取り入れた評価ツールを開発する。
2) 評価の基準の1つとして学習者の意図や目的を考慮できる。

### 方法
1) 3人ほどのグループで、以下の「評価ツールの例」にあるルーブリックの例に加筆してみよう。例1には言語的・文化的な足場を加え、初級の学習者でも自己評価できるようなツールに作り変えてみよう。
2) 例2は、学習言語の文化的規範にしたがうことが学習者の目的であることを前提として立案された評価案である。このまま使用すると、学習者の言語を学習言語の規範のみに照らして評価することになり、学習者が自己のアイデンティティを独創的に表現しようとする場合にも、学習言語の規範を押しつけ、それにしたがわない場合にはペナルティーを科すことになってしまう。たとえば、通常は多くの人が苦情を述べるだろうと思われる場面でも、この学習者はあえて何も言わない自己表現を選んでいるので、例2では評価が成り立たなくなってしまう。このような事態を避けるため、例2を改訂して、学習者の語用論的理解やことばの使い方を引き出し、学習者がどのように目的を達成したいのか、またどのような印象を与えたいのか、という学習者自身の意図や目的をもとに語用論的評価を行なえるツールに作り変えてみよう（必要があれば、本章の例8 - 10を参照）。
3) 改訂した評価ツールをグループ全体で共有し、改訂の過程について話し合ってみよう。

## 結び

　学習者の自己評価の結果は正確でない場合もあり、そのまま成績に反映させるのはむずかしいが、自己評価を取り入れることによって学習者の観察力や省察力が向上し、より自律した学習者になる過程を支援することができる。また、学習者の目的や意図をくんで言語を評価することは、学習者の文化に配慮した語用論的指導や評価につながる。このような自己評価や学習者の目的に基づいた評価の長所と短所を考え、長所を最大限に生かし、短所を最小限にとどめるための手段を考えてみよう。

## ▶評価ツールの例

例 1

状況：ジェームズは宿題をやろうとしていますが、とても親しいルームメイトのサムがテレビのバラエティー番組を見ています。音量が大きくて、ジェームズは気が散り、集中することができません。ジェームズはサムに言います。（**太字部分**がジェームズ役の学習者の回答例）

James is trying to do some homework but his very close roommate, Sam, is watching a variety show on TV and has the volume up so loud that it is distracting James and making it hard to concentrate. James says to Sam: (learner language provided in bold.)

　　James:　**Hey Sam.**
　　Sam:　　Yeah?
　　James:　**While I study, can you low a volume?**
　　Sam:　　Come on, why don't you just take a break and watch this with me? It's an awesome show, you know.
　　James:　**Oh, ... I want to study!!**
　　Sam:　　Well, okay. No problem.

教員による評価

4: とても適切　3: ほぼ適切　2: やや不適切　1: 不適切

| | | | | |
|---|---|---|---|---|
| 1. 直接・間接度、丁寧度、フォーマリティー<br>Level of (in)directness, (im)politeness, and (in)formality | 4 | 3 | 2 | 1 |
| 2. 依頼のストラテジー<br>Strategies of requests | 4 | 3 | 2 | 1 |
| 3. 語彙やフレーズ<br>Vocabulary and phrases | 4 | 3 | 2 | 1 |
| 4. 語用論的トーン<br>Pragmatic tone | 4 | 3 | 2 | 1 |

例 2
状況：隣人は 2 週間前に引っ越してきたばかりで、あなたはまだ顔を合わせていません。今は真夜中で、ちょうど寝ようとしているのですが、隣人が大音量で音楽をかけています。明日の朝はとても大事な試験があるので、目覚まし時計が明朝 6 時に鳴るまではできるだけ眠りたいと思っています。隣人の部屋へ行き、ドアをノックします。

Your neighbors next door just moved in two weeks ago, and you have not met them yet. It is now midnight and you are just about ready to go to bed, but your new neighbors are playing loud music. You have a very important test tomorrow morning and need to get as much sleep as possible before your alarm starts ringing at six o'clock tomorrow morning.[26] You go to the next door and knock on their door:

---

（学習者が書く）**I'll try to sleep with ear plugs and won't say anything.**
耳栓をして寝るようにし、苦情は言いません。

教員の評価例

苦情のストラテジーの選択と使い方
Choice and use of strategies of complaining

a. 使われた苦情のストラテジー
   Strategies of complaining used:
   _____

b. ストラテジーの選択の適切さ（下に×の印をつけてください）
   Appropriateness of the choice of strategies (place an × below)

   ◀─────────────────────────────────────────▶
   very appropriate    appropriate    fair    inappropriate

c. 使われたストラテジーの適切さ・有効性
   Appropriateness/effectiveness of the strategies used

   ◀─────────────────────────────────────────▶
   very appropriate    appropriate    fair    inappropriate

苦情のトーン
Tone of complaining

a. 苦情により伝わるトーン
   Tone communicated by the complaint:
   _____

b. 苦情のトーンの適切さ
   Appropriateness of the tone in complaining

   ◀─────────────────────────────────────────▶
   very appropriate    appropriate    fair    inappropriate

---

26　Arent, 1996 に加筆。

# 結　論
## CONCLUSION

　本書全体の一貫した見解として繰り返し述べてきたように、今日の語学教育は、コンテクストを度外視して言語のかたちのみを教える指導を超え、より一層大きな一歩を踏み出す時である。現状では、学習者が単語やフレーズを覚えていても、実際にそれを、いつ、どのように使えば効果的に意思疎通できるのかわからないということが多すぎるのではないだろうか。近年は、学習者の語用論的ことばの使い方に磨きをかける指導、すなわち、他者の意図したことを解釈し、状況に応じて自らの意図を適切に伝えられるように導く語学指導への関心が高まっている。本書は教育現場での指導に重点を置く実践書であり、教員の役割は、学習者の学びを導き促すことであると位置づけている。教員のプロフェッショナル・ディベロップメントのための研修や、語用論的指導の実践の場で、本書が参考になれば幸いである。

　本書は語用論の領域の用語の定義に始まり、語用論的指導に関する教員の知識や信条、そしてそれが教室での実践におよぼす影響について考えた。すべての学習者に必要な語用論的情報を網羅する教材はありえないという前提から、学習者の自律した学びを促し、効果的なコミュニケーションを実現するために、学習者が自分でデータを収集し分析する手法を例示した。意図的ではない語用論的逸脱、そして故意の逸脱にもスポットライトをあて、なぜ望まない語用論的誤りや誤解を引き起こしてしまうのか、また時には、学習者があえて独自の語用論的選択をするのはなぜか、その原因を探り理論的な解釈も試みた。

　言うまでもないことだが、語用論的指導を取り入れたカリキュラムの成否は、教員の知識や理解や力量に大きく依存している。そのため本書では、指導方針、指導上の注意点、そして語用論的指導に関わる諸問題に取り組む活動など、実践的な問題を具体的に盛り込んだ。すでに出版されている語用論的視点を取り入れた指導案やカリキュラムを参考にし、教室内での指導に加え、インターネット上での自主学習なども考慮しながら、語用論的指導を実践する際に直面するさまざまな局面を示し、例を挙げたつもりである。

　さらに、語用論的指導に重要な役割をはたすストラテジー指導や教育テクノロジーの活用についても紙面を費やした。学習者は自らのストラテジーのレパートリーを見直したり、テクノロジーを駆使して他者と対話したりしながら語用論的省察を深め、多文化の理解を進めていくことができる。そのような自律を促す指導において、語用論的学習を

奨励する足場作りの提供など、さまざまな支援を担うのは教員の役目である。そして本書では、指導と深く関わる評価の側面でも実践的な例を示した。語用論的ことばの使い方に焦点をあて、社会文化的コンテクストに注目したフィードバックを提供することで、語用論的な学習の重要性を学習者が理解し、学習動機が高まると考えられる。ただし、教室指導の場で行なわれる語用論的評価はまだあまり注目されていない領域であるため、今後の発展を待たねばならないだろう。

　教員である読者の方々が、本書とともに語用論的指導に関する諸問題を考え、指導に着手し、この分野のさらなる進展に貢献してくださることを期待したい。初めは小さな工夫から、たとえば、ある会話例に登場する話者同士の関係を学習者とともに推測するようなタスクから始めて、両者の親疎関係・相対的な社会的地位・対話のコンテクストと言語との関連に学習者の注意を喚起するのもよいだろう。教科書の各章に少しずつ語用論的視点を織り込む、既存の語学教材を徐々に改訂して語用論的指導を取り入れる、あるいは語用論的指導を中核に据えたカリキュラムを作成する、といった選択肢もある。いずれにせよ、現在身を置いている教育環境の中で、明示的な語用論的指導の有用性がまだあまり認知されておらず、系統的な指導が行なわれていないならば、語用論的指導に着手するにはそれなりの困難があるかもしれない。

　そのような局面を打開するために、教員である読者の方々には、もう一度深い省察と目標設定をおすすめしたい。第2章のアクティビティーで紹介したような側面についての自らの知識や信条をまとめ、それが自身の語用論的学習の体験やプロフェッショナル・ディベロップメントの機会と相まって、どのように形成されてきたのか振り返ってみよう。そして、具体的に語用論的指導や評価をいかに取り入れるか、またそもそも、EFLの環境では、どの英語のバラエティーの誰の語用論的規範をモデルとするのか、という問題もある。そのような事項をもう一度振り返り、自らの知識や信条を明確に意識化することが、一貫した根拠に基づく語用論的指導を日常的に実践する礎となると考えられる。この過程は、教員に力を与えるものであり、指導に関する理解を深めたり変革を実行したりする際に、教員が主体的な決断をくだす助けとなるだろう。

　そして、語用論的指導を行なう場合には目標を設定しておくことが大切である。語用論的指導を取り入れるとなると、とりわけすでに実証されている語用論的ことばの使い方に関する情報を取り入れる場合には、それなりの労力が必要となるだろう。指導する語用論的要素の内容を選び、言語データを集め、指導案を練り、教材を用意し、評価を行なう、という一連の流れをどのように作り出すか検討する必要があるからである。この一環した活動を行なうのにふさわしい時期はいつだろうか。どのような言語データ、指導者、指導案が必要で、どのようにデータへのアクセスを確保し、考案・加筆修正できるのだろうか。実際に語用論的指導や評価を始める前に解決すべきそのほかの諸問題はあるだろうか。

　たとえば、語用論的指導をカリキュラムに加えるためには、学校や同僚の理解やサポー

トが必要となるかもしれない。同僚が、社会文化的に適切なことばの使い方を指導する価値を認識していれば話は早いが、そうでない場合には、語用論的指導の重要性をどのように伝えられるだろうか。また、指導言語のコミュニティでの生活体験が浅い教員から、自らの語用論的知識に自信がないという声もよく寄せられるが、教員といえども初めからすべてを熟知している必要はない。ALT教員など、優れた語用論的能力を持つ同僚と協働して、指導言語のデータや語用論的規範を分析し、学んだことを学習者に少しずつ伝えられれば、効果的な語用論的指導になりうる。さらに、語用論的指導や研究に取り組むグループに加わったり、組織したりすることは可能だろうか。そのような活動に費やす期間や労力はどの程度必要だろうか。

実際、語用論的指導を推進する過程で、自分が孤立していると感じることもあるかもしれない。専門的機関のサポートやネットワークを持つことが、語用論的指導を実現するために時間や労力を投じ、情熱を維持することにつながることもある。幸い、語学教育のコミュニティでは、語用論的指導に関するサポートが国内外で提供されている。語学教育関連の学会には、語用論や異文化間コミュニケーション、社会言語学など関連分野に特化した部会があり、年次大会でも語用論的指導に関する発表が散見される。語用論的指導の経験がある場合や、その指導に関するアクション・リサーチを行なったことがある場合などは、学会で発表することを考えてみてもよいだろう。ワークショップや夏期講習なども、志を同じくする仲間が集まる場である。たとえば、ミネソタ大学のCARLAの夏期講習は2006年からほぼ毎年開講されていて、さまざまな言語の教員が世界中から集まり、語用論的指導について相互に学び合いながら、語用論的指導のコミュニティの一員となり、活発な活動に加わる機会を提供している。国内でもそのような講習や研修の機会は、近年少しずつ増えているように思える。

ここでもう一度、語用論的指導を系統的に取り入れたカリキュラムは比較的最近の産物であることを付記しておきたい。そのため、今後挑戦すべき課題も多く、まだ解決されていない問題点もあるだろう。たとえば、学習者のモデルとなる言語が、どのバラエティーの誰の語用論的規範に基づいたものであり、どの程度自然なインプットであるべきかに関する諸問題は、今後もさまざまなレベルで語用論的指導に影響をおよぼすだろう。実証済みの語用論的情報の多くが引き出されたデータに基づいたものであることから、現在では多くの研究が自然な状況で得られたオーセンティックな語用論的データの活用を推進する傾向にある。このような研究の蓄積により、自然なことばの使い方や語用論的バリエーションを指導に取り入れられる可能性が拡大しているのは喜ばしいことである半面、実際の教育現場では、どの程度自然なことばを、どの習熟度レベルで、どのくらいインプットとして取り入れるか、といった現実的な懸念もあるだろう。また、特にEFLの環境では、学習者の目的にもっともふさわしい、つまり学習者にとってもっともオーセンティックな語用論的モデルとなる言語とは、誰が使う英語なのだろうか。これまでは、アメリカ英語やイギリス英語の語用論的規範が研究対象として圧倒

的な地位を占めてきたが、最近では、ほかの国や地域で話される世界の英語（World Englishes）や、他言語の語用論的ことばの使い方も徐々に明らかにされており、語用論的バラエティーが注目を浴びつつある。この語用論的規範の問題は、学習者の真のニーズに合致した語用論的指導とも深く関連している。

　さらに、教員の養成に関する諸問題も一層の議論を必要としている。語用論的指導を行なう教員は、どのような専門的知識や技能を持っていることが望ましいだろうか。語用論をより効果的に教員養成に取り入れるには、どのような工夫が必要だろうか。語用論的指導は、学習者が初級や年少の頃から実施するほうがよいのか、仮にそうであれば、その指導や教員養成には、成人の学習者を対象にする時と比べ、どのような違いがあるのだろうか。こうした諸問題を解決するには、今後の研究結果の検討を重ね、示唆に富んだ指導が考案されていくべきだろう。

　最後に、本書が語用論的指導に関する議論の起爆剤の1つとして少しでも役立てば本望である。語用論的指導の改善に向けて、興味や関心を共有する教員、教材執筆者、カリキュラム編成者、研究者、教員養成指導者などの間に、実り多い協力関係の構築を奨励することができれば幸いである。実証データに基づいた効果的な語用論的指導の実現は、語学教育に携わるすべての方々の連携があってこそ可能である。読者の皆様の協力や貢献が、今後の語用論的指導の発展に決定的な役割をはたすことは間違いないだろう。

# あとがき
## POSTSCRIPT

　少人数で指導している私の「大学1年生セミナー」では、毎週、*How are you doing today?* などの挨拶表現で始まるスモール・トークをするが、1年のはじめ頃は、ほとんどの学生が申し合わせたように *Fine, thank you.* とこたえる。そこで、折を見て、英語の挨拶について、本書で紹介した語用論的指導を試みる。学生の多くは多文化経験が限られているか、皆無に等しいので、自分のこたえが日常的なアメリカ英語ではあまり一般的でないと知って驚く。最近の学生は映像メディアに慣れ親しんでいるので、映画の挨拶シーンも 5,6 例紹介し、挨拶のことばと状況を協働して分析する。そして立場が同じ学習者同士で、インフォーマルな挨拶をロール・プレイして、何度も練習する。しかし、フレンドリーで和やかな雰囲気の授業であるにもかかわらず、1週間が経つと、ほぼ全員が反射的に *Fine, thank you.* という返答に戻ってしまう。こちらもあきらめず、*Pretty good?* などとリキャストして切り返す。これを何か月か根気よく続けると、ようやく何人かが機械的に *Fine, thank you.* と言う習慣から脱却する。

　この授業では、英語の挨拶に関するデータを検証し、挨拶のバリエーションについて知識を深めたあとで、会話の推意や発話行為の指導も受け、語用論的意識を高めているはずなのに、なぜもっと多くの学生が自然にアウトプットできるようにならないのだろうか。普段の学生生活では英語を話す機会が少ないため、状況に応じて英語の挨拶を使い分ける必要がないからだろうか。あるいは、英語を使って意思疎通するコミュニティの一員としてのアイデンティティがまだ確立せず、自然な挨拶表現に抵抗があるのだろうか。このような学生たちと触れあうと、英語学習の初期の段階で身についた習慣がなかなか変えがたいものであることも思い知らされる。そして、語用論的指導は語学学習の第一歩から取り入れるべきではないかとの思いを強くする。

　かくいう私も、かつては日本で英語を学んだため、16歳ではじめてできたアメリカの友人たちから、*fine* は堅苦しいから使わないようにと言われ、でも自分はそれしか習わなかったのに、と首をかしげたものである。その後もさまざまな語用論的誤りを犯し、苦い思いや恥ずかしい体験をしながら社会文化的な状況に応じたことばの使い方を学びつづけ、今にいたっている。大学院修士課程の入学前に、語用論の研究に出会い、実際のコミュニケーションに役立つこの分野の知見が明らかにされているにもかかわらず、それが語学教育に取り入れられていないことを、歯がゆく思った。文化や状況によって変容することばの多様な使い方のおもしろさを、一部の研究者の間にとどめておくのはもったいない。この認識をできる限り多くの語学教員や学習者と共有して、多文化について学び、そのコミュニティに参加する楽しさを伝えたい。そのような思いが、本書を執筆する純粋な動機となった。日々の語学指導をとおして、実際のコミュニケーションにおける軋轢を減らし、多文化理解を図

りたいと考える教員の方々も、そのような思いを共有しておられることだろう。

　実際、語用論関連の研究やその指導案の発展は目覚ましく、紙面の制限や日頃の不勉強などにより、本書に十分に盛り込めなかったテーマも数多くある。語用論的定型表現 (pragmatic formula)、ユーモア、インポライトネス・非礼 (impoliteness/rudeness)、タブーとされる言語 (taboo language)、婉曲表現 (euphemism)、会話の運びや構造などは、日本の英語教育への示唆に富んでいると思われる。話しことばに加え、書きことばの構造や談話、年少者の語用論的発達、4技能（話す、聞く、読む、書く）および文法・語彙の指導など現在の教育現場でのカリキュラムと融和した語用論的指導。学習言語のコミュニティでの短期滞在や留学、イマージョン教育などによる語用論的発達、指導における新たな手法とその効果。語用論的な発達順序とプロセス、アイデンティティと語用論的発達との関連性。このように、今後掘り下げていくべき課題は尽きない。

　また、本書で取り上げた語用論的ことばの使い方の中にも、十分に語りつくされていない事項や、紙面の都合や著者・編著者の知識の限界で紹介しきれなかった研究や指導案が数限りなくある。語用論の視点を取り入れた指導は、EFLなど外国語の環境でも効果的になりうること、またその実用性から学習者が興味を持って学べることは、これまでの研究や私自身の経験から、明らかになっている。このような教育的効果や肯定的な学習者の声を励みとして、日本での語用論的指導をさらに発展させていきたいものである。そのためにも、本書の読者の方々には、今後議論を深めるべき点や、語用論的指導の成功例をご教示いただき、今後ますますこの分野の議論が進むことを期待する。実際、全国語学教育学会の語用論研究部会などでは、このような建設的な対話がすでに活発に行なわれている。また、これまで編著者が語用論的指導に関する授業を担当した法政大学、コロンビア大学日本校、テンプル大学日本校、神田外語大学、ミネソタ大学などの大学（院）で学び、情熱を持って実践指導に携わっておられる方々のコミュニティもある。本書を通じて、語用論的指導における協力関係や対話に、読者の方々も参加してくださることがあれば、望外の喜びである。

　末筆ながら、本書の出版にあたり、さまざまな方々に多大なご協力を賜った。原著の執筆にご協力くださった方々に加え、この増補・改訂版の企画を取り上げてくださった上、細部の編集にまで繊細で丁寧なご配慮をくださいました研究社編集部の金子靖さんに、心より感謝申し上げたい。また原稿に念入りに目を通し、自然な日本語に調整してくださった北綾子さんのご協力なくしては、本書の出版は不可能であった。そして、的確なご指摘をいくつも賜った高見沢紀子さんほか、研究社編集部の皆様にも、厚く御礼申し上げる。また、本企画は、法政大学研究開発センターの出版助成およびJSPS科研費基盤研究（C）24520657の助成を受けており、関係者の方々に謝意を示したい。最後に、本書の執筆中に病に倒れ、今も闘病を続けている父と、それを支える母、精神面や生活面でつねに支えとなってくれる夫にも、これまでの感謝を伝え、本書を捧げたい。

2015年2月28日　　編著者　　石原　紀子

# 参考文献
## REFERENCES

ACTFL (1999). ACTFL proficiency guidelines: Speaking. (n.d.). Retrieved February 8, 2015, from http://www.sil.org/lingualinks/LANGUAGELEARNING/OtherResources/ACTFLProficiencyGuidelines/ACTFLGuidelinesSpeaking.htm.

Adolphs, S. (2006). *Introducing electronic text analysis: A practical guide for language and literary studies*. London: Routledge.

Akikawa, K., & Ishihara, N. (2010). "Please write a recommendation letter": Teaching to write e-mail requests to faculty. In D. Tatsuki & N. Houck (Eds.), *Pragmatics: Teaching speech acts* (pp. 47-66). Alexandria, VA: Teachers of English to Speakers of Other Languages.

Alcón, E. (2005). Does instruction work for learning pragmatics in the EFL context? *System, 33*(3), 417-435.

Allwright, D. (2003). Exploratory practice: Rethinking practitioner research in language teaching. *Language Teaching Research, 7*(2), 113-141.

Allwright, D., & Hanks, J. (2009). *The developing language learner: An introduction to exploratory practice*. London: Palgrave Macmillan.

Anderson, J. (2006). Form, meaning, and use of English negation. Class handout at American University, Washington DC.

Apte, M. L. (1974). "Thank you" and South Asian languages: A comparative sociolinguistic study. *Linguistics, 136*, 67-89.

Arcario, P. (1993). Criteria for selecting video materials. In S. Stempleski & P. Arcario (Eds.), *Video in second language teaching: Using, selecting, and producing video for the classroom* (pp. 109-121). Alexandria, VA: Teachers of English to Speakers of Other Languages.

Archer, E. (2010). They made me an offer I couldn't refuse: Teaching refusal strategies for invitations. In D. Tatsuki & N. Houck (Eds.), *Pragmatics: Teaching speech acts* (pp. 181-194). Alexandria, VA: Teachers of English to Speakers of Other Languages.

Arent, R. (1996). Sociopragmatic decisions regarding complaints by Chinese learners and NSs of American English. *Hong Kong Journal of Applied Linguistics, 1*(1), 125-147.

Armstrong, S. (2008). Desperate housewives in an EFL classroom. *Pragmatic Matters, 9*(1), 4-7.

Asaba, M. (2012). Owner's manual of "sumimasen". In J. Ronald, C. Rinnert, K. Fordyce & T. Knight (Eds.), *Pragtivities: Bringing pragmatics to second language classrooms* (pp. 184-188). Tokyo: The Japan Association for Language Teaching Pragmatics Special Interest Group.

Aston, G. (1993). Notes on the interlanguage of comity. In G. Kasper & S. Blum-Kulka (Eds.), *Interlanguage pragmatics* (pp. 224-250). Oxford, England: Oxford University Press.

Bardovi-Harlig, K. (1992). Pragmatics as part of teacher education. *TESOL Journal, 1*(3), 28-32.

Bardovi-Harlig, K. (1996). Pragmatics and language teaching: Bringing pragmatics and pedagogy together. In L. F. Bouton (Ed.), *Pragmatics and language learning* (Vol. 7, pp. 21-39). Urbana, IL: Division of English as an International Language, University of Illinois at Urbana-Champaign.

Bardovi-Harlig, K. (2001). Evaluating the empirical evidence: Grounds for instruction in pragmatics? In K. R. Rose & G. Kasper (Eds.), *Pragmatics in language teaching* (pp. 13-32). Cambridge, England: Cambridge University Press.

Bardovi-Harlig, K. (2003). Understanding the role of grammar in the acquisition of L2 pragmatics. In A. M. Flor, E. U. Juan, & A. F. Guerra (Eds.), *Pragmatic competence and foreign language teaching* (pp. 25-44). Castellón, Spain: Servicio de publicaciones de la Universidad Jaume I.

Bardovi-Harlig, K. (2006). On the role of forumalas in the acquisition of l2 pragmatics. In K. Bardovi-Harlig, C. Félix-Brasdefer & A. Omar (Eds.), *Pragmatics and language learning* (Vol. 11, pp. 1-28). Honolulu, HI: National Foreign Language Resource Center, University of Hawaii at Manoa.

Bardovi-Harlig, K., & Dörnyei, Z. (1998). Do language learners recognize pragmatic violations? Pragmatic versus grammatical awareness in instructed L2 learning. *TESOL Quarterly, 32* (2), 233-259.

Bardovi-Harlig, K., & Hartford, B. S. (1991). Saying "no" in English: Native and nonnative rejections. In L. Bouton and Y. Kachru (Eds.), *Pragmatics and language learning*, (Vol. 2, (pp. 41-57). Urbana, IL: Division of English as an International Language, University of Illinois at Urbana-Champaign.

Bardovi-Harlig, K., & Hartford, B. S. (1993). Refining the DCT: Comparing open questionnaires and dialogue completion tasks. In L. F. Bouton & Y. Kachru (Eds.), *Pragmatics and language learning* (Vol. 4, pp. 143-165). Urbana, IL: Division of English as an International Language, University of Illinois at Urbana-Champaign.

Bardovi-Harlig, K., & Hartford, B. S. (2005). Institutional discourse and interlanguage pragmatics research. In K. Bardovi-Harlig & B. S. Hartford (Eds.), *Interlanguage pragmatics: Exploring institutional talk* (pp. 7-36). Mahwah, NJ: Lawrence Erlbaum Associates.

Bardovi-Harlig, K., Hartford, B. S., Mahan-Taylor, R., Morgan, M. J., & Reynolds, D. W. (1991). Developing pragmatic awareness: Closing conversation. *ELT Journal, 45*(1), 4-15.

Bardovi-Harlig, K., & Mahan-Taylor, R. (Eds.). (2003). *Teaching pragmatics*. Washington DC: Office of English Language Programs, U.S. Department of State. Retrieved February 8, 2015, from http://americanenglish.state.gov/resources/teaching-pragmatics.

Bardovi-Harlig, K., & Salsbury, T. (2004). The organization of turns in the disagreements of L2 learners: A longitudinal perspective. In D. Boxer & A. D. Cohen (Eds.), *Studying speaking to inform second language learning* (pp. 199-227). Clevedon, England: Multilingual Matters.

Barkhuizen, G. (2008). A narrative approach to exploring context in language teaching. *ELT Journal, 62*(3), 231-239.

Barnlund, D. C., & Araki, S. (1985). Intercultural encounters: The management of compliments by Japanese and Americans. *Journal of Cross-Cultural Psychology, 16*(1), 9-26.

Barraja-Rohan, A.-M. (2011). Using conversation analysis in the second language classroom to

teach interactional competence. *Language Teaching Research, 15*(4), 479-507.
Barron, A. (2003). *Acquisition in interlanguage pragmatics: Learning how to do things with words in a study abroad context.* Amsterdam: John Benjamins.
Bayley, R., & Schecter, S. R. (2003). *Language socialization in bilingual and multilingual societies.* Clevedon, England: Multilingual Matters.
Beebe, L. M., & Cummings, M. C. (1996). Natural speech act data versus written questionnaire data: How data collection method affects speech act performance. In S. M. Gass & J. Neu (Eds.), *Speech acts across cultures: Challenges to communication in a second language* (pp. 65-86). Berlin, Germany: Mouton de Gruyter.
Beebe, L. M., & Giles, H. (1984). Speech accommodation theories: A discussion in terms of second-language acquisition. *International Journal of the Sociology of Language, 46*(5), 5-32.
Beebe, L., & Takahashi, T. (1989). Do you have a bag?: Social status and patterned variation in second language acquisition. In S. Gass, C. Madden, D. Preston, & L. Selinker (Eds.), *Variation in second language acquisition: Discourse, pragmatics, and communication* (pp. 103-125). Clevedon: Multilingual Matters.
Beebe, L. M., Takahashi, T, & Uliss-Weltz, R. (1990). Pragmatic transfer in ESL refusals. In R. Scarcella, E. Andersen, & S. D. Krashen (Eds.), *On the development of communicative competence in a second language* (pp. 55-73). New York: Newbury House/ HarperCollins.
Beebe, L. M., & Waring, H. Z. (2004). The linguistic encoding of pragmatic tone: Adverbials as words that work. In D. Boxer & A. D. Cohen (Eds.), *Studying speaking to inform second language learning* (pp. 228-249). Clevedon: Multilingual Matters.
Beebe, L., & Waring, H. Z. (2005). Pragmatic development in responding to rudeness. In J. Frodesen & C. Holten (Eds.), *The power of context in language teaching and learning* (pp. 67-79). Boston: Thomson/Heinle.
Beebe, L. M., & Zuengler, J. (1983). Accommodation theory: An explanation for style shifting in second language dialects. In N. Wolfson & E. Judd (Eds.), *Sociolinguistics and language acquisition* (pp. 195-213). Rowley, MA: Newbury House Publishers.
Belz, J. A. (2007). The role of computer mediation in the instruction and development of L2 pragmatic competence. *Annual Review of Applied Linguistics, 27,* 45-75.
Belz, J. A., & Kinginger, C. (2003). Discourse options and the development of pragmatic competence by classroom learners of German: The case of address forms. *Language Learning 53*(4), 591-647.
Belz, J. A., & Vyatkina, N. (2005). Learner corpus analysis and the development of L2 pragmatic competence in networked inter-cultural language study: The case of German modal particles. *The Canadian Modern Language Review, 62*(1), 17-48.
Berenstain, S., & Berenstain, J. (1985). *The Berenstain bears: Forget their manners.* New York: Random House.
Berger, P., & Luckmann, T. (1967). *The social construction of reality.* Garden City, NY: Doubleday.
Bialystok, E. (1993). Symbolic representation and attentional control in pragmatic competence. In G. Kasper & S. Blum-Kulka (Eds.), *Interlanguage pragmatics* (pp. 43-59). Oxford, England: Oxford University Press.

Biber, D., Conrad, S., & Reppen, R. (1998). *Corpus linguistics investigating language structure and use*. Cambridge, England: Cambridge University Press.

Biber, D., Conrad, S., Reppen, R., Byrd, P., & Helt, M. (2002). Speaking and writing in the university: A multidimensional comparison. *TESOL Quarterly 36*(1), 9-48.

Billmyer, K. (1990). "I really like your lifestyle": ESL learners learning how to compliment. *Penn Working Papers in Educational Linguistics, 6*(2), 31-48.

Bjørge, A. K. (2012). Expressing disagreement in ELF business negotiations: Theory and practice. *Applied Linguistics 33*(4), 406-427.

Bloom, B. S. (Ed.). (1956). *Taxonomy of educational objectives: The classification of educational goals. Handbook I: Cognitive domain*. New York: Longmans, Green.

Blum-Kulka, S., House, J., & Kasper, G. (Eds.). (1989). *Cross-cultural pragmatics: Requests and apologies*. Norwood, NJ: Ablex Publishing Corporation.

Blum-Kulka, S., & Olshtain, E. (1984). Requests and apologies: A cross-cultural study of speech act realization patterns (CCSARP). *Applied Linguistics, 5*(3), 196-214.

Borg, S. (2006). *Teacher cognition and language education: Research and practice*. London: Continuum.

Bousfield, D. (2008). *Impoliteness in interaction*. Amsterdam: John Benjamins.

Bouton, L. (1990). The effective use of implicature in English: Why and how it should be taught in the ESL classroom? In L. Bouton & Y. Kachru (Eds.), *Pragmatics and language learning* (Vol. 1, pp. 43-52). Urbana, IL: Division of English as an International Language, University of Illinois at Urbana-Champaign.

Bouton, L. (1994a). Can NNS skill in interpreting implicature in American English be improved through explicit instruction: A pilot study. In L. Bouton & Y. Kachru (Eds.), *Pragmatics and language learning* (Vol. 5, pp. 88-109). Urbana, IL: Division of English as an International Language, University of Illinois at Urbana-Champaign.

Bouton, L. F. (1994b). Conversational implicature in a second language: Learned slowly when not deliberately taught. *Journal of Pragmatics, 22*(2), 157-167.

Bouton, L. F. (1999). Developing nonnative speaker skills in interpreting conversational implicatures in English: Explicit teaching can ease the process. In E. Hinkel (Ed.), *Culture in second language teaching and learning* (pp. 43-70). Cambridge, England: Cambridge University Press.

Bremner, S. (2013). Politeness and face research. In C. A. Chapelle (Ed.), *The encyclopedia of applied linguistics* (pp. 1-6). Oxford, England: Blackwell Publishing.

Brown, J. D. (2001). Pragmatics tests: Different purposes, different tests. In K. R. Rose & G. Kasper (Eds.), *Pragmatics in language teaching* (pp. 301-325). Cambridge, England: Cambridge University Press.

Brown, H. D. (2007). *Teaching by principles: An interactive approach to language pedagogy* (3rd ed.). London: Pearson Longman.

Brown, H. D. (2004). *Language assessment: Principles and classroom practices*. New York: Longman.

Brown, H. D., & Hudson, T. (1998). The alternatives in language assessment. *TESOL Quarterly, 32*(4), 653-675.

Brown, P., & Levinson, S. C. (1987). *Politeness: Some universals in language use*. Cambridge, England: Cambridge University Press.

Bucciarelli, M., Colle, L., & Bara, B. G. (2003). How children comprehend speech acts and communicative gestures. *Journal of Pragmatics, 35*(2), 207-241.

Burke, M. (2012). *Yo! Yes?: Lesson plan*. Unpublished course paper at Columbia University Teachers College Japan Campus, Tokyo.

Burke, M., & Takeda, R. (2012). Compare and contrast the paragraphs. In J. Ronald, K. Fordyce, C. Rinnert & T. Knight (Eds.), *Pragtivities: Bringing pragmatics to second language classrooms* (pp. 205-207). Tokyo: The Japan Association for Language Teaching Pragmatics Special Interest Group.

Burns, A. (Ed.). (2010). *Doing action research in English language teaching*. London: Routledge.

Burt, S. M. (2001, February). *Non-conventionalized blessings: Have a good rest of your life in Illinois*. Paper presented at the Annual Conference of American Association for Applied Linguistics, St. Louis, MO.

Byram, M., & Morgan, C. (1994). Teaching and learning language and culture. Clevedon, England: Multilingual Matters.

Campo, E., & Zuluaga, J. (2000). Complimenting: A matter of cultural constraints. *Colombian Applied Linguistics Journal, 2*(1), 27-41.

Canale, M., & Swain, M. (1980). Theoretical bases of communicative approaches to second language teaching and testing. *Applied Linguistics, 1*(1), 1-47.

Carduner, J. (2011). Have you paid someone a compliment today? In N. Houck & D. Tatsuki (Eds.), *Pragmatics: Teaching natural conversation* (pp. 61-78). Alexandria, VA: Teachers of English to Speakers of Other Languages.

Carroll, D. (2011). Teaching preference organization: Learning how not to say "no". In N. Houck & D. Tatsuki (Eds.), *Pragmatics: Teaching natural conversation* (pp. 105-118). Alexandria, VA: Teachers of English to Speakers of Other Languages.

Carter, R., & McCarthy, M. (1995). Grammar and spoken language. *Applied Linguistics, 16*(2), 141-158.

Carter, R., & McCarthy, M. (2004). Talking, creating: Interactional language, creativity, and context. *Applied Linguistics, 25*(1), 62-88.

Celce-Murcia, M., Brinton, D. M., & Goodwin, J. M. (1996). *Teaching pronunciation: A reference for teachers of English to speakers of other languages*. Cambridge, England: Cambridge University Press.

Celce-Murcia, M., & Larsen-Freeman, D. (1999). *The grammar book: An ESL/EFL teacher's course* (2nd ed.). Boston: Heinle & Heinle.

Chamot, A. U. (2008). Strategy instruction and good language learners. In C. Griffiths (Ed.), *Lessons from good language learners* (pp. 266-281). Cambridge, England: Cambridge University Press.

Chen, R. (1993). Responding to compliments: A contrastive study of politeness strategies between American English and Chinese speakers. *Journal of Pragmatics, 20*(1), 49-75.

Chen, X., Ye, L., & Zhang, Y. (1995). Refusing in Chinese. In G. Kasper (Ed.), *Pragmatics of Chinese as a native and target language* (pp. 119-163). Honolulu: University of Hawai'i Press.

Cheng, W., & Tsui, A. B. M. (2009). 'ahh ((laugh)) well there is no comparison between the two I think': How do Hong Kong Chinese and native speakers of English disagree with each other? *Journal of Pragmatics, 41*(11), 2365-2380.

Cohen, A. D. (2004). Assessing speech acts in a second language. In B. Boxer & A. D. Cohen (Eds.), *Studying speaking to inform second language learning* (pp. 302-327). Clevedon, England: Multilingual Matters.

Cohen, A. D. (2005). Strategies for learning and performing L2 speech acts. *Intercultural Pragmatics, 2*(3), 275-301.

Cohen, A. D. (2007a). Becoming a strategic language learning in CALL. *Applied Language Learning, 17*(1-2), 57-71.

Cohen, A. D. (2007b). Coming to terms with language learner strategies: Surveying the experts. In A. D. Cohen & E. Macaro (Eds.), *Language learner strategies: 30 years of research and practice* (pp. 29-45). Oxford, England: Oxford University Press.

Cohen, A. D., & Ishihara, N. (2005). *A web-based approach to strategic learning of speech acts.* Minneapolis, MN: Center for Advanced Research on Language Acquisition, University of Minnesota. Retrieved Febryary 8, 2015, from: http://www.carla.umn.edu/speechacts/Japanese%20Speech%20Act%20Report%20Rev.%20June05.pdf.

Cohen, A. D. Paige, M., Shively, R. L., Emert, H. A., & Hoff, J. G. (2005). *Maximizing study abroad through language and culture strategies: Research on students, study abroad program professionals, and language instructors. Final Report to the International Research and Studies Program, Office of International Education, DOE.* Minneapolis, MN: Center for Advanced Research on Language Acquisition, University of Minnesota.

Cohen, A. D., & Olshtain, E. (1981). Developing a measure of socio-cultural competence: The case of apology. *Language Learning, 31*(1), 113-134.

Cohen, A. D., & Olshtain, E. (1993). The production of speech acts by EFL learners. *TESOL Quarterly, 27*(1), 33-56.

Cohen, A. D., Olshtain, E., & Rosenstein, D. S. (1986). Advanced EFL apologies: What remains to be learned? *International Journal of the Sociology of Language, 62*(6), 51-74.

Cohen, A. D., Paige, R. M., Shively, R. L., Emert, H., & Hoff, J. (2005). Maximizing study abroad through language and culture strategies: Research on students, study abroad program professionals, and language instructors. *Final Report to the International Research and Studies Program, Office of International Education, DOE.* Minneapolis, MN: Center for Advanced Research on Language Acquisition, University of Minnesota. Retrieved February 8, 2015, from http://www.carla.umn.edu/maxsa/documents/MAXSAResearchReport_000.pdf.

Cohen, A. D., & Shively, R., L. (2003). Measuring speech acts with multiple rejoinder DCTs. *Language Testing Update, 32,* 39-42.

Cohen, A. D. & Shively, R. L. (2007). Acquisition of requests and apologies in Spanish and French: Impact of study abroad and strategy-building intervention. *Modern Language Journal, 91*(2), 189-212.

Cohen, A. D., & Sykes, J. M. (2013). Strategy-based learning of pragmatics for intercultural education. In F. Dervin & A. J. Liddicoat (Eds.), *Linguistics for intercultural education* (pp. 87-111). Amsterdam: John Benjamins.

Cohen, A. D. & Weaver, S. J. (2006). *Styles and strategies-based instruction: A teachers' guide.* Minneapolis, MN: Center for Advanced Research on Language Acquisition, University of Minnesota.

Cohen, A. D., Weaver, S. J., & Li, T-Y. (1998). The impact of strategies-based instruction on speaking a foreign language. In A. D. Cohen, *Strategies in learning and using a second language* (pp. 107-156). Harlow, England: Longman.

Carroll, D. (2011). Teaching preference organization: Learning how not to say "no". In N. Houck & D. Tatsuki (Eds.), *Pragmatics: Teaching natural conversation* (pp. 105-118). Alexandria, VA: Teachers of English to Speakers of Other Languages.

Coulmas, F. (1981). "Poison to your soul": Thanks and apologies contrastively viewed. In F. Coulmas (Ed.), *Conversational routine: Explorations in standardized communication situations and prepatterned speech* (pp. 69-91). The Hague, the Netherlands: Mouton Publishers.

Crandall, E., & Basturkmen, H. (2004). Evaluating pragmatics-focused materials. *ELT Journal, 58*(1), 38-49.

Cushner, K., & Brislin, R., W. (1996). *Intercultural interactions: A practical guide*. Thousand Oaks, CA: Sage Publications.

Daikuhara, M. (1986). A study of compliments from a cross-cultural perspective: Japanese vs. American English. *Working Papers in Educational Linguistics, 2*(2), 103-134.

Daly, N., Holmes, J., Newton, J., & Stubbe, M. (2004). Expletives as solidarity signals in FTAs on the factory floor. *Journal of Pragmatics, 36*(5), 945-964.

Dar, Y., & Gieve, S. (2013). The use of exploratory practice as a form of collaborative practitioner research. *International Student Experience Journal, 1*(1), 19-24.

Day, R. R., Shaules, J., & Yamanaka, J. (2009). Impact issues 1: 20 key issues to help you express yourself in English. Pearson Longman.

de Andrés Martínez, C. (2012). Developing metacognition at a distance: Sharing students' learning strategies on a reflective blog. *Computer Assisted Language Learning, 25*(2), 199-212.

Decco, W. (1996). The induction-deduction opposition: Ambiguities and complexities of the didactic reality. *IRAL, 34*(2), 95-118.

Derewianka, B. (2003). Developing electronic materials for language. In B. Tomlinson (Ed.), *Developing materials for language teaching* (pp. 199-220). London: Continuum.

Dewaele, J. M. (2005). Investigating the psychological and emotional dimensions in instructed language learning: Obstacles and possibilities. *Modern Language Journal, 89*(3), 367-380.

Diepenbroek, L. & Derwing, T. (2013). To what extent do popular ESL textbooks incorporate oral fluency and pragmatic development? *TESL Canada Journal, 30*(7), 1-20.

Di Vito, N. O. (1993). Second culture acquisition: A tentative step in determining hierarchies. In J. E. Alatis (Ed.), *Georgetown University Round Table on Languages and Linguistics 1992: Language, communication, and social meaning* (pp. 324-335). Washington DC: Georgetown University Press.

Dörnyei, Z. (1995). On the teachability of communication strategies. *TESOL Quarterly, 29*(1), 55-85.

Dörnyei, Z., & Thurrell, S. (1998). Linguistics at work: A reader of applications. In D. D. Oaks (Ed.), *Linguistics at work: A reader of applications* (pp. 674-686). Fort Worth, TX: Harcourt Brace. (Original work published in 1994)

Ducate, L. C., & Lomicka, L. L. (2005). Exploring the blogosphere: Use of web lobs in the foreign language classroom. *Foreign Language Annals, 38*(3), 410-421.

DuFon, M. A. (1999). *The acquisition of linguistic politeness in Indonesian as a second language by sojourners in a naturalistic context.* Unpublished doctoral dissertation, University of Hawaii Press, Honolulu.

DuFon, M. A. (2008). Language socialization theory and the acquisition of pragmatics in the foreign language classroom. In E. S. Alcón & A. Martínez-Flor (Eds.), *Investigating pragmatics in foreign language learning, teaching, and testing* (pp. 25-44). Bristol, England: Multilingual Matters.

Edge, J. (2002). *Continuing cooperative development: A discourse framework for individuals as colleagues.* Anne Arbor, MI: University of Michigan Press.

Eisenstein, M., & Bodman, J. (1986). 'I very appreciate': Expressions of gratitude by native and non-native speakers of American English. *Applied Linguistics, 7*(2), 167-185.

Ellis, R. (1994). *The study of second language acquisition.* Oxford, England: Oxford University Press.

Elola, I., & Oskoz, A. (2008). Blogging: Fostering intercultural competence development in foreign language and study abroad contexts. *Foreign Language Annals, 41*(3), 454-477.

Eslami, Z. R. (2005). Invitations in Persian and English: Ostensible or genuine? *Intercultural Pragmatics, 2*(4), 453-480.

Eslami-Rasekh, Z. (2005). Raising the pragmatic awareness of language learners. *ELT Journal, 59*(3), 199-208.

Eslami, Z. R. (2011). In their own voices: Reflections of native and nonnative English speaking TESOL graduate students on on-line pragmatic instruction to EFL learners. *TESL-EJ, 15*(2). Retrieved February 8, 2015 from http://www.tesl-ej.org/wordpress/issues/volume15/ej58/ej58a5/

Eslami, Z. R., & Eslami-Resekh, A. (2008). Enhancing the pragmatic competence of non-native English-speaking teacher candidates (NNESTCs) in an EFL context. In E. S. Alcón & M. P. Safont (Eds.), *Intercultural language use and language learning* (pp. 178-197). Dordrecht, The Netherlands: Springer.

Estrada, A., Gates, S., & Ramsland, J. (2006). Pragmatics-focused lesson plan: Compliments. Unpublished course paper at the University of Minnesota, MN.

Félix-Brasdefer, J. C. (2003). Declining an invitation: A cross-cultural study of pragmatic strategies in American English and Latin American Spanish. *Multilingua, 22*(3), 225-255

Félix-Brasdefer, J. C. (2006). Teaching the negotiation of multi-turn speech acts: Using conversation-analytic tools to teach pragmatics in the FL classroom. In K. Bardovi-Harlig, J. C. Félix-Brasdefer, & A. S. Omar (Eds.), *Pragmatics and language learning* (Vol. 11, pp. 167-197). Honolulu: University of Hawai'i Press.

Félix-Brasdefer, J. C. (2007). Discourse pragmatics. Retrieved February 8, 2015 from http://www.indiana.edu/~discprag/index.html

Firth, A. (1996). The discursive accomplishment of normality: On 'lingua franca' English and conversation analysis. *Journal of Pragmatics, 26*(2), 237-259.

Fordyce, K. (2012). What's in the name? In J. Ronald, K. Fordyce, C. Rinnert & T. Knight (Eds.), *Pragtivities: Bringing pragmatics to second language classrooms* (pp. 9-11). Tokyo: The Japan Association for Language Teaching Pragmatics Special Interest Group.

Fordyce, K. (2013). The differential effects of explicit and implicit instruction on EFL learners' use of epistemic stance. *Applied Linguistics, 35*(1), 6-28.

Freeman, D. (2002). The hidden side of the work: Teacher knowledge and learning to teach. *Language Teaching, 35*(1), 1-13.

Freeman, D., & Johnson, K. E. (1998). Reconceptualizing the knowledge-base of language teacher education. *TESOL Quarterly, 32*(3), 397-417.

Freiermuth, M. R., & Huang, H.-c. (2012). Bringing Japan and Taiwan closer electronically: A look at an intercultural online synchronic chat task and its effect on motivation. *Language Teaching Research, 16*(1), 61-88.

Fujimoto, D. (2012). *Agreements and disagreements: Novice language learners in small group discussion*. Unpublished doctoral dissertation, Temple University Japan, Tokyo.

Fujioka, M. (2003). Raising pragmatic consciousness in the Japanese EFL classroom. *The Language Teacher, 27*(5), 12-14.

Fujioka, M. (2004). Film analysis: A way to raise Japanese EFL learners' sociolinguistic awareness. *Kinki University Multimedia Education, 3*, 15-25.

Fujioka, M. (2010). Cross-cultural understanding in an English for Academic Purposes writing course. *Ibunkarikai Kyouiku [Cross-Cultural Understanding Education], Kinki University*, 69-86.

Fujioka, M. (2013). From praise to critique in offering peer feedback on writing. *The 2012 Pan-SIG Conference Proceedings*, 77-82.

Fukuya, Y. J., & Clark, M. K. (2001). A comparison of input enhancement and explicit instruction of mitigators. In L. F. Bouton & Y. Kachru (Eds.), *Pragmatics and language learning* (Vol. 10, pp. 111-130). Urbana, IL: Division of English as an International Language, University of Illinois at Urbana-Champaign.

Garfinkel, H. (1967). *Studies in ethnomethodology*. Englewood Cliffs, NJ: Prentice-Hall.

Garrett, P. B., & Baquedano-López, P. (2002). Language socialization: Reproduction and continuity, transformation and change. *Annual Review of Anthropology, 31*(1), 339-361.

Giles, H., Coupland, J., & Coupland, N. (1991). Accommodation theory: Communication, context, and consequence. In H. Giles, J. Coupland, & N. Coupland (Eds.), *Contexts of accommodation: Developments in applied sociolinguistics* (pp. 1-68). Cambridge, England: Cambridge University Press.

Glaser, K. (2013). The neglected combination: A case for explicit-inductive instruction in teaching pragmatics in ESL. *TESL Canada Journal, 30*(7), 150-163.

Goffman, E. (1967). *Interaction ritual: Essays on face-to-face behavior*. New York: Pantheon.

Golato, A. (2002). German compliment responses. *Journal of Pragmatics, 34*(5), 547-571.

Golato, A. (2003). Studying compliment responses: A comparison of DCTs and recordings of naturally occurring talk. *Applied Linguistics, 24*(1), 90-121.

Golato, A. (2005). *Compliments and compliment responses: Grammatical structure and sequential organization*. Amsterdam: John Benjamins.

Gonzales, A. (2013). Development of politeness strategies in participatory online environments: A case study. In N. Taguchi & J. Sykes (Eds.), *Technology in interlanguage pragmatics research and teaching* (pp. 101-120). Philadelphia, PA: John Benjamins.

González-Lloret, M. (2008). Computer-mediated learning of L2 pragmatics. In E. Alcón & A. Martínez-Flor (Eds.), *Investigating pragmatics in foreign language learning, teaching* and testing (pp. 114-132). Clevedon, England: Multilingual Matters.

Graves, K. (2000). *Designing language courses: A guide for teachers*. Boston: Heinle & Heinle.

Grice, H. P. (1975). Logic and conversation. In P. Cole & J. L. Morgan (Eds.), *Syntax and semantics 3: Speech acts* (pp. 41-58). New York: Academic Press.

Griffiths, C. (2008). Strategies and good language learners. In C. Griffiths (Ed.), *Lessons from good language learners* (pp. 83-98). Cambridge, England: Cambridge University Press.

Griswold, O. (2003). How do you say good-bye? In K. Bardovi-Harlig & R. Mahan-Taylor (Eds.), *Teaching pragmatics*. Washington DC: Office of English Language Programs, U.S. Department of State. Retrieved February 8, 2015, from http://americanenglish.state.gov/files/ae/resource_files/griswold.pdf

Grundy, P. (2008). *Doing pragmatics* (3rd ed.). London: Hodder Education.

Guarda, M. (2012). Computer-mediated discourse and interaction in second and foreign language learning and teaching. *Journal of E-Learning and Knowledge Society, 8*(3), 15-27.

Hall, J. K. (2002). *Teaching and researching language and culture*. London: Pearson Education Limited.

Hartford, B. S., & Bardovi-Harlig, K. (1992). Experimental and observational data in the study of interlanguage pragmatics. In L. F. Bouton & Y. Kachru (Eds.), *Pragmatics and language learning* (Vol. 2, pp. 33-52). Urbana, IL: Division of English as an International Language, University of Illinois at Urbana-Champaign.

Hatakeyama, M. (2006). Blogs as a tool for achieving the 5 Cs. In M. Oka (Ed.), *Proceedings of the 18th Annual Conference of the Central Association of Teachers of Japanese* (pp. 209-224). Ann Arbor, MI: University of Michigan.

Herbert, R. K. (1990). Sex-based differences in compliment behavior. *Language in Society, 19*(2), 201-224.

Herbert, R. K., & Straight, S. (1989). Compliment rejection versus compliment-avoidance: Listener-based versus speaker-based pragmatic strategies. *Language and Communication, 9*(1), 35-47.

Hinkel, E. (1997). Appropriateness of advice: DCT and multiple choice data. *Applied Linguistics, 18*(1), 1-26.

Hinkel, E. (2014). Culture and pragmatics in language teaching and learning. In M. Celce-Murcia, D. M. Brinton & M. A. Snow (Eds.), *Teaching English as a second or foreign language* (4th ed., pp. 394-408). *Boston: National Geographic Learning.*

Holden, C. L., & Sykes, J., M. (2013). Complex L2 pragmatic feedback via place-based mobile games. In N. Taguchi & J. M. Skykes (Eds.), *Technology in interlanguage pragmatics research and teaching* (pp. 155-183). Philadelphia, PA: John Benjamins.

Holmes, J. (2005). When small talk is a big deal: Sociolinguistic challenges in the workplace. In M. H. Long (Ed.), *Second language needs analysis* (pp. 344-372). Cambridge, England: Cambridge University Press.

Holmes, J., & Brown, D. F. (1987). Teachers and students learning about compliments. *TESOL Quarterly, 21*(3), 523-546.

Horibe, H. (2008). The place of culture in teaching English as an international language (eil). *JALT Journal, 30*(2), 241-253.

Houck, N., & Fujii, S. (2013). Working through disagreement in English academic discussions between L1 speakers of Japanese and L1 speakers of English. In T. Greer, D. Tatsuki & C. Roever (Eds.), *Pragmatics and language learning* (Vol. 13, pp. 103-132). Honolulu, HI: University of Hawai'i, National Foreign Language Resource Center.

Houck, N., & Fujimori, J. (2010). "Teacher, you should lose some weight": Advice-giving in English. In D. Tatsuki & N. Houck (Eds.), *Pragmatics: Teaching speech acts* (pp. 89-103). Alexandria, VA: Teachers of English to Speakers of Other Languages.

Houck, N., & Tatsuki, D. (Eds.). (2011). *Pragmatics: Teaching natural conversation*. Alexandria, VA: Teachers of English to Speakers of Other Languages.

House, J. (2003). Teaching and learning pragmatic fluency in a foreign language: The case of English as a lingua franca. In A. Martínez, E. Usó & A. Fernández (Eds.), *Pragmatic competence and foreign language teaching* (pp. 133-159). Castellón, Spain: Servicio de publicaciones de la Universidad Jaume I.

House, J. (2008). What is an 'intercultural speaker'? In E. S. Alcón & M. P. Safont (Eds.), *Intercultural language use and language learning* (pp. 7-21). Dordrecht, The Netherlands: Springer.

House, J., & Kasper, G. (2000). How to remain a nonnative speaker. In C. Riemer (Ed.), *Kognitive aspekte des lehrens und lernens von fremdsprachen* [Cognitive aspects of foreign language teaching and learning]. *Festschrift fur Willis J. Edmondson zum 60. geburtstag* [Festschrift for Willis J. Edmondson on the occasion of his 60th birthday] (pp. 101-118). Tübingen, Germany: Narr.

Howard, A. M. (2008). Message from the newsletter editor. *Pragmatic Matters: JALT Pragmatics SIG Newsletter, 9*(1), 1 (English), 1 (Japanese).

Howard, A. M. (2011). Male and female complimenting behavior. In N. Houck & D. Tatsuki (Eds.), *Pragmatics: Teaching natural conversation* (pp. 79-89). Alexandria, VA: Teachers of English to Speakers of Other Languages.

Hudson, T., Detmer, E., & Brown, J. D. (1995). *Developing prototypic measures of cross-cultural pragmatics* (Tech. Rep. No. 7). Honolulu: University of Hawai'i, Second Language Teaching & Curriculum Center.

Huth, T., & Taleghani-Nikazm, C. (2006). How can insights from conversation analysis be directly applied to teaching L2 pragmatics? *Language Teaching Research 10*(1), 53-79.

井出祥子 (2006)『わきまえの語用論』大修館書店

Iino, M. (1996). *"Excellent foreigner!" Gaijinization of Japanese language and culture in contact situations - An ethnographic study of dinner table conversations between Japanese host families and American students*. Unpublished doctoral dissertation, University of Pennsylvania, Philadelphia.

Ishihara, N. (2004). Exploring the immediate and delayed effects of formal instruction: Teaching giving and responding to compliments. *MinneWI TESOL Journal, 21*, 37-70.

Ishihara, N. (2006). *Subjectivity, pragmatic use, and instruction: Evidence of accommodation and resistance*. Unpublished doctoral dissertation, University of Minnesota, Minneapolis.

Ishihara, N. (2007). Web-based curriculum for pragmatics instruction in Japanese as a foreign language: An explicit awareness-raising approach. *Language Awareness*, 16(1), 21-40.

Ishihara, N. (2009). Teacher-based assessment for foreign language pragmatics. *TESOL Quarterly, 43*(3), 445-470.

Ishihara, N. (2010). Compliments and responses to compliments: Learning communication in context:. In A. Martínez-Flor & E. Usó-Juan (Eds.), Speech act performance: Theoretical, empirical and methodological issues (pp. 179-198). Amsterdam: John Benjamins.

Ishihara, N. (2011). Co-constructing pragmatic awareness: Instructional pragmatics in EFL teacher development in Japan. *TESL-EJ*, 15(2). Retrieved February 8, 2015, from: http://www.tesl-ej.org/wordpress/issues/volume15/ej58/ej58a2/.

Ishihara, N. (2012a). Critical narratives for teaching pragmatics: Application to teacher education. *The European Journal of Applied Linguistics and TEFL*(2), 5-17.

Ishihara, N. (2012b). Stories for children: My dog never says "please" and the talking dog. In J. Ronald, C. Rinnert, K. Fordyce & T. Knight (Eds.), Pragtivities: Bringing pragmatics to second language classrooms (pp. 189-196). Tokyo: The Japan Association for Language Teaching Pragmatics Special Interest Group.

Ishihara, N. (2013). Is it rude language?: Children learning pragmatics through visual narratives. *TESL Canada Journal, 30*(3), 135-149. Accessible from: http://www.teslcanadajournal.ca/index.php/tesl/article/viewFile/1157/976

Ishihara, N. (in press). Softening or intensifying your language in oppositional talk: Disagreeing agreeably or defiantly. In P. Friedrich (Ed.), English for Diplomatic Purposes. Clevedon: Multilingual Matters.

Ishihara, N., & Chiba, A. (2014). Teacher-based or interactional?: Exploring assessments for children's pragmatic development. *Iranian Journal of Language Testing, 4*(1), 84-112.

Ishihara, N., & Cohen, A. D. (2004). Strategies for learning speech acts in Japanese. Minneapolis, MN: Center for Advanced Research on Language Acquisition, University of Minnesota. Retrieved February 8, 2015, from http://www.carla.umn.edu/speechacts/japanese/introtospeechacts/index.htm

Ishihara, N., & Maeda, M. (2010).『ことばと文化の交差点：文化で読み解く日本語』: *Communication in context*. London: Routledge.

Ishihara, N., & Takamiya, Y. (2014). Pragmatic development through blogs: A longitudinal study of telecollaboration and language socialization. In S. Li & P. Swanson (Eds.), *Engaging language learners through technology integration: Theory, applications, and outcomes* (pp. 137-161). Hershey, PA: IGI Global.

Ishihara, N., & Tarone, E. (2009). Emulating and resisting pragmatic norms: Learner subjectivity and foreign language pragmatic use. In N. Noguchi (Ed.), *Pragmatic competence in Japanese as a second language* (pp. 101-128). Berlin, Germany: Mouton Pragmatics Series: Mouton de Gruyter.

Jeon, E. H., & Kaya, T. (2006). Effects of L2 instruction on interlanguage pragmatic development: A meta-analysis. In J. M. Norris & L. Ortega (Eds.), *Synthesizing research on language learning and teaching* (pp. 165-211). Amsterdam: John Benjamins.

Jiang, X. (2006). Suggestions: What should ESL students know? *System, 34*(1), 36-54.

Johnson, F. (2006). Agreement and disagreement: A cross-cultural comparison. *BISAL, 1*, 41-67.

Johnson, K. E. (1999). *Understanding language teaching: Reasoning in action*. Boston: Heinle & Heinle.

Johnson, K. E., & Golombek, P. R. (2002). *Teacher's narrative inquiry as professional *development.* Cambridge, England: Cambridge University Press.

Johnson, K. E., & Golombek, P. R. (2003). "Seeing" teacher learning. *TESOL Quarterly, 37*(4), 729-737.

Johnston, B. (2003). *Values in English language teaching.* Mahwah, NJ: Lawrence Erlbaum Associates.

Johnston, B., & Goettsch, K. (2000). In search of the knowledge base of language teaching: Explanations by experienced teachers. *The Canadian Modern Language Review, 56*(3), 437-468.

Joslin, S. (1958). *What do you say, dear?: A book of manners for all occasions.* New York: HarperTrophy.

Judd, E. L. (1999). Some issues in the teaching of pragmatic competence. In E. Hinkel (Ed.), *Culture in second language teaching and learning* (pp. 152-166). Cambridge, England: Cambridge University Press.

Juker, A., Smith, S., & Lüdge, T. (2003). Interactive aspects of vagueness in conversation. *Journal of Pragmatics, 35*(12), 1737-1769.

Kachru, B. B., & Nelson, C. L. (1996). World Englishes. In S. McKay & N. Hornberger (Eds.), *Sociolinguistics and language teaching* (pp. 72-102). Cambridge, England: Cambridge University Press.

Kakegawa, T. (2009). Development of the use of Japanese sentence-final particles through email correspondence. In N. Taguchi (Ed.), *Pragmatic competence* (pp. 301-333). Berlin: Mouton de Gruyter.

Kakiuchi, Y. (2005a). Greetings in English: Naturalistic speech versus textbook speech. In D. Tatsuki (Ed.), *Pragmatics in language learning, theory, and practice* (pp. 61-85). Tokyo: The Japan Association for Language Teaching, Pragmatics Special Interest Group.

Kakiuchi, Y. (2005b). Language variation analysis. In D. Tatsuki (Ed.), *Pragmatics in language learning, theory, and practice* (pp. 157-160). Tokyo: The Japan Association for Language Teaching Pragmatics Special Interest Group.

Kanagy, R., & Igarashi, K. (1997). Acquisition of pragmatic competence in a Japanese immersion kindergarten. In L. Bouton (Ed.), *Pragmatics and language learning* (Vol. 8, pp. 243-265). University of Illinois, Urbana-Campaign: Division of English as an International Language.

Kanagy, R. (1999). Interactional routines as a mechanism for L2 acquisition and socialization in an immersion context. *Journal of Pragmatics, 31*(11), 1467-1492.

Kasper, G. (1990). Linguistic politeness. *Journal of Pragmatics, 14*(2), 193-218.

Kasper, G. (1992). Pragmatic transfer. *Second Language Research, 8*(3), 203-231.

Kasper, G. (1995). *Pragmatics of Chinese as native and target language.* Honolulu: Second Language Teaching & Curriculum Center, University of Hawai'i at Mānoa.

Kasper, G. (1997). The role of pragmatics in language teacher education. In K. Bardovi-Harlig & B. Hartford (Eds.), *Beyond methods: Components of second language education* (pp. 113-136). New York: McGraw Hill Company.

Kasper, G. (1999). Data collection in pragmatics research. *University of Hawai'i Working Papers in ESL, 18*(1), 71–107.

Kasper, G. (2000). Data collection in pragmatic research. In H. Spencer-Oatey (Ed.), *Culturally speaking: Managing rapport across cultures* (pp. 145-164). London: Continuum.

Kasper, G. (2001). Four perspectives on L2 pragmatic development. *Applied Linguistics, 22*(4), 502-530.

Kasper, G. (2006). Speech acts in interaction: Towards discursive pragmatics. In K. Bardovi-Harlig, J. C. Félix-Brasdefer & A. S. Omar (Eds.), *Pragmatics and language learning* (Vol. 11, pp. 280-314). Honolulu: University of Hawai'i at Manoa.

Kasper, G. (2007, April). *Pragmatics in second language learning: An update*. Paper presented at the Language Learning Roundtable, the Annual Conference of American Association for Applied Linguistics, Costa Mesa, CA. Retrieved January 2, 2009, from http://www.aaal.org/index.php?id=53.

Kasper, G., & Dahl, M. (1991). Research methods in interlanguage pragmatics. *Studies in Second Language Acquisition, 13*(2), 215-247.

Kasper, G., & Rose, K. R. (1999). Pragmatics and SLA. *Annual Review of Applied Linguistics, 19*, 81-104.

Kasper, G., & Rose, K. R. (2002). *Pragmatic development in a second language*. Malden, MA: Blackwell Publishing.

Kasper, G., & Schmidt, R. W. (1996). Developmental issues in interlanguage pragmatics. *Studies in Second Language Acquisition, 18*(2), 149-169.

Katz, K. (2002). *Excuse me! A little book of manners*. New York: Grosset & Dunlap.

Kawate-Mierzejewska, M. (2005). Acceptance and ritual acceptance anticipated by prosodic features. In D. Tatsuki (Ed.), *Pragmatics in language learning, theory, and practice* (pp. 45-59). Tokyo: The Japan Association for Language Teaching Pragmatics Special Interest Group.

Kinginger, C., & Belz, J. A. (2005). Sociocultural perspectives on pragmatic development in foreign language learning: Case studies from telecollaboration and study abroad. *Intercultural Pragmatics, 2*(4), 369-421.

Kinginger, C., & Farrell, K. (2004). Assessing development of meta-pragmatic awareness in study abroad. *Fontiers: The Interdisciplinary Journal of Study Abroad, 10*(19-42).

Knight, T. (2012). I was wondering if... you could make that request more politely. In J. Ronald, K. Fordyce, C. Rinnert & T. Knight (Eds.), *Pragtivities: Bringing pragmatics to second language classrooms* (pp. 105-108). Tokyo: The Japan Association for Language Teaching Pragmatics Special Interest Group.

Koester, A. (2002). The performance of speech acts in workplace conversations and the teaching of communicative functions. *System, 30*(2), 167-184.

Kondo, S. (2008). Effects of pragmatic development through awareness-raising instruction: Refusals by Japanese EFL learners. In E. S. Alcón & A. Martínez-Flor (Eds.), *Investigating pragmatics in foreign language learning, teaching, and testing* (pp. 153-177). Bristol: Multilingual Matters.

近藤佐智子 (2009)「中間言語語用論と英語教育」『上智大学紀要』29, 73-89.

Koseki, K. (2012). Learning compliments effectively and enjoyably. In J. Ronald, K. Fordyce, C. Rinnert & T. Knight (Eds.), *Bringing pragmatics into the classroom* (pp. 136-139). Tokyo: The Japan Association for Language Teaching Pragmatics Special Interest Group.

Kubota, Mikio. (1995). Teachability of conversational implicature to Japanese EFL learners. *IRLT Bulletin, 9*, 35-67.

Kubota, Mitsuo. (1996). Acquaintance or fiancée: Pragmatic differences in requests between Japanese and Americans. *Working Papers in Educational Linguistics, 12*(1), 23-38.

Kubota, R. (2008). Critical approaches to teaching Japanese language and culture. In J. Mori & A. S. Ohta (Eds.), *Japanese applied linguistics: Discourse and social perspectives* (pp. 327-352). London: Continuum.

Kumatoridani, T. (1999). Alternation and co-occurrence in Japanese thanks. *Journal of Pragmatics, 31*(5), 623-642.

Labov, W. (1972). Sociolinguistic Patterns. Philadelphia: University of Pennsylvania.

Laforest, M. (2002). Scenes of family life: Complaining in everyday conversation. *Journal of Pragmatics, 34*(10-11), 1595-1620.

Lantolf, J. P. (2000). *Sociocultural theory and second language learning.* Oxford, England: Oxford University Press.

Lantolf, J. P., & Thorne, S. L. (2006). *Sociocultural theory and the genesis of second language development.* Oxford, England: Oxford University Press.

Lave, J., & Wenger, E. (1991). *Situated learning: Legitimate peripheral participation.* Cambridge, England: Cambridge University Press.

Lazaraton, A., & Ishihara, N. (2005). Understanding second language teacher practice using microanalysis and self-reflection: A collaborative case study. *Modern Language Journal, 89*(4), 529-542.

Lee, C. D., & Smagorinsky, P. (2000). Introduction: Constructing meaning through collaborative inquiry. In *Vygotskian perspectives on literacy research: Constructing meaning through collaborative inquiry.* New York: Cambridge University Press.

Lee, K. (2003). Discourse markers "well" and "oh." In K. Bardovi-Harlig & R. Mahan-Taylor (Eds.), *Teaching pragmatics.* Washington DC: Office of English Programs, U.S. Department of State. Retrieved February 8, 2015, from http://americanenglish.state.gov/files/ae/resource_files/lee-well.pdf

Leech, G. (1997). Teaching and language corpora: A convergence. In A. Wichmann, S. Fligelstone, T. McEnery, & G. Knowles (Eds.), *Teaching and language corpora* (pp. 2-23). Harlow, England: Addison Wesley Longman.

Leech, G. N. (1983). *Principles of pragmatics.* Harlow: Longman.

Liddicoat, A. J., & Crozet, C. (2001). Acquiring French interactional norms through instruction. In K. R. Rose & G. Kasper (Eds.), *Pragmatics in language teaching* (pp. 125-144). Cambridge, England: Cambridge University Press.

Liu, J. (2007). Developing a pragmatics test for Chinese EFL learners. *Language Testing, 24*(3), 391-415.

LoCastro, V. (1998, November). *Learner subjectivity and pragmatic competence development.* Paper presented at the Annual Conference of American Association for Applied Linguistics, Seattle, WA. Retrieved February 8, 2015, from http://eric.ed.gov/ERICWebPortal/custom/portlets/recordDetails/detailmini.jsp?_nfpb=true&_&ERICExtSearch_SearchValue_0=ED420201&ERICExtSearch_SearchType_0=no&accno=ED420201

LoCastro, V. (2000). Evidence of accommodation to L2 pragmatic norms in peer review tasks of Japanese learners of English. *JALT Journal, 22*(2), 245-270.

LoCastro, V. (2003). *An introduction to pragmatics: Social action for language teachers.* Ann

Arbor, MI: The University of Michigan Press.

LoCastro, V. (2012). *Pragmatics for language educators: A sociolinguistic perspective*. London: Routledge.

Locher, M. A. (2012). Situated impoliteness: The interface between relational work and identity construction. In B. L. Davies, M. Haugh & E. A. J. Merrison (Eds.), *Situated Politeness* (pp. 187-208). London: Bloomsbury Publishing.

Locher, M. A., & Watts, R. J. (2005). Politeness theory and relational work. *Journal of Politeness Research. Language, Behaviour, Culture, 1*(1), 9-33.

Long, M. (1996). The role of linguistic environment in second language acquisition. In W. C. Ritchie & T. K. Bhatia (Eds.), *Handbook of second language acquisition* (pp. 413-468). San Diego, CA: Academic Press.

Long, M., Inagaki, S., & Ortega, L. (1998). The role of implicit negative feedback in SLA: Models and recasts in Japanese and Spanish. *Modern Language Journal, 82*(3), 357-371.

Lyster, R. (1994). The effects of functional-analytic teaching on aspects of French immersion students' sociolinguistic competence. *Applied Linguistics, 15*(3), 263-287.

Maíz-Arévalo, C. (2014). Expressing disagreement in English as a lingua franca: Whose pragmatic rules? *Intercultural Pragmatics, 11*(2), 199-224.

Malamed, L. H. (2010). Disagreement: How to disagree agreeably. In A. Martínez-Flor & E. Usó-Juan (Eds.), *Speech act performance: Theoretical, empirical and methodological issues* (pp. 199-215). Amsterdam: John Benjamins.

Manes, J., & Wolfson, N. (1981). The compliment formula. In F. Coulmas (Ed.), *Conversational routine: Explorations in standardized communication situations and prepatterned speech* (pp. 115-132). The Hague, the Netherlands: Mouton.

Martínez-Flor, A. (2006). The effectiveness of explicit and implicit treatments on EFL learners' confidence in recognizing appropriate suggestions. In K. Bardovi-Harlig, J. C. Félix-Brasdefer & A. S. Omar (Eds.), *Pragmatics and language learning* (Vol. 11, pp. 199-225). Honolulu: University of Hawai'i Press.

Martínez-Flor, A. (2008). Analyzing request modification devices in films: Implications for pragmatic learning in instructed foreign language contexts. In E. S. Alcón & M. P. Safont (Eds.), *Intercultural language use and language learning* (pp. 245-280). Dordrecht, The Netherlands: Springer.

Martínez-Flor, A., & Fukuya, Y. J. (2005). The effects of instruction on learners' production of appropriate and accurate suggestions. *System, 33*(3), 463-480.

Martínez-Flor, A., & Usó-Juan, E. (Eds.). (2010). *Speech act performance: Theoretical groundings and methodological innovations*. Amsterdam: John Benjamins.

Matsumura S. (2007). Exploring the aftereffects of study abroad on interlanguage pragmatic development. *Intercultural Pragmatics. 4*(2), 167-92.

Matsuura, H. (1998). Japanese EFL learners' perception of politeness in low imposition requests. *JALT Journal, 20*(1), 33-48.

McCarthy, M., McCarten, J., & Sandiford, H. (2005/2014). *Touchstone: Student book 1, 2, 3, & 4*. New York: Cambridge University Press.

McConachy, T. (2013). Exploring the meta-pragmatic realm in English language teaching. *Language Awareness, 22*(2), 100-110.

McEnery, A., Baker, P., & Cheepen, C. (2001). Lexis, indirectness and politeness in operator calls. In P. Peters, P. Collins, & A. Smith (Eds.), *New frontiers of corpus research* (pp. 53-70). Amsterdam: Rodopi.

McEnery, T., Xiao, R., & Tono, Y. (2006). *Corpus-based language studies: An advanced resource book*. London: Routledge.

McGroarty, M., & Taguchi, N. (2005). Evaluating the communicativeness of EFL textbooks for Japanese secondary students. In J. Frodesen & C. Holten (Eds.), *The power of context in language teaching and learning* (pp. 211-224). Boston: Thomson/Heinle.

McKay, S. L. (2002). *Teaching English as an international language*. Oxford, England: Oxford University Press.

McLean, T. (2005). "Why no tip?": Student-generated DCTs in the ESL classroom. In D. Tatsuki (Ed.), *Pragmatics in language learning, theory, and practice* (pp. 150-156). Tokyo: Pragmatics Special Interest Group of the Japan Association for Language Teaching.

McNamara, T. (2001). Language assessment as social practice: Challenges for research. *Language Testing, 18*(4), 333-349.

McNamara, T., & Roever, C. (2006). *Language testing: The social dimension*. Malden, MA: Blackwell.

Meddaugh, S (1992). *Martha speaks*. Boston: Houghton Mifflin Company.

Meier, A. J. (1999). Identifying and teaching the underlying cultural themes of pragmatics: A case for explanatory pragmatics. In L. F. Bouton & Y. Kachru (Eds.), *Pragmatics and language learning* (Vol. 9, pp. 113-127). Urbana, IL: Division of English as an International Language, University of Illinois at Urbana-Champaign.

Meier, A. J. (2003). Posting the banns: A marriage of pragmatics and culture in foreign and second language pedagogy and beyond. In A. Martínez, E. Usó, & A. Fernández (Eds.), *Pragmatic competence and foreign language teaching* (pp. 185-210). Castellón, Spain: Servicio de publicaciones de la Universidad Jaume I.

Meijer, P. C., Verloop, N., & Beijaard, D. (1999). Exploring language teachers' practical knowledge about teaching reading comprehension. *Teaching and Teacher Education, 15*(1), 59-84.

Mey, J. L. (2001). *Pragmatics: An introduction*. Malden, MA: Blackwell.

Minematsu, A. (2012). Baseball, softball, or frisbee? Giving advice and suggestions. In J. Ronald, K. Fordyce, C. Rinnert & T. Knight (Eds.), *Pragtivities: Bringing pragmatics to second language classrooms* (pp. 86-92). Tokyo: The Japan Association for Language Teaching Pragmatics Special Interest Group.

Mishan, F. (2004). *Designing authenticity into language learning materials*. Bristol, England: Intellect Books.

Möllering, M. (2004). *The acquisition of German modal particles*. Bern, Switzerland: Lang.

Morgan, C., & Cain, A. (2000). *Foreign language and culture learning from a dialogic perspective*. Clevedon, England: Multilingual Matters.

Mori, J. (1999). *Negotiating agreement and disagreement in Japanese*. Amsterdam: John Benjamins.

Morita, N. (2002). *Negotiating participation in second language academic communities: A study of identity, agency, and transformation*. Unpublished doctoral dissertation, The University of British Columbia, Vancouver, Canada.

Morita, N. (2004). Negotiating participation and identity in second language academic communities. *TESOL Quarterly, 38*(4), 573-603.

Moriyama, T. (1990). 'Kotowari' no houryaku: Taijin kankei chouseito komyunikeishon [strategies of refusals: Interpersonal adjustments and communication]. *Gengo, 19*(8), 59-66.

Mugford, G. (2008). How rude! Teaching impoliteness in the second-language classroom. *ELT Journal, 62*(4), 375-384.

Nakatani, Y. (2005). The effects of awareness-raising training on oral communication strategy use. *The Modern Language Journal, 89*(1), 76-91.

Nelson, G., Al-Batal, M., & Echols, E. (1996). Arabic and English compliment responses: Potential for pragmatic failure. *Applied Linguistics, 17*(4), 411-432.

Nelson, G. L., Carson, J., Al-Batal, M., & El-Bakery, W. (2002). Cross-cultural pragmatics: Strategy use in Egyptian Arabic and American English refusals. *Applied Linguistics, 23*(2), 163-189.

Nelson, G. L., El-Bakary, W., & Al-Batal, M. (1993). Egyptian and American compliments: A cross cultural study. *International Journal of Intercultural Relations, 17*(3), 293-313.

Nguyen, H. T., & Ishitobi, N. (2012). Ordering fast food: Service encounters in real-life interaction and in textbook dialogs. *JALT Journal, 34*(2), 151-186.

Nguyen, T.T.M. (2008). Criticizing in a L2: Pragmatic strategies used by Vietnamese EFL learners. *Intercultural Pragmatics, 5,*(1), 41-66.

Nguyen, T. T. M., Pham, M., & Cao, T. H. (2013). The effects of explicit metapragmatic instruction on EFL learners' performance of constructive criticism in an academic setting. In T. Greer, D. Tatsuki & C. Roever (Eds.), *Pragmatics language learning* (Vol.13, pp. 213-244). Honolulu: University of Hawai'i, National Foreign Language Resource Center.

Nguyen, T. T. M., & Basturkmen, H. (2010). Teaching constructive critical feedback. In D. Tatsuki & N. Houck (Eds.), *Pragmatics from research to practice: Teaching speech acts* (pp. 125-140). Alexandria, VA: Teachers of English to Speakers of Other Languages.

Norris, J. M., Brown, J. D., Hudson, T., & Yoshioka, J. (1998). *Designing second language performance assessments.* Honolulu: University of Hawai'i Press.

Norton, B. (1997). Language, identity, and the ownership of English. *TESOL Quarterly, 31*(3), 409-429.

Norton, B. (2000). *Identity and language learning.* Harlow, England: Pearson Education.

Norton, B. (2001). Non-participation, imagined communities and the language classroom. In M. P. Breen (Ed.), *Learner contributions to language learning: New directions in research* (pp. 159-171). Harlow, England: Longman.

Numeroff, L. (2000). *If you take a mouse to the movies.* New York: Harper Collins.

Ochs, E. (1993). Constructing social identity: A language socialization perspective. *Research on Languages and Social Interaction, 26*(3), 287-306.

Ohara, Y., Saft, S., & Crookes, G. (2001). Toward a feminist critical pedagogy in a beginning Japanese-as-a-foreign-language class. *Japanese Language and Literature, 35*(2), 105-133.

Ohta, A. S. (2005). Interlanguage pragmatics in the zone of proximal development. *System, 33*(3), 503-517.

Okada, Y., & Greer, T. (2013). In S. Ross & G. Kasper (Eds.), *Assessing second language pragmatics* (pp. 327-353). Basingstoke, Hampshire: Palgrave Macmillan.

O'Keeffe, A., Clancy, B., & Adolphs, S. (2011). *Introducing pragmatics in use*. London: Routledge.

Olshtain, E., & Blum-Kulka, S. (1985). Degree of approximation: Nonnative reactions to native speech act behavior. In S. Gass & C. Madden (Eds.), *Input in second language acquisition* (pp. 303-325). Rowley, MA: Newbury House.

Olshtain, E., & Cohen, A. D. (1983). Apology: A speech act set. In N. Wolfson & E. Judd (Eds.), *Sociolinguistics and language acquisition* (pp. 18-35). Rowley, MA: Newbury House.

O'Malley, M., & Valdez Pierce, L. (1996). *Authentic assessment for English language learners: Practical approaches for teachers*. Reading, MA: Addison-Wesley.

Ouafeu, Y. T. S. (2009). Thanking responders in Cameroon English. *World Englishes, 28*(4), 544-551.

Pajares, M. F. (1992). Teachers' beliefs and educational research: Cleaning up a messy construct. *Review of Educational Research, 62*(3), 307-332.

Patton, M. Q. (2002). *Qualitative research and evaluation methods* (3rd ed.). Thousand Oaks, CA: Sage Publications.

Pavlenko, A., & Blackledge, A. (Eds.). (2004). *Negotiation of identities in multilingual contexts*. Clevedon, England: Multilingual Matters.

Pearson, E. (1986). Agreement/disagreement: An example of results of discourse analysis applied to the oral English classroom. *International Review of Applied Linguistics, 74*(1), 47-61.

Pennycook, A. (2001). *Critical applied linguistics: A critical introduction*. Mahwah, NJ: Lawrence Erlbaum Associates.

Petraki, E., & Bayes, S. (2013). Teaching oral requests: An evaluation of five English as a second language coursebooks. *Pragmatics, 23*(3), 499-517.

Pomerantz, A. (1978). Compliment responses: Notes on the co-operation of multiple constraints. In J. Schenkein (Ed.), *Studies in the organization of conversational interaction* (pp. 79-112). New York: Academic Press.

Pomerantz, A. (1984). Agreeing and disagreeing with assessments: Some features of preferred/dispreferred turn shapes. In M. Atkinson & J. Heritage (Eds.), *Structures of social action: Studies in conversation analysis* (pp. 57-101). Cambridge, England: Cambridge University Press.

Preston, D. R. (1989). *Sociolinguistics and second language acquisition*. Oxford, England: Basil Blackwell.

Prosser, M. H. (1978). *The cultural dialogue: An introduction to intercultural communication*. Boston: Houghton-Mifflin.

Raschka, C. (1993). *Yo! Yes?* (C. Raschka, Illus.) New York: Scholastic.

Rea-Dickins, P. (2008). Classroom-based language assessment. In E. Shohamy & N. H. Hornberger (Eds.), *Encyclopedia of language and education: Language testing and assessment* (2nd ed., Vol. 7, pp. 257-271). New York: Springer Science & Business Media.

Richards, J. C., & Lockhart, C. (1996). *Reflective teaching in second language classrooms*. Cambridge, England: Cambridge University Press.

Richards, J. C., & Schmidt, R. W. (1983). *Language and communication*. Harlow, England: Longman.

Riddiford, N., & Newton, J. (2010). *Workplace talk in action: An ESOL resource*. Wellington: School of Linguistics and Applied Language Studies, Victoria University of Wellington.

Roberts, C., Byram, M., Barro, A., Jordan, S., & Street, B. (2001). *Language learners as ethnographers*. Clevedon, England: Multilingual Matters.

Robins, J., & MacNeill, A. (2007). *Impact listening* (2nd ed.). Hong Kong: Longman Asia ELT.

Roever, C. (2004). Difficulty and practicality in tests of interlanguage pragmatics. In B. Boxer & A. D. Cohen (Eds.), *Studying speaking to inform second language learning* (pp. 283-301). Clevedon, England: Multilingual Matters.

Roever, C. (2005). *Testing ESL pragmatics: Development and validation of a web-based assessment battery (language testing and evaluation)*. Frankfurt, Germany: Peter Lang Publishing.

Roever, C. (2013). Testing implicature under operational conditions. In S. Ross & G. Kasper (Eds.), *Assessing second language pragmatics* (pp. 43-64). Basingstoke, Hampshire: Palgrave Macmillan.

Ronald, J., Rinnert, C., Fordyce, K., & Knight, T. (2012). Pragtivities: Bringing pragmatics to second language classrooms. Tokyo: The Japan Association for Language Teaching Pragmatics Special Interest Group.

Rose, K. R. (1994a). On the validity of discourse completion tests in non-western contexts. *Applied Linguistics, 15*(1), 1-14.

Rose, K. R. (1994b). Pragmatic consciousness-raising in an EFL context. In L. F. Bouton & Y. Kachru (Eds.), *Pragmatics and language learning* (Vol. 5, pp. 52-63). Urbana, IL: Division of English as an International Language, University of Illinois at Urbana-Champaign.

Rose, K. R. (1997a). Pragmatics in teacher education for nonnative-speaking teachers: A consciousness-raising approach. *Language, Culture and Curriculum, 10*(2), 125-138.

Rose, K. R. (1997b). Pragmatics in the classroom: Theoretical concerns and practical possibilities. In L. F. Bouton & Y. Kachru (Eds.), *Pragmatics and language learning* (Vol. 8, pp. 267-295). Urbana, IL: Division of English as an International Language, University of Illinois at Urbana-Champaign.

Rose, K. R. (1999). Teachers and students learning about requests in Hong Kong. In E. Hinkel (Ed.), *Culture in second language teaching and learning* (pp. 167-180). Cambridge, England: Cambridge University Press.

Rose, K. R. (2000). An exploratory cross-sectional study of interlanguage pragmatic development. *Studies in second language acquisition, 22*(1), 27-67.

Rose, K. R. (2001). Compliments and compliment responses in film: Implications for pragmatics research and language teaching. *IRAL, 39*(4), 309-328.

Rose, K. R. (2005). On the effects of instruction in second language pragmatics. *System, 33*(3), 385-399.

Rose, K. R., & Kasper, G. (2001). *Pragmatics in language teaching*. New York: Cambridge University Press.

Rose, K. R., & Ng, C. K. (2001). Inductive and deductive teaching of compliments and compliment responses. In K. R. Rose & G. Kasper (Eds.), *Pragmatics in language teaching* (pp. 145-170). New York: Cambridge University Press.

Rose, K. R., & Ono, R. (1995). Eliciting speech act data in Japanese: The effect of questionnaire type. *Language Learning, 45*(2), 191-223.

Ross, S., & Kasper, G. (Eds.). (2013). *Assessing second language pragmatics*. Basingstoke, Hampshire: Palgrave Macmillan.

Rubin, J. (1975). What the "good language learner" can teach us. *TESOL Quarterly, 9*(1), 41-51.

Rubin, J., Chamot, A. U., Harris, V., & Anderson, N. J. (2007). Intervening in the use of strategies. In A. D. Cohen & E. Macaro (Eds.), *Language learner strategies: 30 years of research and practice* (pp. 141-160). Oxford, England: Oxford University Press.

Rylander, J., Collins, B., Derrah, R., Ferguson, P., & D'Andrea, J. (2014). *Speech Acts*: Piloting a pragmatics course in the Japanese context. In N. Sonda & A. Krause (Eds.), *JALT2013 Conference Proceedings* (pp. 447-459). Tokyo: JALT.

Saito, Y. (2013a). Pragmatic analysis of conversation closings in ELT textbooks and corpus data. In S. Uehara, J.-P. J. Richard, & D. Beglar (Eds.), *Proceedings of the 14th Annual Temple University Japan Applied Linguistics Colloquium* (pp. 88-92). Tokyo: Temple University.

Saito, Y. (2013b). Pragmatic analysis of conversational closings in *Friends*. In N. Sonda & A. Krause (Eds.), *JALT2012 Conference Proceedings*. Tokyo: JALT.

Sakita, T. (2013). Discourse markers as stance markers: Well in stance alignment in conversational interaction. *Pragmatics & Cognition, 21*(1), 81-116.

Salsbury, T., & Bardovi-Harlig, K. (2001). "I know what you mean, but I don't think so": Disagreements in L2 English. *Pragmatics and Language Learning* (Vol. 10, pp. 131-151). Urbana-Champaign, IL: University of Illinois, Division of English as an International Language.

Sato, M., Yamaoka, T., Matsumoto, A., Sato Y., and 33 others (2006). *Sunshine English Course 2*. Tokyo: Kariyudo.

Schauer, G. A., & Adolphs, S. (2006). Expressions of gratitude in corpus and DCT data: Vocabulary, formulaic sequences, and pedagogy. *System, 34*(1), 119-134.

Schegloff, E. A. (2001). Getting serious: Joke -> serious "no." *Journal of Pragmatics, 33*(12), 1947-1955.

Schegloff, E. A. (2007). The organization of preference/dispreference. In E. A. Schegloff (Ed.), *Sequence organization in interaction: A primer in conversation analysis* (pp. 58-96). Cambridge, England: Cambridge University Press.

Schegloff, E. A., Koshik, I., Jacoby, S., & Olsher, D. (2002). Conversation analysis and applied linguistics. *Annual Review of Applied Linguistics, 22*, 3-31.

Schegloff, E. A., & Sacks, H. (1973). Opening up closings. *Semiotica, 8*(4), 289-327.

Schieffelin, B. B., & Ochs, E. (1986a). Language socialization. *Annual Review of Anthropology, 15*, 163-191.

Schieffelin, B. B., & Ochs, E. (Eds.). (1986b). *Language socialization across cultures*. Cambridge, England: Cambridge University Press.

Schmidt, R. W. (1983). Interaction, acculturation, and the acquisition of communicative competence: A case study of an adult. In N. Wolfson & E. Judd (Eds.), *Sociolinguistics and language acquisition* (pp. 137-174). Rowley, MA: Newbury House.

Schmidt, R. W. (1990). The role of consciousness in second language learning. *Applied Linguistics, 11*(2), 129-158.

Schmidt, R. W. (1993). Consciousness, learning, and interlanguage pragmatics. In G. Kasper & S. Blum-Kulka (Eds.), *Interlanguage pragmatics* (pp. 21-42). Oxford, England: Oxford University Press.

Schmidt, R. W. (2001). Attention. In P. Robinson (Ed.), *Cognition and second language instruction* (pp. 3-32). Cambridge, England: Cambridge University Press.

Schneider, J., & von der Emde, S. (2006). Dialogue, conflict, and intercultural learning in online collaborations between language learners and native speakers. In J. A. Belz & S. L. Thorne (Eds.), *Internet-mediated intercultural foreign language education* (pp. 178-206). Boston: Heinle & Heinle.

Schneider, K. P., & Barron, A. (Eds.). (2008). *Variational pragmatics.* Amsterdam: John Bengamins.

Schnurr, S., & Chan, A. (2011). Exploring another side of co-leadership: Negotiating professional identities through face-work in disagreements. *Language in Society, 40*(2), 187-209.

Scollon, R., & Scollon, S. W. (1995). Interpersonal politeness and power. In R. Scollon & S. W. Scollon (Eds.), *Intercultural communication* (pp. 33-49). Oxford, England: Blackwell.

Scotton, C. M., & Bernsten, J. (1988). Natural conversations as a model for textbook dialogue. *Applied Linguistics, 9*(4), 372-384.

Selinker, L. (1972). Interlanguage. *IRAL, 10*(3), 209-231.

清水崇文 (2009)『中間言語語用論概論　第二言語学習者の語用論的能力の使用・習得・教育』スリーエーネットワーク

Shively, R. L. (2008). *Politeness and social interaction in study abroad: Service encounters in L2 Spanish.* Unpublished doctoral dissertation, University of Minnesota, Minneapolis.

Shohamy, E. (1996). Language testing: Matching assessment procedures with language knowledge. In M. Birenbaum & F. Dochy (Eds.), *Alternatives in assessment of achievements, learning processes and prior knowledge* (pp. 143-160). Boston: Kluwer Academic Publishers.

Shulman, L. S. (1987). Knowledge and teaching: Foundations of the new reform. *Harvard Educational Review, 57*(1), 1-22.

Shulman, L. S., & Shulman, J. H. (2004). How and what teachers learn: A shifting perspective. *Journal of Curriculum Studies, 36*(2), 257-271.

Siegal, M. (1996). The role of learner subjectivity in second language sociolinguistic competency: Western women learning Japanese. *Applied Linguistics, 17*(3), 356-382.

Siegal, M., & Okamoto, S. (2003). Toward reconceptualizing the teaching and learning of gendered speech styles in Japanese as a foreign language. *Japanese Language and Literature, 37*(1), 49-66.

Sinclair, J. M. (1997). Corpus evidence in language description. In A. Wichmann, S. Fligelstone, T. McEnery, & G. Knowles (Eds.), *Teaching and language corpora* (pp. 27-39). Harlow, England: Addison Wesley Longman.

Smith, K., & Craig, H. (2013). Enhancing the autonomous use of CALL: A new curriculum model in EFL. *CALICO Journal, 30*(2), 252-278.

Spencer-Oatey, H. (Ed.). (2000). *Culturally speaking: Managing rapport through talk across cultures*. London: Continuum.

Suzuki, T. (2011). Children's pragmatic competence: A case study of English speech acts performed by American children. *The Cultural Review, 38*, 55-73.

Swain, M. (1984). Large-scale communicative language testing: A case study. In S. J. Savignon & M. S. Berns (Eds.), *Initiatives in communicative language teaching* (pp. 185-201). Reading, MA: Addison-Wesley.

Swain, M. (1998). Focus on form through conscious reflection. In C. Doughty & J. Williams (Eds.), *Focus on form in classroom second language acquisition*. Cambridge, England: Cambridge University Press.

Swain, M., & Lapkin, S. (1995). Problems in output and the cognitive processes they generate: A step towards second language learning. *Applied Linguistics, 16*(3), 371-391.

Swanson, P., & Early, P. (2009). Establish your presence in the blogosphere: A guide to blog development for the foreign language classroom. In C. Wilkerson (Ed.), *Dimension* (pp. 17-28). Valdosta, GA: SCOLT Publications.

Sykes, J. (2008). *A dynamic approach to social interaction: Synthetic immersive environments and Spanish pragmatics*. Unpublished doctoral dissertation, University of Minnesota, Minneapolis.

Sykes, J., & Cohen, A. D. (2006). *Dancing with words: Strategies for learning pragmatics in Spanish*. Retrieved February 8, 2015, from: http://www.carla.umn.edu/speechacts/sp_pragmatics/home.html

Sykes, J. M. (2009). Learner requests in Spanish: Examining the potential of multiuser virtual environments for L2 pragmatic acquisition. In L. Lomika & G. Lord (Eds.), *The Second Generation: Online collaboration and social networking in CALL, 2009* CALICO Monograph (pp. 199-234). San Marcos, TX: CALICO.

Sykes, J. M., & Cohen, A. D. (2008). Observed learner behavior, reported use, and evaluation of a website for learning Spanish pragmatics. In M. Bowles, R. Foote, & S. Perpiñán (Eds.), *Second language acquisition and research: Focus on form and function. Selected proceedings of the 2007 Second Language Research Forum* (pp. 144-157). Somerville, MA: Cascadilla Press.

Taguchi, N. (2005). Comprehension of implied meaning in English as a second language. *Modern Language Journal, 89*, 543-562.

Taguchi, N. (2011). Rater variation in the assessment of speech acts. *Pragmatics, 21*, 453-471.

Taguchi, N. (2012). *Context, individual differences, and pragmatic competence*. New York/Bristol: Multilingual Matters.

Taguchi, N. (2013). Comprehension of conversational implicature: What response times tell us. In N. Taguchi & J. Sykes (Eds.), *Technology in interlanguage pragmatics research and teaching* (pp. 19-41). Philadelphia, PA: John Benjamins.

Taguchi, N., & Sykes, J. (2013). *Technology in interlanguage pragmatics research and teaching*. Philadelphia, PA: John Benjamins.

Takahashi, S. (2001). The role of input enhancement in developing pragmatic competence. In K. R. Rose & G. Kasper (Eds.), *Pragmatics in language teaching* (pp. 171-199). Cambridge, England: Cambridge University Press.

Takahashi, S. (2005). Noticing in task performance and learning outcomes: A qualitative analysis of instructional effects in interlanguage pragmatics. *System, 33*(3), 437-461.

Takahashi, S. (2010). Assessing learnablity in second language pragmatics. In A. Trosborg (Ed.), *Pragmatics across languages and cultures (Handbook of pragmatics series Vol. VII)* (pp. 391-421). Berlin: Mouton de Gruyter.

Takahashi, S. Hardy, T. Negeshi, M., Hedei S., Mikami, N. et al. (2006/2009). New Crown 1: English series. Tokyo: Sanseido.

Takamiya, Y. (2009). Rediscovering Japan through blogs: Toward a curriculum that integrates language acquisition and cultural learning. In A. Gabriela (Ed.), *Teacher narratives. CALPER project-based learning and advanced proficiency,* Pennsylvania State University: Center for Advanced Language Proficiency Education and Research. Retrieved February 8, 2015, from http://calper.la.psu.edu/projectwork/narratives.php

Takamiya, Y., & Ishihara, N. (2013). Blogging: Cross-cultural interaction for pragmatic development. In N. Taguchi & J. Sykes (Eds.), *Technology in interlanguage pragmatics research and teaching* (pp. 185-214). Philadelphia, PA: John Benjamins.

Takeda, R. (2013). Small talk: Pragmatics lessons for college English language learners. In N. Sonda & A.Krause (Eds.), *JALT 2012 conference proceedings* (pp. 246-254). Tokyo: The Japan Association for Language Teaching.

Takenoya, M. (2003). Appropriateness in terms of address. In K. Bardovi-Harlig & R. Mahan-Taylor (Eds.), *Teaching pragmatics.* Washington DC: Office of English Programs, U.S. Department of State. Retrieved February 8, 2015, from http://americanenglish.state.gov/files/ae/resource_files/takenoya.pdf

Takimoto, M. (2007). The effects of input-based tasks on the development of learners' pragmatic proficiency Applied Linguistics, *30*(1), 1-25.

瀧本将弘 (2007)『英語の語用論的能力向上を目指すタスク活動』ユニオンプレス

Takimoto, M. (2008). The effects of deductive and inductive instruction on the development of language learners' pragmatic competence. *Modern Language Journal, 92*(3), 369-386.

Takimoto, M. (2012). Assessing the effects of identical task repetition and task-type repetition on learners' recognition and production of second language request downgraders. *Intercultural pragmatics, 9*(1), 71-96.

Taleghani-Nikazm, C. (2002). A conversation-analytic study of telephone conversation opening between native and nonnative speakers. *Journal of Pragmatics, 34*(12), 1807-1832.

Tanaka, K. (1997). Developing pragmatic competence: A learners-as-researchers approach. *TESOL Journal, 6*(3), 14-18.

田中典子 (2006)『プラグマティクス・ワークショップ：身のまわりの言葉を語用論的に見る』春風社

田中典子 (2013)『はじめての論文：語用論的な視点で調査・研究する』*Pragmatics research and paper.* 春風社

田中典子, ヘレン・スペンサー＝オーティー, エレン・クレイ (2004)「私のせいじゃありません！：日本語・英語では、いわれのない非難にどう返答するか」ヘレン・スペンサー＝オーティー編著『異文化理解の語用論』*Culturally speaking: Managing rapport through talk across cultures* (pp. 57-83). 研究社

Tarone, E. (2005). English for specific purposes and interlanguage pragmatics. In K. Bardovi-Harlig & B. S. Hartford (Eds.), *Interlanguage pragmatics: Exploring institutional talk* (pp. 157-173). Mahwah, NJ: Lawrence Erlbaum Associates.

Tarone, E., & Yule, G. (1989). *Focus on the language learner.* Oxford, England: Oxford

University Press.

Tateyama, Y., & Kasper, G. (2008). Talking with a classroom guest: Opportunities for learning Japanese pragmatics. In E. S. Alcón & A. Martínez-Flor (Eds.), *Investigating pragmatics in foreign language learning, teaching, and testing* (pp. 45-71). Bristol, England: Multilingual Matters.

Tatsuki, D. (Ed.). (2005). *Pragmatics in language learning, theory, and practice.* Tokyo: The Japan Association for Language Teaching Pragmatics Special Interest Group.

Tatsuki, D., & Houck, N. (Eds.). (2010). *Pragmatics: Teaching speech acts.* Alexandria, VA: Teachers of English to Speakers of Other Languages.

Tatsuki, D., & Nishizawa, M. (2005). A comparison of compliments and compliment responses in television interviews, film, and naturally occurring data. In D. Tatsuki (Ed.), *Pragmatics in language learning, theory, and practice* (pp. 87-97). Tokyo: The Japan Association for Language Teaching Pragmatics Special Interest Group.

Tedick, D. J. (2002). *Proficiency-oriented language instruction and assessment: A curriculum handbook for teachers. CARLA working paper series.* Minneapolis, MN: University of Minnesota, The Center for Advanced Research on Language Acquisition. Retrieved February 8, 2015, from http://www.carla.umn.edu/articulation/polia/polia_intro.pdf

Thomas, J. (1983). Cross-cultural pragmatic failure. *Applied Linguistics, 4*(2), 91-109.

Thomas, J. (1995). *Meaning in interaction: An introduction to pragmatics.* London: Longman.

Thonney, T. (2011). Teaching the conventions of academic discourse. *Teaching English in the two-year college, 38*(4), 347-362.

Tomlinson, B. (Ed.). (2013). *Applied linguistics and materials development.* London: Bloomsbury.

Usó-Juan, E. (2008). The presentation and practice of the communicative act of requesting in textbooks: Focusing on modifiers. In E. S. Alcón & M. P. Safont (Eds.), *Intercultural language use and language learning* (pp. 223-243). Dordrecht, the Netherlands: Springer.

Usó-Juan, E., & Martínez-Flor, A. (2008). Teaching learners to appropriately mitigate requests. *ELT Journal, 62*(4), 349-357.

van Compernolle, R. A. (2013). Interactional competence and the dynamic assessment of L2 pragmatic abilities. In S. Ross & G. Kasper (Eds.), *Assessing second language pragmatics* (pp. 327-353). Basingstoke, Hampshire: Palgrave Macmillan.

Vásquez, C. (2010). Examining two explicit formulations in university discourse. *Text and Talk, 30*(6), 749-771.

Vásquez, C. (2011). TESOL, teacher identity, and the need for "small story" research. *TESOL Quarterly, 45*(3), 535-545.

Vásquez, C. (2013). Examining two explicit formulations in university discourse. *Text and Talk, 30*(6), 749-771.

Vásquez, C., & Sharpless, D. (2009). The role of pragmatics in the master's TESOL curriculum: Findings from a nationwide survey. *TESOL Quarterly, 43*(1), 5-28.

Vásquez, C., & Fioramonte, A. (2011). Integrating pragmatics into the MA-TESL program: Perspectives from former students. *TESL-EJ, 15*(2). Retrieved February 8, 2015, from http://www.tesl-ej.org/wordpress/issues/volume15/ej58/ej58a1/

Vellenga, H. (2004). Learning pragmatics from ESL & EFL textbooks: How likely? *TESL-EJ,*

*8*(2). Retrieved February 8, 2015, from http://www-writing.berkeley.edu/TESL-EJ/ej30/a3.html

Vellenga, H. (2011). Teaching L2 pragmatics: Opportunities for continuing professional development. *TESL-EJ, 15*(2). Retrieved February 8, 2015, from http://www.tesl-ej.org/wordpress/issues/volume15/ej58/ej58a3/

Verla, A. (2011). *"You should become thin"or what NOT to say to your English teacher.* Unpublished course paper at Columbia University Teachers College Japan Campus, Tokyo.

Vygotsky, L. S. (1978). *Mind in society.* Cambridge, MA: Harvard University Press.

Wallace, M. J. (1998). *Action research for language teachers.* Cambridge, England: Cambridge University Press.

Walsh, S., & O'Keeffe, A. (2007). Applying CA to a modes analysis of higher education spoken academic discourse. In H. Bowles & P. Seedhouse (Eds.), *Conversation analysis and language for specific purposes* (pp. 102-139). Bern, Switzerland: Peter Lang.

Washburn, G. N. (2001). Using situational comedies for pragmatic language teaching and learning. *TESOL Journal, 10*(4), 21-26.

Watson-Gegeo, K. A., & Nielsen, S. (2003). Language socialization in SLA. In C. J. Doughty & M. H. Long (Eds.), *The handbook of second language acquisition* (pp. 155-177). Malden, MA: Blackwell.

Weatherall, A., Watson, B. M., & Gallois, C. (Eds.). (2007). *Language, discourse and social psychology.* London: Palgrave Macmillan.

Weedon, C. (1997). *Feminist practice and poststructuralist theory* (2nd ed.). Malden, MA: Blackwell.

Wenger, E. (1998). *Communities of practice: Learning, meaning, and identity.* Cambridge, England: Cambridge University Press.

Williams, M. (1988). Language taught for meetings and language used in meetings: Is there anything in common? *Applied Linguistics, 9*(1), 45-58.

Williams, S. (1997). *My fog never says please.* New York: Penguin Putnam Books for Young Readers.

Wolfson, N. (1989). *Perspectives: Sociolinguistics and TESOL.* New York: Newbury House/HarperCollins.

Wolfson, N., & Judd, E. (Eds.). (1983). *Sociolinguistics and language acquisition.* Rowley, MA: Newbury House.

Wong, J. (2011). Pragmatic competency in telephone conversation closings. In N. Houck & D. Tatsuki (Eds.), *Pragmatics: Teaching natural conversation* (pp. 135-152). Alexandria, VA: Teachers of English to Speakers of Other Languages.

Wong, J., & Waring, H. Z. (2010). *Conversation analysis and second language pedagogy: A guide for ESL/ EFL teachers.* London: Routledge.

Wright, T. (2005). Teachers' knowledge and classroom management. In T. Wright (Ed.), *Classroom management in language education* (pp. 256-286). Houndmills, England: Palgrave Macmillan.

Yamashita, S. (2002, December). *Cross-cultural pragmatics: Comparing Japanese, Korean, and English apologies. A study using picture response test (PRT).* Paper presented at the Conference of International Association of Applied Linguistics (AILA), Singapore.

Yamashita, S. (2008). Investigating interlanguage pragmatic ability: What are we testing? In E. Alcón Soler & A. Martínez-Flor (Eds.), *Investigating pragmatics in foreign language learning, teaching and testing* (pp. 201-223). Bristol, England: Multilingual Matters.

Yates, L. (2003). Softening short requests. In K. Bardovi-Harlig & R. Mahan-Taylor (Eds.), *Teaching pragmatics*. Washington DC: Office of English Programs, U.S. Department of State. Retrieved February 8, 2015, from http://americanenglish.state.gov/files/ae/resource_files/short-yates.pdf

Yates, L., & Wigglesworth, G. (2005). Researching the effectiveness of professional development in pragmatics. In N. Bartels (Ed.), *Applied linguistics and language teacher education* (pp. 261-280). New York: Springer.

Yoon, K. K. (1991). Bilingual pragmatic transfer in speech acts: Bi-directional responses to a compliment. In L. F. Bouton & Y. Kachru (Eds.), *Pragmatics and language learning* (Vol. 2, pp. 75-100). Urbana, IL: Division of English as an International Language, University of Illinois at Urbana-Champaign.

Yu, M.-C. (2008). Teaching and learning sociolinguistic skills in university EFL classes in Taiwan. *TESOL Quarterly, 42*(1), 31-53.

Yule, G. (1996). *Pragmatics*. Oxford, England: Oxford University Press.

Zamborlin, C. (2007). Going beyond pragmatic failures: Dissonances from Italian into Japanese. *Intercultural Pragmatics, 4*(1), 25-50.

## Publisher's acknowledgements

We are grateful to Oxford University Press for their permission to reproduce the extracts on pp. 182-84 from Bardovi-Harlig, K., Hartford, B. S., Mahan-Taylor, R., Morgan, M. J., & Reynolds, D. W. (1991). 'Developing pragmatic awareness: closing conversation,' *ELT Journal, 45*(1), 4-15, 1991. Reproduced by permission of Oxford University Press.

In some instances we have been unable to trace the holders of copyright material, and we would appreciate any information that would enable us to do so.

# 索　引
INDEX

▶あ行

挨拶 greeting/greetings　5, 7, 16-17, 40, 49-51, 79, 100, 102, 110, 125-29, 136, 144, 148, 153, 173-75, 180, 189-90, 195, 209, 227

あいづち backchanneling　11, 36, 171, 190

アイデンティティ identity　v, 2, 14-15, 21, 69, 5 章, 6 章, 127, 137-38, 166, 188, 195, 200, 207, 210, 212, 224, 232, 250, 261

アウトプット仮説 output hypothesis　105, 107

アウトプット（言語産出）output　107

足場作り scaffolding　108, 251, 255, 265

アップグレーダー upgrader　56, 70

暗示的知識 implicit knowledge　13, 17

暗示的（な）（語用論的）指導 implicit (pragmatic) instruction　107, 114-15, 121, 143-44

言いよどみ hedging　4, 25, 48, 61, 68, 115, 130-31, 171, 185, 190, 194, 233

異議 disagreeing/disagreement　33-34, 68-73, 130-34, 177, 189-90

異文化間語用論 crosscultural pragmatics　iii- iv, 25, 173

意味公式 semantic formula　6, 30, 115, 172, 206

依頼 requesting/request　iii, 4-5, 7-8, 15, 23, 26, 28-29, 31, 35, 39, 49, 51, 53-61, 66, 83, 91-92, 94, 99, 101-102, 113, 125, 135-36, 144, 153-65, 170-71, 189-91, 196-99, 205,209,211-12, 219, 223, 225, 227, 229, 232, 234, 239, 241, 245-46, 248-49, 252-55, 262

（依頼の）視点 (request) perspective　57

イントネーション intonation　2, 25, 30, 34, 159-60, 170-71, 190, 234, 239, 252

インプット強化　input enhancement　115

インポライトネス　impoliteness　iv, 84

映画 film　15, 24, 38-40, 116, 128, 131, 148-49, 160, 190

エージェンシー agency　110-11, 121, 193, 212

演繹的（語用論的）指導 deductive (pragmatic) instruction　20, 23, 118-19

応化 accommodation　112

応化理論 accommodation theory　96, 105-112, 114

▶か行

外交上の方便 white lie　61

会話の終結 conversational closing　5, 49, 61, 73, 78-80, 85, 173, 175-77, 180-84, 189, 211

（会話の）推意 (conversational) implicature　iv, 4, 49, 73, 75-78, 85, 141- 44, 153, 166, 170, 173, 179-80, 189-90

会話の運び conversation management　iv, 33-35, 78, 125, 137, 172, 190

会話分析 conversation analysis　24, 30, 33-35, 41, 44, 46, 70, 72, 90, 129, 171, 256-57

顔の表情 facial expression　30, 39, 142, 206-207

学習者を研究者とみなす指導法 learners-as-ethnographers/researchers approach　117, 131, 136, 192, 194-95, 243

過剰な一般化 overgeneralization　88, 92, 94, 98-99

含意 entailment　iv, 4, 39

観察 observation　18, 21-23, 3 章, 54, 81-82, 90, 98, 6 章, 125, 128, 132, 136, 148-49, 151, 161, 177, 9 章, 205, 209, 213, 219, 12 章

感謝 giving thanks/thanks/gratitude　4-5, 35-36, 49, 51, 53, 60-64, 69, 78-79, 81, 135, 146, 148, 151, 153, 158, 172, 189-91, 227, 254

（感謝の）こたえ responding to thanks/gratitude　62

関連性 relevance　iv, 76, 109, 141

気づき仮説 noticing hypothesis　105-107, 114-15

帰納的（語用論的）指導　inductive (pragmatic) instruction　20, 23, 118-19, 128

客観的文化 objective culture　9, 11

強意語 intensifier　66

教員の認識 teacher cognition　15

教室内評価 classroom-based assessment　vii, 223, 231-33, 238, 244, 257-59

協調の原則 Cooperative Principle　76, 170

共同構築 co-construction　2-3, 72, 97, 113, 119, 138, 217, 257

儀礼的ことわり ritual refusal　61, 137

苦情 complaining/complaint　iii, 4, 7, 36, 44, 49, 73, 153, 188, 190-91, 208, 214-15, 225, 227, 229-30, 261, 263

繰り返し repetition　48

クリティカル・プラグマティックス　critical pragmatics　119, 121

形成的評価 formative assessment　166, 232, 236, 245, 247

（言語）応化理論 (speech) accommodation theory　96, 105, 111-12, 114

言語能力 linguistic competence　88, 95, 98, 107,

119, 130, 141, 161, 180, 225, 231, 247, 249-50
現実的な結末 consequentiality　41
コーパス（分析）corpus (analysis)　iv, 3章, 4章, 7章, 8章, 190
　　―British National Corpus (BNC)　35
　　―Cambridge and Nottingham Corpus of Discourse in English (CANCODE)　63
　　―Cambridge International Corpus　140
　　―Corpus of Contemporary American English (COCA)　130-31
　　―Limerick-Belfast Corpus of Academic Spoken English (LIBEL CASE)　58
　　―Michigan Corpus of Academic Spoken English (MICASE)　35-36, 80-82, 185
　　―Speech-Act Annotated Corpus for Dialogue Systems　37
　　―The Limerick Corpus of Irish English　82
　　―TOEFL 2000 Spoken and Written Academic Language Corpus (T2K-SWAL Corpus)　185
呼称 term of address　39, 49, 73-75, 83, 85, 106, 125, 127-28, 135-36, 138, 144, 153, 175, 195, 208, 211
ことばのかたち（・機能・コンテクストの関連）form (-function- context mapping)　9, 10, 106-107, 114-15, 225
断り refusing/refusal　49, 59-61, 66, 68, 83, 89, 92-93, 125, 130, 137, 153, 190-91, 199, 211-12, 225, 227, 243, 259
好ましい・好ましくない（こたえ）preferred/dispreferred (response)　34-35, 68-69, 71, 130, 171, 189
コメディー・ドラマ situational comedy (sit-com)　38-39
語用論（的）pragmatic(s)
　　―誤り pragmatic failure　vi, 38-39, 87-89, 91, 95, 98-99, 116, 126, 128-29, 174, 187, 196, 208, 217, 244, 255, 257, 264
　　―意識 pragmatic awareness　vi, 11, 2章, 24, 39-40, 49, 5章, 6章, 7章, 170, 174, 181, 188-94, 196-97, 201-202, 212-13, 217, 12章
　　―意識向上アプローチ　105, 115, 178
　　―逸脱 pragmatic divergence　5章, 122, 187, 207, 217, 244, 264
　　―選択 pragmatic choice　95-99, 120-21, 138, 199, 212, 226, 250, 264, 269
　　―抵抗 pragmatic resistance　96, 99, 207
　　―転移 pragmatic transfer　88
　　―定型（表現）pragmatic (formula)　37, 54, 63-64, 69, 79, 81, 136, 141, 177, 225
　　―トーン pragmatic tone　11, 30, 233, 237, 262
　　―バリエーション pragmatic variation　iv, 14, 17-18, 24, 123, 125, 156, 161, 187,

193-94, 258, 266
語用言語的（能力）pragmalinguistic (competence)　10-11, 37, 94, 97, 107, 158, 166, 191, 194, 202, 233-34
社会語用論的（能力）sociopragmatic (competence)　10-11, 29, 40, 116, 128, 138, 166, 191, 201, 211, 237
コンピューターを媒介としたコミュニケーション・CMC computer-mediated communication (CMC)　210-13

▶さ行

最近接発達領域 Zone of Proximal Development (ZPD)　107-108
最善の偏見を持つ bias for the best　220
賛同 agreeing/agreement　34, 68-70, 86, 116, 120, 130-31, 177
ジェスチャー gesture　2, 30, 33-34, 62, 101-102, 129, 142, 159-60, 190, 206, 212, 234, 252
自己評価 self-assessment　131, 134, 153, 160, 167, 198-99, 202, 212, 232, 250-52, 258, 261
指示 reference　iv, 4
資質向上 professional development　iv, 12, 18, 24
姿勢 posture 30, 70, 131, 142, 206, 209, 235
視線 eye contact, gaze　30-31, 33, 70, 142, 159-60, 234, 252
実践コミュニティ community of practice　112
指導・練習・産出 presentation-practice-production, PPP　178
指導的語用論 instructional pragmatics　12
社会化 socialization　112-14, 135, 138, 211-13
社会語用論的（能力）sociopragmatic (competence)　10-11, 29, 40, 116, 128, 138, 166, 191, 201, 211, 237
社会的慣習 social practice　113
社会的ストラテジー social strategy　205
社会文化理論 sociocultural theory　105, 107-108
謝罪 apologizing/apology　iii, 4-8, 11, 28, 36-37, 39, 49, 51, 63-66, 69, 83, 139, 153, 158, 190-91, 211-12, 214, 216-27, 228-30, 237, 239, 254
自由記述 open-ended　218-19, 227, 229
収束 convergence　112-13, 140, 146, 152, 175, 214, 220
修復 repair　5-7, 33, 37, 48, 64-66, 72, 190, 208, 221, 223, 226, 239, 256
主観 subjectivity　95-96, 109-113, 120-21, 138, 200, 207, 226, 244
主観的文化 subjective culture　9, 11
衝撃的な体験 critical incident　244
情動 affect　30
情緒ストラテジー affective strategy　205
自律 autonomy　iv, vii, 124, 132, 188, 191-92, 198, 10章, 261, 264
遂行動詞 performative verb　36, 59
推論 inference　iv

スタイルの変化 style-shifting  39, 112, 211-12
ステレオタイプ（固定観念）stereotype  10, 53, 84, 87, 92, 129, 139,147, 172, 178
ストラテジー strategy  vii, 1章, 15, 30, 33-34, 37, 39, 4章, 93, 96, 107, 112-13, 115, 7章, 170, 172, 176, 192, 194, 196, 198-202, 10章, 216, 221, 223, 225-27, 233-34, 237, 239, 241, 253-54, 256, 259, 262-64
スモール・トーク（世間話）small talk  10, 128-30, 190-91
省察日誌 reflective journal  117, 123-24, 168, 177, 243
説明的語用論・説明的手法 explanatory pragmatics  9-11, 119-21, 199
節約の法則 principle of economy  94
前提 presupposition  iv, 4
総括的評価 summative assessment  166
相互評価 peer-assessment  129, 134, 143, 153, 167, 192, 198, 202, 232, 243, 251, 258
双方向性 interactivity  36, 41, 112, 124

▶た行
（第二）言語社会化理論 (second) langauge socialization theory  105, 110, 112-14, 213
対話標識 interactional marker  49, 73, 81-82, 85, 115, 139-40, 190, 233
ダウングレーダー・緩和表現 downgrader/mitigator/softener  55, 59, 67-70, 72-73, 84, 130-31, 156-57, 179, 189-90, 197
多岐選択肢 multiple choice  180, 218-19, 227-28, 231, 238
他言語からの影響 crosslinguistic influence  89-90
探究的実践 exploratory practice  18, 21-23, 118
断定を避ける表現 hedge 81
談話完成タスク・DCT  discourse completion task (DCT)  24, 26, 39, 107, 217
談話完成タスク・DCT  discourse completion task (DCT) 24, 26, 39, 107, 217
　　　—1ターンのみのDCT  single-turn DCT  26, 224
　　　—絵やビデオ、漫画を用いたDCT  picture-/video-/cartoon-elicited DCT  27
　　　—学習者制作DCT  student-generated DCT  27, 125, 225
　　　—学習者制作ビジュアルDCT  student-genererated visual DCT (SVDCT)  27, 239-40
　　　—記述式DCT written DCT  29, 58, 153, 191, 217, 223-24, 227, 230, 236
　　　—口述式DCT oral DCT  27, 43, 153, 223
　　　—自由形式の談話制作DCT free DCT  27, 146
　　　—複数ターンのDCT  multiple-turn DCT  26, 107, 156, 158, 223-24, 230
談話の構造 discourse structure  iv, 4, 115, 125, 166, 189-90, 194, 208, 233

談話標識 discourse marker  36, 44, 49, 69, 73, 81-82, 85, 125, 139-40, 166, 171, 189
談話分析 discourse analysis  24, 30, 33, 129, 256-58
中間言語語用論 interlanguage pragmatic  iii-iv, 3, 109, 126, 173, 210
直示 dexis  iv
直感 intuition  20, 24-25, 42
つなぎ表現 filler  48, 72
提案・忠告 suggestions  67, 173, 177-78, 180, 190-91
テクノロジー technology  iv, vii, 124, 166, 192, 204, 210-11, 213, 264
テクノロジーを介した協働 telecollaboration  210

▶な行
内省 introspection  24-25, 40-42, 46
流れ・一連のつながり sequence  55, 64, 72, 78-79, 115, 120, 137-38, 140, 144, 166, 176, 178, 181, 183-84, 256-57, 265
ナラティブ・インクワイアリー narrative inquiry  18
認識標識 epistemic stance marker  49, 73, 80-81, 85, 115-16, 143-44, 189-90, 233
認知ストラテジー cognitive strategy  205, 207, 209
ネガティブ・ポライトネス negative politeness 68, 82-84, 209

▶は行
媒介 mediation  108, 112, 124, 135, 210, 212
発話行為ストラテジー speech act strategies  6
発話行為セット speech act set  5-7, 11, 206
発話行為 speech acts  1章, 3章, 4章, 7章, 8章, 9章, 10章, 11章, 12章
発話内の意味・発話内効力 illocutionary meaning/force  4, 169
発語媒介行為 perlocutionary act  4-5
バラエティー（変種）variety  v, 20, 50, 102, 193, 265-67
反意の表明 oppositional talk  68-69, 72-73, 116, 130, 132-33, 144
比較可能性 comparability  41
批判 criticizing/criticism, critique  51, 65, 72-73, 77, 133-34, 141, 190, 218-19
評価スケール rating scale  218-19, 227-28, 232
評価ルーブリック assessment rubric  159, 221, 232
非礼 rudeness  68, 71, 84
フィードバック feedback  vii, 15, 91, 117, 123, 126, 131, 134, 145, 151, 153, 157, 168, 176-77, 179, 191-92, 198, 212, 217, 219, 231-32, 238, 241-42, 245, 247, 251, 255, 258-59, 265
フィールドノート field notes  24, 30-31, 41, 46, 52, 242
フェイスを脅かす（行為）face-threatening (act) (FTA)  51, 54-55, 66-69, 72, 74, 83, 86, 130, 133, 154, 178, 216, 244

299

フォーマリティー評価タスク formality judgment task (FJT)　242
（物理的）距離 distance, space　8, 28-32, 55, 74-75, 106, 108, 111-12, 114, 120, 139, 200, 220, 244
プロフェッショナル・ディベロップメント professional development　vi, 13, 21, 23, 124, 138, 166-68, 264-65
文化的リテラシー cultural literacy　120, 199, 202
文法的能力 grammatical competence　178
ポーズ pause　25, 44, 68-69, 101, 112, 130-31, 170, 190, 194, 257
ポジティブ・ポライトネス positive politeness　82-84, 209
補助的表現 supportive move　55-56
ほめとこたえ giving and responding to a compliment/compliment and compliment response　iii, 31, 40, 44, 49, 51-53, 61, 83, 89-90, 100-101, 106, 120, 125, 135, 144-54, 172, 190-91, 195-96, 209, 227, 230, 256-57, 259-61

▶ま行
明示的知識 explicit knowledge　13, 22, 85
明示的（な）（語用論的）指導 explicit (pragmatic) instruction　78, 107, 114-15, 121, 141, 143, 187
メタ語用論的コメント formulation　36
メタ語用論的（知識・意識・情報）pragmatic (knowledge/awareness/ information)　11, 14, 18, 24-25, 85, 114, 142, 173, 194, 212-13, 232, 240, 242, 258
メタ認知ストラテジー metacognitive strategy　205, 207, 209
文字通りの意味 locutionary meaning　169,180
モティベーション motivation　21-23, 108, 111, 119, 123, 154, 235
物語を使った語用論的指導 story-based/narrative approach to pragmatics instruction　134, 136

▶ら行
ランク付け rank-order　218-20, 226-28, 238
リアル・プレイ real-play　115, 151, 177, 206
リキャスト recast　115
隣接ペア adjacency pair　34, 78-79, 170
例証・対話・推論 illustration-interaction-induction　178
レジスター（言語使用域）register　169-70, 177
ロール・プレイ role-play　3章, 4章, 91, 93, 96, 107, 116, 7章, 176-77, 179, 191, 194, 197-99, 206, 214, 217, 220, 222-24, 227, 230, 238, 252

▶わ行
話者交替 turn-taking　224
割り込み overlap　34, 44, 48, 72, 82, 84, 171, 178

● 編著者・著者紹介 ●

## 石原 紀子（いしはらのりこ）

早稲田大学教育学部英語英文学科、およびミネソタ大学英語教育学科修士課程修了後、同大学院にて第二言語文化教育専攻、応用言語学（カリキュラム・インストラクション）博士。ミネソタ大学教育学部講師、アメリカン大学大学院英語教育学科助教授を経て、現在は法政大学経営学部准教授、神田外語大学大学院、ミネソタ大学大学院などにて講師。専門分野は語用論的指導、語学教員のプロフェッショナル・ディベロップメントなどで、語用論を指導する日本語の教科書や学習者向けのインターネットサイトの執筆のほか、英語教育や教員養成に携わっている。2007 年、アメリカ教育研究学会外国語教育部門より博士論文最優秀賞受賞。

## アンドリュー・D・コーエン（Andrew D. Cohen）

ハーバード大学フランス語・フランス文学専攻(学士)、スタンフォード大学言語学専攻(修士)、同国際開発教育専攻(博士)。ボリビアでの開発援助活動、カリフォルニア大学ロサンジェルス校助教授、ヘブライ大学エルサレム校講師・准教授などを経て、1991 年よりミネソタ大学英語教育学准教授、1993 年より同教授、2013 年 6 月より同名誉教授。専門分野は、語用論、第二言語評価、バイリンガル教育、イマージョン教育、学習スタイル・ストラテジー、研究方法論など多岐にわたる。2006 年、アメリカ応用言語学会より学術研究功労賞、2002-2005 年、ミネソタ大学よりリベラル・アーツ・カレッジ学術研究賞受賞。

● 編集協力 ●
北綾子・杉山まどか

● 社内協力 ●
望月羔子・青木奈都美・高野渉

# 多文化理解の語学教育
## 語用論的指導への招待
## Teaching and Learning Pragmatics
### Where Language and Culture Meet

● 2015 年 3 月 31 日初版発行 ●

● 編著者 ●

### 石原紀子
Noriko Ishihara

● 著者 ●

### アンドリュー・D・コーエン
Andrew D. Cohen

Copyright © 2015 by Noriko Ishihara and Andrew D. Cohen

発行者 ● 関戸雅男
発行所 ● 株式会社 研究社
〒 102-8152　東京都千代田区富士見 2-11-3
電話　営業 03-3288-7777（代）　編集 03-3288-7711（代）
振替　00150-9-26710
http://www.kenkyusha.co.jp/

KENKYUSHA

装丁 ● 久保和正
組版・レイアウト ● mute beat
印刷所 ● 研究社印刷株式会社

ISBN 978-4-327-37738-0 C3037　Printed in Japan

価格はカバーに表示してあります。
本書のコピー、スキャン、デジタル化等の無断複製は、著作権法上での例外を除き、禁じられています。
また、私的使用以外のいかなる電子的複製行為も一切認められていません。
落丁本、乱丁本はお取り替え致します。ただし、古書店で購入したものについてはお取り替えできません。